W0068072

Ulrich Enzensberger
GEORG FORSTER

DIE ANDERE BIBLIOTHEK

*Herausgegeben
von Hans Magnus Enzensberger*

Ulrich
Enzensberger

GEORG FORSTER

**Ein Leben
in Scherben**

**Eichborn Verlag
Frankfurt am Main 1996**

Inhaltsverzeichnis

Vater Reinhold

Um die Mitte des achtzehnten Jahrhunderts lag in der fruchtbaren Niederung des Weichselwerders, zwei Meilen (fünfzehn Kilometer) südöstlich von Danzig, das Wasserschlößchen Nassenhuben.

Der Regen im Herbst und die Schneeschmelze im Frühling verwandelten die verschilfte, alte Radaune, die schwarze Laak und die träge, mit hohem Rohr gesäumte Mottlau regelmäßig in reißende Flüsse, die die verwachsenen Kanäle und versumpften Abflußgräben, die niedrig gelegenen Viehweiden und Sommergetreidefelder überschwemmten.

Die Ortschaft um das Schlößchen gibt es noch. Sie heißt heute Mokry Dwór, »nasser Hof«. Das Schloß selbst sucht man vergebens. Es wurde 1844, in preußischer Zeit, abgerissen, nachdem es lange als Schnapsfabrik und dann als Schule gedient hatte.

Hinter seinem Sandsteintor und seiner Zugbrücke barg das spitzgieblige Gebäude, Landsitz der Danziger Familie von Schwartzwald und Mittelpunkt dreier Rittergüter, in einem Seitenflügel die Patronatskirche, zuständig für knapp vierzig Erbpachthöfe.

Diese kleine Gemeinde übernahm im Jahr 1753 der vierundzwanzigjährige Johann Reinhold Forster.

Unsre Vorfahren waren zu den unruhigen Zeiten, da *Cromwel* suchte sich die Oberherrschaft von Grosbritanien durch List, Ränke und durch sein siegreiches Heer zu erwerben, Besitzer eines Landgutes in Yorkshire in England, und stammen von der alten Familie der Lords *Forrester* in Schottland ab, mit denen wir auch unser Familien-Wapen (drey schwarze Hifthörner im silbernen Felde) gemein haben. Der Rang als Esqr. oder Gentilhomme Ecuyer war der Familie eigen. Sie hing, in der allgemeinen Gährung aller Stände, ihrem Könige

Reinhold Forster:
Ueber Georg Forster
Sp. 10 f.

Carl I. an. Sie mußte, da er fiel, auch fliehen, um ihr Leben zu retten und verlohr ihre Besitzungen. Mein Ureltervater *Georg Forster* ging mit dem Ueberreste seines Vermögens nach Danzig zu Schiffe. Im Putzker Wyk strandete das Schiff, und er verlohr alles, bis auf 2 goldene Jacobus, die er im *Hosenlinte* (Hosengurte) vernähet hatte. — Alle Städte des damahls Pohlnischen Preußens waren überall mit Ankömmlingen aus Schottland und England angefüllt, z. B. den *Fraser's*, – – – den *Payne's*, den *Jelespy*, den *Wright's*, u. a. m. Aus dieser letztern Familie wählte sich der schiffbrüchige George Forster seine Gattin, ward Bürger zu *Neuburg*, einem Städtchen an der Weichsel, 11 bis 12 Meilen von Danzig, und trieb da den Kornhandel. Sein Sohn Adam Forster zog 1666 nach Dirschau einer andern an der Weichsel 5 Meilen von Danzig gelegenen Stadt. Er hatte studiert, und erhielt zuletzt die Bürgermeisterwürde in der Stadt. – – – Sein Alter nöthigte ihn zuletzt, sein Amt niederzulegen, und er starb 1700, da sein Sohn George Forster schon Schöppenherr in seiner neuen Heimath war. – – – Nachdem derselbe auch Bürgermeister geworden war und als Gelehrter seiner Vaterstadt bey den unruhigen Zeiten viele Dienste geleistet hatte, starb er 1726. — Sein Sohn George Reinhold Forster war 1693 den 19ten Märtz gebohren, studierte in Danzig und Königsberg, und stieg ebenfalls durch den Schöppenstuhl und Rath bis zum Bürgermeisteramte in Dirschau – – – Er hatte 1727 die Tochter des Bürgermeisters Johann Wolff, geheirathet, und ich ward 1729 am 22sten October gebohren.

Forster's Vorältern – – – scheinen das Talent und die Vorliebe für den Advocatenstand aus Schottland mitgebracht zu haben; denn vom Urgroßvater an waren sie als vorzügliche Rechtsgelehrte geachtet. Einige diesem sehr ehrenvollen Stande oft vorgeworfene Eigenheiten, Starrsinn und Widerspruchsgeist, waren ihrem jüngeren Abkömmling, Georgs Vater, Johann Reinhold, vorzüglich zugefallen. Der Geist eigenen Urtheils und eigenen Entschlusses, welcher durch bürgerliche Unruhen entwickelt wird, mochte vielleicht nach einem halben Jahrhundert in dem Forster'schen Blut noch nicht ganz erloschen seyn, und auf Joh. Reinh.

Therese Huber:
Einige Nachrichten von Johann Georg Forster's Leben
S. 3 ff.

8

fortgeerbt, bei dem beengenden, von aller allgemeinen Wirksamkeit abgeschnittenen Leben, welches ihm zu Theil ward, das ihm eigene Streben ins Weite, das ihn zu keiner bürgerlichen Ruhe kommen ließ, hervorbringen. Sein Vater hatte von jeher die schlechte Methode gemißbilligt, nach welcher damals den Knaben in der Schule das Latein gelehrt ward; er verfiel auf einen damals ganz neuen Gang des Unterrichts, er sprach ausschließend nur Latein mit dem Kinde und verbot auf das strengste, je in seiner Gegenwart sich der Landessprache, des Deutschen, zu bedienen. In Dirschau, seinem Wohnort, sechs Stunden von Danzig – – – ist die polnische Sprache nicht ganz fremd, J. Reinhold bekam eine polnische Wärterin, und seine Mutter fügte sich dem ausdrücklichen Willen ihres Mannes, nur polnisch mit ihm zu reden. Seine Schwester hingegen – – – lernte mit dem Bruder das Latein, die Kinder unterhielten sich in dieser Sprache zusammen, so daß Joh. Reinhold im vierten Jahre lateinisch und polnisch mit gleicher Leichtigkeit sprach. Wie er in das Alter kam, wo man Knaben nicht mehr von allem Verkehr mit ihres Gleichen abhalten kann, hielt ihn die Nachbarschaft für ein Wunderkind – – – Erst im sechsten Jahre lernte Joh. Reinhold von seinen Gespielen nun Deutsch. In dieser Zeit sah sich sein Vater durch eine langwierige Krankheit genöthigt, seinen Unterricht zu unterbrechen, er ward bis zu dessen Wiederherstellung der Leitung eines geschickten jungen Mannes, der eigentlich die Heilkunde studirt hatte, übergeben. In allen Vorkenntnissen wohlunterrichtet, bezog Joh. Reinhold 1744 das Joachimsstift in Berlin, vier Jahre später, im neunzehnten seines Alters, ging er, die Rechte zu studiren, nach Halle. Seine Neigung stimmte aber mit den Absichten seiner Familie keineswegs überein, er haßte die Rechtswissenschaft und von dem Studium seines ehemaligen Lehrers wahrscheinlich angezogen, besuchte er die medicinischen Hörsäle; da aber sein Vater sich bestimmt weigerte, ihn bei dieser Wissenschaft zu unterstützen, studirte er Theologie. – – – Wer aber Joh. Reinhold in seinen kräftigen Jahren kannte, dem konnte die Bemerkung nicht entgehen, daß er als praktischer Arzt ohne Zweifel sein Glück gemacht haben würde. Er war ein schöner, großer Mann, mit lebhaften Augen, sonorer Stimme, leichter, lebhafter Rede, gegen das schöne

Geschlecht sehr verbindlich — welches damals, im ehrbarsten Sinne, galant hieß, er besaß die Gabe, seine Talente zu zeigen und seine eigene günstige Meinung von ihnen an den Tag zu legen.

Einige Monate, nachdem er in das alte, einfache Pfarrhaus am Ufer der Mottlau in dem dicht bei Nassenhuben liegenden Flecken Hochzeit (Wislina) gezogen war, heiratete Reinhold seine Kusine Justine Elisabeth Nicolai, eine Ratsherrentochter aus Marienwerder (Kwidzyn).

Das Jahresgehalt war mit 200 Talern, ungefähr 16 000 DM, knapp bemessen. Reinhold war bald gezwungen, das von Vater und Onkel ererbte Vermögen zuzusetzen, um die wachsende Familie zu erhalten. Als erstes der acht Kinder, von denen sieben überlebten, wurde am 27. November 1754 George Forster geboren.

Mein Sohn war bey seiner Geburt ein schwächliches und sehr mageres Kind, und da ihm bald darauf, wegen eines offenen Schadens an der Brust seiner Mutter, im folgenden Februar die ächte ernährende Quelle in der Muttermilch versiegete, so ward er mit Brod und Kuhmilch zu der Wasser gegossen ward, erzogen. Er hatte nur ein langsames Zunehmen und Gedeihen, als ein heftiges faules Gallenfieber mich; und ein schweres hysterisches Nervenfieber seine Mutter zugleich, dem Tode nahe brachten und ihm unsere Pflege entzogen. Seine Wärterin stopfte seinen schwachen Magen mit unreifen Pflaumen voll, bis er einen aufgetriebenen harten Leib bekam, und wir bey unserer späten, langsamen Genesung Mühe genug hatten, diese Anlage zu fernern Krankheiten, wieder zu heben. Er hatte öftere Anfälle von Regenwürmern in den Eingeweiden; welche aber bald durch Milch mit Wasser, darin man Quecksilber gekocht hatte, abgetrieben wurden.

Reinhold Forster: Ueber Georg Forster Sp. 12f.

Die Munterkeit, Fähigkeiten und Neugierde des nun zunehmenden gesunden Knaben machte uns Aeltern viel Vergnügen. Da wir in meinem Studierzimmer speiseten und auch unser Frühstück genossen, da der Knabe mich oft lesen und die Bücher brauchen sahe, so erweckte dies bey ihm früh die Lust, auch lesen zu lernen. Er ging an die Bücher der

Bibliothek und frug, wie jeder Buchstabe des goldgedruckten Tituls hieße, und wie die Sylben ausgesprochen würden. Hierdurch lernte er diese Titel spielend lesen und da beydes lateinische und teutsche Titel auf den Büchern standen, so lernte er bald in beyden Sprachen lesen. Die in Nürnberg herausgekommenen Bilder zu einer Sammlung von biblischen Geschichten, welche ihm seine Mutter oft erklärte, waren im Winter die erste Nahrung für seine rege Wißbegierde. Allein als er mit dem ersten Frühlinge im Garten Insecten und neue Blumen hervor kommen sahe, so wollte er durchaus von mir jedes Insects, jeder Blume und jedes Vogels Nahmen wissen. Ob ich gleich mit einem Freunde meiner Jugend, dem D. Jampert, etwas Naturgeschichte gemeinschaftlich so wohl in Berlin, als in Halle aus des großen Linne's Schriften gelernt hatte, so war solches doch theils nicht hinlänglich, um wieder Unterricht zu geben, theils aber auch wieder vergessen worden. Ich wollte durchaus die Wißbegierde meines Lieblings befriedigen, ich ging demnach bald darauf zu Fuß nach Danzig, kaufte mir die hallische Ausgabe von Linné's *Systema naturæ*, nebst Ludwig's *Definitiones Generum plantarum*, welche Boehmer heraus gegeben und die *Philosophia botanica* des großen Linné und nun fieng ich an, die Naturgeschichte mit großem Fleiße von neuem zu erlernen, und mir mit Hülfe dieser und anderer Bücher, welche meine Freunde mir zukommen ließen, die Pflanzen, Insecten, Vögel, Fische und Gewürme meiner Nachbarschaft mir bekannt zu machen: und die Nahmen nebst den Eigenschaften, Oeconomie und Kennzeichen der Pflanzen und Thiere meinem Sohne vorzusagen. Bald darauf lehrte ich meinen Sohn schreiben, rechnen und einige lateinische und französische Wörter. Besonders sahe ich darauf, daß er die französischen Wörter richtig aussprechen und kleine gewöhnliche Redensarten verstehen und hersagen lernte.

Reinhold vertiefte sich indessen in die Chronologie und antike Geographie, und besonders befaßte er sich mit der koptischen Sprache. Über Korrespondenten in England, Holland und Frankreich bemühte er sich um den 1636 publizierten *Prodromus coptus*, Kirchers *Lingua ægyptiaca restituta* und Blumenbergs *Fundamenta Linguæ copticæ*. Schließlich gelang es ihm, dem Pfarrer Karl Gottfried Woide, einem Schulfreund vom Joachimsthaler Gymnasium, das koptische Manuskript von Mathurin Veyssière de La Croze abzuluchsen. Durch den Besitz dieses berühmten Schriftstücks aus dem Nachlaß von Leibniz sicherte sich Reinhold auf Jahre hinaus das Interesse der europäischen Gelehrtenwelt.

Bücher waren sehr teuer. Er verschleuderte das restliche Erbe seines Vaters und Onkels, um seine Bibliothek auf bald 2 500 Titel zu vergrößern, und bewarb sich über seinen Studienkollegen Resewitz um eine Professur in St. Petersburg. Während des Kirchengesangs beim sonntäglichen Gottesdienst mußte die Gemeinde das traurige Schauspiel erleben, daß ihr Pastor neben der Kanzel einschlief, weil er die Predigt erst des Nachts komponiert hatte, bei schwarzem Kaffee.

1756 begann der Siebenjährige Krieg. Um ihre erste Beute, das 1740 annektierte Schlesien, zu verteidigen, marschierte die junge preußische Militärdespotie gegen eine Welt von Feinden: Sachsen, Österreich, Rußland, Frankreich, Schweden. Nur England half, mit Geld, um in Übersee freie Hand gegen Frankreich zu haben. Im Stechschritt ging es von Niederlage zu Niederlage.

Nach der verlorenen Schlacht von Großjägersdorf am 30. August 1757 wurde Ostpreußen den Russen überlassen. Polen wurde Kriegsschauplatz. Die Russen schlossen Danzig ein, das neutral geblieben war und mit Getreidelieferungen an Rußland und Preußen hervorragende Geschäfte gemacht hatte. Die v. Schwartzwalds übertrugen Reinhold die Verwaltung ihrer Güter und blieben in der Stadt. Er besorgte beim russischen Oberbefehlshaber Graf Wilhelm Fermor einen Schutzbrief und führte seine Gemeinde im vollen Selbstgefühl eines patriarchalischen Herrschers durch die Besatzungszeit.

Die Belagerung Danzigs wurde bald wieder abgeblasen. Österreich wußte zu verhindern, daß Rußland in der wichtigen Hafenstadt Fuß faßte. 1762 starb die Zarin Elisabeth. Ihr Nachfolger Peter III., ein geistesschwacher Bewunderer Friedrichs II., schloß Frieden mit Preußen, das auf diese Weise den Siebenjährigen Krieg als politische Größe überlebte. Im März 1763 läuteten die Friedensglocken.

Reinhold, der den v. Schwartzwalds die Güter unbeschadet übergeben konnte, sah sich als ihr Retter unbelohnt und empfand die erneute Bevormundung doppelt schwer. George wurde sein ein und alles.

Im neunten Jahre seines Alters wohnte er dem katechetischen Unterrichte in den Religionswahrheiten bey, den ich den Kindern meiner Gemeine gab, und dem ich allezeit eine Erzählung der wichtigsten Veränderungen in der jüdischen Kirche und Staatsverfassung und den Schicksalen des jüdischen Volks, so wie auch der Entstehung, Fortpflanzung und Veränderung der christlichen Lehre voranzuschicken pflegte. Im Sommer machte ich mit meinen zwey ältesten Söhnen kleine Wanderungen in die Nachbarschaft, um Pflanzen zu sammeln, wodurch Herrn Reygers *Flora Gedanensis* einige Zuwächse bekam; und sie begleiteten mich auch zuweilen auf der Jagd, um sich im Gehen zu üben und sich an die freye Luft und alle Arten von Witterung zu gewöhnen.

Reinhold Forster:
Ueber Georg Forster
Sp. 13

Mit Fangnetz, Angel, Senkgarn und Flinte durchstreiften sie, botanisierend und entomographierend, Ichthyologen und Ichthyophagen zugleich, tage- und wochenlang das Werder, ganz als befänden sie sich auf einer jener unerforschten Inseln der Südsee, die sie später mit Captain Cook besuchen sollten. Beschwerden der Gutsherrschaft über die Verletzung ihrer Fisch- und Jagdrechte wußte der wissenschaftliche Jäger und Sammler selbstbewußt und kräftig zu begegnen.

War nicht auch der Pfarrersohn Linné in stiller Einsamkeit großgeworden, um mit eigner Hand als erster in Europa eine Bananenstaude zum Blühen zu bringen? Eben erst hatte ihn der schwedische König zum Ritter geschlagen. Hunderte von Auditores begleiteten den Professor von Upsala auf seinen Exkursionen. Mit Waldhornrufen mußte die Menge zusammengehalten werden.

— Schlüssel zur systematischen Eintheilung der Pflanzen nach beyderley Geschlecht — Die Blume ist das Vergnügen der Pflanzen — So mehret sich die Pflanze — Die Befruchtung der Pflanzen — Die

Caroli Linnaei
Natur-Systema

augenscheinliche — Die verborgene — Zusammen in einer Kammer — Wo Mann und Weib in einer Kammer wohnen — Abgesondert in verschiedenen Kammern — Mann und Weib wohnen in unterschiedenen Kammern — Ohne Verwandtschaft — Die Männer sind untereinander nicht verwandt — In der Verwandtschaft — Die Männer stehen nahe beysammen und sind verwandt — Ohne Unterschied — Die Männer sind unter einander gleich, daß keiner einen Vorzug vor dem andern hat — Mit einem Unterschied — Gewisse Männer haben einen Vorzug vor den übrigen — Einmännrige — Ein Mann in einer Ehe — Zweymännrige — Achtmännrige — Acht Männer in einer Kammer mit dem Weibe — Neunmännrige — Neun Männer in einer Kammer mit dem Weibe — Neun Faden mit dem Stempel in einer Blume — Vielmännrige — Zwanzig Männer und mehr in einer Kammer mit dem Weibe — Zweyvermögende — Viervermögende — rechte Brüder — Halb Brüder — Zusammengebrachte Kinder — Die Männer und Weiber wohnen in verschiedenen Kammern und Häusern — Die Befruchtung geschiehet heimlich — In mancherley Ehe, wo die Kammern der würklich verehlichten in der Mitte beysammen stehen, und den Umfang umgeben die Kammern der Kebsweiber welche keine Männer haben, damit sie von den verehlichten Männern befruchtet werden — da die verehlichten Weiber Fruchtbar sind und ihr Geschlecht vermehren können, die Kebsweiber aber können gleichsam als verschnittene wegen Mangel der Gebähr-Mutter nicht befruchtet werden — — —

Linné, der »Kommandeur der Armee Floræ«, schickte seine Schüler in alle Welt. Als erster Märtyrer der Botanik starb im Sommer 1765 sein Apostel Forsskål im Jemen. Der Göttinger Orientalist Johann David Michaelis hatte die dänische Expedition vorbereitet. Reinhold schrieb ihm unter Berufung auf seine koptischen Manuskripte und bedauerte es, von dem Unternehmen zu spät erfahren zu haben, um daran teilnehmen zu können.

Eine neue Stellung wollte trotz aller Bemühungen nicht in Sicht kommen, während die alte unhaltbar wurde. Reinhold war verzweifelt. Er zog George immer enger an sich.

Diese Beweise väterlicher Zuneigung hielten ihn nicht ab, sich auch im Verhältniß zu seinen Kindern, besonders zu seinem Sohn Georg, seiner Leidenschaftlich- keit zu überlassen. Sie zeigte sich oft durch sehr harte körperliche Züchtigungen, die mehr seinen Zorn, als das Maß des Vergehens bewiesen.

Therese Huber:
Einige Nachrichten
S. 7

Immer öfter war die Danziger Gemeinde gezwungen, der stetig wachsenden Familie mit Kollekten unter die Arme zu greifen.

I. Anno 1754. Dom. I. Adventus. Decbr. 5. ♃ *Johann George Adam*, natus 27. Novbr., getauft in Nassenhof.

II. Anno 1756. Dom. V. p. Epiph. Febr. 22. ☉ *Carl Reinhold Thomas*, natus 16. Febr., getaufet in Nassenhof.

Taufbuch zu St. Peter
in Danzig

III. Anno 1757. Dom. VI. p. Trinit. Jul. 19. ♂ *Virginia Louise*, nata d. 10. Julii, getauft in Nassenhof.

IV. Anno 1758. Domin. XVIII. p. Trinit. Septbr. 28. ♃ *Antonia Elisabet Susanna*, nat. d. 19. Septbr.

V. Anno 1760. Domin. Esto mihi. Febr. 18. ☽ *Wilhelmina Concordia*, nata 12. Febr.

VI. Anno 1764. Festo novi Anni. Januar 2. ☽ *Carl Anthon Wilhelm*, nat. 14. Decbr. 1763.

VII. Anno 1765. Dom. 4. p. Trinit. Julius 2. ♂ *Barbara Justina Regina*, nat. d. 22. Juni.

Eine erste Übung
in der Kenntnis der Natur

1762 hatte Katharina II. ihren Gemahl Peter III. gestürzt und den Zarenthron bestiegen. Auf die Erweiterung ihrer Macht bedacht, griff sie sogleich den alten Plan auf, die weiten, noch unerschlossenen südlichen Gebiete Rußlands zu kolonisieren, die für den Getreideanbau geeignet waren. Deutsche Einwanderer sollten die Gebiete an der unteren Wolga besiedeln, die Nomadenvölker dieser Region — Tschermissen, Nogai-Tataren, Kalmücken, Baschkiren, Kirgisen — sollten verdrängt oder unterworfen werden.

Ein Manifest versprach allen Deutschen, die nach Rußland einwandern wollten, Reisegeld, Berufs- und Religionsfreiheit, Steuerfreiheit auf 30 Jahre, Befreiung vom Militärdienst auf ewige Zeiten, zinslose Kredite, eine eigene innere Rechtsprechung und freie Wahl des Wohnorts.

Angeregt von der lebhaften Agitation russischer Agenten, verließen bald Hunderte von Bauern, Handwerkern und ehemaligen Soldaten die vom Krieg verwüsteten deutschen Länder. Nach langer, gefahrvoller Reise erfuhren sie erst in St. Petersburg, daß sie an der unteren Wolga siedeln mußten. Aber nun gab es kein Zurück mehr.

Diejenigen, die nach einer weiteren beschwerlichen Reise zu Lande und zu Wasser schließlich gesund in der Gegend von Saratow anlangten, sahen vor sich eine Wildnis: Soweit das Auge reichte, nichts als fast drei Schuh hohes, größtenteils verdorrtes Gras.

In Erdhütten lebend, den Angriffen der Nomaden ausgesetzt, verschuldeten sie sich auf Jahrzehnte, um wenigstens ein Kalmückenpferdchen oder eine Kuh, einen Hakenpflug, Räder, Achsen und Stangen zu einem *Rydwan* kaufen und damit das Land urbar machen zu können. Viele der Siedler hatten noch nie als Bauern gearbeitet. Was half's? Der unter den Wolgadeutschen lebende Dichter Bernhard v. Pla-

16

ten, ein verarmter Adliger, hat die Stimmung unter den Kolonisten in Verse gebracht: »Lang quälen ist der Tod — Wir haben uns ergeben; Mags kosten Haut und Haar, herein ins wilde Leben!«

In der Sorge, daß eine zunehmende Auswanderungslust zu einem »Mangel an Knechten und Mägden« führen könnte, verschärften die deutschen Landesherren die Emigrationsgesetze. So mußte — wie andere russische Agenten auch — der Resident zu Regensburg, Herr Simolin, nach Hause melden, daß allerhand »unglimpfliche Einstreuungen« gegen die Kolonistenpolitik Ihrer Majestät in Umlauf gebracht würden.

Aus Danzig, vom Residenten Oberst Hans Wilhelm von Rehbinder, kam hingegen frohe Kunde. Ein ihm persönlich bekannter Pastor der reformierten Kirche, Reinhold Forster, habe sich bereit erklärt, eine Reise in die unteren Wolgagebiete zu unternehmen, um den schädlichen Berichten über eine elende Lage der deutschen Kolonisten mit einem Augenzeugenbericht entgegentreten zu können.

Der Gedanke der Großen Catharina II. in Rußland, die unangebauten Gegenden, im südlichen Theile ihres ungeheuren Reiches mit Anbauern aus den mehr culti-virten Reichen Europens zu besetzen, zog eine Menge Menschen dahin. Indessen ward ich zufällig mit dem damahligen Russischen Residenten Herren von Rehbinder bekannt, welchem meine Kenntnisse in der Naturgeschichte, der theoretischen und praktischen Landwirthschaft, und der vielen europäischen Sprachen, sehr auffallend schienen. Er wünschte daher, ich möchte mich entschließen, eine Reise nach den für die neuen Anbauer bestimmten südlichen Gegenden Rußlands zu unternehmen, und ihren Zustand und ihre Anlagen zur Cultur untersuchen und beschreiben. Ich sollte ungebunden bleiben, und wenn man mich bey diesen neuen Anstalten brauchen wollte, und es mir anstünde, eine ansehnliche Versorgung bekommen; stünde es mir nicht an, sollte ich die Reisekosten und eine für meine Arbeit anständige Belohnung bekommen. Wiederhohltes Einreden und Aufmunterungen brachten mich zum Entschlusse, da ich mit einer zahlreichen und wachsenden Familie nicht länger von 200 thlr. Gehalte mich ernähren

Reinhold Forster:
Ueber Georg Forster
Sp. 13f.

17

konnte und wenige Aussicht einer anderweitigen Verbesserung hatte – – – Ich reiste also den 5ten März 1765 mit Urlaub der Gutsherrschaft auf ein Jahr, nach Königsberg. Ich hatte meinen Freund, den nachmahligen Prediger Turner, gebeten, die Predigten in meiner Abwesenheit zu halten, und der Prediger Herr Fabricius im nahgelegenen Danzig übernahm es, die Amtsverrichtungen zu versehen. Mein Sohn George war auf dieser Reise mein Reisegefährte.

Frau Forster blieb zurück, schwanger, mit sechs Kindern und einem Bücherberg, den sie nach einiger Zeit zu verkaufen begann.

Nach wochenlanger Kreuzfahrt über Memel und Riga kamen Reinhold und George im April in Petersburg an, wo sie bei der für die Wolgakolonisten zuständigen Behörde, der *Vormundschaftskanzlei für Ausländer,* vorstellig wurden.

Präsident dieser Behörde war Fürst Grigori Orlow, der Organisator des Mordkomplotts gegen Peter III. und Liebhaber Katharinas II. Daß Reinhold von wissenschaftlichen Absichten sprach, die er mit der Reise verfolge, störte ihn nicht weiter.

Reinhold suchte die Russische Akademie der Wissenschaften auf und erläuterte sein Vorhaben. Neben der vierbändigen *Flora sibirica* von J. G. Gmelin wurden ihm Ammanns reich bebildertes Standardwerk der russischen Flora, Buxbaums *Centuriæ,* zwei Thermometer und ein Barometer ausgehändigt. Mitte Mai beantragte Orlow den kaiserlichen Ukas.

Der Danziger Resident Ihrer Kaiserlichen Hoheit Rehbinder berichtet in einem an mich adressierten Brief, daß er den Grigori Orlow an Katharina II. Petersburg, 16. 5. 1765 Pastor der reformierten Kirche, Forster, hierher gesandt hat, um der Kanzlei zur Betreuung der Ausländer seine nachfolgende Absicht zu unterbreiten, lügnerischen, von mißgünstigen Personen stammenden Verlautbarungen entgegenzutreten, durch die man versucht, die allerhöchsten Bestrebungen Ihrer Kaiserlichen Hoheit zunichte zu machen. In Ansehung dieses Nutzens wurden jenem Pastor von dem genannten Rehbinder 450 Rubel als Reisekosten ausgehändigt.

Nachdem jener Pastor jetzt in Petersburg angekommen ist, berichtete er an die Kanzlei zur Betreuung der Ausländer, daß verschiedene mißgünstige Menschen, einzig und allein um die Ausländer von ihrer Absicht, nach Rußland auszuwandern, abzubringen, das Gerücht verbreiten, daß angeblich die nach Rußland ausgewanderten Kolonisten großem Unglück ausgesetzt seien, was dazu geführt hat, daß es nach einiger Zeit sehr schwierig wurde, derartige Kolonisten zu bekommen, die mit der Zeit durch ihren Fleiß dem Staat von Nutzen sein können. Deshalb bäte er, daß ihm die Erlaubnis erteilt werde, nach Saratov zu den dortigen Kolonisten zu reisen, um sich eingehend über deren Lebensweise und über alles, was die deutschen Ansiedlungen betreffen könnte, zu informieren, damit er nach seiner Rückkehr als Augenzeuge umso besser den Ausländern versprechen könne, daß die ausgestreuten Gerüchte jeglicher Grundlage entbehren und die dort angesiedelten Kolonisten in den glücklichsten Verhältnissen leben. In diesem Zusammenhang bittet er um Aushändigung des notwendigen Reisegeldes.

Somit nehme ich mir die Freiheit, Eurer Kaiserlichen Hoheit untertänigst vorzuschlagen, daß Sie angesichts der oben genannten Umstände allerhöchstens befehlen möge, daß die von dem erwähnten Pastor in Danzig von dem oben genannten Residenten empfangenen 450 Rubel von der Staatskasse getragen werden und auch das, was jetzt für die Reise nach Saratov und zurück nach dem Ermessen der Kanzlei notwendig sein wird, ihm aus den für die Kanzlei zur Betreuung von Ausländern zur Verfügung stehenden Mitteln ausgehändigt wird.

Ich bekam einen Officier zum Begleiter und reiste im Maymonathe in fünftehalb Tagen bis Moskau und nach einem Aufenthalte von ein paar Tagen, vollends bis Saratof ab. Hier bekam ich 4 Kosaken und einen Soldaten zur Bedeckung mit und nun fuhr ich längst der Wolga, bis Dmitriewsk herab und untersuchte alle Colonien die schon angelegt waren und zum Theile noch angelegt werden sollten. Ueberall wurden der Boden, die Gewächse und Thiere der Gegenden, nebst dem Clima und dessen Einfluß auf Menschen, Thiere, Pflanzen

Reinhold Forster:
Ueber Georg Forster
Sp. 14 f.

und Producte untersucht, überall hörte ich der Colonisten Urtheile über ihre Lage, ihre Vortheile, ihre Nachtheile, ihre Besorgnisse; besprach mich darüber mit den Officianten des Staats über die möglichen Mittel, das Gute zu befördern, das Nachtheilige zu behindern; besonders über die Rechts- und Policey-Pflege, und verfaßte über alles einen gründlichen und weitläuftigen Bericht. Die Antiquitäten, mongolischen Münzen, Götzenbilder oder Begräbnißdenkmähler der alten nomadischen Völker, Ueberbleibsel von Perrys Canal zur Vereinigung der Wolga und des Dons durch die Ilawla, Spuren noch älterer Befestigungen alter Völker und jeder Umstand, der Belehrung versprach, wurden von mir untersucht und gesammelt. Nun ging unsre Reise an der Ostseite der Wolga, in die von den Kalmücken durchstreifte große Steppe, wo doch noch mancher Gegenstand der Untersuchung und Bemerkung sich darboth, bis wir den großen Salzsee Yelton erreichten. Hier blieb ich nicht nur etliche Tage, sondern durchstrich auf viele Meilen weit die umliegende Gegend. Nach diesen Erforschungen kamen wir endlich bis zu dem Flusse Jeruslan, und folgten dem bis an die Wolga; längst derselben untersuchten wir alle die bewohnbaren Gegenden längst den Flüssen Tarlyk und anderen kleinen Bächen, bis wir wieder gegen über Saratof ankamen, und über die Wolga setzten. Nach einigen Tagen wurden auch die nordöstlich von Saratof gelegenen Colonien untersucht, so wie die Lage der Fremden, die sich in Saratof selbst niedergelassen hatten. In aller der Zeit übte sich mein Sohn mit mir in der Kenntniß der Natur. An einem sehr heißen Tage, an welchem ich mich niedergelegt hatte, weil mir nicht wohl war, benutzte mein Sohn die Zeit, da ich schlief, für sich die Gegend nach neuen Pflanzen zu durchstreichen. Er hatte eine Menge gesammelt, und mit Hülfe des Linnéischen Systems, entdeckte er ohne meine Hülfe die Nahmen und Charactere einiger seltenen Pflanzen, ins besondere war die Jmpatiens oder wilde Balsamine darunter.

Nach Petersburg zurückgekehrt, überreichte Reinhold dem Grafen Orlow ein ausführliches, mit einer wunderbaren Kartenbeigabe versehenes Memorandum, in dem die neuen Kolonien unter allen Gesichtspunkten dargestellt wurden:

Boden und Klima der Region erfuhren eine ebenso eingehende Würdigung wie die Willkür und Habgier des Woiwoden Strojew von Saratow.

Es zeigte sich, daß die Colonisten vorzüglich darüber klagten, daß man sie entweder nach Russischen Rechten, die bloß in den Ukasen lagen, welche sie nicht kannten und verstanden, richtete und oft sehr unbillig und hart bestrafte; oder die Russischen Reinhold Forster: *Ueber Georg Forster* Sp. 16 Befehlshaber, vorzüglich der Woiwode von Saratof, verfuhren oft ganz willkührlich und erlaubten sich manche Bedrükkungen der armen Colonisten. Einige Deputirte der Colonisten gaben darüber Beschwerden. Die Kaiserin verlangte, man sollte zum Besten der Colonisten eine Art von Gesetzbuch entwerfen, nach welchem die Colonisten künftig sollten gerichtet werden, und besonders sollten über die äußere Einrichtung und Verfassung der Kirchen und Schulen der drey in Deutschland tolerirten Religionen, über die Policey und über Eigenthum, dessen Erwerb und die Erbfolge, Vorschriften und Verordnungen, die von den Colonisten-Deputirten selbst genehmigt wären worden, darin enthalten seyn. Dem reformirten Prediger Dilthey und mir übertrugen die Colonisten-Deputirten, mit Zustimmung des Grafen Orloff und auf ausdrücklichem Befehl der Kaiserinn, diese Arbeit. Das Kirchen- und Schulenwesen fiel dem Prediger Dilthey zu Theil, die übrigen Artikel habe ich bearbeitet. Die Criminal-Gesetze waren von diesem Gesetzbuche ausgeschlossen. Mit unermüdetem Eifer habe ich an diesem Entwurfe gearbeitet, und mit den Colonisten darüber conferirt, und dann mit Herren Prediger Dilthey gemeinschaftlich unsre Arbeit nochmahls durchgesehen.

Während sich Reinhold als Gesetzgeber betätigte, besuchte George in Petersburg die von dem bekannten Pädagogen Büsching gegründete Petrischule. Acht Monate lang wurde er in der lateinischen, französischen und russischen Sprache, in Geschichte, Geographie und Mathematik sowie im Spezialfach dieser Schule, in der Statistik, unterrichtet. Er hatte sogar Freunde: den kleinen Dilthey, Maibohm, Lehmann, Söhne wohlhabender Kaufleute, Professoren und Hofräte.

Im Mai 1766 erfuhr Reinhold, daß seine Pfarrstelle nach Ablauf des Urlaubs anderweitig besetzt worden war. Er gab den fertiggestellten Entwurf eines Gesetzbuches bei Orlow ab und bat, unruhig geworden, man möge die Frage seiner festen Anstellung bald entscheiden; andernfalls bitte er um seine Abfindung.

Man ließ sich Zeit. Die Aufnahme Forsters in die Russische Akademie der Wissenschaften, vor der er drei Vorträge über seine Entdeckungen gehalten hatte, war erfolgreich hintertrieben worden. Die Verwaltung der kolonisierten Gebiete wurde umorganisiert und noch im selben Jahr dem Befehl des Woiwoden von Saratow entzogen. Die Vormundschaftsbehörde eröffnete in Saratow eine Agentur, der die Kolonisten direkt unterstellt wurden — eine rein formale Veränderung, die für die Ansiedler nicht die geringste Verbesserung brachte.

Der nun stellungslose Pastor Forster wurde vertröstet, hingehalten, nicht mehr empfangen und schließlich erniedrigt.

So viel sagen unsre Notizen, daß er ungeduldig ward und bei Graf Gregori Orloff nochmals um Erlaubniß bat, in seine Heimath zurückkehren zu dürfen. Orloff beschied ihn den andern Morgen um sechs Uhr zu sich, Joh. Reinhold stellte sich ein, der Graf war aber schon vor einer Stunde auf die Jagd gegangen. Nun glaubte jener deutlich zu sehen, daß man ihn nur hinzuhalten gedenke; er bereitete sich also unverzüglich zur Abreise, machte diese, dem Gebrauche gemäß, dem Publicum durch einen dreimal wiederholten Artikel in der Petersburger Zeitung bekannt, und nahm schriftlich vom Grafen Orloff seinen Abschied. Der Graf schickte darauf einen Secretair an ihn mit der Frage: was er für seine Dienste verlange? Joh. Reinhold gab zur Antwort: er glaube zweitausend Rubel verdient zu haben (der Silberrubel hatte damals den Werth eines Albertthalers), setzte aber hinzu: wenn ihm der Graf eine Kopeke über tausend Rubel gebe, wolle er auch zufrieden seyn, aber die abgeschlossene Summe von tausend Rubel allein nähme er nicht an. — Darauf ließ man ihn abreisen, ohne ihm die geringste Belohnung zu geben.

Therese Huber:
Einige Nachrichten
S. 11

Zu neuen Ufern

Als der Pariser Friede von 1763 den Siebenjährigen Krieg beendete, war Großbritannien zum unbestrittenen Beherrscher der Meere geworden. Die Unterstützungszahlungen an Preußen hatten sich gelohnt. Während auf dem Kontinent die französischen Streitkräfte durch hannoveranisch-hessische Truppen unter preußischem Befehl gebunden waren, hatten englische Soldaten die Franzosen aus Kanada und Indien verjagt.

Die englische Ostindien-Kompanie, die den Krieg an erster Stelle mitfinanziert hatte, zog nun den asiatischen Handel fast ausschließlich an sich. Aus Indien, von der Gesellschaft direkt regiert, wurden zwischen 1757 und 1780 achtunddreißig Millionen Pfund nach England transferiert. Die Beamten quälten die unglücklichen Inder nach ihrem Belieben. Die Monopole von Salz, Betel, Opium usw. wurden zu Quellen unerschöpflichen Reichtums.

Noch war ein großer Teil der Erdoberfläche unerforscht. Die Engländer hofften, eine Nord-West-Passage zu entdecken, um den Seeweg nach Indien abzukürzen, aber hauptsächlich beflügelte der Pazifik die Phantasie der Kolonialmächte. In die ungeheuren Weiten des Stillen Ozeans erträumten sie sich in bunten Farben ein riesiges, fruchtbares Gebiet, Gegengewicht und Spiegelbild der Landmassen auf der nördlichen Halbkugel: die *Terra australis*.

1756 war in Frankreich eine umfangreiche Geschichte der Reisen in die südliche Hemisphäre erschienen, eine systematische Darstellung aller für die Existenz des Südkontinents sprechenden Argumente seit der Antike. Auch in England hatte die *Terra australis nondum cognita* einen leidenschaftlichen Fürsprecher, den einflußreichen Geo- und Hydrographen Alexander Dalrymple.

1766 verließen zwei Südsee-Expeditionen Europa: eine britische unter den Kapitänen Wallis und Carteret und eine französische unter Kapitän Bougainville. Beide Expeditionen hatten den Auftrag, neue Kolonialgebiete zu entdecken. Die Franzosen gingen jedoch sehr viel systematischer ans Werk: Für eine wissenschaftliche Erforschung der Südsee hatte Bougainville, selbst ein fähiger Mathematiker und Naturforscher, den Astronomen Véron und den Arzt und Botanologen Commerson an Bord.

Nun war England, der Konkurrent, am Zug. Ein Wissenschaftler mit dem Ziel, an einer großen Forschungsreise teilzunehmen, mußte in London sein Mekka sehen.

Reinhold war am rechten Ort — wenngleich seine Lage zunächst verzweifelt blieb und ihm nicht die Südsee, sondern Amerika winkte.

Würdigster Freund

Den 4ten dieses Monathes bin ich erst nach einer höchst mühsamen Reise, (da wir 12 Tage im Hafen von Christiansand und wieder beinahe 3 Wochen in dem Hafen von Mendal, die beide in Norwegen sind, der Stürme wegen, vor Anker gelegen) in London auf der Thames angelanget. – – – Sogleich ging ich zu Ihrem Freunde Herren Planta einen Weg von 5 Engl. Meilen; der Weg dauert mich aber beinahe, denn Ihr Freund war sehr kalt. Er schimpfte daß Er Ihren übelgeschriebenen Brief nicht lesen könte, nahm mich kalt auf, frug nach Ihrem Wohlseyn, und tröstete mich so schlecht, daß wenn ich nicht Gott zum Troste gehabt, ich in meinen bedrängten Umständen sehr fühllos mir geschienen hätte. Zum Glükke fand ich bei Ihm, Herren Senior Unitatis Fratr. Polonor. per Poloniam Majorem Woyde an, einen Coaetaneum aus dem Joachimsthalischen Gymnasio, mit dem ich auch sonst in Correspondence gestanden. Er ist ein gelehrter, würdiger Prediger, und zeigte sich gegen mich ungemein freundschaftlich. Er gab mir allerhand Directiones sprach mir Rath ein, ließ mich hoffen, welches mir sehr nöthig war; da mein Geld zu der für Engelland seichten Ebbe von $3\frac{1}{2}$ Guinea gekommen ist. Nach langen leeren Anzeigen, daß nichts für mich in Engelland zu thun wäre, erinnerte sich Herr Planta eines Briefes von einem Freunde aus Nord Carolina in America der einen Prediger für eine neue Colonie verlangte – – – Herr Planta

Reinhold Forster
an Pastor Dilthey
London, 7. 10. 1766

24

sagte, wenn ich die Stelle haben wolte, so müßte ich mit meinen Kindern um Brod zu haben fleißig arbeiten, graben, pflanzen, und dergleichen – – – Madam war freundlicher und liebreicher. Ich will sehen was weiter aus mir werden wird, und will meine übrigen Addressen aufsuchen und mich nach einem Logis umsehen. – – – Herr Woyde wird mir schon mit gutem Rathe an die Hand gehen, und er ist schon ein Jahr hier und kennt alle Gelehrte und viele feine Leute. – – – Mein Sohn ist auf der See bei jedem neuen Auslaufen aus dem Hafen, hart krank worden, doch hat er sich erhohlet, und spricht schon ziemlich gut Englisch: so wie ich schon auch ziemlich schnattern kan, es mag recht oder unrecht seyn. Ich habe verschiedene Anmerkungen auf der Reise gemachet, die hist. natural. betreffend, über die Fische vornähmlich, und über Seekrebse und Meersterne und Medusen und dergleichen. Meine Reise ist über 6 Bogen stark beschrieben dadurch geworden. Herren Falk wünschte ich meine Gedanken mittheilen zu können, denn es sind ein paar ganz besondere Anomalien darunter. Vielleicht finde ich an Herren Solander der am Museo nebst Hr. Planta Assistent ist, einen Mann mit dem ich mich wegen dieser Sachen aus der Natürlichen Geschichte besprechen kan.

Pfarrer Woide half, glücklich, auf diese Weise wieder in den Besitz seines kostbaren koptischen Manuskripts zu gelangen. Er brachte die beiden Auswanderer bei sich in der Denmark Street im Westend unter, so hart ihn die Nähe Reinholds ankam.

4 Octob: Sonnabend. – – – Nach dem Essen lass ich die Zeitungen noch einmahl durch und war bei H Planta, wo H Prediger Förster aus Petersburg ankam. Um 7 kam ich nach Hause – – –

Karl Woide:
Tagebuch
1766/67

6 Octob: Mondttag. – – – Von 11 bis 6 des Abends war H Prediger Förster. Seinetwegen war ich auff dem Museo bis gegen 10.

13 Octob: Mondttag. Ich lass die ersteren 5 Psalmen wieder durch und lass Arndten die übrige Zeit vergieng, da H Forster bei mir war, so daß ich auch nicht zum Gottesdienste kam – – –

6 Nov: Donnerstag. – – – und trunk mit H Förstern Thee und war in der königl. Societät der Wissenschaften und der Antiquitäten bis nach 9. H Förster war bis gegen 2 Uhr bei mir. Ich befohl mich Gott.

17 Nov: Mondttag. – – – und gieng mit H Forster zu H Putmann, wegen seiner Versorgung in Nord America um zu fragen, ob eine Prediger-Stelle dort ledig sei, die von Holland vergeben worden – – –

20 Nov: Donnerstag. – – – H Förster war bis 1 bei mir. Ich hatte keine lust mehr. – – –

12 Jan: Mondttag. – – – H Förster kam und blieb bis 1 Uhr – – – H Förster kam und zeigete mir sein Project, das Er gemacht hatte, wegen der emigration der polnische Protestanten nach America, womit ich unzufrieden war, und deswegen zu H Planta gieng, der ihm diesem Raht gegeben haben sollte. Ich kam nach 9 zu hause und wollte arbeiten H Förster aber sass bei mir bis 2 und ich eilete zu bette weil ich den Schnupfen hatte.

23 Febr: Mondttag. Ich lass Ps. 119 als H Förster zu mir schikte. lehnete Ihm noch 3 Guinees zu den 7. vorhergehenden. Sein Kummer machte mich verlegen und störte meine Beschäftigungen – – –

Eine von Lord Shelburne angebotene Predigerstelle im von Spanien an England abgetretenen Ostflorida und eine Pfarrei in Maryland, wo Reinhold nebenbei ein Bergwerk hätte in Gang bringen sollen, waren auch nicht das Rechte. Mühsam hielt er sich durch den Verkauf tatarischer Münzen, Versteinerungen, Götzenbilder und Schriften der Kalmücken und Tibetaner über Wasser.

Indessen debütierte er mit einem Traktat *Über die beste und profitabelste Weise, Bienen zu züchten* vor der *Gesellschaft zur Beförderung des Handels, der Gewerbe und des Landbaus* und wurde nach Vorlage einiger in Bilyarsk gefundenen Steine, der Beschreibung eines Wandgemäldes in Herkulaneum, einem kurzen Bericht über das Volk der Britons, das den Kaukasus an den Ufern des Schwarzen Meeres bewohne, und einem Vortrag über Eigenschaften, Etymologie und Vorkommen des Topas Ehrenmitglied der *Society of Antiquaries of London.*

Vor dieser antiquarischen Gesellschaft erschien, wie deren Protokolle ausweisen, am 21. Mai 1767 auch George.

Der Sohn von Mr. Forster, Ehrenmitglied dieser Gesellschaft, ein junger, noch keine dreizehn Jahre alter, aber mit verschiedenen Sprachen vertrauter Gentleman, *Society of Antiquaries:* legte ein Exemplar eines von ihm ins Eng- *Minutes Books* lische übersetzten Werkes vor mit dem Titel *A Chronical Abridgement of the Russian History; translated from the original Russian, of Michael Lomonosoff, Counsellor of State & Professor of Chymistry at the Academy of Sciences at Petersburg; & continued to the present Time by the Translator.* Dem jungen Gentleman wurde für sein freundliches Geschenk Dank ausgesprochen.

Das Büchlein war dem russischen Gesandten in England, Alexej Semjonowitsch Mussin-Puschkin, gewidmet, aber Reinholds Rechnung ging nicht auf: Die Dedikation brachte, wie er enttäuscht Herrn Lehmann in Petersburg meldete, »keinen roten Heller«.

Inzwischen hatte er beharrlich die Funde der Wolgareise geordnet. Mit seinen *Specimen Historiæ Naturalis Volgensis* präsentierte er der *Royal Society* 207 nach Linné klassifizierte Pflanzenarten, 23 Säugetiere, 14 Reptilien, 16 Fische und 64 Vögel, darunter auch die schwarze Lerche, die als *Alauda (Melanocoripha) yeltoniensis* heute noch den von ihm gewählten Namen führt. Das Werk wurde in die *Philosophical Transactions,* die Annalen der Gesellschaft, aufgenommen.

Kurz darauf reiste Reinhold nach Warrington (Lancashire) ab, wo ihm Woide und der inzwischen milder gestimmte Planta eine Stelle an der Dissenter-Akademie besorgt hatten. George überließ er dem Londoner Tuchhändler Lewins, der das Bürschchen, das englisch und französisch, deutsch und russisch verstand und auch gut rechnen und schreiben konnte, in seinem Kontor beschäftigte, Waren packen und mit dem grünen Einschlagtuch unterm Arm durch das große London laufen ließ.

Georg ward also ein Kaufmann im Junius, und muste Briefe ins Correspondenzbuch eintragen, Rechnungen ausziehen, und zuweilen 2 bis 3 Wochen wie angeleimt am Schreibpulte sitzen, und denn, wenn Schiffe abgerechnet waren, wieder 8 bis 10 Tage, in der größesten Hitze, von einem Ende der Stadt zu dem andern, mit Rechnungen herumlaufen und Gelder eincassieren; da er denn zuweilen mehrere 100 Guineen, theils in Banknoten, theils in Münze zu tragen hatte. Diese abwechselnde Extreme, waren seiner Gesundheit schädlich; und da er überdem bey zu großer Erhitzung, unbedächtig und zu hastig einen kalten Trunk Bier zu sich genommen hatte, so verfiel er im September, in den Anfang einer Auszehrung.

Inzwischen besuchte Reinhold Oxford, besichtigte dort den botanischen Garten, diskutierte koptische Probleme, studierte die Parianische Marmor-Chronik und erlöste dann, kaum hatte er sich in Warrington etabliert, den immer noch in Nassenhuben sitzenden Rest seiner Familie aus dem nun schon drei Jahre währenden Wartestand.

Sie kam in London an, und damit sie die Reise gemächlicher thun könnte, erlaubte Hr. *Lewins,* daß Georg als Dolmetscher mitreisen möchte. Allein er war so elend, so verdrieslich und entkräftet, daß ich mich nicht entschließen konnte, meinen Sohn ihm wieder anzuvertrauen. Dr. *Aikin,* der vormahls des Lewins Lehrer gewesen war, beredete mich am stärksten zu diesem Schritte, mit den Worten: *Mr. Lewins will do him justice, but no mercy,* (Herr Lewins, wird Ihrem Sohne Gerechtigkeit, aber keine Güte zukommen lassen.) Er kam im September mit seinen Geschwistern und mit seiner Mutter in Warrington an; und sollte nun vor der Hand da bleiben.

Warrington war eine junge Industriestadt mit Kupferwerken und neuangelegten Kanälen. An der eng mit den nordamerikanischen Kolonien verbundenen Dissenter-Akademie unterrichteten Lehrer, die wie ihre Schüler von den gewöhnlichen Universitäten ausgeschlossen waren, weil sie sich der anglikanischen Staatskirche nicht unterordneten. Reinholds Vorgänger, der berühmte Naturwissenschaftler Dr. Joseph

Priestley, ein Pionier der Elektrizität, Erforscher der Zusammensetzung der Luft aus verschiedenen Gasen und Entdecker der Photosynthese, hatte als einer der ersten die Frage aufgeworfen, weshalb die Universitäten zwar Pfarrer, Ärzte und Juristen, aber keine Kaufleute ausbildeten, und die Fächer Chemie, Anatomie, Geschichte und Geographie in den Unterricht eingeführt.

Reinhold lehrte Deutsch und Französisch und bekam dafür 60 Pfund — etwa 30 000 DM — im Jahr, dazu noch zwei Guineen für jeden Auditor und drei Guineen für einen Kurs über Naturgeschichte. Er arbeitete eine Einführung in die Mineralogie aus und beförderte sie auf eigene Kosten zum Druck. Frau Forster nahm sechs zahlende Studenten in Pension, so daß der gesamte Familienbetrieb nun aus fünfzehn Mäulern bestand.

Dr. *Percival* ein geschickter Arzt − − − stellte in einigen Monathen meinen George wieder her, und er fing an, die Vorlesungen Herrn *Holt's* in der Mathematik und Physik, Herrn Dr. *Aikin's* seine, über die Geschichte, den Horatz, die Moral und die Wahrheit der christlichen Religion, so wie meine in der Naturgeschichte und im Französischen zu besuchen. Er erhielt auch Unterricht im Schönschreiben und Zeichnen. Zugleich half er mir seine Mutter und seine Geschwister im Englischen zu unterrichten. Im Sommer machten wir Excursionen nach einem 4 Englische Meilen entfernten kleinen Gehölze, *Rosewood* genannt, wo manches seltene Insect gefangen und manche seltene Pflanze gesammelt ward. In Orford, dem Sitze Herren *Blackburne's,* waren die seltensten ausländischen, besonders westindischen, Nord-Americanischen, Kapisch-Africanischen und ostindischen Pflanzen anzutreffen, die wir öfters untersuchten und uns bekannt machten.

Reinhold Forster:
Ueber Georg Forster
Sp. 125

Über die Blackburnes freundete sich Reinhold mit dem Ornithologen und Linné-Korrespondenten Thomas Pennant an, der ihn auf den Gedanken brachte, mit Hilfe von George die *Reisen durch Nordamerika* von Pehr Kalm ins Englische zu übersetzen. Zudem begann Reinhold, dreimal pro Woche in einem Pensionat im dreieinhalb Meilen entfernten

Winwick Französisch zu unterrichten. George wurde mit herangezogen; er hatte die Begriffsstutzigen zu unterweisen, die freilich oft älter und stärker waren als er, der knapp Vierzehnjährige.

Georg ging, um sich in jenes Pensionat zu begeben, täglich vor einem Bäckerladen vorbei, wo er seinen Hunger oder seine Naschhaftigkeit häufig mit einigen kleinen Pastetchen befriedigte. Da er seine Sparpfennige dabei nicht berechnete und sich vielleicht von dem Bewußtsein, auf einen Erwerbszweig zu gehen, verleiten ließ, machte er Schulden und hatte die Kränkung, auf diesem unvermeidlichen Gang von der Bäckerfrau gemahnt zu werden; bald wußte er seiner Noth keine Hülfe mehr. Wie er nun wieder einmal auf seiner Rückkehr vom Pensionat vor dem gescheueten Bäckerladen vorbeigehen sollte, betete er recht dringend um höheren Beistand. Sein Weg führte ihn über einen Feldschluß, indem er hinübersteigt, sieht er etwas im halbtrockenen Kothe, im Tapfen eines Pferdehufes liegen, langt danach, und findet eine Guinee. Die Ideenverbindung führte ihn darauf, seinen glücklichen Fund für die Wirkung seines Gebets zu halten; er ging schnell seine Schulden zu bezahlen, aber sein Bedürfniß, auch an Andrer Freude sich einen Genuß zu verschaffen, hinderte ihn den ansehnlichen Ueberschuß der Guinee zu eigenem Gebrauche aufzubewahren, er kaufte seiner Schwester Wilhelmine – – – die er sehr liebte, einen goldenen Fingerhut dafür.

Therese Huber:
Einige Nachrichten
S. 13 f.

Wachsende Schulden machten Reinhold reizbar und mit dem Lehrberuf unzufrieden. Er fand seine Hörer nachlässig, aufsässig und faul. Weil sie Schulgeld bezahlten, zögerte die Schulleitung, sie, wenn nötig, an die Luft zu setzen. Jeden Samstagnachmittag versammelten sich Lehrer und Schüler in der Aula, um die lange Liste der Verfehlungen und Strafen anzuhören.

Wenn Reinhold den Kopf verlor, neigte er zu patriarchalischen Abstrafungen mit brachialer Gewalt. Die »jungen Affen« zahlten es ihm heim, indem sie ihn wegen seines holprigen Englisch verhöhnten — ihn, der sich rühmte, siebzehn

Sprachen zu beherrschen! — und seine Schulden bekannt machten.

Es folgten bombastische Aussprachen mit dem Rektor und das unvermeidliche Zerwürfnis. Im April 1769 nahm Reinhold seinen Abschied.

Nach einem Jahre verließ ich die Lehrerstelle an der Dissenter Academie, bekam aber wieder in Warrington die Jugend in der Schule von der Bischöflichen Kirche im Französischen zu unterrichten. Hier war Georg abermahls mein Gehülfe. Ein *Reinhold Forster: Ueber Georg Forster Sp. 125 f.* junger Mensch hatte auch gewünscht, in der Befestigungskunst Artillerie und Tactik, einige vorläufige Kentnisse, sich zu verschaffen, – – – und da man mich eifrigst bat, diese Arbeit zu übernehmen, so schafte ich mir einige teutsche, französische und englische Bücher in diesen Wissenschaften an, und ertheilte auch darin Unterricht und zog auch meinen Sohn dazu, um mehr Wetteifer bey dem jungen Engländer zu erregen.

Reinholds Einnahmen waren klein. Die Säule des Haushalts war nun der noch nicht fünfzehnjährige George. Nach den über tausend Seiten des dreibändigen deutschen Werkes von Kalm folgten Übersetzungen aus dem Französischen: Peter Löflings *Reisen durch Louisiana, Spanien und Südamerika* und Pehr Osbecks *Reisen nach China und Ostindien* — Werke von sieben- bis achthundert Seiten Umfang.

George lieferte den Text. Reinhold überwachte, korrigierte, verfaßte die Widmungen, Vorworte und Fußnoten, in denen er mit politisch überlegtem Lob und Tadel nicht sparte, zeichnete das Werk mit seinem Namen und übernahm selbstverständlich auch das Inkasso. Daneben arbeitete er an einer Darstellung der englischen Insektenwelt, pflegte Bekanntschaften und knüpfte unablässig weiter sein Netz, bis sein beharrliches Bemühen endlich Erfolg zu haben schien.

Der führende Advokat der *Terra australis,* der Hydrograph und Südsee-Experte Alexander Dalrymple, sollte im Auftrag der Ostindien-Kompanie als Gouverneur auf Balambangan nordöstlich von Borneo eine englische Kolonie gründen und bot Reinhold an, als Naturwissenschaftler und Hauptmann der Landtruppen an dem Unternehmen mitzuwirken. George sollte den Vater als Seekadett begleiten. Im November 1770 reisten die beiden nach London; der Rest der Familie folgte in kurzem Abstand.

Als das Projekt platzte, wuchs Reinhold über sich selbst hinaus. Daines Barrington, dem Vizepräsidenten der *Antiquarischen Gesellschaft* und der *Royal Society,* widmete er einen Aufsatz über die Karpfenzucht in Preußisch-Polen. Es folgten ein Katalog britischer Insekten, drei von George illustrierte Abhandlungen zur Hudson Bay (über eine von den Indianern genutzte Wurzel und über die Tierwelt im Wasser und auf dem Land) sowie eine für die Universität Oxford bestimmte Studie zur koptischen Etymologie mit dem Titel *De bysso antiquorum.*

Freilich mußte auch George sein Letztes geben. Tag und Nacht saß er an der Übersetzung der *Reise um die Welt* von Bougainville.

Der französische Entdecker hatte es offen ausgesprochen:

Unsere unermeßlichen Besitzungen in Nordamerika sind verloren. – – – Alle Reichtümer der Erde gehören Europa, das die Wissenschaften zum Souverän der anderen Weltteile gemacht haben; gehen wir daran, diese Ernte einzubringen. Das Südmeer wird eine unerschöpfliche Quelle für den Export französischer Produkte sein zum Nutzen der zahllosen Völker, die dort wohnen und die, in der Unwissenheit, in der sie leben, unbegrenzt aufnehmen werden, was unser Wissen für uns so selbstverständlich und spottbillig gemacht hat. Die Inseln der Südsee besitzen alles, was die der nördlichen Meere hergeben; darüber hinaus bergen sie tausend Reichtümer, die für sie typisch sind: Kaffee, Zucker, Kakao, Indigo, Koschenille, Ambra, Perlmutt, Perlen, all diese merkwürdigen Dinge der Natur, aus denen die Kabinette der Sammler in Europa einen neuen Handelszweig gemacht haben; Gewürze, Gold, Silber und Edelsteine sind das Erbteil dieses Himmelsstriches. Von dort werden wir beziehen, was wir für unseren Luxus und zur Befriedigung unserer Bedürfnisse so teuer im Ausland kaufen müssen.

Bougainville
zu Karl von
Nassau-Siegen
August 1766

Aber der Seefahrer hatte statt der erhofften Reichtümer nur den Mythos Tahiti mitgebracht, das »Land, wo noch die Freiheit des Goldenen Zeitalters herrscht«.

Ich bin mehrmals in Gesellschaft von 1 oder 2 Männern tiefer in das Land hineingegangen; es schien mir der Garten Eden zu sein. Man sah die schönsten Wiesen, mit den herrlichsten Fruchtbäumen besetzt und von kleinen Flüssen durchschnitten, welche allenthalben eine köstliche Frische verbreiteten, ohne die Unannehmlichkeiten, welche die Feuchtigkeit sonst mit sich bringt. Ein recht großes Volk genießt hier die Schätze, welche die Natur ihm in so reichem Maße austeilt. Wir fanden Gruppen von Weibern und Männern im Schatten der Fruchtbäume sitzen, welche uns freundschaftlich grüßten; die uns begegneten, traten auf die Seite, um uns Platz zu machen. Allenthalben herrschten Gastfreiheit, Ruhe, sanfte Freude, und dem Anschein nach waren die Einwohner sehr glücklich.

Bougainville:
Reise um die Welt
S. 188

Und sein Begleiter, der Botaniker Commerson, hatte in einem vom *Mercure de France* veröffentlichten Brief verkündet:

Diese Insel schien mir so beschaffen, daß ich ihr schon den Namen Utopia beigelegt, den Thomas Morus seiner idealen Republik gegeben. – – Der Name, den ich ihr bestimmte, kam einem Lande zu, vielleicht dem einzigen auf der Erde, wo Menschen ohne Laster, ohne Vorurteile, ohne Mangel, ohne inneren Zwist leben.

Phil. Commerson
an J. Lalande

Geboren unter dem schönsten Himmelstrich, genährt von den Früchten eines Landes, das fruchtbar ist, ohne bebaut zu werden, regiert eher von Familienvätern als von Königen, kennen sie keinen anderen Gott als die Liebe; jeder Tag ist ihr geweiht, die ganze Insel ist ihr Tempel, alle Frauen sind ihre Priesterinnen, alle Männer ihre Anbeter.

Anfang 1772 hatte George die Übersetzung von Bougainvilles *Reise* beendet. Nun kamen Riedesels *Sizilianische Reisen* an die Reihe. Reinhold hatte inzwischen seine *Floræ Americæ Septentrionalis* und seine *Novæ Species Insectorum* vorgelegt.

Im Februar wurde er in die *Royal Society* aufgenommen. Er unterhielt mit dem Göttinger Altertumswissenschaftler Johann David Michaelis eine lebhafte Korrespondenz, empfing zusammen mit George den jungen Berliner Verleger Spener, einen Spezialisten für Reisebeschreibungen, verfaßte Anmerkungen zur englischen Ausgabe von Cronstedts *Mineralogie* und teilte Daines Barrington einige geographische Details für dessen berüchtigte, völlig unzuverlässige Ausgabe des angeblich von König Alfred dem Großen ins Angelsächsische übersetzten *Orosius* mit.

Letzteres gab den Ausschlag. Barrington, ein ebenso hochrangiger wie schlechter Jurist, Herausgeber einer dickleibigen, praktisch nur aus Fußnoten bestehenden Statutensammlung und Verfasser von Abhandlungen über die Sintflut und die erloschene Sprache Cornwalls, verfügte über die richtigen Verbindungen. Zu seinen Brüdern gehörten ein hochangesehener Kapitän, ein Bischof sowie ein Staatssekretär im Kriegsministerium, der direkten Zugang zur Höchsten Admiralität hatte.

Am 26. Mai 1772 war es soweit. Spät abends kam ein gewisser Mr. Irving, der sehr geheimnisvoll tat, zu Forster ins Haus, um vorzufühlen, ob er unter Umständen als Naturkundler an Cooks Reise in die Südsee teilnehmen wolle.

Ich sagte, ich würde im Falle einer angemessenen Versorgung für mich und meine Familie keinen Augenblick zögern, daß aber mein Sohn George in diesem Fall mit mir gehen müsse, der als Naturwissenschaftler und passabler Zeichner gut geeignet sei, mir zu assistieren.

Reinhold Forster:
Journal
London, 26. 5. 1772

Barrington handelte im Auftrag der Höchsten Admiralität mit Reinhold ein Handgeld von 4000 Pfund aus und stellte ihm in Aussicht, die offizielle Reisebeschreibung verfassen zu dürfen.

In aller Eile trafen Vater und Sohn ihre Vorbereitungen, da die Abreise kurz bevorstand. Am 10. Juni erfolgte die offizielle Bestätigung, worauf Reinhold sein Testament schrieb, in dem er, für den Fall seines Todes, Frau und Kinder dem guten Pfarrer Woide empfahl.

Die *Resolution*

James Cook kam aus dem Dorf Marton in Yorkshire. In seinem siebzehnten Jahr verließ er den kleinen gepachteten Hof seines schottischen Vaters und heuerte auf einem jener bauchigen Küstenschiffe an, welche Steinkohle von Newcastle nach London brachten. Er befuhr die Ostsee, wurde Steuermann, lehnte ein ihm angebotenes Kommando ab und ging stattdessen als Vollmatrose zur Navy. Der Siebenjährige Krieg trug ihn nach oben. In Reichweite der feindlichen französischen Kanonen vermaß er den St.-Lorenz-Strom und schuf so die Voraussetzung für die Einnahme von Quebec. Als Steuermann des Flaggschiffs des Obersten Kommandeurs kartographierte er die Küsten von Neufundland, Neuschottland und Labrador.

1768 kehrte mit der *Dolphin* unter Kapitän Wallis das erste jener Schiffe nach Europa zurück, welche zwei Jahre zuvor auf die Suche nach der *Terra australis* ausgelaufen waren. Die Expedition hatte aber die Grenzen des Unbekannten nur gestreift.

Kurz darauf brach Cook zu seiner ersten Reise auf. Offiziell sollte er im Auftrag der *Royal Society* zusammen mit dem Astronomen Charles Green auf Tahiti den Durchgang der Venus vor der Sonne beobachten, wovon man sich eine für die Bestimmung des Längengrades auf offener See höchst bedeutende genauere Messung der Sonnenentfernung versprach. Im geheimen hatte er jedoch Befehl, den Südkontinent zu suchen und dabei bis zum 40. Grad südlicher Breite vorzudringen.

Der Botanomane Joseph Banks, ein reicher junger Mann aus besten Kreisen, Freund des Grafen von Sandwich, des Höchsten Lords der Admiralität, kaufte sich mit zehntausend Pfund in das Unternehmen ein. Sein Intimus, der schwedische Linné-Schüler Dr. Carl Solander vom Britischen Museum, begleitete ihn.

Anders als seine Vorgänger, die sich durch die Magellan-Straße in den Pazifik geschlichen hatten, umsegelte Cook das gefürchtete Kap Hoorn und steuerte, weitab von allen früheren Routen, geradewegs Tahiti an. Er erledigte seinen astronomischen Auftrag, erforschte einen Großteil der zu Ehren der *Royal Society* von ihm so getauften Gesellschaftsinseln und segelte dann gen Süden bis zum 40. Breitengrad. Da er kein Land fand, wandte er sich Neuseeland zu, das seit Tasmans Zeiten nicht mehr besucht worden war und als Teil des festen Südlandes galt. Cook kartographierte die Küsten der Insel und folgte dann jenseits des großen Barriere-Riffs der australischen Ostküste, bis er schließlich zwischen ihrer Nordspitze und den Inseln von Neuguinea den Ausweg fand und über Batavia und das Kap der Guten Hoffnung im Juni 1771 nach England heimkehrte.

Banks und Solander, die zwei unzertrennlichen Freunde, die an der Straße von Le Maire um ein Haar in einem Sumpf erfroren wären, an der Botany Bay das erste Känguruh gesichtet hatten und einen phantastischen Schatz botanischen und zoologischen Materials mitbrachten, waren die Helden der Londoner Gesellschaft.

Reinhold widmete dem beneideten Schweden seine *Floræ Americæ Septentrionalis* und Banks die *Novæ Species Insectorum,* wobei er schmeichlerisch seiner Hoffnung Ausdruck gab, mit ihm auf einer neuen Reise zu den Antipoden Gefahren und Freuden teilen zu dürfen.

Die große Frage, ob ein Südkontinent existiert, war durch Cooks Reise nämlich immer noch nicht entschieden. Auch der Franzose Bougainville hatte keine Antwort mitgebracht. Noch behauptete sich in den Weiten des Pazifik, die kein Schiff je durchkreuzt hatte, die Phantasie.

Kolumbus hatte dem Wortlaut der *Genesis* und damit an ein Paradies auf Erden geglaubt. Mit der fortschreitenden Entschleierung der Welt fanden die Mythen vom Goldenen Zeitalter, von den Seligen Inseln und dem Garten Eden in der unerforschten Südsee eine letzte Heimat.

Die erste politische Utopie der Neuzeit war in der Südsee angesiedelt. Auf einer Insel Nirgendwo, südlich von Ceylon, unterhalb des Äquators, so ließ Thomas Morus einen Mitreisenden des Amerigo Vespucci erzählen, befinde sich ein mächtiger, zivilisierter Staat ohne Privateigentum, aufgebaut nicht auf christlichen, sondern »antiken« Idealen.

Die *Civitas solis* des Tommaso Campanella (1623) und die *Nova Atlantis* des Francis Bacon (1638) — beide gaben sich als Inseln im Pazifik den Schein einer geographischen, aber zugleich unerreichbaren Realität.

Der hartnäckige Glaube an die *Terra australis* speiste sich aus alten Träumen.

Um Klarheit zu schaffen, faßte der nüchterne Cook nun den unerhörten Plan, den Südpol zu umschiffen. Er entschloß sich, der in den hohen südlichen Breiten vorherrschenden Winde wegen von Westen nach Osten zu segeln, Neuseeland als Stützpunkt zu benutzen und vor dem südlichen Winter in die gemäßigten Breiten des Pazifik auszuweichen.

Wie schon die *Endeavour* waren auch die zwei neuen Schiffe *Resolution* (469 t) und *Adventure* (380 t) auf Verlangen Cooks umgebaute Kohletransporter. Ihr geringer Tiefgang ermöglichte es, flache Häfen anzulaufen, und bewahrte sie zugleich vor den Untiefen der Korallenriffe. Sie waren extrem stabil und erheblich kleiner als die Kriegsschiffe, die sonst für Entdeckungsreisen benutzt wurden. Die geringe Mannschaftsstärke (118 bzw. 83 Mann) erlaubte, sich während der Fahrt selbst mit Lebensmitteln zu versorgen.

Auf der ersten Reise hatte sich Joseph Banks mit der Gesellschaft Solanders, zweier Maler, vier Diener und eines Sekretärs begnügt. Diesmal bestand er darauf, sechzehn Mitarbeiter, darunter zwei Waldhornbläser, mitzunehmen. Die *Resolution* wurde nach seinen Wünschen umgebaut und wäre beim ersten Setzen der Segel um ein Haar gekentert.

Cooks Leutnant, der zurückhaltende Mr. Clerke, der schon unter Wallis gefahren war, sprach sein berühmtes Wort:

Bei Gott, ich würde, wenn es sein muß, auch in einem Grog-Faß in See stechen, und wenn Sie wollen, auch in der *Resolution,* jederzeit, aber für mich ist das mit Abstand das unsicherste Schiff, das ich jemals gesehen oder von dem ich jemals gehört habe.

Clerke
an Banks
15. 5. 1772

37

Der ursprüngliche Zustand des Schiffes wurde wieder hergestellt.

Wenn man berechnet, welch einen großen Platz diese Fahrzeuge [die Rettungsboote] im Schiffe einnehmen müssen,

Cook, der Entdecker S. 238 f.

wenn man bedenkt, daß alle Vorrathskammern mit Sachen vollgepfropft sind; daß auf dem Verdeck, zwischen dem großen und dem Fockmast, fünf große und kleine Boote stehen; daß die Seiten des Vordercasteels mit ungeheuren Noth- und Bugankern und ansehnlichen Strom- und Flußankern gleichsam bedeckt sind; daß der innere Raum voll vieler hundert Fässer ist, wovon allein zuweilen sechzig bis siebzig mit Wasser, eben so viel mit Sauerkraut, und ungleich mehr noch mit gepöckeltem Rind- und Schweinfleisch, mit Mehl, Erbsen und Zwieback, auch viele mit Wein und Branntwein angefüllt sind; daß eine Menge Steinkohlen theils als Ballast, um das Schiff gehörig ins Wasser zu senken, theils zum täglichen Gebrauch in der Küche, im Tiefsten liegt; daß viele Kabeltaue, jedes hundert und mehr Klafter lang, und manches von der Dicke eines Schenkels, oben im Matrosenraume befindlich sind: so erstaunt man wahrlich, wie in einem Behältniß von vierhundert und achtzig Tonnen, deren jede vier und vierzig Quadratfuß hält, noch hundert und zwanzig Menschen Platz finden, oder, wenn dies begreiflich ist, wie sie drey Jahre lang, bey unverdaulicher Kost, bey steter Anstrengung und allem Druck der härtesten Lebensart, gesund und gutes Muthes bleiben können?

Der Graf von Sandwich ließ Banks, der bereits 5 000 Pfund in die Reise investiert hatte, und dessen Wissenschaftler fallen. In aller Eile sprangen nun der Astronom William Wales für 400 Pfund pro Jahr, der Zeichner William Hodges und die beiden Forsters ein.

Donnerstag vor einer Woche (am 11. Juni) geruhte Seine Majestät, mich zum Naturforscher bei der Südsee-Expedition zu

Reinhold Forster an Pennant London, 23. 6. 1772

ernennen: Ich bin seither mit meiner Ausstattung und der meines Sohnes in ununterbrochener Eile gewesen, und bin Gott sei

Dank! damit nun fertig und muß morgen oder übermorgen nach Plymouth an Bord auf die Resolution Cpt. Cook. Ich weiß um Ihre Freundschaft und hoffe deshalb, daß Sie an dieser seltsamen, großartigen und vollständigen Veränderung meiner Angelegenheiten Anteil nehmen. Ich bekomme 4000 Pfund für die Expedition, aber 1500 gehen für die Ausstattung weg, die aufgrund der Eile sehr teuer ist. Ich werde für die Naturwissenschaften tun, was in meinen Kräften steht, ich werde mir große Mühe geben, da ich große Widersacher habe, und die Erwartungen meiner Gönner und Freunde sind ebenso groß: Ich schreibe Ihnen vom Kap und davor noch von Madeira aus; und teile Ihnen alle neuen Entdeckungen mit, muß mir aber ausbitten, nichts davon zu veröffentlichen, bevor ich es getan habe, das muß Teil meiner Belohnung sein, falls ich zurückkehre, daß ich meine Entdeckungen zu Gunsten meiner Familie veröffentliche, und wenn der Reiz der Neuheit durch eine vorherige Veröffentlichung wegfällt, muß meine Arbeit das natürlich büßen. Ich bin, wie Sie wissen, nicht so eifersüchtig, wie gewisse Leute waren; aber mein Fall liegt anders, ich reise eben erst ab, und jene sind schon zurück und können selbst veröffentlichen, mich aber hindert meine Teilnahme an der Expedition am Publizieren: Ich werde Ihnen jeden Gefallen tun, aber bitte tun sie mir auch einen und bewahren Sie meine Bemerkungen zu Gunsten meiner Familie auf, denn ein Vermögen, wie es ein gewisser falscher Freund hatte, worauf ich mich stützen könnte, besitze ich nicht. – – – Herr Barrington hat in dieser Angelegenheit mehr getan, als ein Vater hätte tun können. – – – George sendet Ihnen seine ehrerbietigen Grüße.

Obwohl Banks und Solander Reinholds Aufnahme in die *Royal Society* unterstützt hatten und nun seine Teilnahme an der Weltreise befürworteten, verdächtigte und fürchtete er die beiden als mißgünstige Intriganten und wissenschaftliche Neider, als mächtige und gefährliche falsche Freunde, die es ihm nie verzeihen würden, daß er bei Cook ihre Stelle eingenommen hatte.

Die *Resolution* war in der Nacht eingetroffen. Wir sahen sie vom Fort aus, eine steinerne Festung auf der Spitze eines

Reinhold Forster:
Journal
Plymouth, 3. 7. 1772
Felsenhügels, der die Hafeneinfahrt beherrscht. Die Garnison besteht aus einem
Regiment. Wir gingen an Bord der Resolu-
tion. Capt *Cook* war auf die Werft gegangen; & wir folgten
ihm dorthin & ich ging wieder an Bord des Schiffes mit den
Zimmerleuten & Schreinern, um alle Änderungen & Verbesserungen machen zu lassen, die ich für die kleine, mir zu-
geteilte Kabine wünschte.

Dr. Forster und sein Sohn wurden, aus purem Zufall und
reinem *Glück*, wie es größer nicht vorkommt, unmittelbar

William Wales:
Bemerkungen
S. 4 ff.
bevor wir England verließen, für ein geradezu beispielloses Honorar zu Reiseteilneh-
mern ernannt, das vom Parlament für je-
mand anderen bereitgestellt worden war, der dann aus Gründen, die hier nicht genannt zu werden brauchen, auf die
Reise verzichtete. Dieser so unerwartete Glücksfall, nachdem
Dr. Forster, wie er uns selbst erzählte, vergebens ein höchst
bescheidenes Auskommen als Assistent von Mr. Banks ange-
strebt hatte, schraubte seine Erwartungen und Vorstellungen
derart hoch, daß er, sowie er in Plymouth an Bord der Resolution kam, weder die ihm gezollte Beachtung noch die für
ihn vorbereiteten Räumlichkeiten auch nur annähernd dem
angemessen fand, was man ihm seiner Meinung nach schul-
dete. Er inspizierte die Kabinen der Offiziere und anderer
Personen, die vor ihm ernannt worden waren; und da er
einige davon, seiner Ansicht nach, etwas bequemer fand
als seine eigene, erklärte er ihren Inhabern auf eine Weise,
die ihnen reichlich ungewohnt war, daß, wäre er früher
ernannt worden, oder hätte er Gelegenheit gehabt, die
Sache zu prüfen, *er* diese Kabinen nun hätte, statt seiner
jetzigen; und hatte dabei auch noch die Stirn, für einen
solchen Tausch Geld zu bieten: Ich erwähne hier als Bei-
spiele nur Mr. Cooper, den Ersten Leutnant, dem er 100
Pfund bot, und mich selbst. Kaum waren wir auf See, stritt
er schon mit Mr. Gilbert, dem Equipagenmeister, und behandelte ihn höchst unhöflich, weil dieser nicht bereit war, einen
Teil des Raumes, der ihm von den Beauftragten der Marine
angewiesen worden war, aufzugeben, so daß der Doktor seinen eigenen damit hätte vergrößern können; noch außeror-

dentlicher war, daß er, als er merkte, daß er diesen Raum nicht bekommen konnte, sich der verrückten Drohung Mr. Gilbert gegenüber schuldig machte, sich bei seiner Rückkehr beim K—g über ihn zu beschweren; und er versicherte uns, daß er genug Einfluß habe, seine Majestät dazu zu bewegen, ihn für immer aus dem Dienst zu entfernen. Eine Drohung, die er gegen fast jedermann an Bord des Schiffes irgendwann einmal auszustoßen die Schwäche hatte, und das so oft, daß daraus ein geflügeltes Wort unter den Matrosen wurde, die ich häufig mit eben dieser furchtbaren Denunziation bei den gewöhnlichsten und albernsten Anlässen einander drohen hörte.

Die *Resolution* war keine 34 Meter lang und keine zehn Meter breit. Über dem vorderen Teil lag das Vorderkastell, über dem hinteren das Quarterdeck.

Ungefähr sechs Schuh tiefer als diese halben Verdecke geht das eigentliche Verdeck, als ein vollkommener Boden, durch das ganze Schiff von einem Ende zum an- *Cook, der Entdecker* dern. Auf *dem* Theil desselben, der unter *S. 239f.* das Quarterdeck geht, wohnt der Capitain, dessen Hauptzimmer *(stateroom)* oder die große Kajüte, das Hintertheil des Schiffs in seiner ganzen Breite von etwa sieben Schritten einnimmt – – – Vor dieser Kajüte hat der Capitain sein Schlafgemach, ein Vorzimmer und eine finstre Vorrathskammer. – – – Vor dem Eingange zur Wohnung des Capitains bleibt der Platz in der Mitte frey, wo man aufs Quarterdeck hinauf und tiefer ins Schiff hinabsteigt; und nur zu beyden Seiten sind bretterne Verschläge für den ersten Lieutenant, den Astronomen, den Equipagenmeister, und die Naturforscher angebracht, die auch in dieser Ordnung an Bequemlichkeit abnehmen, so, daß die letzten einen Würfel von sechs Fuß vorstellen, wo ein Bett, ein Kasten und ein Schreibtisch nur eben noch Platz für einen Feldstuhl übrig lassen.

Parallel zu dem Verdeck, nur fünf Schuh, also anderthalb Meter tiefer, ging ein zweiter Boden durch das Schiff, mit den Kajüten des zweiten und dritten Leutnants, des Leutnants der Seesoldaten, des Wundarztes und des Malers, mit dem Speiseraum für die Offiziere und schließlich mit dem letzten Raum, in dessen Ecken in vier Segeltuchverschlägen der Konstabler, der Schreiber, die zwei Unterwundärzte, die drei Steuermannsgehilfen und die vierzehn Seekadetten untergebracht waren und im Innenraum die Ankertaue und — die fünfundsiebzig gemeinen Leute.

In die Antarktis

Montags früh, am 13ten, seegelten wir in Begleitung der *Adventure* von *Plymouth* ab. Ich kehrte einen Abschieds-Blick gegen Englands fruchtbare Hügel zu- rück, und lies dem natürlichen Gefühl der Verbindungen, woran mich diese Aussicht erinnerte, freyen Lauf; bis endlich die Heiterkeit des schönen Morgens, und die Neuheit unsrer Fahrt, durch die noch glatte See, die Oberhand gewannen und jene trüben Gedanken zerstreuten.

Reise um die Welt
I/39

Bei La Coruña bedeckten Abertausende kleiner Krabben das Meer, und hinter Madeira wurden die Schiffe tagelang von riesigen Schwärmen fliegender Fische begleitet.

Auf den Kapverden erreichte Reinholds Aktivität einen ersten Höhepunkt. Es entging ihm einfach nichts, weder die Geschwätzigkeit des Gouverneurs noch die fehlenden Gewehr-schlösser der Küstenwache, weder die von den Landkrabben *(Cancer ruricola)* bewohnten faustgroßen Löcher am Sand-strand noch eine unbekannte Sorte Königsfischer, von denen er flugs vier in Spiritus einlegte. Die Neger waren faul. Neue Motten! Buffon hatte die Affen falsch gezeichnet! In Pen-nants *Synopsis Quadrupedis* fand sich eine bessere Wieder-gabe, aber mit einer verfehlten Bezeichnung — und ohne Schwanz! Ein neuer Engelfisch erhielt den Namen *Psetta rhombea Gasterosteus rhombeus!* George zeichnete ihn, dazu noch zehn neue Pflanzen. Er hatte Kopfweh, war aber selbst schuld, da er wieder einmal unreifes Obst gegessen hatte.

Auf der Weiterfahrt heiterten die Forsters sich mit der Pflege einer zutraulichen, etwas kranken Seeschwalbe auf, die jedoch eines Tages verschwunden war. Reinhold opferte ihr eine Träne und äußerte den Verdacht, sie sei einem Fühllosen in die Hände gefallen und ein Traktament für eine geliebtere Katze geworden.

Nach dem Passieren des Äquators zeigten sich bei scharfer Luft die ersten Albatrosse und Kaptauben. Wind und Wellen drängten durch jede Ritze, und weil der Rahmen des durch die Püttinge verdunkelten Fensterchens nur bei glatter See ausgehoben werden durfte, zeichnete George nun oft bei Lampenschein. Zahnschmerzen und geschwollene Backen machten ihm zu schaffen.

Am 29sten [Oktober] früh Morgens entdeckten wir das äußerste Ende von Africa. – – – Da der Wind sehr frisch und die *Reise um die Welt* Adventure weit zurück war; so durften wir I/72 ff. es nicht wagen, noch diese Nacht in die Tafel-Bay einzulaufen. – – – Kaum wars Nacht worden als die See rund um uns her einen großen, bewundrungswürdigen Anblick darboth. So weit wir sehen konnten schien der ganze Ocean in Feuer zu seyn. Jede brechende Welle war an der Spitze von einem hellen Glanz erleuchtet, der dem Lichte des Phosphorus glich, und längst den Seiten des Schifs verursachte das Anschlagen der Wellen eine feuerhelle Linie. Hiernächst konnten wir auch große leuchtende Cörper im Wasser unterscheiden, die sich bald geschwind, bald langsam, jetzt in einerley Richtung mit dem Schiff, dann wieder von uns weg, bewegten. Zuweilen sahen wir ganz deutlich daß diese Massen als Fische gestaltet waren, und daß die kleinern den größern aus dem Wege giengen. Um dies wunderbare Phänomen genauer zu untersuchen, ließen wir einen Eymer solchen leuchtenden See-Wassers aufs Verdeck holen; es fand sich, daß unzählbare leuchtende Cörperchen von rundlicher Gestalt, die mit großer Geschwindigkeit darin herumschwommen, jenen glänzenden Schein hervorbrachten. – – – Als ich das Wasser mit der Hand umrührte, blieb eins von den hellen Cörperchen daran hängen; und ich machte mir diesen Umstand zu Nutze um es mit dem gewöhnlichen Glase des verbesserten *Ramsdenschen* Microscops zu untersuchen. Hier zeigte es sich in einer kugelförmigen Gestalt, etwas bräunlich und durchsichtig als Gallert; mit dem stärksten Glase aber entdeckten wir an diesem Atom die Mündung einer kleinen Öfnung, und in selbigem vier bis fünf Darm-Säcke, die unter sich und mit jener Öfnung zusammenhiengen. – – – Nach ohngefähr zwo Stunden hörte das Meer gänzlich auf zu leuchten, und ob wir gleich noch vor Verlauf dieser Zeit einen zweyten Eymer hatten schöpfen lassen, so waren doch alle wiederholte Versuche, eins dieser Atomen lebendig unters Glas zu bringen, stets vergebens. Wir säumten daher nicht länger, von dem erst untersuchten Kügelchen eine Zeichnung zu machen und unsre Beobachtung nieder zu schreiben, aus der sich mit Wahrscheinlichkeit vermuthen läßt, daß diese kleinen Thiere vielleicht die Bruth einer Medusen-Art sind; doch können sie auch wohl ein eignes Geschlecht ausmachen.

Es war in diesem Phänomen so etwas Sonderbares und Großes, daß man sich nicht enthalten konnte, mit ehrfurchtsvoller Verwunderung an den Schöpfer zu denken, dessen Allmacht dieses Schauspiel bereitet hatte.

Der Aufenthalt am Kap verzögerte sich. Der georderte Schiffs-Zwieback war noch nicht geröstet.

Reinhold verzweifelte schier angesichts der Unmasse neuer Pflanzen, bis er in Dr. Anders Sparrman einen zweiten Gehilfen fand. Er bot ihm fünfzig Pfund im Jahr und rang Cook die Erlaubnis ab, den Schweden auf die Reise mitzunehmen.

Dem achtundzwanzigjährigen Linné-Schüler, der bereits eine Expedition nach China hinter sich hatte, fiel die Entscheidung schwer. Die Pflanzen Südafrikas waren für ihn mehr als nur Forschungsobjekte.

Eine ziemlich lange Zeit waren sie fast mein einziges Vergnügen, meine einzigen Freunde und Gesellschafter gewesen: Sie warens also, die mir die Seereise widerriethen. Endlich blieb ich bey dem Entschlusse stehen, sie vorzunehmen, wiewohl mit dem festen Vorsatze, nach glücklicher Zurückkunft nach dem Cap mich daselbst von neuem mit der so angenehmen Untersuchung der Natur zu beschäftigen.

Sparrman:
Reise in den
Jahren 1772–76
S. 81

Am 22. November verließen die Schiffe Cooks die holländische Kolonie, um für über zwei Jahre durch Eis- und Steinzeit zu reisen. Sie steuerten nach Süden.

Wenige Tage später wurde Reinhold zwischen vier und fünf Uhr früh, als wie jeden Tag das Deck geschrubbt wurde,

45

durch einen Schwall Meerwasser geweckt, das durch Ritzen, die sich im arbeitenden Schiff geöffnet hatten, auf ihn niederprasselte. Schuld war offensichtlich Mr. Gilbert, der sich seit Beginn der Fahrt mit Reinhold um den zwischen ihren Kajüten liegenden Kanonenraum gestritten und genau über dem Kopf des deutschen Philosophen das Deck nicht anständig hatte kalfatern lassen. Vergeblich versuchte man nun, die Spalten mit Tauwerk zu verstopfen.

Der antarktische Sommer hatte begonnen. Das Wetter wurde stürmisch. Bei schnell sinkenden Temperaturen, Regen, Nebel, Graupeln, Hagel und Schnee, durch weite Felder phantastisch-bizarrer Eisberge hielten die Schiffe auf den Südpol zu, bis sie gezwungen waren, der Packeisgrenze nach Osten zu folgen. Die mitgeführten Ziegen und Schafe siechten in der Kälte dahin, und Reinhold, mit einem dicken Wollsocken um den steifen Hals, empfahl, die angeschwollenen Knie der Tiere in Alkohol zu baden.

Zusammen mit Wales, dem Astronomen, maß er in einem kleinen Kahn die Wassertemperaturen in verschiedenen Tiefen. Eines Tages wurden sie dabei von dichtem Nebel überfallen und verloren die Schiffe aus den Augen.

Unter beständigem Rufen ruderten sie eine Weile bald hier bald dorthin, aber umsonst; alles war todt still um sie her, *Reise um die Welt* und sie konnten keine Boots-Länge weit vor I/104 Nebel sehen. In dieser Ungewißheit hielten sie es für das beste, still zu liegen, und hofften, daß wenn sie auf einer Stelle blieben, die Schiffe wegen der Meeres-Stille nicht würden aus dem Gesicht getrieben werden. Endlich hörten sie in großer Entfernung eine Glocke läuten. Das war ihren Ohren himmlische Musik. Sie ruderten sogleich darnach zu, und – – – so kehrten sie in dem Boote wieder nach ihren feuchten Betten und baufälligen Cajütten zurück, die ihnen nun noch einmal so viel werth waren, als zuvor.

Die eigentliche Aufgabe von Wales war die tägliche Bestimmung des Längengrades, eine knifflige Angelegenheit.

1714 hatte die britische Regierung 20000 Pfund für eine auf dreißig Seemeilen genaue Bestimmung der Position nach sechswöchiger Seereise ausgesetzt.

46

Die herkömmliche Methode der Positionsbestimmung war, die Ortszeit festzustellen und auf dem schwankenden Schiff die Abstände einiger Fixsterne vom Mond und des Mondes von der Sonne zu messen; astronomische Tabellen zeigten die Greenwicher Zeit, zu der die beobachteten Sternkonstellationen eintraten, und aus dem Vergleich der beiden Zeiten ergab sich die geographische Länge — ein kompliziertes, wetterabhängiges Verfahren.

Einfacher war es, von einem mitgeführten Chronometer die englische Zeit abzulesen und mit der leicht zu bestimmenden Ortszeit zu vergleichen. Wales hatte drei von John Arnold hergestellte Uhren in seiner Obhut, die alle stehenblieben. Eine von Kendal verbesserte Kopie einer Uhr von John Harrison, für welche dieser 1773 die ausgesetzte Belohnung von 20 000 Pfund erhalten sollte, funktionierte hingegen perfekt.

Trotzdem fand Cook die Insel Kerguelen nicht. Sie sollte nach Angabe ihres französischen Entdeckers und Namengebers zwischen dem 57. und 58. Grad östlicher Länge zu finden sein, liegt aber in Wirklichkeit mehr als zehn Grad weiter im Osten.

Die frischen Lebensmittel waren längst zur Neige gegangen. Täglich gab es Schiffszwieback und eine Erbssuppe, in der Täfelchen von eingekochter Fleischbrühe zerlassen waren. An den vier Fleischtagen der Woche wurde dazu gepökeltes Rind- oder Schweinefleisch gereicht, an den übrigen Tagen ein harter Kloß von Mehl.

Zur Vorbeugung gegen den furchtbaren »Scharbock« hatte Cook neben der üblichen Bierwürze auch Sauerkraut geladen — die wertvollste Entdeckung seiner ersten Reise. Kein einziger Mann der *Resolution* sollte an Skorbut sterben — und das in einer Zeit, als hundert Skorbut-Tote auf einem holländischen Ostindien-Segler keine Seltenheit waren.

Trotzdem wurde gelitten. Die Münder faulten, die Zähne wurden locker, an den geschwollenen Beinen zeigten sich schwarze Flecken und im Urin grüne, fettige Filamente.

Der Raum zwischen Mr. Gilbert und Reinhold wurde den kranken Schafen, Ziegen und Schweinen zugesprochen. »Keine Vögel, keine Wasserinsekten zu sehen, weit und breit kein Fisch«, notierte Reinhold bitter neben den stinkenden, jämmerlich meckernden Geißen, von denen ihn nur ein paar dünne Bretter trennten.

Am 8. Februar 1773 wurden die zwei Schwesterschiffe im dichten Nebel voneinander getrennt. Als Mitte Februar das Segeln zwischen den Eisbergen durch die immer kürzer werdenden Tage zu gefährlich wurde, nahm Cook mit der völlig erschöpften Mannschaft Kurs auf Neuseeland. Nach einhundertzweiundzwanzig Tagen auf offener See landete die *Resolution* an der Dusky-Bay im Süden der Insel.

Das Ufer bedeckte dichter Urwald. Die Matrosen schlugen eine Schneise und errichteten die Sternwarte und eine Schmiede.

Die meisten Pflanzen waren schon verblüht. Ihre Bestimmung war unmöglich. Reinhold, der die Hoffnung nicht aufgeben wollte, drang in den dampfenden, wuchernden Dschungel ein und versank, einen Pistolenschuß weit gekommen, bis zur Hüfte im Moos und in umgestürzten, vermoderten Stämmen.

Das Schiff ankerte dicht an der Küste im Schatten der Bäume. Es regnete fast ununterbrochen. George zeichnete, wieder einmal bei Kerzenschein, in den ersten zehn Tagen neunzehn Vögel, drei Fische und sechs Pflanzen. Die Kabine war mit stinkenden Bälgen, Fischen, Muscheln angefüllt, und Reinhold war außer sich über den Dreck, den Lärm und das Durcheinander vor seiner Tür, die an der Luke lag.

Etwa zwei Wochen nach ihrer Ankunft hörte eine Jagdgesellschaft, zu der neben Cook, Hodges, Reinhold und einigen Offizieren auch George gehörte, auf einer weit hervorragenden Felsenspitze einen Menschen sehr laut rufen.

Als wir weiter heran kamen, entdeckte man, daß es ein Indianer war, der mit einer Keule oder Streit-Axt bewafnet, *Reise um die Welt* auf der Felsenspitze stand, und hinter ihm I/132 f. erblickte man in der Ferne, am Eingang des Waldes, zwo Frauenspersonen, deren jede einen Spieß in der Hand hielt. Sobald wir mit dem Boot bis an den Fus des Felsen hingekommen waren, rief man ihm in der Sprache von *Taheiti* zu: *Tayo Harre maï*, d. i. Freund komm hier! Allein das that er nicht, sondern blieb an seinem Posten, auf seine Keule gelehnt stehen und hielt in dieser Stellung eine lange

Rede, die er bey verschiednen Stellen mit großem Nachdruck und Heftigkeit aussprach, und alsdenn zugleich die Keule um den Kopf schwenkte. Da er nicht zu bewegen war näher zu kommen, so gieng Capitain *Cook* vorn ins Boot, rief ihm freundlich zu und warf ihm sein und andrer Schnupftücher hin, die er jedoch nicht auflangen wollte. Der Capitain nahm also etliche Bogen weiß Papier in die Hand, stieg unbewaffnet auf dem Felsen aus und reichte dem Wilden das Papier zu. Der gute Kerl zitterte nunmehro sichtbarer Weise über und über, nahm aber endlich, wiewohl noch immer mit vielen deutlichen Merkmalen von Furcht, das Papier hin. Da er dem Capitain jetzt so nahe war, so ergrif ihn dieser bey der Hand und umarmete ihn, indem er des Wilden Nase mit der seinigen berührte, welches ihre Art ist sich unter einander zu begrüßen. Dieses Freundschaftzeichen benahm ihm mit einemmale alle Furcht, denn er rief die beyden Weiber zu sich, die auch ungesäumt herbey kamen, indeß daß von unsrer Seite ebenfalls verschiedne ans Land stiegen, um dem Capitain Gesellschaft zu leisten.

In den folgenden Wochen zeigten sich die Neuseeländer als trotziges, unerschrockenes, kriegerisches Volk, dessen hauptsächlicher Erwerb im Jagen und Sammeln bestand. Eine große Kulturleistung waren ihre Kanus, die vorne ein grobes Menschenantlitz trugen, das herausfordernd die Zunge aus dem Mund streckte.

Vom ersten Besuch Cooks her kannten die Maoris den Wert des Eisens. Bereitwillig tauschten sie ihre Kostbarkeiten — wunderbar verzierte Beile aus grünem Nephrit, raffiniert geschnitzte Keulen — gegen eiserne Äxte und Nägel.

Unsre Matrosen hatten seit der Abreise vom Cap mit keinen Frauenspersonen Umgang gehabt; sie waren also sehr eifrig hinter diesen her, und aus der Art wie ihre *Reise um die Welt* Anträge aufgenommen wurden, sahe man I/186 wohl, daß es hier zu Lande mit der Keuschheit so genau nicht genommen würde, und daß die Eroberungen eben nicht schwer seyn müßten. Doch hiengen die Gunstbezeigungen dieser Schönen nicht blos von ihrer Neigung ab, sondern die

49

Männer mußten, als unumschränkte Herren, zuerst darum befragt werden. War deren Einwilligung durch einen großen Nagel, ein Hemd oder etwas dergleichen erkauft; so hatten die Frauenspersonen Freiheit mit ihren Liebhabern vorzunehmen was sie wollten, und konnten alsdenn zusehen noch ein Geschenk für sich selbst zu erbitten. Ich muß indessen gestehen, daß einige derselben sich nicht anders als mit dem äußersten Wiederwillen zu einem so schändlichen Gewerbe gebrauchen ließen, und die Männer mußten oft ihre ganze Autorität ja sogar Drohungen anwenden, ehe sie zu bewegen waren, sich den Begierden von Kerlen preiszugeben, die ohne Empfindung ihre Thränen sehen und ihr Wehklagen hören konnten.

Cook:
Das Bordbuch
3. 6. 1773

Das sind die Konsequenzen eines Handels mit Europäern und, was uns noch mehr zur Schande gereicht, mit zivilisierten Christen.

Im Mai stießen sie wieder auf die *Adventure,* und im Juni verließen die beiden Schiffe Neuseeland, segelten zunächst zwischen dem vierzigsten und fünfzigsten Breitengrad weiter nach Osten und nahmen dann, als auch hier kein Land in Sicht kam, Kurs auf Tahiti.

Teori

Ein Morgen war's, schöner hat ihn schwerlich je ein Dichter
beschrieben, an welchem wir die Insel *O-Tahiti*, 2 Meilen vor
uns sahen. Der Ostwind, unser bisheriger Reise um die Welt
Begleiter hatte sich gelegt; ein vom Lande I/217f.
wehendes Lüftchen führte uns die erfrischendsten und herrlichsten Wohlgerüche entgegen und kräuselte die Fläche der
See. Waldgekrönte Berge erhoben ihre stolzen Gipfel in
mancherley majestätischen Gestalten und glühten bereits
im ersten Morgenstrahl der Sonne. Unterhalb derselben
erblickte das Auge Reihen von niedrigern, sanft abhängenden
Hügeln, die den Bergen gleich, mit Waldung bedeckt, und
mit verschiednem anmuthigen Grün und herbstlichen Braun
schattirt waren. Vor diesen her lag die Ebene, von tragbaren
Brodfrucht-Bäumen und unzählbaren Palmen beschattet,
deren königliche Wipfel weit über jene empor ragten. Noch
erschien alles im tiefsten Schlaf; kaum tagte der Morgen und
stille Schatten schwebten noch auf der Landschaft dahin.
Allmählig aber konnte man unter den Bäumen eine Menge
von Häusern und Canots unterscheiden, die auf den san-
dichten Strand heraufgezogen waren. Eine halbe Meile vom
Ufer lief eine Reihe niedriger Klippen parallel mit dem Lande
hin, und über diese brach sich die See in schäumender Brandung; hinter ihnen aber war das Wasser spiegelglatt und versprach den sichersten Ankerplatz. Nunmehro fing die Sonne
an die Ebene zu beleuchten. Die Einwohner erwachten und
die Aussicht begonn zu leben.

Kaum bemerkten die Insulaner das Schiff, so eilten sie schon
auf die Kanus zu und näherten sich, Palmenzweige schwen-
kend, mit dem oft wiederholten Freundschaftsruf *»Tayo!«*,
der von den erschöpften Seeleuten begeistert erwidert wurde.
Cook ließ Glasperlen, Nägel und Medaillen vom Schiff herab,
befestigte im Tauwerk den Pisangpalmenzweig, den die

Tahitianer als Friedenszeichen heraufreichten, und bald wimmelte die Bucht von Hunderten von Booten, die, mit Kokosnüssen, Brotfrüchten, Fischen und anderen Waren beladen, die *Resolution* umlagerten.

Ich fing sogleich an durch die Cajütten-Fenster, um Naturalien zu handeln, und in einer halben Stunde hatte ich schon *Reise um die Welt* zwey bis drey Arten unbekannter Vögel und I/219 eine große Anzahl neuer Fische beysammen. Die Farben der letztern waren, so lange sie lebten, von ausnehmender Schönheit, daher ich gleich diesen Morgen dazu anwendete, sie zu zeichnen und die hellen Farben anzulegen, ehe sie mit dem Leben verschwanden.

Die Tahitianer hatten viel Sanftes in ihren Zügen und etwas ungemein Gefälliges in ihrem Betragen. Sie ergriffen die Hände der Fremden, lehnten sich auf ihre Schultern, bewunderten ihre weiße Haut und schoben ihnen bisweilen die Kleider von der Brust, als ob sie sich erst überzeugen wollten, daß dies Menschen waren wie sie. Keine Sprache schien George leichter als die ihre. Alle harten und zischenden Konsonanten waren daraus verbannt, und fast jedes Wort endete melodisch in einem Selbstlaut.

Die ungekünstelte Einfachheit der Landestracht, die den Busen und die schönen Arme unbedeckt ließ, raubte den Matrosen völlig den Verstand. Hingerissen gaben sie ihre Hemden und Kleider weg, um den Schönen zu gefallen.

Freilich schien es George, als gehörten diese Nymphen, von denen einige kaum zehn Jahre alt waren, durchweg dem niederen Volke an, aber die natürliche Anmut, der ungezwungene Liebreiz der Mädchen glichen dies aus.

Im großen und ganzen schien ihm die tahitianische Gesellschaft aus denselben Ständen zu bestehen wie die europäische. Und doch waren die Unterschiede zwischen den Klassen, zwischen Mann und Frau durch die Einfachheit der Lebensart und die üppige Fülle der Natur, die alle Bedürfnisse des Lebens fast ohne Mühen befriedigte, außerordentlich abgemildert. Die gemeinen Leute ließen bei allen Gelegenheiten gegen die Vornehmeren viel Liebe erkennen, jedermann konnte frei mit dem König sprechen wie mit

seinesgleichen, und dieser rechnete es sich nicht zur Schande
an, wenn nötig, im Kanu mit am Ruder Hand anzulegen.
Vielleicht war ihre Verfassung ursprünglich ganz patriarcha-
lisch gewesen? Nichts schien George anziehender als die
Vorstellung von einem väterlichen, vom ganzen Volk ge-
achteten und geliebten Regenten.

Als König O-Tu eine Audienz gab und eine überlaute
Menschenmenge das Treffen umlagerte, verliehen zwar seine
Vasallen ihren wiederholten »Mamu!«-Ruherufen mit tüchti-
gen Stockschlägen Nachdruck, aber das Volk war ungemein
gutherzig, die Ebene fruchtbar, die Wellen schneeweiß-
schäumend, die Berggipfel romantisch geformt, fürchterlich
und doch malerisch schön, die goldenen Äpfel würzhaft
und heilsam, die Bäume schattenreich, das silberhelle Wasser kam in schlängelndem Lauf das schmale Tal hinab.
Das vortreffliche Klima war eines der glücklichsten, das Gras
weich und frisch, die Unordnung der Natur schön, das
Gestade anmutig, ein alter Mann ehrwürdig, sein Bart weiß
wie Schnee, der Runzeln waren wenige, die Mahlzeiten frugal,
die Tiere nicht schädlich. Die Begräbnisplätze waren bepflanzt mit Kasuarinen, deren Zweige traurig herabhingen,
die Szene feierlich melancholisch, die Stellung, in der darin
eine Frauensperson saß, betrübt und gedankenvoll. Der
Appetit war gut, ein altes Paar ehrwürdig und gastfrei wie
Philemon und Baucis, ihr Sohn gutdenkend.

George versuchte sich in poetischen Skizzen. Einige
wenige sind überliefert.

Pamani[1]. Wer ist der wohlgekleidete Mann, der in jenem
Schwarm von Begleitern das Thal hinauf-
gezogen kommt? Ist es ein *Erih*[2]?   Gastfreundschaft

Nuna[3]. Nein, es ist *Oradi*, der reichste Landeigenthümer[4]
im Thale Matawai. Er hat dem Befehlshaber Eurer Schiffe
Geschenke gebracht, und kehrt nach seiner Wohnung zurück.
Seht Ihr das schöne Mädchen neben ihm? Es ist seine
Tochter.

---

[1] *Pamani,* der Name *Sparrman,* Taheitisch ausgesprochen.
[2] *Erih,* ein Oberhaupt.
[3] *Nuna,* ein Taheitischer Knabe, der die Wanderer begleitete.
[4] *Landeigenthümer,* Otaheitisch: *Manahaune,* sind Leute die Grund besitzen, aber zu
Lehen tragen.

Oradi (mit seiner Gesellschaft). *Tayo*[5] *Teori*[6]! lieber *Teori!*
komm mit uns! komm in meine Hütte, auszuruhen bei
Kokosnüssen und Brodtfrucht! *Teori! Pamani!* kommt!

Teori. Wer kann den freundlich Bittenden widerstehen?
So müde wir sind, müssen wir schon bei ihnen bleiben.
Können Sie es dem offnen Blicke des ehrlichen *Oradi* versagen? Ich gebe mich den kühnen Augen des Mädchens
gefangen. *Oradi!* wir gehen mit Dir.

Pamani. Es wird ja so gar weit im Thal hinauf nicht seyn,
da es hier schon so enge wird; und vor Nacht erreichen wir
auf jeden Fall den Strand. Zudem geht es sich hier auf
ebenem Boden und im Schatten lange nicht so mühsam als
dort, auf dem nackten, steinigen Berge, wo uns die Sonne
auf die Scheitel brannte.

Das Mädchen. Ich führe Dich, *Teori;* gieb mir Deine Hand.

Teori. An Deiner Hand, *Tedua*[7], bin ich nicht mehr müde.

Das Mädchen. Nenne mich *Imiroa.*

Oradi. Ist es weit weg bis nach Eurem Britannien?

Teori. Zweymal kann der Brodtbaum Früchte tragen[8],
ehe wir den Weg dorthin zurücklegen.

Oradi. Hat Euer König viele so große Schiffe, wie jene
zwey, die dort unten an der Spitze Matawai liegen?

Teori. Eine große Anzahl, und diese hier sind von den
kleinsten. Hast Du wohl ihre Kanonen gesehen?

Oradi. Wohl hab' ich; und die Kugeln, die sie schießen.

Teori. Wir haben Schiffe mit hundert und mehr Kanonen,
in drey Reihen über einander, zu beyden Seiten des Schiffes;
und alle sind sehr viel größer als die Du sahest. Die Kugeln
dazu sind so groß wie eine Brodtfrucht.

Oradi. Damit schösset ihr wohl ganz Otaheiti in den
Grund?

Imiroa. Teori, nicht wahr, du schießest uns nicht?

Teori. Dein Freund! und schießen?

Oradi. Ist das auch ein Feuergewehr in Deiner Hand?

Pamani. Meine Vogelflinte.

Oradi. Ich möchte doch die Wirkung sehen.

---

[5] *Tayo,* Lieber oder Freund, ein Bewillkommnungsausruf.

[6] *Teori,* Georg.

[7] *Tedua,* jedes Frauenzimmer von Stande, etwa wie bei uns *Madame.*

[8] *Früchte* tragen; dies thut der Brodtbaum von acht zu acht Monathen; daher heißt
das Taheitische Jahr *Pa-ure,* die Brodtfruchtzeit, und dauert sieben Monathe.

Pamani. Sehr gern, sobald Du mir einen Vogel zeigst.

Ein Taheitier. Pamani! sieh! dort sitzt einer, ein Kukuk[9]!

Imiroa. Meinen *Eatua*[10]! Ich bitte Dich, *Pamani*, tödte ihn nicht. Was gebe ich Dir doch gleich? — Lieber *Teori*, nur den *Eatua* nicht!

Weiber. Tödtet nicht den *Eatua!*

Ein Taheitier. So geht doch mit eurem *Eatua!* Schieß ihn[11], *Pamani!*

Teori. Thun Sie's lieber nicht. Du schenkst dem Vogel das Leben, schöne *Imiroa,* und damit du weiter nicht sorgst, — hier, *Nuna!* trage mir die Flinte. — Wie? lohnt man auch in Taheiti mit einem Händedruck? Diese Hand, welche die meinige an ihr Herz führt, ist beredter als der Mund.

Imiroa. Weh! was ist das? Du hast ja einen wehen Finger!

Teori. Der Nagel war gequetscht; das wird wieder besser.

Imiroa. Sieh! meine Nägel sind alle glatt und lang. Warum sind die deinen so kurz? Bist du kein Freigeborner[12]?

Teori. Tuti ist mein Oheim[13]. Bei uns beschneidet sich jedermann die Nägel; der König selbst.

Imiroa (zu ihrem Vater). Er ist *Tuti's* Neffe! — Ich wußte das nicht, lieber *Teori.* Deine Hand ist auch so weiß, und meine so gelb, und du hast keine solche schwarze Pünktchen drauf. Bist du noch nicht tattauirt? Sieh, ich bin es schon[14].

Teori. Keiner von uns allen ist es, er sey jung oder alt. Aber deine Hand ist dennoch schön. Die langen, niedlichen Finger! Weißer bist du auch als deine Landsmänninnen. Das Tattauiren ist keine so üble Erfindung; eure Haut sieht dabey noch einmal so weiß aus: zumal hier die schöne Hüfte mit dem breiten, schwarzen Streif. Das that wohl sehr weh?

---

[9] *Kukuk,* nicht der Europäische; eine eigene Gattung.

[10] *Eatua,* eigentlich *e-Atua;* Gott, göttlich, Gott heilig. Es giebt Vögel, Reiher, Kukuk, Eisvogel, u. a. m., die für göttlich oder unter dem Schutze der Gottheit stehend gehalten werden.

[11] *Schieß ihn.* Nicht alle haben denselben *Eatua;* die Männer spotten oft über die *Eatuas* der Weiber.

[12] *Freigeborner.* Die arbeitende Klasse von Menschen sind Leibeigene; nur die Freyen haben lange Nägel: denn sie arbeiten nicht.

[13] *Oheim. Teori's* Vater hielt jedermann in *Otaheiti* für *Tuti's,* d. i. *Cooks* Bruder.

[14] *Tattauirt* seyn, oder unter der Haut, vermittelst einer schmerzhaften Operation, schwarze Flecken bekommen haben, die nicht vergehen, ist bei den Taheitischen Mädchen das Zeichen ihrer Mannbarkeit, worin sie eine Ehre suchen. Daher zeigen sie gern diese Punkturen, zumal die breiten schwarzen Streifen auf den Lenden.

Imiroa. Kinder weinen, wenn sie's schmerzt[15]. — *Moya-dua*, gieb her den Korb mit Ewih-Äpfeln[16]. Nimm, *Teori!* Nein, den nicht! diesen gelben, glatten, mit den zarten Tüpfelchen. Ich schäl' ihn Dir.

Teori. Die langen Nägel sind also doch zu etwas gut. Eine herrliche, saftreiche, erquickende Frucht! Guter Pamani, kosten Sie doch auch; sie schmecken fast wie Ananas. Wer nur auch Otaheitisch zu danken wüßte! Doch ich verstehe schon diesen Blick: genießen ist danken. Ich sollte meinen, in der Sprache der Götter, die wir nicht verstehen, ist es das Nämliche.

Pamani. Das Mädchen hat Recht; man muß den Apfel schälen; die Schale brennt auf der Zunge, wie Feuer.

Oradi. Tragt die Fremden über den Bach. Ihre Füße sind bekleidet; sie könnten naß werden.

Imiroa. Ich trage Dich, *Teori.*

Teori. Oder ich Dich, willst Du sagen.

Imiroa. Du? Auf den schlüpfrigen Steinen kannst Du ja nicht fußen. Laß mich! Siehst Du? da heb' ich Dich auf wie nichts, und hüpfe mit Dir davon.

Teori. Tolles Geschöpf!

Imiroa. Halt Dich fest an meinem Halse.

Teori. O festwachsen soll meine Hand an diesem Busen!

Imiroa. So wären wir herüber! Gelt, ich bin stark, *Teori?* Ohne mich wärst Du nicht trocken herüber gekommen. Du bist vom Gehen ermüdet und erhitzt; Deine Kleider sind von Schweiße durchnäßt. Mir thut die Hitze nichts; meine Haut ist trocken. Nur noch ein wenig Geduld! Siehst Du jenen Kranz von hohen Kokospalmen, und das blühende Gesträuch dazwischen, und links am Fuße des Berges die gelben Pisangpflanzungen? So bald wir durch das Gebüsch sind, kommen wir an den Rasenplatz, auf welchem unsere Hütte steht. Dort will ich Dir die Müdigkeit vertreiben.

Teori. Ist das naiver Muthwille, oder Frohsinn der glücklichen Wildheit.

Auf einem anderen Ausflug trafen Vater, Sohn, Dr. Sparrman und der Zeichner Hodges eines Tages in einem hübschen

---

[15] Sie rühmen sich des überstandenen Schmerzes.
[16] *Ewih-Äpfel;* eine Frucht, welche den botanischen Namen *Spondias dulcis* führt.

56

Haus auf einen sehr fetten Mann, der in der nachlässigsten
Stellung der Welt, das Haupt auf ein hölzernes Kopfkissen
gestützt, faulenzte. Während ihm zwei Bediente den Nach-
tisch bereiteten, stopfte ihm eine Frau Stücke von einem
großen gebackenen Fisch und Brotfrucht ins Maul, die er mit
gefräßigem Appetit verschlang, während er die Besucher
beim Kauen kaum eines Blickes würdigte.

Wir hatten uns bis dahin mit der angenehmen Hofnung
geschmeichelt, daß wir doch endlich einen kleinen Winkel
der Erde ausfündig gemacht, wo eine ganze *Reise um die Welt*
Nation einen Grad von Civilisation zu errei- I/249
chen und dabei doch eine gewisse frugale Gleichheit unter
sich zu erhalten gewußt habe, dergestalt, daß alle Stände
mehr oder minder, gleiche Kost, gleiche Vergnügungen, gleiche
Arbeit und Ruhe mit einander gemein hätten. Aber wie ver-
schwand diese schöne Einbildung beym Anblick dieses trägen
Wollüstlings, der sein Leben in der üppigsten Unthätigkeit
ohne allen Nutzen für die menschliche Gesellschaft, eben so
schlecht hinbrachte, als jene privilegirten Schmarotzer in
gesitteten Ländern, die sich mit dem Fette und Überflusse
des Landes mästen, indeß der fleißigere Bürger desselben im
Schweiß seines Angesichts darben muß.

Wie lange die glückliche Gleichheit der Klassen in diesem
Lande noch dauern würde, war also nicht zu bestimmen;
zwar war vorderhand die Feld- und Landarbeit den Tautaus,
die sie verrichten mußten, noch nicht lästig, da sich aber die
arbeitslosen Vornehmen in einem ungleich stärkeren Maß
vermehren würden als jene, war für die Zukunft ein Übermaß
an Plackerei mit all seinen üblen Folgen zu gewärtigen: Mit
diesen Gedanken nahm George Anfang September 1773 zum
erstenmal Abschied von Tahiti.

Das gemeine Volk wird davon ungestalt, und ihre Knochen
kraftlos werden; die Nothwendigkeit mehr in der brennenden
Sonne zu seyn, wird ihre Haut schwärzen, *Reise um die Welt*
und sie werden durch die häufigen und frü- I/300
hen Ausschweifungen ihrer Töchter mit den Großen des
Landes, endlich zu zwergigten kleinen Gestalten ausarten,

indeß jene vornehmen Müßiggänger die Vorzüge einer großen Leibesgestalt, einer schönen Bildung und einer hellern Farbe ausschließungsweise beybehalten werden, weil *sie allein* ihrem gefräßigen Appetit ohne Einschränkung folgen, und stets in sorgloser Unthätigkeit leben können.

Väterliche Zuneigung —
Rohe Gewalt

Auf Huaheine, eine Tagesreise von Tahiti entfernt, kam es zu dem ersten wirklich unangenehmen Zwischenfall. Cook und die Forsters befanden sich auf dem Marktplatz, als —

– – – Dr. *Sparrman* fast ganz nackend und mit sichtbaren Merkmalen einiger harten Schläge zu uns hergelaufen kam. Es hatten sich zwey Indianer zu ihm gesellet und ihn unter steten Freundschafts-Versicherungen und mit vielfältigem *Tayo!* gebeten weiter ins Land heraufzugehen; allein, ehe er sichs versahe, rissen sie ihm den Hirschfänger, welches sein einziges Gewehr war, von der Seite, und als er sich hierauf bückte, um nach einem Steine zu greifen, gaben sie ihm einen Schlag über den Kopf, daß er zu Boden fiel. Nun rissen sie ihm die Weste und andre Kleidungsstücke, die sich abstreifen ließen, vom Leibe. Er machte sich zwar wieder los von ihnen und rannte gegen den Strand herab; allein unglücklicherweise blieb er während dem Laufen in dem kleinern Strauchwerk hängen, worauf sie ihn wieder einholten und mit Schlägen mißhandelten, davon verschiedene in die Schläfe trafen. Von diesen letztern betäubt, zogen sie ihm das Hemd über den Kopf, und da es durch die Knöpfe fest gehalten ward, so waren sie schon im Begriff, ihm die Hände abzuhacken, als er zum großen Glück wieder zu sich kam, und die Ermel mit den Zähnen aufbiß, da denn die Räuber mit ihrer Beute davon liefen.

Reise um die Welt I/311f.

Ihre Verfolgung verlief, sehr zum Mißfallen von Reinhold, ergebnislos. Seine Gereiztheit nahm zu, als er auf Ulietea (dem heutigen Raiatea) das Opfer eines Scherzes wurde.

Die Eingeborenen, die wahrlich Willens waren, sich jedem von uns gefällig zu erweisen, erstiegen unter großen Mühen

Wales:
Bemerkungen
S. 93 f.

die höchsten Berge, um ihm für seine Sammlung Pflanzen zu verschaffen, und hatten oft festgestellt, daß er sehr launisch war und solche, die keine Blüten aufwiesen, wegwarf. Eines Sonntags hatten sie einen sehr hohen Hügel erklommen, um einige Farne zu holen, die dort wuchsen, fanden aber keinen mit Blüte, was sie sich nicht erklären konnten; und weil sie, wie ich annehme, überdies fürchteten, ohne Belohnung auszugehen und am Ende bei dem Handel sehr grob angefaßt zu werden, sollten sie keinen mit einer Blüte bringen, kamen sie auf einen Einfall: Sie steckten sehr geschickt eine hübsche Blüte, die der einer Primel nicht sehr unähnlich war, in die Spitze einiger Pflanzen und brachten sie ihm. Diese zeigte er als eine höchst wunderbare Laune der Natur im Stamm der Farne fast jedem im Schiff, bis irgendjemand (ich denke, es war Dr. Sparman), der etwas skeptischer war als er, sie schließlich untersuchte und dadurch den Betrug herausfand, was natürlich ein herzliches Gelächter auf Kosten des Doktors hervorrief – – –

Bei einer Exkursion am folgenden Tag eilte Reinhold den anderen so weit voraus, daß sie ihn aus den Augen verloren. Er watete in einen Wasserarm, um dort im Schilf Gänse zu schießen, die aber aufflogen, bevor er zu Schuß kam. Ärgerlich stapfte er zurück, sah George mit einem Eingeborenen am Ufer stehen und rief ihm zu, er solle von diesem ein Kanu mieten.

Ich watete weiter, aber als ich einen Blick auf das Ufer warf, sah ich, wie der Bursche versuchte, *George* das Gewehr zu

Reinhold Forster:
Journal
13. 9. 1773

entwinden, *George* ließ mit einer Hand los & fuhr mit ihr unter die Hemdbrust, dann hatte der Kerl das Gewehr; ich dachte, mit George sei's vorbei, väterliche Zuneigung konnte es mir nicht gestatten, bei diesem Akt roher Gewalt ruhig zu bleiben, & ich mußte damit rechnen, daß man auch mir das Gewehr entwinden würde. Ich richtete die Flinte auf den Burschen, da gab er das Gewehr wieder her & rannte davon, aber ich blieb ihm auf den Fersen & hätte ihn totschießen können, aber ich war entschlossen, den Burschen nicht zu verletzen, & ließ ihm einen Vorsprung von 50 oder 60 Yards; – – – ich hatte Kapitän Cook gebeten, etwas mehr für uns zu tun, aber er hatte sich geweigert, weitere Schritte zu unternehmen – – – die Räuber & Angreifer zu bestrafen, die Mr *Sparman* fast ermordet hätten. – – – Die Schüsse, die ich auf den Burschen abgab, hatten keine bemerkenswerten Konsequenzen, denn Mr *Cooper* sah hinterher den Mann & fand, daß dieser an der linken Schulter von ungefähr 9 Schrotkugeln nur gestreift worden war.

Ich, der Endunterzeichnende, versichere hiermit, daß der Bericht des obenbeschriebenen Vorgangs völlig mit dem übereinstimmt, was ich als Augen- und Oh- *Eintragung in* renzeuge bestätigen kann. – – – Ich bot den *R. Forsters Journal* Nagel an & der Mann willigte ein, mir dafür das Kanu zum Gebrauch zu überlassen. Ich wartete ungefähr eine Minute & bat ihn dann, das Kanu ins Wasser zu schieben; aber da lachte er mir ins Gesicht & sagte *aima*, womit er sagen wollte: Du bekommst es nicht. Das brachte mich dazu, ihn *Towna* zu nennen; das ist ein Ausdruck der Verachtung und heißt soviel wie *Schuft*, und während ich ihn (so, daß es ihn keinesfalls verletzen konnte) mit meiner Vogelflinte zurückstieß, gebot ich ihm *harruway*, das heißt *Pack dich*, weil er ein Lügner war. Augenblicklich ergriff der Bursche mit beiden Händen meine Flinte und versuchte, sie mir zu entwinden: Ich rang eine Weile mit ihm, aber da ich merkte, daß er der Stärkere war, ließ ich mit einer Hand los & fuhr mit ihr unter mein Hemd, wo ich eine Taschenpistole hatte: Diese Bewegung, so schien es mir (der ich meinen Vater nicht herankommen sah), erschreckte ihn & er rannte davon: Mein Vater, der mich mit ihm hatte ringen sehen & meine Blässe bemerkt hatte, schoß auf ihn, als er ungefähr 50 Yards gerannt war. — Da ich diese Umstände hier nach bestem Wissen niedergeschrieben habe, kann ich sie erforderlichenfalls unter Eid bezeugen.

13. Sept. 1773. Im Hafen Ohamaneno auf Ulietea. George Forster.

– – – & obwohl ich schon bereit war, die Sache als unbedeutend fallen zu lassen, fand Kapitän *Cook*, gereizt von falschen

Reinhold Forster:
Journal
14. 9. 1773
Einflüsterungen seines ersten Dieners, unseres Messestewards, kein Ende; & so kam es auf beiden Seiten zu einigen hitzigen & unbedachten Äußerungen & er ließ mich mit Gewalt aus seiner Kabine entfernen, deren Benutzung er mir ursprünglich gestattet hatte, in Anbetracht meiner beträchtlichen Beteiligung an unseren gemeinsamen Mahlzeiten angesichts der Tatsache, daß er die mir versprochene Erweiterung meiner Kabine schuldig geblieben war.

Cook:
Das Bordbuch
13. 9. 1773
Nichts Erwähnenswertes passiert.

Der antarktische Winter war zu Ende. Über die Tonga-Inseln kehrten die Schiffe nach Neuseeland zurück. Vor der Küste verlor die Besatzung der *Resolution* das Schwesterschiff *Adventure* erneut aus den Augen. Sie sollten sich erst in England wieder treffen.

Neun Nächte wurde die *Resolution* auf der See umhergeworfen, bis sie endlich im Charlotten-Sund landen konnte. Der Zwieback war verschimmelt. Er wurde neu aufgebacken. Am 25. November 1773 verabschiedete sich die Expedition ein zweites Mal von der bewohnten Welt. Eine Gruppe Indianer, die gerade dabei war, an einem Feuer einen erschlagenen Mann zu braten und aufzuessen, war für Monate ihr letzter Anblick der menschlichen Gesellschaft.

71 Grad 10 Sekunden südlicher Breite

Am 12. Dezember sichteten sie den ersten Eisberg. Bald tasteten sie sich wieder, immer ostwärts, die Packeisgrenze entlang. Das Schiff überfror, und an Segeln und Tauen hingen meterlange Zapfen. Wie im vergangenen Antarktissommer barg die Mannschaft, als das Trinkwasser ausging, treibende Schollen, zerhackte sie und schmolz sie ein — was ohne blutige und erfrorene Finger nicht abging. Der Scharbock kam zurück. Mehrmals entging die *Resolution* nur knapp dem Schiffbruch und glitt bei widrigem Wind manövrierunfähig dicht an gewaltigen Eisriesen vorbei.

Am Mittag des 26. Dezember, die Matrosen waren vom Weihnachtsfest noch sturzbetrunken, zählte George vom Mast aus einhundertundachtundsechzig Eisberge —

– – – darunter manche eine halbe Meile lang und keine von geringerm Umfange war, als das Schiff. Dies stellte einen großen und fürchterlichen Anblick dar. Es schien, als ob wir die Trümmern einer zerstörten Welt, oder, nach den Beschreibungen der Dichter gewisse Gegenden der Hölle vor uns sähen, eine Ähnlichkeit, die uns um so mehr auffiel, weil von allen Seiten ein unabläßiges Fluchen und Schwören um uns her tönte.

Reise um die Welt
I/421

Kurz nach 4 Uhr morgens bemerkten wir an den Wolken über dem südlichen Horizont einen ungewöhnlich schneeweißen Glanz, der unseres Wissens verriet, daß wir uns einem Eisfeld näherten; kurz darauf wurde es vom Topp aus gesichtet, und um 8 Uhr waren wir dicht an seinem Rand; es erstreckte sich östlich und westlich in einer geraden Linie viel weiter, als wir sehen konnten; als wir eintrafen, beleuchteten soeben die Lichtstrahlen, die das Eis in eine beträchtliche Höhe zurückwarf, die südliche Hälfte unseres Horizontes. Wir

Cook:
Das Bordbuch
30. 1. 1774

machten siebenundneunzig einzelne Eisberge aus, innerhalb des Feldes, ohne die äußeren zu rechnen. Viele davon waren sehr groß und sahen aus wie eine Kette von Bergen, die sich übereinander erheben, bis sie sich in den Wolken verlieren. Der äußere nördliche Rand dieses unermeßlichen Eisfeldes bestand aus losem oder gebrochenem, so dicht gedrängtem Eis, daß ein Eindringen unmöglich war; ungefähr eine Meile breit und fest, bildete es eine zusammenhängende, kompakte Masse; eher niedrig und (abgesehen von den Eisbergen) flach, schien es an Höhe zuzunehmen, wenn man es nach Süden verfolgte, wo es sich dem Blick entzog. Ein solches Eisgebirge wurde, glaube ich, in den Gewässern Grönlands noch nie beobachtet, ich zumindest habe davon nie gehört oder gelesen, so daß wir einen Vergleich zwischen dem Eis hier und dem Eis dort nicht ziehen können. Man muß davon ausgehen, daß dieses ungeheure Eisgebirge den Druck in den Eisfeldern, die es einschließen, derart erhöht, daß es einen großen Unterschied macht, dieses Eismeer und das von Grönland zu befahren. Ich will nicht sagen, daß es unmöglich war, irgendwo weiter in den Süden vorzudringen, aber der Versuch wäre ein gefährliches und tollkühnes Unternehmen gewesen, an das, glaube ich, kein Mensch in meiner Lage gedacht hätte. Es war tatsächlich meine Meinung wie auch die der meisten an Bord, daß dieses Eis bis zum Pol reicht oder an ein Land stößt, an das es seit Erschaffung der Welt befestigt ist; und daß sich hier, das heißt in dieser südlichen Breite, all das Eis bildet, das wir auf und ab zerstreut im Norden finden, und daß es dann, von Windböen oder anderen Kräften weggebrochen, weiter nach Norden von den Strömungen getragen wird, die wir immer auf die höheren Breiten ausgerichtet fanden. Als wir nahe an dieses Eis heranfuhren, waren einige Pinguine zu hören, aber keiner zu sehen, und außer ein paar anderen Vögeln war nichts zu bemerken, was uns hätte darauf schließen lassen können, daß irgendwelches Land nahe war; wenn es tatsächlich irgend ein Land hinter diesem Eis gäbe, so könnte es für Vögel oder irgendwelche anderen Tiere keine bessere Zuflucht gewähren als das Eis selbst, mit dem es völlig bedeckt sein müßte. Mir, der ich den Ehrgeiz besaß, nicht nur weiter zu kommen als irgendjemand zuvor, sondern so weit, wie es dem Menschen möglich ist, tat es nicht leid, auf dieses Hindernis zu treffen, da es uns in gewissem Maße der Gefahren und Mühen enthob, die mit dem Navigieren in südpolaren Gebieten untrennbar verbunden sind; zumindest verkürzte es jene; und da wir keinen Zoll weiter nach Süden vorrücken konnten, so ist es unnötig, noch einen weiteren Grund anzuführen, warum ich auf einer Breite von 71° 10′ Süd und einer Länge von 106° 54′ W. wendete und in den Norden zurücksegelte.

Ein günstiger Wind führte das Schiff so schnell fort, daß es in vierundzwanzig Stunden ganze drei Grad, hundertachtzig Seemeilen, zurücklegte. Es wurde etwas wärmer. Mit von Zahnweh geblähten Backen und geschwollenem Hals einem Gespenst ähnlich, wagte Reinhold sich wieder aufs Verdeck und entwickelte ein hyänenhaftes Interesse am sich verschlechternden Zustand Cooks, der, endlich seinerseits bettlägrig und gesprächiger geworden, alle Speisen und Abführmittel erbrach und ein paar Tage lang ein so fürchterliches Aufstoßen zeigte, daß man an seinem Leben verzweifelte. Endlich erweichten warme Bäder und Magenpflaster, was Opiaten und Klistieren getrotzt hatte.

Mit der zunehmenden Wärme grassierte der Skorbut. George litt an blauen Flecken, faulem Zahnfleisch und geschwollenen Beinen, und die Medizin dagegen, die Bierwürze, vertrug sein Magen nicht mehr.

Als sie am 13. März 1774, nach einhundertundfünf Tagen auf See, die Osterinseln anliefen, waren Georges Schenkel derart aufgedunsen, daß er sich nur mit Mühe an Land schleppte. Den dritten und letzten Tag des Aufenthalts blieb er an Bord. Die Insel war ihm widerwärtig. Auf dem schwarzen, verbrannten Gestade war außer süßen Kartoffeln, drei, vier Dutzend kleinen Hühnern und spärlichem, schlecht schmeckendem Wasser keine Erquickung zu finden, die wenigen, aber ungemein freigebigen Buhlerinnen nicht gerechnet, die sich mit den Matrosen im Schatten monumentaler Bildsäulen verlustierten, deren sich jeder europäische Künstler geschämt hätte.

Antikes Tahiti

Im April 1774 kehrte Cooks Expedition nach Tahiti zurück. Trotz eines Gallenfiebers kroch George bei der Ankunft aufs Verdeck, um sich an der Aussicht zu weiden. Er war zu schwach, um an Land zu gehen. Durchs Kajütenfenster erhandelte er einige Fische, um sie zu bestimmen und zu zeichnen, sowie für sich selbst einen Apfel. Gegen Reinholds ausdrücklichen Befehl aß er ihn auf, und am nächsten Tag fand er sich durch die verbotene Frucht ganz außerordentlich erquickt und nahm an einem Besuch teil, den Cook König Tu abstattete.

Allenthalben waren weitläufige neuangelegte Plantagen, neuerbaute Häuser und neuangefertigte Kanus zu sehen. Das Land glich einer reichlich gefüllten Vorratskammer. Vor jedem Haus sah man Schweine, die nicht mehr wie früher verborgen wurden. Niemand bettelte mehr, überall wurde man genötigt einzutreten.

An der Küste von O-Parre hatte sich eine Flotte von Kriegs-Kanus versammelt, die gegen Rebellen auf der Insel Eimeo ausfahren sollten. Die Helme der Streiter waren dicht mit glänzenden, blaugrünen Taubenfedern und ihre Brustpanzer mit Haifischzähnen besetzt. Der Strand wimmelte von Menschen, doch herrschte feierliches Stillschweigen. Es waren nicht weniger als 159 doppelte, zwischen fünfzehn und dreißig Meter lange Kriegs-Kanus hier beisammen. Die größten waren mit 144 Ruderern und acht Steuerleuten bemannt, und nach einer sehr mäßigen Schätzung waren wenigstens 1500 Krieger und 4000 Ruderer aufgeboten worden, diejenigen ungerechnet, welche sich in den Proviantbooten und am Strand befanden. Diese Armada, die sich aus dem Distrikt Atahuru rekrutierte, einem von dreiundvierzig, übertraf alle bisherigen Vorstellungen von der Macht und dem Reichtum der Insel.

Die vereinte Macht von ganz Griechenland, die ehemals gegen Troja in See gieng, konnte nicht viel beträchtlicher seyn, als die Flotte, mit welcher *O-Tu* die Insel *Eimeo* *Reise um die Welt* anzugreifen gedachte; und ich kann mir die II/84 f. *mille carinæ* eben nicht viel furchtbarer vorstellen, als eine Flotte Tahitischer Kriegs-Canots, deren eins von funfzig bis zu einhundert und zwanzig Ruderer erfordert. Die Schiffahrt der alten Griechen erstreckte sich nicht viel weiter, als heut zu Tage die Tahitische. Von einer Insel stach man zur andern herüber, das war alles. Die damaligen Seefahrer im Archipelagus, richteten bey der Nacht ihren Lauf nach den Sternen; und so machen es die auf der Südsee noch jetzt ebenfalls. Die Griechen waren brav; und daß es die Tahitier nicht minder seyn müssen, beweisen die vielen Narben ihrer Befehlshaber. – – – *Homers* Helden werden als übernatürlich große und starke Leute geschildert; auf eben die Art haben die *Tahitischen* Befehlshaber, der Statur und schönen Bildung nach, so viel vor dem gemeinen Mann voraus, daß sie fast eine ganz andere *Art* von Menschen zu seyn scheinen. Natürlicherweise wird eine mehr als gewöhnliche Menge von Speise dazu erfordert, um einen mehr als gewöhnlich großen Magen zu füllen. Daher rühmt der griechische Dichter von seinen trojanischen Helden, daß sie gar stattliche Mahlzeiten gethan, und eben das läßt sich auch von den *Tahitischen* Befehlshabern sagen. Überdem haben es beyde Nationen mit einander gemein, daß sie, eine wie die andere, am Schweinefleisch Geschmack finden. Beyde kommen in der Einfalt der Sitten überein und ihre eigenthümlichen Charactere sind durch Gastfreyheit, Menschenfreundschaft und Gutherzigkeit, fast in gleichem Grade, vor andern ausgezeichnet. Sogar in ihrer politischen Verfassung findet sich eine Ähnlichkeit. Die Eigenthümer der Tahitischen Districte sind mächtige Herren, die gegen *O-Tuh* nicht mehr Ehrerbietung haben, als die griechischen Helden gegen ihren *Agamemnon;* und vom gemeinen Mann ist in der Iliade so wenig die Rede, daß er unter den Griechen von keiner größeren Bedeutung gewesen zu seyn scheint, als die *Tautaus* in der Südsee.

Noch bevor der Krieg losbrach, lichtete die *Resolution* die Anker und verabschiedete sich mit Kanonendonner.

Der Stückmeistergehilfe Marra, ein schwer zu bezähmender, wegen Meuterei und Desertion vorbestrafter Ire, suchte sich den unruhigen Augenblick der Abreise zunutze zu machen, um unbemerkt zurückzubleiben. Welch einen Himmel versprach ihm diese Insel gegen die Aussicht, sein Leben lang (wenn er die Reise überhaupt überlebte) auf Schiffen verbringen, verfaultes Pökelfleisch und verschimmelten Zwieback essen und dabei mit unverminderter Härte fortschuften zu müssen!

Unser gemeines Volk ist nun einmal zu lauter Plackereyen und zu beständigen Arbeiten bestimmt. Ehe man den geringsten Gebrauch vom Korne machen kann, *Reise um die Welt* muß erst gepflügt, geerndtet, gedroschen II/87 und gemahlen, ja es muß hundertmal mehr davon gebauet werden, als der Ackersmann selbst verbrauchen kann, theils um das Vieh zu erhalten, ohne dessen Hülfe kein Feldbau bestehet, theils auch, um das Ackergeräth und viel andre Dinge dafür anzuschaffen, die jeder Landwirth selbst verfertigen könnte, wenn die Weitläuftigkeit des Feldbaues ihm Zeit und Muße dazu übrig ließe. Der Kaufmann, der Handwerksmann, der Künstler, müssen alle eben so arbeitsam seyn, um dem Landmanne das Korn und Brod wieder abzuverdienen. Wie ist hingegen beym Tahitier das alles so ganz anders! wie glücklich, wie ruhig lebt nicht der! Zwey oder drey Brodfruchtbäume, die beynahe ohne alle Handanlegung fortkommen, und fast eben so lange tragen, als der, welcher sie gepflanzt hat, leben kann; drey solche Bäume sind hinreichend, ihm drey Viertheile des Jahres hindurch, Brod und Unterhalt zu geben!

Der Tageslauf der Tahitianer offenbarte eine durchgehende, glückliche Einförmigkeit. Bei Sonnenaufgang standen sie auf, wuschen sich in den Quellen und Bächen, dann arbeiteten sie oder gingen umher, bis sie die Hitze zwang auszuruhen. In diesen Erholungsstunden brachten sie ihren Kopfputz in Ordnung, bliesen Flöte oder ergötzten sich am Gesang der Vögel, aßen und kehrten dann zur Tätigkeit zurück.

Muntrer Scherz ohne Bitterkeit, ungekünstelte Erzählungen, fröhlicher Tanz und ein mäßiges Abendessen bringen die

Nacht heran; und dann wird der Tag durch
abermaliges Baden im Flusse beschlossen.
Zufrieden mit dieser einfachen Art zu leben, wissen diese
Bewohner eines so glücklichen Clima nichts von Kummer und
Sorgen, und sind bey aller ihrer übrigen Unwissenheit glück-
lich zu preisen. *Ihr Leben fließet verborgen, | Wie klare Bäche,
durch Blumen dahin.* Kleist.

Marra wurde gefaßt und zwei Wochen in Ketten gelegt, doch
sollte er noch viele Nachahmer, auch in höheren Gesellschafts-
schichten, finden.

Nach der Lektüre von Georg Forsters *Weltreise* beabsich-
tigten verschiedene Dichter des *Göttinger Hains,* darunter
auch Hölty, der Verfasser des Liedes »Üb' immer Treu und
Redlichkeit«, der verderbten Brut Europas den Rücken zu
kehren und sich von Cook nach Tahiti bringen zu lassen;
sogar der ergraute Klopstock wollte mit auf die Reise. Und
noch 1808 wurde eine Geheimgesellschaft Tübinger Studenten ausgehoben, die Forster lasen und vom Stillen
Weltmeer träumten, von »leer stehenden Inseln, denen ein
ewiger Frühling lacht«. Es erging ihnen wie dem Matrosen
Marra. Die zwei Hauptverschwörer landeten statt auf einem
Korallenatoll auf der Festung Hohenasperg, dem »Demo-
kratenbuckel«.

Von der Halbinsel Malakka trugen mich meine Stiefel auf
Sumatra, Java, Bali und Lamboc, ich versuchte, selbst oft
mit Gefahr, und dennoch immer vergebens,
mir über die kleinern Inseln und Felsen, wovon dieses Meer starrt, einen Übergang
nordwestlich nach Borneo und andern Inseln dieses Archipelagus zu bahnen. Ich mußte die Hoffnung aufgeben. Ich
setzte mich endlich auf die äußerste Spitze von Lamboc nieder, und das Gesicht gegen Süden und Osten gewendet, weint
ich wie am festverschlossenen Gitter meines Kerkers, daß ich
doch so bald meine Begrenzung gefunden.

Jenseits von Eden

Um die Angaben früherer Entdecker zu überprüfen, ließ Cook die *Resolution* nach Westen segeln. Unter Regenschauern und Gewittern trieb der Passat sie an unzugänglichen Inseln und Atollen vorbei. Am 21. Juni 1774 konnte sie endlich an einer bergigen Insel landen. Die Fahne wurde gehißt. Die drei Botaniker arbeiteten sich durch das Holz; man konnte keine vierzig Yard weit sehen. Cook drang indessen mit zwei Männern in einen steilen, schmalen Hohlweg ein. Auf der Höhe angelangt, hörte er einige Eingeborene, die sich näherten. Er zog sich ans Ufer zurück und rief Sparrman und die Forsters zu sich. Kaum waren diese eingetroffen, ließen sich die Stimmen weiterer, im Gestrüpp verborgener Eingeborener vernehmen. Freundschaftsrufe blieben unbeantwortet. Schließlich tauchte einer der Insulaner am Eingang des Hohlwegs auf. Er war etwa fünfzig Schritte entfernt. Sein Oberleib war bis zu den Hüften schwarz gefärbt. Er trug einen Kopfputz von aufrechtstehenden Federbüschen und hielt einen Speer in der Hand. Hinter ihm, wo weiterhin Stimmen zu hören waren, sprang, in der Rechten einen langen Bogen, ein zweiter Kerl hervor und warf mit der Linken einen großen Korallenbrocken. Anstatt einen Befehl abzuwarten, antwortete Sparrman, am linken Vorderarm getroffen, in der Hitze der ersten Empfindung mit einem Schrotschuß, und die Eingeborenen flüchteten ins Unterholz.

Cook wartete eine Zeitlang, ohne daß etwas geschah. Sodann setzte die Gesellschaft sich wieder in die Boote und ruderte einige Meilen am Ufer entlang, bis endlich eine etwas breitere Spalte im Steilhang einen Zugang ins Land hinauf versprach.

Ohngefähr hundert und funfzig Fuß weit vom Gestade lief ein flaches Rief vor der Küste her, welches an mehreren Stellen eine Durchfahrt für das Boot hatte. Auf diesem Riefe mußten die See-Soldaten zu

Reise um die Welt
II/132 ff.

unserer Bedeckung eine Linie formiren, indeß wir mit dem Capitain durch den vor uns liegenden hohlen Weg marschiren wollten! Wir fanden daselbst vier Canots auf den Strand gezogen, die mit denen von *Tongatabu* fast von einerley Bauart, auch mit etwas Schnitzwerk geziert, im Ganzen aber doch einfach und nicht so sauber gearbeitet waren, als jene. Sie hatten Gegengewichte *(Outriggers)* von dicken Stangen und zum Theil Dächer von Matten, darunter Fisch-Angeln, Speere und Stückchen Holz lagen, die bey der Nachtfischerey statt der Fakeln gedient zu haben schienen. In jedes dieser Fahrzeuge legte der Capitain etliche Glas-Corallen, Nägel und Medaillen zum Geschenk für die Eigenthümer; indem er aber noch damit beschäftigt war, sahe ich einen Trupp Indianer den hohlen Weg herunter kommen, worauf wir uns alsbald einige Schritte weit zurückzogen. Zween derselben, die gleich den zuvorerwähnten schwarz angemahlt und mit einem Kopfputz von Federbüschen versehen waren, liefen unter wütendem Geschrey auf uns los und schwenkten dabey ihre Speere. Umsonst riefen wir ihnen in einem freundlichen Tone zu. Der Capitain wollte auf sie feuern, aber das Gewehr versagte ihm. Er bat also, daß wir der dringenden Gefahr wegen, ebenfalls Feuer geben mögten; allein es gieng uns wie ihm. Die Indianer, die durch unsre anscheinende Wehrlosigkeit noch mehr Muth bekommen mogten, warfen zween Speere nach uns; der eine davon hätte den Capitain *Cook* um ein Haar breit getroffen, zum Glück aber bückte er sich noch zu rechter Zeit; und der andre fuhr mir so dicht neben der Lende vorbey, daß die schwarze Farbe, womit er beschmiert war, mir das Kleid beschmutzte. Nachdem wir noch ein Paarmal versucht hatten, Feuer zu geben, gieng endlich mein Gewehr los. Ich hatte zwar nur mit Schroot geladen, traf aber meinen Mann richtig, indeß Herrn *Hodges* Schuß mit einer Kugel, ohne Würkung blieb. Auf dieses Signal fieng die hinter uns auf dem Felsen-Rief postirte Mannschaft ein förmliches Plotton-Feuer an. Sie hatten bemerkt, daß während unseres Rückzuges ein zweyter Haufen von Indianer, durch einen andern Weg uns in den Rücken zu kommen und den Paß abzuschneiden suchte. Diesen Plan aber vereitelte die Ladung Hagel, welche ich unter die beyden Vorfechter schickte, indem die übrigen sich alsdenn nicht getrauten, weiter auf uns einzudringen, und wir auf die Art Zeit gewannen, wieder zu den unsrigen zu stoßen. So lange noch einer von den Indianern zu sehen war, ward auch das Feuer lebhaft fortgesetzt. Zween derselben hielten besonders lange Stand. Sie hatten sich hinter einen Busch postirt und schwenkten ihre Speere noch unabläßig, als ihre Landsleute schon längst fort waren. Endlich mußte, auch von diesen, einer verwundet worden seyn, denn sie ergriffen plötzlich, unter einem gräßlichen Geheul die Flucht. Nun giengen wir wieder in die Boote und wollten mit diesen Leuten nichts mehr zu schaffen haben, da wir sie durch kein Bitten zu einer freundschaftlichen Aufnahme hatten bewegen können. Die Natur selbst scheint diese Nation, schon dadurch, daß sie ihr Land fast unzugänglich bildete, zur Ungeselligkeit verurtheilt zu haben.

Cook taufte die Insel *Savage Island;* heute heißt sie Niuë. —

Die Fidschi-Insel Vatoa kam in Sicht. Cook sandte den verhaßten Kabinen-Nachbarn Gilbert im Boot auf die Suche nach einem Hafen, vergebens. Reinhold mußte an Bord bleiben und beklagte die Vergeudung von Steuergeldern. Die Neuen Hebriden tauchten auf. Der Regen troff wieder durch die verfluchten, von Gilbert nicht kalfaterten Ritzen. Cook kartierte. Ewiges Lavieren!

In Mallicollo wurde kurz Station gemacht. *Tayo!* hieß hier *Tomarr!* Die rußschwarzen Gesellen zischten, um ihre Verwunderung auszudrücken. Ihre Geschlechtsteile waren mit Zeug umwickelt und aufwärts an den Gürtel festgebunden, mithin in einer höchst unanständigen Lage sichtbar gemacht.

Eromanga, die Maskelyn Islands, Epi, Mai, Shepherd's Island, Efate. »Für immer werden wir auf dem Wasser treiben müssen«, notierte Reinhold verzweifelt in sein Tagebuch.

Auf Tanna, der südlichsten Insel der neuen Hebriden, fand Cook schließlich einen geeigneten Hafen.

Alle fünf Minuten fuhr aus einem nahen Vulkan mit donnergleichem Krachen ein Flammenstoß empor, wobei das unterirdische Getöse oft eine halbe Minute lang währte. Die Luft war mit Rauch und schwarzer Schörl-Asche gefüllt, die im Auge einen beißenden Schmerz verursachte und in solcher

Menge herabfiel, daß nach wenigen Stunden das ganze Schiff damit bedeckt war.

Die Gesichter der durchwegs bewaffneten Einwohner waren mit weißem Kalk, roter Ockererde und einer schwarzen, wie Bleistift glänzenden Farbe bemalt, die Frisur bestand aus etlichen hundert steifen Zöpfchen, und in ihren durchbohrten Nasenknorpeln steckten dünne Stäbe. Die Tannaer ließen es zu, daß Wasser gefaßt und Holz geschlagen wurde, schickten aber anfangs jeden zurück, der den schwarzen Sandstrand verlassen und ins Innere vordringen wollte.

Reinhold zählte ihnen an den Fingern vor, wann das Schiff wieder ablegen würde, tauschte Namen mit ihnen und weitete schließlich unter verschiedenen Vorwänden — es sei ihm um eine freie Aussicht auf das Meer zu tun, er wolle doch nur Vögel schießen — seine Ausflüge so weit aus, daß er an den Schwefelquellen des Vulkans Temperaturmessungen vornehmen konnte.

Zwei frische Muskatnüsse im Kropf einer Taube versetzten ihn in fieberhafte Erregung. Er konnte zwar den dazugehörigen Strauch nicht finden, dafür aber einen Insulaner, der sich mit einem falschen Gewächs die Belohnung verdienen wollte, anders als im Falle der blühenden Farne rechtzeitig als Betrüger entlarven.

Mein Vater drückte seine Empörung in solchen Ausdrücken aus, wie es ihm seine damals sehr unbeträchtlichen Fortschritte in der Landessprache nahelegten, *Replik auf Mr. Wales'* während die Eingeborenen selbst über ihren *»Bemerkungen«* hinterlistigen Landsmann so aufgebracht *S. 36f.* waren, daß sie ihn streng zurechtwiesen und in die Menge zurückstießen. Ich habe alles mit angesehen und kann wahrheitsgetreu versichern, daß die Ausschmückung, es hätte Fußtritte gesetzt und dem Mann wäre ins Gesicht gespuckt worden, wie man sie Mr. Wales' Bemerkungen entnehmen kann, der Wahrheit nicht entspricht und ganz ungegründet ist. Leutnant Clerke, der das laute Lärmen der Eingeborenen um uns her hörte, fragte meinen Vater vorschnell, »was er hier für einen Aufstand anzettle?« Als Antwort wurde ihm im selben Ton zurückgegeben, »*daß er keinen Aufstand anzettle.*« Ob Mr. Clerke davor schon gewisse Animositäten gegen meinen Vater hegte, oder ob der unangenehme Dienst an einem ungeschützten Strand in der Mittagshitze diesen gutmütigen Mann in diesem Augenblick reizbar machte — eins steht fest: Er vergaß sich so sehr, daß er meinem Vater *befahl,* es zu unterlassen, einen Aufruhr zu erregen, den es nicht gab und den es nie gegeben hatte. Ein freier Mann läßt sich nicht einfach herumkommandieren; mein Vater sprach dem Leutnant jede Befehlsgewalt über ihn ab. »Wenn Sie meine Befehle mißachten«, war Mr. Clerkes Antwort, »werde ich die Wache auffordern, Sie zu ERSCHIESSEN.« Eine Pistole, die mein Vater aus seiner Tasche zog und auf den Mann richtete, der ihn so herausforderte, machte diesem ausgefallenen Heldenstück und schließlich dem ganzen Disput ein Ende. Später lachten sowohl Mr. Clerke als auch mein Vater über den wilden Eifer, zu dem sie sich wegen solcher Lappalien hatten hinreißen lassen; aber wo ist der Mann, dem nicht manchmal der Gaul durchgeht!

Indessen setzten George und Sparrman Reinholds Pionierarbeit fort. Mehrmals stellten sich ihnen fünfzehn und mehr durch Trompeten-Muscheln alarmierte, bewaffnete Indianer entgegen, baten sie ernstlich umzukehren und gaben ihnen mit allerhand Gebärden zu verstehen, daß, sollten sie weiter vordringen, ihre Landsleute sie unfehlbar totschlagen und fressen würden.

Über einen Greis, mit dem Reinhold Namen getauscht hatte, freundeten sie sich mit den Bewohnern einer der vielen Pisang-Pflanzungen an. Als diese bemerkten, daß George ein Lied vor sich hinbrummte, baten sie ihn, etwas vorzusingen. Einige deutsche und englische Volkslieder gefielen ihnen sehr, keines rief jedoch so allgemeinen Beifall hervor wie Dr. Sparrmans schwedische Volkslieder. Ihre eigenen Lieder waren ungemein ernsthaft und hatten weit mehr Melodie als alle anderen, die George in der Südsee gehört hatte.

Doch, endlich mußten wir uns losreißen und nach dem Schiffe zurückkehren, weil der Mittag nicht weit war. Der *Reise um die Welt* erste Einwohner, dem wir begegneten, flüch-
II/271ff. tete vor uns, und versteckte sich hinters Gebüsch. – – – Sowohl innerhalb als ausserhalb dieser Plan-

tage standen viele Männer im Gebüsch, die unaufhörlich winkten, daß wir an den Strandt zurückgehen möchten. Sobald wir aus dem Walde heraus traten, klärte sich das Räthsel auf. – – – Man hatte, wie gewöhnlich, eine Schildwacht ausgestellt, die den Platz, den unsere Leute zu ihren Geschäften brauchten, von Indianern rein halten mußte, dahingegen die Matrosen diese Scheidelinie ohne Bedenken überschreiten, und sich nach Belieben unter die Wilden mischen durften. Einer von den Indianern, der vielleicht seit unserm Hierseyn noch nie am Strande gewesen seyn mochte, hatte sich zwischen seinen Landsleuten vorgedrängt und wollte über den freyen Platz gehen. Weil aber unsere Leute diesen für sich allein zu haben meynten; so nahm die Schildwache den Indianer beym Arm, und stieß ihn zurück. Dieser hingegen glaubte mit Recht, daß ihm, auf seiner eigenen Insel, ein Fremder nichts vorzuschreiben habe, und versuchte es daher von neuem, über den Platz wegzugehen, vielleicht blos um zu zeigen, daß er gehen könne, wo es ihm beliebte. Allein, die Schildwache stieß ihn zum zweytenmal, und zwar mit solchem Ungestüm zurück, daß wohl ein minder jähzorniger Mann, als ein Wilder, dadurch hätte aufgebracht werden müssen. Kein Wunder also, daß er, um seine gekränkte Freyheit zu vertheidigen, einen Pfeil auf den Bogen legte, und damit nach dem, der ihn angegriffen, zielte. Dies ward der Soldat nicht sobald gewahr, als er sein Gewehr anschlug, und den Indianer auf der Stelle todt schoß. – – – Was mußten die Wilden von uns denken? Waren wir jetzt noch besser, als andere Fremdlinge? oder verdienten wir nicht weit mehr Abscheu, weil wir uns, unter dem Schein der Freundschaft eingeschlichen hatten, um sie hernach als Meuchelmörder zu tödten?

Vier Tage nach dem Abschied von den Neuen Hebriden entdeckte der Schiffskadett eine unbekannte Insel. Cook taufte sie Neu-Kaledonien. Die Bewohner dieses kargen, weiten Landes unterschieden sich in Aussehen und Sprache völlig von allen anderen bekannten Südsee-Völkern. Sie zeigten keine Spur von Furcht oder Mißtrauen, stahlen nicht die geringste Kleinigkeit und ließen die Fremden ungehindert umherschweifen.

Reinholds Angst, Banks und Solander mit leeren Händen
entgegentreten zu müssen, nahm immer groteskere Formen
an. Am 24. September 1774 wurde vom Schiff aus in einem
Tal südlich von Cape Coronation eine dichte Gruppe hoher
Objekte gesichtet. Rauch stieg über ihnen auf. Reinhold
war sich sicher, daß es sich um Basaltsäulen handle, in deren
Innern ein ewiges Feuer brenne.

Ein Gentleman behauptet & beschwört im echten Geist der
Klassischen Philosophie, daß dies Basaltsäulen seien wie die,
Wales: aus denen sich der Riesendamm in Irland
Journal   zusammensetzt, & daß er mit seinem Fern-
24. 9. 1774   glas die Fugen genau unterscheiden könne.
Ich war oft überrascht von der außerordentlichen Güte der
Augen & des Fernglases dieses Gentleman und der Unvoll-
kommenheit der meinen. Er hatte auf 3 Meilen Entfernung
Orangen & Zitronen auf Bäumen wachsen sehen & Stein und
Bein geschworen, soeben habe sich ein Vogel auf eine der
Früchte gesetzt. Ich denke, ich muß zu Ehren von Mr. Rams-
den anmerken, daß das Fernrohr, mit dem diese Kunststücke
vollführt wurden, von ihm stammt & es sich dabei um ein
gewöhnliches achromatisches Glas mit einer Brennweite von
2 Fuß handelt.

Cook-Pines heißen heute diese Fichten mit ihren sehr geraden, langen Stämmen und sehr kurzen Ästen.

Pesseräh!

Mitte Oktober 1774 landete die *Resolution,* von schweren Regengüssen und Windstößen empfangen, zum dritten und letzten Mal an der Küste Neuseelands. Vergeblich hatte Cook gehofft, hier das Schwesterschiff *Adventure* vorzufinden, das er ein Jahr zuvor aus den Augen verloren hatte.

Die damals angelegten Gemüsebeete waren fast gänzlich verwildert, teils ausgerodet, teils durch Unkraut erstickt, und doch fand man untrügliche Anzeichen, daß in der Zwischenzeit ein europäisches Schiff die Bucht besucht haben mußte. Kein Eingeborener zeigte sich. Ein Kanu, das sie sichteten, zog die Segel ein und ruderte in aller Eile davon.

Wie sich später herausstellte, war die *Adventure* auf der Suche nach Cook Anfang 1773 hierhergekommen, hatte eine Flaschenpost Cooks vorgefunden und wollte ohne Aufenthalt schon wieder absegeln, als Kapitän Furneaux noch ein Boot abschickte, dessen Besatzung eine Ladung Löffelkraut und wilden Sellerie sammeln sollte.

Das Commando dieses kleinen Detaschements ward einem gewissen Herrn *Rowe* anvertraut. Dieser unglückliche junge Mann hatte, bey einer sonst guten Denkungsart, die Vorurtheile der seemännischen Erziehung noch nicht völlig abgelegt. Er sahe z. E. alle Einwohner der Südsee mit einer Art von Verachtung an, und glaubte eben dasselbe Recht über sie zu haben, welches sich, in barbarischen Jahrhunderten, die Spanier über das Leben der amerikanischen Wilden anmaaßten. – – – Da mir selbst erinnerlich ist, daß Herr *Rowe* immer zu behaupten pflegte, die *Neu-Seeländer* würden das Feuer unserer Musketerie nicht aushalten, wenn es einmal zum Schlagen käme; so kann es ganz wohl seyn, daß er bey dieser Gelegenheit einen Versuch dieser Art habe anstellen wollen. – – – Als Capitain *Fourneaux* sahe, daß das abgefertigte Bott zween volle Tage ausblieb,

Reise um die Welt
II/348 ff.

schickte er Lieutenant *Burney* in einem andern wohl bemannten und stark bewafneten Boote ab, um jenes aufzusuchen. – – – Der seitwärts gelegene Berg wimmelte von Menschen, und an vielen Orten stieg ein Rauch auf, der vermuthen ließ, daß das Fleisch der erschlagnen Europäer schon zu einer festlichen Mahlzeit zubereitet werde! Dieser Gedanke erfüllte selbst die hartherzigsten Matrosen mit Grausen, und machte ihnen das Blut in allen Adern starren – – – Sie feuerten und tödteten viele von den Wilden, trieben sie auch zuletzt, wiewohl nicht ohne Mühe, vom Strande, und schlugen ihre Canots in Trümmern. Nunmehro, da sie sich sicher dünkten, stiegen sie ans Land, und durchsuchten die Hütten. Sie fanden mehrere Bündel Löffelkraut, welche ihre unglücklichen Cameraden schon zusammengebunden haben mußten, und sahen viele Körbe voll zerstückter und zerstümmelter Glieder, unter welchen sie die Hand des armen *Rowe* deutlich erkannten. Die Hunde der Neu-Seeländer fraßen indeß am Strande von den herumliegenden Eingeweiden!

George empfand mit Rowe und seinen Spießgesellen kein Mitleid. Wenn diese Leute ihre Bestimmung als Europäer, die barbarischen Völker zu einer höheren sittlichen Vollkommenheit zu leiten, so sehr vergaßen — mußte dann nicht das Naturrecht auf Widerstand uneingeschränkt in Kraft treten?

Ein Westwind von so wunderbarer Stärke, daß sich das Schiff manchmal bis zu 40 Grad neigte, trug die *Resolution* ohne Aufenthalt bis nach Feuerland. Dieser letzte Sommer auf der Südhalbkugel war der erträglichste, so traurig unbelebt die nackten Felsmassen des südlichen Amerikas auch waren. Überall sahen die Seefahrer nichts als ungeheure Berge mit schroffen, schneebedeckten Gipfeln, fast ohne Gras und Strauch. In dieser Einöde traf die Expedition zum letzten Mal auf ein wildes Volk, die armen Pescherähs. Langsam kamen sie in ihren Rindenkanus herangerudert, wobei sie keinen anderen Laut von sich gaben als zuweilen ein langgezogenes, klagendes *»Pesseräh!«*

Auf vielfältiges Zuwinken kamen etliche von diesen Leuten ins Schiff, doch ließen sie nicht das geringste Zeichen von

Freude blicken, schienen auch ganz ohne Reise um die Welt II/380 ff.
Neugierde zu seyn. Sie waren von kurzer
Statur – – – hatten dicke große Köpfe, breite Gesichter,
sehr platte Nasen – – – Diese Züge machten, zusammen
genommen, das vollständigste und redendste Bild von dem
tiefen Elend aus, worinn dies unglückliche Geschlecht von
Menschen dahinlebt. – – – Ihr einziges elendes Kleidungs-
stück bestand in einem alten kleinen Seehunds-Fell, welches
vermittelst einer Schnur, um den Hals befestigt war. Übrigens giengen sie ganz nackend – – – Glas-Corallen und andre
Kleinigkeiten nahmen sie mit eben der Gleichgültigkeit und
Achtlosigkeit an, mit welcher sie auch ihre Waffen, ja sogar
ihre zerlumpten Seehunds-Felle umsonst, oder, gegen das
erste beste, das ihnen geboten ward, weggaben. Überhaupt
war ihr Charakter die seltsamste Mischung von Dummheit,
Gleichgültigkeit und Unthätigkeit – – – Geberden, die der
niedrigste und einfältigste Bewohner irgend einer Insel in der
Südsee verstand, begriff hier der Klügste nicht.

Langsam und still, wie sie gekommen waren, ruderten sie
gegen Mittag wieder fort.

Was die ärgste Sophisterey auch je zum Vortheil des ursprünglich wilden Lebens, im Gegensatz der bürgerlichen Verfassung, vorbringen mag; so braucht man sich Reise um die Welt II/383 f.
doch nur einzig und allein die hülflose be-
dauernswürdige Situation dieser *Pesserähs* vorzustellen, um
innig überzeugt zu werden, daß *wir* bey unsrer gesitteten
Verfassung unendlich glücklicher sind! So lange man nicht
beweisen kann, daß ein Mensch, der von der Strenge der Witterung beständig unangenehme Empfindung hat, dennoch
glücklich sey, so lange werde ich keinem noch so beredten
Philosophen beypflichten, der das Gegenteil behauptet, weil
er entweder die menschliche Natur nicht unter allen ihren
Gestalten beobachtet, oder wenigstens das, was er gesehen,
nicht auch *gefühlt* hat.

Nach der Entdeckung Südgeorgiens und der Südlichen Sand-
wich-Inseln, wo Cook in Nebel und Eis eine vermeintliche
Bucht — die sich später als Passage zwischen den Inseln

Bristol und Südliches Thule entpuppen sollte — nach Forster dem Älteren benannte, kehrten sie in die Zivilisation zurück.

Ende März traf die Expedition in der Tafelbai ein. In Europa herrschte Friede, doch in Lexington war es zum ersten bewaffneten Zusammenstoß englischer Truppen mit aufständischen nordamerikanischen Siedlern gekommen. Der amerikanische Unabhängigkeitskrieg hatte begonnen, unter den Fahnen der Freiheit und Gleichheit.

Am 30. Juli 1775 legte die *Resolution* in England an. Europa mußte zur Kenntnis nehmen, daß eine *Terra australis*, der sagenhafte Südkontinent, nicht existiert.

I vil tel de Kinck of you

Noch vom Schiff aus richtete Reinhold ein mehrseitiges latei-
nisches Schreiben an Linné und meldete dem Oberkomman-
dierenden der Armee Floræ 270 neuentdeckte Pflanzen und
241 Tiere: 13 Säuger, 139 Vögel, acht Amphibien, 72 Fische
und neun Mollusken. Für Ende Oktober kündigte er die Pub-
likation von rund 80 neuen Pflanzengattungen an, illustriert
mit Zeichnungen von George.

Nach ihrer glücklichen Heimkehr wurden Vater und Sohn
am 16. August 1775 dem König und, einige Tage darauf, der
Königin vorgestellt, der sie lebende Tiere vom Kapland über-
gaben: einen Springbock, ein Schnarrtier oder Erdhündchen
(Suricata suricata), zwei Adler und einige kleinere Vögel;
ferner eine Taube, von der Reinhold behauptete, es handle
sich um eine Muskatnußfresserin von der Insel Tanna, was
der Astronom Wales vehement bestritt.

Cook und Furneaux kamen auf die Altersrangliste, Leutnant Clerke wurde zum Kommandanten der *Resolution* ernannt, und die *London Chronicle* meldete, es werde erwogen,
die Löhne der Mannschaft zu verdoppeln.

Die Vorbereitungen für die Reise, das Leben an Bord, das
sie zweihundert Pfund jährlich gekostet hatte, der Unterhalt
der Familie, der Abzug von zweihundert Pfund Gebühren zu-
gunsten der Schatzkammer, das Salär für Dr. Sparrman, die
lebendigen Tiere für die Königin — all das hatte einen großen
Teil von Forsters Handgeld aufgezehrt. Beim Umzug in die
Percy Street nahe dem Britischen Museum wurde ein Teil
des Hausrats gestohlen, und eines Abends fiel Reinhold auch
noch drei Wegelagerern in die Hände, denen er seine goldene
Taschenuhr, sein in Gold gefaßtes Petschaft und 25 Guineen
überlassen mußte.

Er tröstete sich mit einem recht luxuriösen Lebensstil und
der Hoffnung, den offiziellen Reisebericht schreiben zu dürfen. Dr. John Hawkesworth hatte mit der Bearbeitung und

Herausgabe der Tagebücher von Cooks erster Reise 6000 Pfund verdient.

Um so ärgerlicher war eine in Deutschland erschienene Zeitungsmeldung, die der junge Berliner Verleger Johann Karl Philipp Spener mit der Bitte um eine Stellungnahme an Forster schickte.

London. Man hat nun gewisse Nachricht empfangen, daß der Hauptmann *Cook*, am 22. März dieses Jahrs beym Vorgebirge der guten Hofnung, vor Anker gegangen sey, und gegen das Ende des Augustmonats in die *Thames* einzulaufen hoffe. — —

Wöchentliche Nachrichten von neuen Landcharten
24. 7. 1775

Dem Verlaut nach, hat er Ursach gehabt, mit Herrn *Forster*, dem Vater, sehr unzufrieden zu seyn. Man muß wünschen, daß diese unangenehme Nachricht nicht gegründet, oder wenigstens, daß das Mißverständniß zwischen beyden Männern, ihren beyderseitigen Untersuchungen nicht nachtheilig gewesen sey.

Eilig bemühte Reinhold sich, diesen Sadduzäern das Maul zu stopfen:

Capt. Cook und ich sind gute Freunde; Er hat der Admiralitæt von mir eine vortheilhafte Schilderung gemacht, wodurch Lord *Sandwich* bewogen, mich dem Könige nachdrücklich empfolen, und selbst vorgestellt hat: Ich habe jetzt Capt. *Cooks* Journal in meinen Händen, und werde daraus und aus meinem eigenen, die Geschichte der Reise auf Befehl der Regierung schreiben, ein Vortheil den keine Reise vorher gehabt, dass einer der Reisenden der Geschichtschreiber derselben gewesen.

Reinhold Forster an Spener
London, 20. 9. 1775

George stieß in einem eigenen Brief an Spener zwar ins gleiche Horn, setzte aber ahnungsvoll hinzu:

Sie fragen nach meiner Aussicht in London; soll ichs Ihnen sagen, sie ist ziemlich *luftig*: ich sehe nemlich aus meinem fenster über Tottenham Courtroad hinweg sogleich in die grünen Felder und Wiesen die sich bis nach Thompsons geschwisterten Hügeln (Hampstead und Highgate) erstrecken, auf einer seite des Prospects ein waisenhaus, auf der andern ein Hospital! Für einen der

An Spener
London, 19. 9. 1775

Verse macht ist eine solche vista sehr bedenklich – – – Ohne
länger im Labyrinthe der Gleichnisse zu verharren, so hat
sich noch nichts gezeiget dass mich an London binden könnte;
Ihre Majestäten haben zwar auf die allergnädigste Weise so
wohl mit meinem Vater, als mit mir, (bey Überreichung einiger raren lebendigen Thiere aus den inseln der Süd See und
vom Cap der guten Hofnung) gesprochen, allein wer darauf
rechnung macht, kann sich nur gar zu leicht betriegen: fürs
erste habe ich auch noch alle Hände mit dem Arrangement
unserer Naturalien Sammlung, unsren Beschreibungen und
Zeichnungen voll, ist also noch an keine andere Beschäftigung zu denken.

Auf Anhieb traf George in diesem seinem ersten überlieferten
Brief »in der Sprache Thuiskons« den empfindsamen Ton, den
er in den wenigen Wochen seit der Rückkehr dem *Göttinger
Musenalmanach* und Albrecht von Hallers *Usong* abge-
lauscht hatte.

Die deutschen Gäste gaben sich die Klinke in die Hand.
Der Fürst Franz von Anhalt-Dessau und seine Gattin Luise
wurden mit tahitianischem Stoff, mit Geräten und einer auf
der Weltreise mitgeführten Karte beschenkt, in die mit roten
Strichen die Route eingezeichnet war.

Einer der fleißigsten Besucher war der Göttinger Professor
Georg Christoph Lichtenberg, der zwar als Gast des Königs
mit diesem viele Nachmittage auf der Sternwarte verbrachte,
sonst aber unermüdlich in der Stadt umherschweifte, Schiffe
und Theater, Spelunken und Uhrmacher, Musikhäuser und
Gerichtshöfe besuchte und sich für die niedlichen Mädchen
im Covent Garden ebenso interessierte wie für Priestleys
Gasversuche, den Schauspieler Garrick oder das Schicksal
einer Hure, die sich aus dem *Round-House* dadurch befreite,
daß sie soviel pißte.

Nun etwas von Freund Forster, und zwar erst von seinem
Charackter. Er ist ein Mann in seinen besten Jahren, voller
Feuer und Muth. Er würde glaube ich den
Jupiter umsegeln, sein Gedächtniß ist
ausserordentlich und eben so soll seine
Stärcke in der Naturhistorie seyn. Gegen seine Freunde ist

Lichtenberg
an Schernhagen
Kew, 16. 10. 1775

83

er dienstfertig und bescheiden, aber unversöhnlich, wenn man ihn beleidigt, seine Feinde behandelt er mit einer eignen Art von Witz, der am besten durchdringt, nämlich er schlägt ihnen hinter die Ohren. Man hat mir gesagt, daß er auf der Reise zweymal hat müssen in Arrest gesezt werden. Einmal da ein Deutscher, den er gar nicht kannte, etwas laut in der Comödie deutsch sprach und sich ein Engländer darüber in Ausdrücken aufhielt, die gegen die Deutschen überhaupt giengen, so stund Forster, der nicht einmal nah saß, auf und redete den Engländer gleich mit den freundschafftlichen Worten: You infamous scoundrel oder *du infamer Spitzbube* an, foderte ihn auf der Stelle heraus und in einem solchen Ton, daß der Engländer für heilsam befand nach der Comödie nicht zu erscheinen sondern sich wegzuschleichen. Diese Geschichte hat mir HE. F. nachher selbst erzählt. Seine Liebe zur Wissenschafft und sein Eifer für die Wahrheit sind eben so ausserordentlich, und um alles ins kurtze zu ziehen muß ich sagen, daß der ausserordentlichste Mann, den ich fast in England gesehen habe ein Deutscher und zwar HE. Forster ist. Hätte er das Schif selbst commandiren können, und bey seinen grosen Talenten Capt. Cook's Erfahrung besessen, so würden wir jezt dreymal mehr wissen, obgleich die Reise, wie sie ist, schwerlich vergessen wird. – – – Sein Sohn von 21 Jahren ein vortrefflicher Zeichner war mit ihm, sie haben eine grose Menge von Neuen Thieren- und Pflantzen-Arten und -Gattungen entdeckt und theils in Zeichnungen, theils in Natur mitgebracht, anderer Naturalien und Artefackten der Völcker, die sie besucht haben, nicht zu gedencken.

Reinholds überspanntes Selbstbewußtsein wurde etwas herabgestimmt, als Lord Sandwich eine erste Probe der Reisebeschreibung aus sprachlichen Gründen (Englisch!) zurückwies — kurz bevor sich Reinhold für seine koptische Untersuchung *De bysso antiquorum* in Oxford den Doktorhut holte.

George fuhr mit, begleitet von Friedrich Adolf Vollpracht, einem hessischen Pfarrerssohn auf Englandreise. Die frommen Jünglinge schwärmten, bauten Luftschlösser und wandelten auf einsamen Pfaden, und George begann davon zu träumen, die Sitten des allzu verderbten England zu verlassen, um in Deutschland Reineres, weniger Gekünsteltes, mehr Entzückendes zu suchen. Unter den Gegenständen, die sein Herz zur Wonne aufschlossen, war viel christliche Religion.

Indessen wurden die *Characteres Generum plantarum quas in Insulis Australis collegg. &c. Ioannes Reinoldus Forster & Georgius Forster*, mit 78 Kupferradierungen nach Georges Zeichnungen, auf eigene Kosten von 500 Pfund zum Druck befördert und dem König dediziert. Zur förmlichen Überreichung wollte es jedoch nicht kommen, ebensowenig wie zur Schenkung dreißig prächtiger, nach Georges Vorlagen auf Pergament gebrachter Deckfarbengemälde, deren Herstellung 100 Guineen gekostet hatte.

Im April 1776 schlossen Cook und Reinhold einen gerichtlichen Vergleich: Der Kapitän sollte in einem ersten Band der offiziellen Reisebeschreibung seine nautischen, der Wissenschaftler im zweiten seine naturkundlichen Beobachtungen niederlegen. Über die Sitten und Gebräuche der besuchten Völker sollte jeder für sich das Nötige sagen, wobei Reinhold Geist und Sprache näher ins Auge zu fassen und den Hergang der Reise im ganzen philosophisch zu würdigen versprach. Druckkosten und Einnahmen sollten geteilt werden, aber Lord Sandwich freute sich bekanntgeben zu können, daß die Admiralität bereit sei, auf ihre Kosten die Bände gleichmäßig mit Kupferstichen auszustatten.

Als Reinhold daraufhin einen neuen Entwurf abgab, mußte er feststellen, daß man von ihm keine Beschreibung der Reise, sondern eine systematische Darstellung ihrer Resultate erwartete, die ebenso wie sein philosophischer Kommentar der Zustimmung der Admiralität bedurfte.

War er etwa um die Welt gefahren, nur um Unkraut zu trocknen und Schmetterlinge zu sammeln? — Nein! Was das Publikum von ihm erwartete, war mehr: eine philosophische, zusammenhängende, von Vorurteilen und gemeinen Trugschlüssen freie, vollständige Darstellung seiner Entdeckungen überhaupt, ohne Rücksicht auf willkürliche Systeme, bloß nach allgemeinen menschenfreundlichen Grundsätzen.

Da das offizielle Werk mit seinen vielen Kupferstichen auf dem Buchmarkt nur schwer zu überbieten war, mußte

Reinhold alles daran setzen, seinen Rechtsanspruch auf eine Beteiligung nicht vorschnell zu verwirken. Er schrieb also ein Buch in der Art, wie es die Admiralität verlangte, ohne sich jedoch auf eine Zensur einzulassen. Vergebens! Das zweite Mal in seinem Leben sah er sich um seinen verdienten Lohn geprellt. Seine *Observations made during a voyage round the world* sollten erst 1778 erscheinen: als privates Unternehmen, auf Subskriptionsbasis, ohne ein einziges Bild.

Bereits im Sommer 1776 hatte der an keinerlei Abmachungen gebundene George, nachdem Cook auf der Suche nach einer Nord-West-Passage wieder in See gestochen war, auf Betreiben seines Vaters mit der umfassenden und freien Reisebeschreibung begonnen, von der dieser träumte. Damit trat er in offene Konkurrenz zum offiziellen Bericht. In wenigen Monaten schrieb der Zweiundzwanzigjährige auf der Grundlage seiner und seines Vaters Notizen ein zweibändiges Werk. Finanziert wurde das Unternehmen unter anderem mit den 301 Pflanzen- und 268 Tierzeichnungen, die George in der Südsee angefertigt hatte. Reinhold verkaufte sie für 400 Guineen an Banks. Dann fuhr er nach Paris, um wegen einer französischen Ausgabe zu verhandeln.

Ich bin wieder einmal *erbärmlich krank gewesen,* wie gewöhnlich war's eine indigestion — mein armer Magen, der von
An Spener
London, 17. 9. 1776
pökelfleisch und verfaulten Zwieback in grund verdorben ist — Doch davon wollen wir nichts sagen; es sollte anders nur zum pro-œmio dienen, daß mir auf diese art, eine neue Hinderniß in weg gekommen, die mich vom Schreiben der Reise sehr abgehalten hat. — Gott! was wird daraus werden? Wenn ich den muth sinken ließe, welches eben kein wunder wäre, und auch wenn ich würklich bey Leib und Seelenkräften frisch und gesund bliebe, welches wohl nach jetzigen außichten sonderbar genug wäre, sagen Sie was wird daraus werden? Ich fürchte warlich, dem zufolge was mein Vater mir schreibt, daß wir an keine französische übersetzung denken dürfen; und dann; — bis das original Englisch herauskommt sollten wir doch solidere Speise als Geister brauchen? Auch hiervon schweige ich weil ich zum voraus sehe, dergleichen gedanken müßen mich zur arbeit unfähig machen. — Gewis, gewis, mit einer dump-

fen, finstern Gleichgültigkeit, die mir keinesweges eigen ist, sollte ich jetzt mehr wie jemals – – – ganz wüste, und gedankenlos in den tag hinein leben — Leben! — kein leben ist das; so was leeres ist ärger als — ja vielleicht als der tod.

– – – das anhaltende einsitzen, beständige Anstrengung, dazu das precaire und bittere unsrer Umstände und überdem noch meine eigne privat Ärgerniss die ich zuweilen ausstehen muss – – – Ich fürchte der Kalte Winter wird mich vertrocknen.

An Spener
London, 25. 10. 1776

George war bis aufs Skelett abgemagert, als *A Voyage round the World* im März 1777 erschien.

Ich bin überrascht zu hören, daß die Admiralität den Reisebericht nicht Ihnen übertragen hat, wer zum Teufel soll ihn *dann* schreiben? Der Rest der Mannschaft, oder Captain Cook mit seinem Schiffs- und Segelkram, oder ein neuer Hawkesworth, der dann aus dem Ganzen irgendetwas zusammenstoppelt? Ich bin jedenfalls froh, daß Sie es getan haben; jetzt kommen alle andern damit zu spät. Ich hoffe, ich finde, wenn ich das Buch je in die Hände bekomme, darin eines von Ihren poetischen Stückchen aus Mataway.

Sparrman
an Forster
Leuftsa, 27. 3. 1777

Tatsächlich gelang es George, einen Monat vor Cook auf den Markt zu kommen — was freilich nichts half. Das Buch kostete ohne Illustrationen genausoviel wie das von Cook, welches 63 elegante Kupferstiche enthielt. Keine noch so wohlwollende Kritik konnte das ausgleichen; noch 1778 waren 570 von etwa 1000 Exemplaren unverkauft.

Außerdem nahm Wales, der Astronom, Anstoß an einer Fußnote:

Mein Herr, Vor einiger Zeit wurde mir wiederholt berichtet, Ihr Vater habe Mr. Arnold informiert, ich hätte im Juni 1773 seine Uhr zum Stehen gebracht oder zugelassen, daß jemand anders sie zum Stehen brachte. Diese Beschuldigung ist von so lügenhafter und böswilliger Natur, daß ich es nicht glaubte; da ich nun aber finde, daß Sie auf Seite 554 im I. Teil des von Ihnen kürzlich über die Reise der Resolution

Wales
an Forster
London, 24. 6. 1777

veröffentlichten Buches das gleiche behaupten, so ist es mir nicht mehr möglich, diesen Berichten weiterhin keinerlei Glauben zu schenken. Es ist in der Tat kaum möglich, daß das Wort *worden* in der oben zitierten Passage durch Unachtsamkeit eingefügt wurde; weshalb ich, auch in Anbetracht meiner echten Abneigung gegen einen Streit mit wem auch immer, Sie um ein Dementi bitte, daß Sie die Absicht hatten, solche Berichte zu verbreiten, die sowohl meinem Ruf als auch dem der anderen Personen, die mit der Aufsicht über die Uhren betraut waren, so sehr und so ungerechtfertigt schaden, indem Sie folgendes *Erratum* an das Ende aller künftigen Ankündigungen des Buches setzen:

»Bezüglich der Chronometer, S. 554, Bd. I, statt: Das Uhrwerk war blockiert *worden,* lies: *letzteres war blockiert;* das Wort *worden* wurde durch Unachtsamkeit eingefügt.«

George bedauerte das Mißverständnis. Zu einer Korrektur war er nicht bereit. Hinter ihm stand, blind vor Rachsucht, Wut und Enttäuschung, Reinhold. Das Verhängnis nahm seinen Lauf.

Je mehr sich die Aussichten verdüsterten, um so ehrwürdiger rauschten George die heiligen, deutschen, vaterländischen Haine. Er weinte oft und gern, und wenn ihn die süße Schwermut ergriff, ging er in den kleinen Hof hinters Haus, um dort im Schatten der reich belaubten Linden so viele Schritte hin- und herzugehen, als der enge Platz erlaubte.

Eins bitte ich, bemerken Sie. Englische Grosmuth, edele DenkungsArt, Gastfreyheit, Menschenliebe, kurz was bewundert wird, – – – alles das ist nicht mehr —

An Vollpracht
London, 16. 7. 1776

Ich bin ein Deutscher: und so wahr ich ein Deutscher d. i. ein ehrlicher Mann bin, so ists auch nicht mehr; nicht mehr Ehre, Grosmuth, keine Tugend mehr in England!

»Adieu«, unterschrieb er einen Brief an Spener, »es umarmt Sie der deutsche Georg Forster.«

Im Sommer 1776 war Spener nach London gereist und hatte den Vertrag für eine Übersetzung der entstehenden Reisebeschreibung abgeschlossen. George übersetzte, während er an der englischen Fassung schrieb, und schickte die

Bogen nach Berlin. Da er dabei im schriftlichen Ausdruck noch stockte, ging ihm ein Bekannter zur Hand: Rudolf Erich Raspe, der 1785, beeindruckt von des schwadronierenden Reinholds Erzählungen, *Des Barons Münchhausen Erzählungen seiner wunderbaren Taten und Abenteuer in Rußland* verfassen sollte. Er installierte die Kanone, mit der er seinen Lügenbaron auf den Mond schoß, auf einer Südseeinsel — ein tiefsinniger Witz.

Ein entgleister Wissenschaftler, mittlerer Statur, mit einem eher länglichen als runden Gesicht, kleinen Augen, etwas großer, gebogener, spitzer Nase, roten Haaren unter einer kurz gebundenen Beutelperücke und einem hurtigen Gang, war Raspe im März 1775 in einem grauen Überrock aus Kassel entwichen; dort hatte er, als Verwalter des Münzkabinetts Friedrichs II. von Hessen-Kassel, 3 000 Taler unterschlagen.

Es war ihm gelungen, nach England zu fliehen, wo er in den Londoner gelehrten Gesellschaften verkehrte und sehr geschickt und überzeugend seine Unschuld beteuerte. Reinhold, den er in der *Royal Society* kennenlernte, sah in ihm einen Leidensgenossen, und George schloß den bieder wirkenden Deutschen ins Herz.

Lichtenberg, der ihn zufällig im Forsterschen Haus auf der Treppe traf, meldete die Begegnung sofort nach Göttingen:

Stelle dir vor, gestern Morgen habe ich Raspen gesprochen, er konte mich kaum sprechen, so sehr verwirrte ihn mein Anblick. Ich gieng aus einer Gesellschafft, in die er gehen wolte, und wir begegneten uns auf der Treppe, so daß ich geschwind von ihm abkam, seine Kleider sind nun nicht mehr so wie zuvor, und er sieht fast aus als wie ein —, ich meine, als wie was er ist.

> Lichtenberg
> an Joh. Ch. Dieterich
> Kew, 28. 9. 1775

Seltsamerweise besuchte zur gleichen Zeit auch ein Minister aus Hessen-Kassel das Forstersche Haus, Ernst Martin v. Schlieffen. Der geistreiche, sonderbare, unter dem Anschein der Sentimentalität höchst nüchterne und hinter der Maske des Biedermannes höchst berechnende Mann hatte im Auftrag seines Kurfürsten etliche Tausend hessischer

Landeskinder als Soldaten an die Engländer verkauft und verfolgte nun ihre Einschiffung nach Amerika. Sie mußten in den engen Kajüten regelrecht aufeinandergepökelt werden.

HE. D^r. Raspe den Sie hier gekannt haben, verkehrt wieder seit langer zeit bey uns. — Ich kann Ihnen versichern nichts hat mich so wahrhaftig erfreut als überzeugt zu werden daß er unschuldig und ein rechtschaffener mann sey. — Er ist dies nicht allein, sondern der Landgraff von Hessen-Cassel hat ihn auch auf die niederträchtigste art behandelt; Die Brust wird meinem Herzen zu enge, wenn ich alle Menschliche Laster, in einem punct concentrirt sehe, — und dabey herrschend, tyrannisirend, unangefochten sehe. — Das Unthier, das jetzt den abscheuligen Handel mit Soldaten treibt und an England den Schweis Das Blut, Die Freyheit seiner Unterthanen verkauft, um seinen infamen Lüsten ein Gnüge zu leisten — Doch ich wollte von England reden. Auch hier hat HE. Raspe Feinde gefunden ohne ihnen jemals ursache gegeben zu haben, ihm schädlich zu werden, und die menge undankbare menschen, die er am Casselßchen Hofe monathe lang bewirthet, und aus Freundschaft in alle Gesellschaften herumgeführt hat, denen er alles sehenswürdige dort gezeigt hat, die ihn jetzt nicht kennen wollen. — Unter die erste art gehören die HEn. Banks und Solander, welche ihn bey der Königl. Societät hier gestürzt haben, und Ihm hernach heimlich haben wollen verstehen geben mein Vater wäre die Hauptperson gewesen die dies unglück veranlaßt hätte. Raspe ist dadurch in sehr mühseelige umstände gerathen, und besucht oder wird nur von einigen wenigen Leuten besucht, die sich nicht schämen Gefühl zu haben, die menschlich handeln —

An Vollpracht
London, 1. 9. 1776

Da Raspes Wirt in Chelsea sich öfters besoff und des Nachts fast rasend toll nach Hause zu kommen, alles Gerät in Stücke zu schlagen und seine Frau derb abzuprügeln pflegte, räumte George sein Bett und schlief auf dem Lager seines kleinen Bruders, der wiederum mit zusammengerückten Stühlen vorlieb nehmen mußte. Die Auszahlung des Übersetzerhonorars an den Logiergast konnte freilich nicht mit der erforderlichen Pünktlichkeit vorgenommen werden:

Endlich im Julius laborirte unsre Börse so stark an der Aus-
zährung, daß ich einen apoplektischen Schlag vermuthete.
Er war in ebenso bedrängten Umständen, An Spener
u hatte noch über 9 £, an uns zu fordern. London, 17. 2. 1778
Ich sagte ihm unsre Umstände, und bat ihn um einige Tage
Zeit. Er versprach mir diesen aufschub. Allein eines Tages
kam er gegen 3 Uhr zu meinem Vater u foderte perempto-
risch Geld. Mein Vater sagte ihm er könne ihn jezt nichts
geben, weil er selbst nichts hätte, aber in ein paar Tagen
Frist solle ihm ein Genüge geschehen. H. R[aspe] entrüstete
sich und verlangte man müsse alles verkaufen, um ihn zu
befriedigen; ja das letzte Hemde. Dies wäre freilich billig
gewesen, wenn man nicht in paar Tagen Rath zu schaffen
gewußt hätte. Da dies aber war, so war die Zumuthung
höchst beleidigend; Freundschaftlich war sie gewis nicht;
doch Freundschaft zwischen Leuthen die Geld Sachen abzu-
machen haben! — Kurz um man gieng von einem Grad der
Hitze zum andern, man sagte ihm, er solle doch bedenken,
daß er bey uns alles genossen was ein Freund darbieten können. H. R. aber wollte keine Verbindlichkeit deswegen zu-
gestehen. Er schimpfte, fluchte — Man fluchte u schimpfte
wieder. Er nahm die Thüre in die Hand, und stieß ein nied-
riges Schimpfwort aus, in dem er fortgieng. Vier oder 5 Tage
darnach brachte ihm meine Mutter sein Geld, u. erhielt dafür
eine Quittung.

Reinhold zog mehrere Male auf Spener Geld, ohne dazu
berechtigt zu sein. In seiner Verzweiflung griff George einen
Vorschlag des Verlegers auf und schrieb die Lebensgeschichte
des Londoner Hofpredigers Dr. Dodd, dessen Ende am
Strang Europa bewegte. Die Moritat von dem Gründer des
Magdalenen-Hospitals, dem Retter gefallener Mädchen, der
bei seinen Predigten Eintritt verlangte und schließlich auf
den Namen Lord Chesterfields einen Wechsel gefälscht hatte,
war so recht geeignet, das verdorbene Albion zu geißeln.
Zwischendurch las George die *Leiden des jungen Werthers*
zwei-, dreimal hintereinander, erleichterte sich durch ein
Tränen-Geheul von vielen Stunden und feilte an der Widmung der *Reise um die Welt,* die er Friedrich II. zu Füßen
legte.

91

Wo ist Gelehrsamkeit und guter Geschmack verbunden?
Wo denkt man gründlich und frey? Wo sind erfinderischere,
An Se. Majestät wo geschicktere, wo einsichtsvollere Künst-
den König von Preußen ler und Gelehrten? Wo ist ungezwungener
Umgang und Toleranz? Wo wahre Höflichkeit, Menschenliebe, Freundschaft? Endlich, wo sind glückliche Unterthanen und wohlthätige Gesetze? Wo liebt man den Fürsten als
Vater? Wo stirbt man gern fürs Vaterland? Millionen, unter
Eurer Majestät Scepter beantworten diese Fragen dem lehr-
begierigen Norden, und den fast neidischen Völkern jenseits
der Alpen und des Rheins.

Kaum war der letzte Federstrich getan, fuhr George nach
Paris. Es war ein verzweifelter Schritt. Die deutsche Ausgabe der *Weltreise* war entgegen Speners Ankündigung zur
Michaelis-Messe 1777 nun doch nicht erschienen. Eine französische Edition, so schien es, war die letzte Hoffnung.

Es war eine unwirkliche Reise. George wohnte im *Hôtel de
Varsovie* in der Nähe des *Palais Royal,* nicht weit von der
Rue des Moulins, wo er sterben sollte. Beaumarchais war
nicht zu Hause, aber der Uhrmacher Le Roy führte George
am Abend zum Grafen Buffon, dem Intendanten des *Jardin
royal des plantes.* Die Südsee-Pflanzensammlung, die George
dem großen alten Meister der Naturgeschichte übergab, hat
im Museum des Gartens bis heute überdauert.

Le Roy war es auch, der George in das Dorf Passy bei
Paris begleitete, wo Benjamin Franklin, das 16. Kind eines
Seifensieders, ehemaliger Buchdrucker und Generalpost-
meister aller englisch-amerikanischen Kolonien, Erfinder des
Blitzableiters, Verteidiger der Unabhängigkeitserklärung, im
Auftrag der 13 vereinigten nordamerikanischen Staaten seit
Ende 1776 den Allianzvertrag mit Frankreich vorbereitete.

Ich fuhr wie wild durch Paris, um eine Reihe von Briefen an
Leute abzugeben, die ich nicht antraf, und als ich damit
Reise von London fertig war, fuhr mich Mr. Roy zum Diner
nach Paris nach Passy, eine kleine Stadt oder ein Dorf
9. 10. 1777 ungefähr 1½ Meilen vor Paris. Der *ver-*
ehrungswürdige Philosoph der Westlichen Welt dinierte hier.
Sein silbernes Haar und seine hohe Stirn sicherten ihm Ehr-

furcht und Hochachtung. Überzeugungskraft und Güte wohnten auf seinen Lippen, und die huldvolle Art seiner ganzen Erscheinung war bewundernswert. Er sprach wenig und meist über philosophische Gegenstände, trug einen einfachen grauen Anzug und weiße Seidensocken; scherzte mit Mad. le Roy und erzählte bei Tisch eine Reihe launiger Geschichten. Nach dem Diner machte er ein Schläfchen, vielleicht als Folge einer französischen Sitte, die gegen uns in Anwendung gebracht wurde und mich davon überzeugte, daß die Franzosen keine schlechteren Trinker sind als andere Völker. Wir hatten reichlich französische Weine beim Diner getrunken; gleich danach kam der Kaffee, und ein *Liqueur* bzw. *Poussecaffé* krönte das ganze. Ich war so glücklich, wie man es nur sein kann, ich fühlte mich rundum wohl, ganz wie zu Hause. Es gibt Leute, deren Art des Denkens und Handelns, obschon sehr verschieden, doch der unseren auf eine gewisse Weise entspricht, und bei denen wir uns ganz aufgehoben fühlen, wenn wir mit ihnen ins Gespräch kommen. Me. le Roy ist eine lebhafte Frau. Ich bewundere diese angenehme Mitteilungsfreude und gutgelaunte Geschwätzigkeit, die man in England nicht findet. Während *Papa,* wie er (B. F.) in diesem Haus genannt wird, sein Nickerchen machte, zeigte mir M. le Roy das Physik-Kabinett, über das er die Aufsicht hat. Es besteht aus einigen schlechten, auf mehrere Räume verteilten Instrumenten der Experimentellen Philosophie. Das ganze gehört dem König und wird, wie vielleicht viele andere Dinge, zu dem Zweck unterhalten, sich einen Freund zu verpflichten, mit einer Stelle, die 2 oder 3 000 Livres einbringt. — Kaum war ich wieder unten, als dort einige Gäste eintrafen, und sogleich war Papa auf den Beinen, war munter und fand für jeden das rechte Wort. Eine Dame, anscheinend ein weiblicher Philosoph, fing an, mir eine Reihe von Fragen über Tahiti und meine Reise zu stellen, und kam bald auf Geschlechtskrankheiten, auf Quecksilberkuren, Speichelfluß und so weiter. Einem Philosophen ist alles erlaubt! — Ich erwartete jeden Moment eine tahitianische Frage zu hören, zum Beispiel so eine, wie Ammos Geliebte sie Whitehouse stellte, nämlich (ob Europäer in allen Punkten so beschaffen seien wie ihre Landsleute)? Frivole Ziererei mag ich nicht, in keiner Form, ich verabscheue sie von Herzen, aber für die weibliche Sittsamkeit muß etwas getan werden. Es gibt ein Merkmal des Zartgefühls, das dort angebracht ist, wo – – – *cœtera desunt* [der Rest des Textes fehlt].

Franklin, seit 1731 Freimaurer, verkehrte in der erst 1776 von dem Astronomen Jérôme de Lalande gegründeten Loge *Les Neuf Sœurs*. Zu ihren damals rund sechzig Mitgliedern gehörten der Enzyklopädist d'Alembert, der spätere Präsident der Gesetzgebenden Versammlung de Condorcet, der General Lafayette, die späteren Revolutionäre Danton und Camille Desmoulins und der Medizinprofessor Joseph Ignace Guillotin.

George, vor den Thron der Ehrsucht gebracht, trotzte ihr, trotzte der auf dem Thron sitzenden erotischen Liebe und wurde unter Aufsicht des Meisters vom Stuhl Lalande, der mit Hammer und Winkelmaß der Zeremonie vorsaß, ins Heiligtum der Glückseligkeit aufgenommen, ein halbes Jahr vor Voltaire.

Ende November kehrte George mit leeren Händen nach London zurück. Vielleicht deckten die Südseeobjekte, die er über seinen Logenbruder Fabroni an den Großherzog der Toscana verkauft hatte, die Reisekosten, aber einen französischen Verleger hatte er nicht gefunden.

Nach einem haßerfüllten Briefwechsel gipfelte der Streit mit Wales um das Wörtchen »*worden*« Anfang 1778 in einem 110 Seiten langen Pamphlet des Astronomen gegen das tükkische, ignorante, böswillige, hinterlistige, schlechtgelaunte, erbärmliche, arrogante, verleumderische, lügende, gierige, schuftige, scheußliche Plappermaul Reinhold Forster, der sich als Autor der *Voyage round the World* feige hinter seinem armen Sohn verstecke, und einer nicht sehr viel kürzeren Antwort Georges, dem der Vater hier nun tatsächlich die giftspritzende Feder führte.

Der Ehrendoktor von Oxford, das auswärtige Mitglied der *Göttinger Akademie der Wissenschaften*, der *Königlichen Akademie von Madrid*, der *Gesellschaft der naturforschenden Freunde zu Berlin*, das korrespondierende Mitglied der *Wissenschaftlichen Gesellschaft Paris*, das erste Ehrenmitglied der *Gesellschaft der naturforschenden Freunde in Danzig* ruhte nicht eher, bis er alle Welt gegen sich hatte. Starrköpfig bis zur Selbstzerstörung, eigensinnig bis zur brutalen Rücksichtslosigkeit, witterte Reinhold schon beim geringsten Anflug von Schwäche Verrat; und Verrat im eigenen Lager, das nur mehr aus der eigenen Familie bestand, wurde erbarmungslos von ihm geahndet.

Der Bankrott war vollständig. Eine Karikatur des »deutschen Doktors und seiner Familie auf seiner englischen Reise, geführt von Mynher Shinder Knecht« vom Februar 1778 zeigt uns Reinhold, im Gesicht gut getroffen, verkehrt herum auf einem Esel sitzend, gefolgt von George, Frau Justine und einer langen Reihe verlumpter Kinder. Eine Sprechblase, die dem *German Doctor* aus dem Mund hängt, verkündet in teutonischem Englisch: »*I vil tel de Kinck of you*«; im Hintergrund winkt ein Galgen.

Unter Georges Namen vollzog der rasende Reinhold in einem offenen Brief an Lord Sandwich gesellschaftlichen Selbstmord.

Ja, mein Lord, wir *haben* wiederholt versucht, unser Elend zu Füßen des Thrones zu legen; wir haben um Genugtuung gebettelt, nein: um schlichtes Gehör. Aber man hat uns nie ein Ohr geliehen; unsere Bittschriften *kamen ungeöffnet zurück.* Un- *Ein Brief an den Grafen von Sandwich S. 81* möglich! wird jeder ehrliche Brite sagen; unmöglich, daß der König eines freien Volkes sich weigern sollte, die Klagen seiner Untertanen anzuhören und so seine Pflicht verletzte, deren Befolgung der eigentliche Kern und die Bedingung seiner Würde ist. – – – Aber wenn so etwas unmöglich ist, dann können unsere Bittschriften ganz offensichtlich den Herrscher nie erreicht haben. Männer, die vor der Macht eines jeden Ministers zittern, die von seinem Lächeln leben und die ein Stirnrunzeln vernichtet; Männer, die es nicht wagen, mit einem Blick und noch viel weniger einem Wort oder einer Tat Ihr Mißfallen zu erregen, wollten es niemals dulden, daß die einfache Wahrheit in ihrem schäbigen Gewand über die heilige Schwelle tritt und sich über Sie beklagt.

A Letter to the right honourable The Earl of Sandwich, ein höchst merkwürdiges, wenn nicht einzigartiges Zeugnis auflodernder bürgerlicher Wut, vernichtete den letzten Rest an

Reputation, den die Familie in England noch genoß, bis zum heutigen Tag, bis hinein in die jüngste Cook-Biographie. Diese Schrift vervollständigte das Bild, das sich dort seither mit dem Namen Forster verbindet: Ein geifernder Thersites, ein gichtiger Intrigant, der abstruse Dr. Katzenberger einer Weltumseglung.

Die Gläubiger rasten und ließen sich auch durch wiederholte Buchverkäufe nicht mehr befriedigen. Die Gerichtsferien 1778 brachten eine letzte Ruhepause.

Im Oktober starb der Berliner Naturwissenschaftler Martini und hinterließ eine unbeendete Übersetzung von Buffons allgemeiner Naturgeschichte sowie ein begonnenes Naturlexikon. Als nun Spener George vorschlug, die Fortsetzung dieser Werke zu übernehmen, und ihm zugleich die Reisekosten vorzustrecken versprach, wenn er versuchen wollte, in Deutschland Fuß zu fassen, nahm dieser das Angebot an.

Geliebtester Freund

Es versteht sich von selbst, dass dies Blatt abgeschnitten, und nur für Ihr Auge aufbewahrt werden muss. Oh! wie vielen Dank bin ich Ihrem warmen Herzen schuldig, das für mich in der Entfernung sorgt, wenn alle Welt mich verlassen hat.

An Spener
London,
Mitte August 1778

– – – Stellen Sie sich vor, welch einen Kampf in meiner zerschlagenen Brust Ihr letzter Brief erregt hat — einen Kampf zwischen dem principio das für meine Selbsterhaltung wacht, und der Liebe gegen meine Eltern und Geschwister. Grosser Gott! in welcher schrecklichen Lage soll ich diese unglücklichen Verlassen! Es ist wahr, ich bin hier ganz müssig und unnüz; allein ich kenne meinen Vater; er wird mir zuverlässig vorwerfen, dass ich ihn im Unglück verlassen will, und nur für mich sorge, ohne Gefühl für fremde Leiden, und was der Beschuldigungen mehr sind, die den Unglücklichen niemals fehlen. Uebrigens werde ich meine Mutter und Geschwister ganz und gar seiner üblen Laune überlassen, und es wird keiner seyn, der ein tröstliches Wort spräche, um ihr Leiden zu erleichtern. Werden sie endlich nicht selbst, auf die Vermuthung fallen, dass ich weggegangen, um mich dem Elende zu entreissen, ohne für ihre Erhaltung Sorge zu tragen, und oh! wie weh wird dieser Verdacht mir thun müssen, da ich unschuldig bin?

Nach peinlichster Gewissensprüfung reiste George schließlich mit den schrecklichsten Schuldgefühlen am 23. Oktober 1778 ab.

Der erste Band der *Reise um die Welt* war inzwischen in Berlin erschienen; ohne es zu ahnen, war Georg Forster in Deutschland bereits zur Legende geworden.

Weltreisender in Deutschland

Franklin hatte Frankreich dazu bewegen können, an der Seite der dreizehn amerikanischen Staaten gegen England in den Krieg einzutreten. Holland neigte sich der antibritischen Koalition zu. Französische Kaperschiffe lauerten im Kanal.

Das Paketboot wartete auf starken Wind und nutzte die Nacht. Anderntags ankerte es wohlbehalten in Helvoet, von wo die Reisenden nach einem schlechten Kaffee zu Fuß weitergehen mußten, während das Gepäck ihnen mit einem Leiterwagen nachgebracht wurde. Forster vertraute ihm seinen 228 Pfund schweren Koffer und einen 68 Pfund schweren Pflanzenballen an.

Wir hatten zu unsrer Promenade Sturmwind, der uns einigermaßen forthalf, klares Wetter, aber bis auf halben Weg einen sehr kotigen Fußpfad. Ich ging voran, und so stark, daß ich nur die beiden Leute aus Manchester bei mir behielt, und noch dazu den kleinen Jungen am Arm schleppen mußte. In zwei Stunden waren wir in Briel, über und über naß von Schweiß, und ziemlich müde. – – – Ich bekam noch mit genauer Noth ein Kämmerlein – – – mit einem elenden Bette, wo ich die ganze Nacht an Läuse, Wanzen und Krätze dachte, und kaum gegen den Morgen einschlafen konnte.

An seine Mutter
Den Haag, 29. 10. 1778

In Den Haag wurde er von Lyonnet empfangen, dem unnachahmlichen Zergliederer der Weidenraupe, der ihre dreieinhalbtausend Muskeln gezählt und den vollständigen Befund dieser bis an die äußersten Grenzen sowohl der menschlichen Sehkraft als auch des geduldigen Fleißes getriebenen Untersuchung mit eigener Hand in Kupfer geätzt hatte. Im Konchylienkabinett dieses bewundernswerten Mannes befand sich ein einzigartiger *Cedo nulli* (Perl-Admiral), der 3600 Gulden gekostet hatte. Weiße Flecken, die durch eine feine, braune Einfassung erhoben wurden, vermehrten den goldgelben Glanz dieser seltenen Kegelschnecke.

Von den naturkundlichen Kostbarkeiten, die Forster mitführte, war jedoch in Den Haag und Amsterdam nichts loszuwerden. Enttäuscht wandte er sich Deutschland zu.

Nach einer beschwerlichen Reise auf den heillosesten Wegen durch trübstes Wetter traf er in dem aus Ziegelsteinen neu erbauten Düsseldorf ein, wo ihn in der Gemäldegalerie Guido Renis *Mariæ Himmelfahrt* entzückte. Beim Hinausgehen sprach sein Führer, der Sohn des Direktors der Malerakademie, zufällig von »Forster, der die Reise um die Welt *auch* gemacht hätte«. — »Das bin ich ja selbst.«

Abends eilten der Kupferstecher Heß und der Dichter Wilhelm Heinse herbei. Heinse alarmierte sogleich seinen Gönner Friedrich Jacobi.

Ich höre Sie sind hier, verehrungswürdiger Mann, und ich soll die Freude haben, Sie zu sehen. Meine Ungeduld ist unaussprechlich. Ich bin nicht angezogen und kann also nicht zu Ihnen fliegen, — auch fürcht' ich, Sie etwa zu stören. Soll ich *Sie* erwarten, oder wollen Sie *mich* erwarten? Bey mir speisen heute Mittag und heute Abend müßen Sie durchaus, und mit niemand ein Wort reden, daß ich nicht höre. Beschleunigen Sie, ich bitte! den Augenblick unserer Bekanntschaft, und verzeihen Sie den Taumel worin ich dieses schreibe.

Friedrich Jacobi
an Forster
Düsseldorf, 24. 11. 1778

Das Treibhaus im von der Düssel durchflossenen Park war mit den seltensten Gewächsen aller Weltteile bevölkert. Die Tage im Schlößchen Pempelfort, wo er auf Händen getragen, auf alle ersinnliche Art fêtiert, mit köstlichen Champagner-, Xeres- und Kapweinen getränkt und mit Goethes neuestem, noch ungedrucktem Gedicht, dem *Prometheus,* verwöhnt wurde, sollten Forster lange Jahre an den empfindsamen Dichter und Philosophen binden. Jacobi, Goethes Busenfreund, Wielands, Lessings, Klopstocks, kurz aller deutschen Genies Bekannter, Korrespondent und Freund, nahm ihn auf wie seinesgleichen. Hier galt nur Seelenadel. Selbst der anwesende Graf Nesselrode erwies sich als ein sehr wohlerzogener Herr ohne allen Standesdünkel, als sanftes, gutartiges Geschöpf.

Der achtunddreißigjährige katholische Jacobi war der Sohn eines wohlhabenden Geschäftsmannes. Seine Mutter war früh verstorben. Durch die englische Krankheit, unter der er als Knabe gelitten hatte, zeigte Jacobi eine gewisse Furchtsamkeit und rachitische Unbeholfenheit in seinen Bewegungen. 1770 war eine erste Sammlung seiner von rührender Sittlichkeit, süßer Heiterkeit und edelster Frohmütigkeit durchdrungenen Werke erschienen.

Er las Forster aus seinem neuen Roman *Woldemar* vor, in dem er die reine, von jeder irdischen Begierde freie, himmlisch-sublime Liebe pries, die nur jene Auserwählten fassen konnten, in denen trotz sittenverdorbener, finsterer Zeit die Erinnerung an ihre göttliche Herkunft weiterglomm.

Während aller Herzen sympathetisch schlugen, entstand in Forster ein innerer Tumult. Er dachte an Paddington, an den Vater, die Mutter, seine Schwestern. Zartgefühl verbot ihm, Jacobi, dem Schwiegersohn des millionenschweren Tuchfabrikanten Clermont in Aachen, seine Sorgen anzudeuten.

Mit Empfehlungsbriefen an Goethe, Wieland und Herder versehen, reiste er nach Kassel weiter, wo er bei Professor Dohm wohnte, der sich über seine Ankunft derart freute, daß er noch in selbiger Nacht seinen Kollegen Mauvillon mit den Worten »Wie können Sie sich dem Schlaf überlassen, da Georg Forster hier ist!« aus dem Bette rief.

Eben jener Minister von Schlieffen, der ein Jahr zuvor im Auftrag des Landgrafen 18 000 Landeskinder für rund tausend Taler pro Kopf an die Engländer geliefert hatte, ein Affennarr, in dessen Park Dutzende dieser Tiere umhersprangen, lud Forster mit fünf Professoren des Carolinums zum Essen und brachte einen Toast auf Reinhold aus.

Schlieffen vermittelte die Audienz bei Friedrich II. von Hessen-Kassel. Schnaufend führte der fettleibige, apoplektische Seelenverkäufer seinen Gast durch das Antiquitätenkabinett, das er kürzlich aus Italien mitgebracht hatte, und ließ ihm hinterher als Anerkennung für Reinholds *Observations* 50 Dukaten aushändigen.

100

Ich kann nicht länger anstehen, mein Bester, Ihre zwei lieben Briefe zu beantworten, die mich mit den seeligsten Gefühlen erfüllten. Thränen der Rührung, der An Jacobi Freundschaft und der Freude. Zuversicht, Kassel, 17. 12. 1778 daß mir in den Seelen meiner Geliebten auch mein Theil beschieden ist, daß ich ganz gekannt werde, daß man mich von der Menge absondert. Oh gewis, im Gewühl von Menschen, Geschäften, Gastmalen, bedurfte mein Gemüth eines solchen Balsams, indem es einsam und trauernd umher schaute, und nicht fand, wem es sich verdrauen dürfte. Selbst *Dohm*, der liebe, freundschaftsvolle, freimüthige Junge, den man lieb haben mus, versteht mich nicht ganz!

– – – Ich bin, wider alles Vermuthen und ohne die geringste Absicht darauf geworfen zu haben, vom Landgrafen zum Profeßor der Naturkunde am hiesigen Carolino ernannt worden, und habe die Stelle mit 450 Rth. Besoldung angenommen. So schwer es mir anfänglich fallen wird, mich hier einzurichten, so lieb ist es mir doch, einen festen Fuß bekommen zu haben, indem ich nicht zweifle, daß ich die Fortsetzungen der Martinischen Werke auch hier ausarbeiten kann. Ich habe mir drei Monathe Urlaub ausbedungen, und reise über Braunschweig so eiligst als möglich nach Berlin, um diese Sache ins klare zu bringen. – – – Ich sprach umsonst daß man meinen Vater herbeirufen sollte; man konnte für mich eine neue Stelle erschaffen, aber nicht für einen Mann mit Familie, der wenigstens dreimal mehr zum Leben brauchte als ein lediger Mensch. – – – Ein Sohn sollte nicht vom Vater urtheilen und sein Lob oder Tadel verkündigen, aber Sie kennen mich. – – – Seine Hitze, Heftigkeit und eifrige Verfechtung seiner Meinungen, haben ihm unermeßlichen Schaden zugefügt, sowie es ein Unglück für ihn ist, daß er die Menschen nicht kennt, und nie kennen wird. Immer mistrauisch und leichtgläubig wo er es gerade nicht seyn sollte. Ich will nicht in abrede seyn daß diese Eigenschaften nicht etwas dazu beigetragen, seine Sache mit dem Englischen Ministerio völlig zu verderben; aber grausam und ein Schandfleck für England ist es, einem Manne der nicht in re, sondern nur in modo fehlte, seinen verdienten und versprochenen Lohn ganz abzusprechen, und ihn auf solche Art ins Unglück zu stürzen. – – – Welch eine Beichte! Theurer Jacobi, Sie haben sie gewollt. Ich verlaße mich ganz auf Ihre Freundschaft, daß Sie mich nicht darinn verkennen werden. —

Weihnachten und Neujahr verbrachte er in Göttingen. Er logierte bei Lichtenberg, einem entzückten Leser der *Voyage*. Die Blüte der deutschen Professorenschaft, die damals in Göttingen lehrte, umschwärmte den »Weltumsegler, Otahei- ten und weyland Antipoden«.

Im Hause von Christian Gottlob Heyne, der Grauen Göt- tinger Eminenz (Philolog und Archäolog, erster Universi- tätsbibliothekar, Herausgeber von Tibull, Vergil und Pindar, Kritiker Winckelmanns, meisterhafter Analyst der Akropo- lis-Chronologie usw. usf.) begegnete er zum erstenmal seiner zukünftigen Frau; aber Therese Heyne machte keinen Ein- druck auf ihn.

Mit Caroline Michaelis, der Tochter des Orientalisten, Reinholds Koptisch-Korrespondenten seit Nassenhuben, war das anders.

Ich weiß nicht, ob ich Ihnen in meinem letzten Brief gesagt habe, meine liebe Julie, daß uns der junge Forster besucht

Caroline Michaelis
an Julie v. Studnitz
Göttingen, 31. 1. 1779

hat, aber mir scheint doch so; ich hoffe, er kommt auch durch Gotha, ich wünsche es wenigstens, Sie werden nämlich eine gute Meinung von Göttingen gewinnen, wenn Sie hören, mit wel- chem Enthusiasmus er davon spricht, Göttingen gefällt ihm besser als alles, was er bisher gesehen hat, und er, der schon so viel gesehen hat, Großstädte und Kleinstädte, und den man überall mochte, das scheint ihn nämlich überallhin zu verfolgen wie ein Schicksal — er kann so etwas bestimmt beurteilen. Er hat mir Stoff aus Tahiti geschenkt. Er hatte es mir versprochen falls ich davon ein Kleid tragen wollte, aber ich hatte schon geglaubt, er hätte es längst vergessen und nicht mehr daran gedacht, als ich ein großes Paket mit diesem Stoff von ihm bekam, mit einem sehr netten Brief- chen dabei. Um nicht wortbrüchig zu werden, habe ich mir daraus ein Schäferinnenkleid machen lassen, ein Ballkleid, wie man es auf Maskenbällen sieht. —

Seit seiner Abreise aus London war Forster ohne Nachricht von seiner Familie geblieben. Die Briefe lagen in Braunschweig und enthielten Schreckliches. Als ihn jetzt Spener noch ermahnte, der Kasseler Professur wegen doch ja nicht dem Martinischen Wörterbuch untreu zu werden, war es ganz aus.

Ihr lezter Brief, vom 29. ult. mein bester Herzens Spener, fand mich gestern Abends bei Prof. Ebert. Es war grosse Gesellschaft, die theils stand, theils auf und ab gieng und ich konnte in eine Ekke treten mich mit Ihnen zu unterhalten. Ach ich

An Spener
Braunschweig,
14. 1. 1779

kam nicht weit. Ehe ich die erste Seite durch war, stürzten mir die hellen Thränen ins Auge, und ich schlos das Papier wieder mit der heftigsten Bewegung, die zum Glück niemand gewahr ward. Doch glaub' ich dass Mlle Jerusalem etwas davon gemerkt haben mag. Ich hatte ein Kopfweh, wie ichs in London zu bekommen pflegte, denken Sie, ob ich Linderung bekam. Ich musste eine Zeitlang einsam auf und ab gehen, eh ich mich wieder fassen konnte. O lieber, theurer, bester Freund, wenn Sie gewußt hätten was ich den Morgen für Briefe aus London bekommen hatte, Sie müssten nicht anders von dem Ihrigen gehoft haben, als dass er mir in Gnaden *den Rest* geben würde. — Wenn ich Ihnen einst zeige, was schreckliches, todtdrückendes in jenen Briefen steht — zeige, das traurige ganz abgespannte, verzweiflungsvolle Blatt, auf dem ich in kleiner Schrift um 12 Uhr Mitternacht eine Antwort an Sie hinwarf, — bald hätt' ichs Ihnen mitgeschickt; aber heut früh bin ich Gott sei Dank, etwas heitrer, und da bekommen Sie dies Gekritzel an die Stelle des eben-beschriebenen.

– – – Warum ich solang in Braunschweig bleibe? Um an meines Vaters Erlösung zu arbeiten! Ich habe hier die ganze fürstl. Familie gesprochen, bei der Erb Prinzessin gespeist, und des Herzogs Ferdinands Gunst gewonnen. Vielleicht! — O ich wiege mich nicht mit Hofnungen! Wenn ich nur die ausgemahlten Zeichnungen verkaufen könnte, um meinem Vater etwas baares Geld zu schicken! Oh! —

Reinhold hatte seine Briefe nicht ohne Absicht nach Braunschweig dirigiert. Als Freimaurer hoffte er stark auf die Hilfe der deutschen Logen von der Strikten Observanz, deren Oberhaupt Ferdinand von Braunschweig war. Der Herzog versprach eine Sammlung unter den Logenbrüdern, und dieses Geld war es, das Reinhold später rettete.

Als Georg Ende Januar in Berlin ankam, geriet er in einen wahren Strudel gesellschaftlicher Verpflichtungen, denen er lieber nachkam, als er es sich eingestand. In fünf Wochen besuchte er fünfzig bis sechzig Mittags- und Abendgesellschaften. Alle wollten den deutschen Weltumsegler sehen, der sich plötzlich selbst nicht mehr kannte und als außerordentlich witziger Erzähler überall den besten Eindruck hinterließ.

Über den Literaten Biester kam er mit dem preußischen Kulturminister v. Zedlitz und dem Herrn de Catt, dem Vorleser Friedrichs II. von Preußen, in Verbindung, ein wichtiger erster Schritt auf dem freilich sehr langen und steinigen Weg, der schließlich Ende 1780 zu Reinholds Professur in Halle führen sollte. Die Schwierigkeit lag in dessen Schulden, ohne deren Bezahlung an ein Verlassen Englands nicht zu denken war.

O nennen Sie es nicht dreiste Unverschämtheit, wenn ich nach so vielen Wohltaten, die wir aus Ihren Händen empfangen haben, noch einmal um Ihre großherzige Unterstützung zu flehen wage! — Es ist mein letztes Mittel — meine einzige Hoffnung — eine Familie vor dem Untergang zu retten – – – Ich fürchte, seine Schulden belaufen sich auf £ 700. oder £ 800.

An Joseph Banks
Berlin, 9. 2. 1779

Bei Spener standen die Forsters mit 60 Pfund Sterling (etwa 30 000 DM) und 350 Talern (28 000 DM) in der Kreide, zuzüglich jener 30 Dukaten (7 800 DM), die Georg sich während der Reise auf Speners Namen von einem Engländer gepumpt hatte. Um die Schuldsumme abzuarbeiten, bekam er in Berlin einen dicken Packen Aufträge. Er sollte nicht nur mit dem Naturlexikon von Martini und mit dem Buffon beginnen, sondern gleichzeitig auch noch die *Observations* seines Vaters ins Deutsche übersetzen.

Spener führte ihn in die Berliner Gesellschaft ein. Als Forster Berlin verließ, packte ihn der Katzenjammer.

Berlin ist gewis eine der schönsten Städte in Europa. Aber die Einwohner? — Gastfreiheit und geschmakvoller Genus des Lebens — ausgeartet in Ueppigkeit, Praßerei, ich mögte fast sagen Gefräßigkeit.

An Jacobi
Kassel, 23. 4. 1779

Freie aufgeklärte Denkungsart — in freche Ausgelassenheit, und zügellose Freigeisterei. Und denn die *vernünftigen, klugen* Geistlichen, die aus der Fülle ihrer Tugend und Moralischen Vollkommenheit, Religion von Unverstand säubern, und dem *gemeinen* Menschen-Verstande ganz begreiflich machen wollen! — Ich erwartete Männer von ganz außerordentlicher Art, reiner, edler, von Gott mit seinem hellen Lichte beleuchtet, einfältig und demüthig — *wie Kinder.* Und siehe da, ich fand Menschen wie andre; und was das ärgste war, ich fand den Stolz und den Dünkel der Weisen und Schriftgelehrten. Ists nicht also, daß die Weisen mit sehenden Augen nicht sehen, und mit offenen Ohren nicht hören? *Spalding* hat mir noch am besten gefallen. *Nicolai;* ein angenehmer Gesellschafter, ein Mann von Kopf, freilich von sich etwas eingenommen. *Engel,* ein launisches, aber sehr gelehrtes Geschöpf munter und denn wieder ganz still, wie alle Hypochondriker. *Rammler,* die Ziererei, die Eigenliebe, die *Eitelkeit,* in eigner Person. *Sulzer,* — noch vor seinem Tode sprach ich ihn, *heiter und theilnehmend* noch, bei anhaltenden Schmerzen und Schlaflosigkeit — weiter brauche ich nichts zu sagen. Die *französische* Akademie? laßen Sie mich den Staub von meinen Füßen schütteln und weiter gehen. – – – Endlich ist mirs ärgerlich gewesen, daß alles, bis auf die gescheutesten, einsichtsvollesten Leute den König vergöttert, und so närrisch anbetet, daß selbst was schlecht, falsch, unbillig oder wunderlich an ihm ist, schlechterdings als vortreflich und übermenschlich pronirt werden muß. An das schöne Geschlecht mag ich dort garnicht denken. War es je irgendwo allgemein verderbt, so ists in Berlin, wo Eigenliebe d. i. Coquetterie zu Hause ist wie in Paris, wo der Ton der guten Gesellschaften auf eben solche fade abgeschmackte Wizelei und Complimenten, und auf das Unaufhörliche ersinnen der sogenannten jolis riens gestimmt ist, wo garnichts gedacht, und ausser der gröbsten Wollust, garnichts gefühlt wird. — Und dies von dem Fürstlichen Cirkel zum Bürgerlichen.

Auf der Rückreise nach Kassel machte Forster in Dessau ein letztes Mal Station und verbrachte im Lustschlößchen Wörlitz beim Fürsten Franz, dem Londoner Bekannten, vierzehn stille Tage.

Man lebte ganz en famille. Zum Frühstück schenkte die Fürstin den Tee selbst ein. Mittags und abends kamen keine Bedienten aufs Zimmer, außer um Teller wegzunehmen und neue Schüsseln aufzutragen, wozu sie erst herbeigeklingelt wurden. Der Fürst dachte viel zu edel, um erzwungene Bücklinge und Narrenpossen zu leiden.

War es der leichte Schnupfen, den Forster sich auf einem der Spaziergänge eingefangen hatte, die man bei schönstem Frühlingswetter zusammen unternahm? Ihm fiel einfach nichts mehr ein. Verzweifelt suchte er in seinem wüsten, leeren Kopf nach Gesprächsstoff und quälte sein Gedächtnis, das ihm in Göttingen und Berlin doch so treu gewesen war.

Voller Andacht lauchte man dem Privatissimum, das er in der Südsee-Sammlung des Fürsten hielt, der ihm zum Abschied diskret, ohne darum gebeten worden zu sein, persönlich 100 Louisdor für Reinhold in die Hand drückte.

Amadeus Sragorifonus Segenitor

Die Befestigungsanlagen waren nach dem Siebenjährigen Krieg geschleift worden, und Landgraf Friedrich II. hatte einige neue, steife, zu große klassizistische Bauwerke — wie das Museum Fridericianum — errichten lassen; dennoch sah Kassel aus wie im Mittelalter. Das Städtchen zählte rund 20 000 Einwohner, das ganze Land Hessen-Kassel 383 000; dazu kamen noch das Fürstentum Herfeld und die Rotenburger Quart mit dem Amt Niederkatzenelnbogen.

Der Landgraf befahl den Anbau der Kartoffel, verbot zeitweise den Kaffee- und Tabakgenuß sowie das Tragen von Samt und Seide und ließ das Merino-Schaf einführen. Trotzdem siechte die Weberei, der wichtigste Industriezweig, weiter dahin; auch die mit Staatsgeldern finanzierten Tuchmanufakturen gingen immer wieder bankrott.

Daran konnte auch der große Bedarf an Uniformen nichts ändern. Der Soldatenhandel blieb das Rückgrat der Finanzen, sieht man einmal vom staatlichen Lotto ab. Der Unterstützungsvertrag mit England brachte 22 Millionen Taler. Von den 17 000 nach Amerika verkauften Soldaten ließen etwa 5 000 auf den Schlachtfeldern Amerikas ihr Leben.

Die Militärordnung Hessen-Kassels von 1780 sah für das Drohen mit der Waffe das sofortige Erschießen, für Befehlsverweigerung dreißigmaliges, für Rauchen auf der Wache einmaliges, für Trunkenheit bei der Parade zehnfaches, für Würfel- und Kartenspielen achtmaliges Spießrutenlaufen durch 200 knüppelbewehrte Kameraden vor.

Neben dem Oberhofmarschall, dem Hofmarschall, dem Oberstallmeister, dem Oberkammerherr, dem Oberstkämmerer, dem Oberschenk, dem Oberfalkenmeister, dem Oberjägermeister, den fünf Kammerherren, fünf Kammerjunkern, acht Hofjunkern, acht Leibärzten, drei Hofpredigern und dem Leibmohr Selim umfaßte der Kasseler Hof noch etwa 280 weitere Personen. Zu seinem großen Kummer konnte sich der Landgraf jedoch nicht wie Friedrich der Große einen Voltaire leisten; zum Trost hielt er sich den Marquis de Luchet, der als Theaterdirektor, Hofmusiksuperintendant, Bibliothekar und Geheimer Legationsrat für spritzige Pariser Luft im schönen Kassel verantwortlich war. — Reifröcke, gepuderte Perücken, Schnallenschuhe sind hinzuzudenken.

Das Collegium Carolinum, an dem Forster im April 1779 seine Professur antrat, war ein Mittelding zwischen Akademie und Gymnasium. Auf fünfundzwanzig Studenten kam ein einundzwanzigköpfiger Lehrkörper, nicht gerechnet Se. Exzellenz der Direktor, Etats-Minister und Generalleutnant von Schlieffen, der Hof-Mechanicus Breithaupt und Döring, der Pedell.

Immerhin hatten einige der Professoren keinen schlechten Ruf: Mauvillon war ein bekannter Militärhistoriker, auf den jungen Staatswissenschaftler Dohm war bereits die preußische Regierung aufmerksam geworden. Professor Prizier, der Cameral- und Bergwerkswissenschaftler, war freilich eher im Laboratorio als auf dem Katheder zu finden: Er war der Hausalchimist des Landgrafen, der außer dem Fleisch und Blut seiner Untertanen noch eine dritte *materia prima* zu finden hoffte, aus der sich Gold herstellen ließ.

Das Hamburger Schiff, das Forsters Sachen aus London bringen sollte, war bei Jütland gestrandet. Er sollte Collegia lesen, Buffon übersetzen und Martinis Lexikon fortführen und besaß nicht *ein* Buch. Nach zwei Monaten trafen die geretteten Kisten doch noch in seinem kleinen Stübchen im dritten Stock ein.

Ich eröfnete, und siehe da! Ein vollständiges herbarium aus der Süd See wie es noch nie gesehen worden, und vielleicht in diesem Jahrhundert nicht wieder wird gesammelt werden, ein Vorrath von Handbüchern in der Naturgeschichte, Englische, Lateinische, Französ. und Italienische Authoren, ein schönes Ramsdensches Microscop mit allem Zubehör, ein Apparatus zum Mahlen, einige Instrumente, alles was ich für Sie mitgebracht — alles ganz zu Mist verfault. Ein unersezlicher, und für mich gar zu empfindlicher Verlust! — In einer Kiste lagen zuoberst unversehrt ein paar Bücher darunter das Exemplar

An Spener
Kassel, 5. 6. 1779

von meines Vaters Obs[ervations] woraus ich angefangen zu übersetzen.

Gestern Abend bei Lesung Ihres Woldemars, ganz vertieft in dem Gedankenbuche, kam ich auf einmahl zu mir selbst, und fand, daß ichs mir mit Ihrer Stimme und An Jacobi mit Ihrem eignen Ausdruck laut vorlas, wie Kassel, 23./26. 4. 1779 ichs in Düßeldorf gehört und so tief in meine Seele geschloßen hatte. Sympathie? Was ist das? Unsre Temperamente sind sehr verschieden, aber unsre Denkungs-Art nicht. Ich komme wieder auf Woldemar zurück. Wie oft, wie beständig (mögt ich sagen) trift er nicht mit meinen Begriffen und Grundsätzen zusammen! Wie sehr stimmen wir beide nicht in unseren Gedanken — von der Seele überein – – –

Gewiße abgerißene Worte, gewiße Wendungen und Ausdrücke Ihres Woldemars sind mir aufs Herz gefallen, und sind mir Bürge, daß Ihre Begriffe von Religion mit den Meinigen zusammengehen. Was tausend andre übersahen, nicht merken werden! Aber darum daß es wenige sehen, ists nichts destoweniger würklich. Wir gehen auf verschiedenen Wegen einem Mittelpunkt zu, — und weil mir dies das wichtigste mit auf der Welt ist, und ich nichts mehr als Belehrung wünsche, — so wollte ich — daß Sie mich verstünden, Sich herabließen dem Forschungs-Geiste Ihres Forsters Nahrung zu geben.

Er saß, den Kopf umgedreht, nach der Wand, gegen die er das Gesicht gequetscht hatte, wie aus Begierde sie mit den Zähnen zu fassen; die Arme vorwärts steif Jacobi: ausgestreckt, und die Hände los gefalten; *Woldemar. Eine* *Seltenheit aus der* die Beine hiengen, gezuckt, längst dem Ses- *Naturgeschichte* sel, so daß sie nur mit der Spitze den Boden S. 245–249 berührten. — Henriette trat bebend näher. Sie erblickte das frisch Geschriebene – – – Sie fuhr auf mit einem lauten Schrey. — Woldemar kehrte sich um; riß ihr das Blat aus der Hand; und stieß sie unsanft auf die Seite. — Sie sank, und meynte die Erde wäre mit ihr versunken. – – –

Er stürzte sich von neuem auf den Boden — »Beste, Beste auf Erden — habe Mitleiden — verlaß mich nicht!« — verbarg sein Gesicht in Henriettens Schoos, und brach in eine Fluth von Thränen aus. — Woldemar! sagte Henriette mit gebrochener Stimme — dich verlassen? *Dich*, für den ich alles verließ? — ... »Ach!« sagte Woldemar, indem er sein Gesicht wieder in die Höhe richtete — »ich wollte daß ich mein Herz fassen könnte, wie ein Weib ihre Brust, und Dich nöthigen es zu trinken — damit Dir alles zu Theil würde, Dir nur alles zu gut käme von mir, eh es dahin ist; — damit nur dies unaussprechliche *Gefühl hier,* gerechtfertiget würde — und *Bleiben* erhielt — und dereinst gen Himmel stieg! – – –« — Er senkte sich wieder. Und Henriette ...

Doch genug von diesem Auftritt – – –

Madame,

Ihre Königliche Hoheit hat mich für würdig befunden, mir die Erlaubnis zuzugestehen, Ihr von Zeit zu Zeit literarische Neuheiten zu Füßen zu legen – – – Das wichtigste der Werke, die in letzter Zeit erschienen sind, beschränkt sich auf unsichere Spekulationen. M. de Buffon, der berühmte, fast siebzigjährige Naturforscher, liefert darin eine Theorie zur Entstehung der Erde unter dem Titel: *Epoques de la Nature.* Immer getreu seinem ersten System, behauptet er darin weiterhin, daß ein Komet die Sonne gestreift und ihr ein Achthundertstel ihrer Masse entrissen habe, aus dem sich die Planeten gebildet hätten, die um sie kreisen. Unter der Annahme, daß die Erde der flammenden, weichen und flüssigen Sonne entstammt, berechnet er die Zeit, die dazu nötig ist, daß die Erde völlig bis zu dem Punkt abkühlt, wo sie alle ihre innere Wärme verloren hat. Als Leitfaden bei dieser Rechnung dienen ihm einige Experimente mit der Abkühlung einer Kanonenkugel, die er am Feuer zum Glühen brachte. Er findet, daß die völlige Abkühlung der Erde notwendigerweise einhundertachtundsechzigtausend Jahre nach ihrer Formierung eintreten muß. Zu diesem Zeitpunkt wird die lebende Natur nicht mehr existieren und stattdessen ewiges Eis die Erde bedecken. Die weiche Masse des Erdballs, sagt er, mußte dreitausend Jahre entflammt bleiben und 25 000 Jahre so heiß, daß man sie nicht berühren konnte. Dann begannen sich die Wasser zu bilden, und 10 000 Jahre später bedeckten sie die Kontinente. Die Muscheln existieren seit 15 000 Jahren, die älteren Vögel seit 10 000 Jahren, dann die ersten Landlebewesen 8 000 Jahre, bis zur Erschaffung des

An Amalie von Preußen
Kassel, 30. 6. 1779

Menschen, dessen Nachkommenschaft seit 7000 Jahren auf der Erde lebt. Also ist die Erde 75000 Jahre alt und wird sich noch 93000 Jahre lang drehen, bevor sie völlig vereist ist. Der Autor bemüht sich zu zeigen, daß sein System mit der Heiligen Schrift im Einklang ist; diejenigen, die weniger günstig urteilen, nennen es einen naturgeschichtlichen Roman.

Ich besinne mich; ich bin Uebersetzer des Büffons, würdiger Nachfolger eines Martini; — ich correspondire mit Fürsten und schreibe ein Abcbuch von der Natur- An Spener
Kassel, 5. 7. 1779 historie; ich seegle um die Welt, und komme nach Cassel zwölfjährigen Rozlöffeln ihre Muttersprache buchstabiren zu lehren. — Ich werde angesehen als könnte ich andern helfen, und weis mir selbst nicht zu rathen; bin immer geschäftig, und komme keinen Schritt weiter! Himmel was ist der Mensch, dass sich soviele Wiedersprüche in ihm thürmen? Wer die 17 Briefe gelesen hätte die ich diese Tage hintereinander geschrieben habe, der hätte die Geschichte von A bis S ganz verschiedenen Launen. Und das ist der ewige Cirkel, lustig, ausgelassen, traurig, gleichgültig, matt, philosophisch u.s.w. oder auch dacapo. Die Ursachen die bald diese bald jene Erscheinung zu Wege bringen, liegen in der Schüssel und im Nachttopf.

Wir sahen hier Forstern, einen Jungen Mann, dessen Unglük tiefen Eindruk auf mich gemacht hat. Nachdem er um die Welt gereist ist, bleibt ihm nichts übrig, als die traurige Bilder der elenden Existenz auf Joh. Heinrich Merck
an Anna Amalia von
Weimar
Kassel, 21. 7. 1779 dem Schiffe. Alle seine Bücher Zeichnungen u. Naturalien sind ihm auf der Reise von England hierher verfault. Ausserdem hatte er ehe er zu Schife gieng wahrscheinl. wenig gelernt, u. zur Praeparation dazu, blieb dem Vater u. Sohn nichts weiter übrig als 10 Tage, weil vorher HE. Banks hatte mitgehen sollen.

Seyn Sie nunmehr nicht länger um meines Vaters Schicksahl besorgt. Nur die Ungewißheit kann Besorgniß schaffen, und seines ist nun entschieden. Er kommt nicht An Spener
Kassel, 28. 7. 1779 nach Deutschland, und muß in ganz kurzem in England zu Grunde gehen. - - -

Weder für Sie noch für Pauli habe ich bis jezt arbeiten
können, weil die Hundsvöttische Eitelkeit eines Fürsten
deßen Geburtsfest nicht anders als mit Pauken, Trompeten,
und anbefohlenen Lobreden gefeiert werden soll, mich zwingt
sehr en rechignant an einer Rede zu arbeiten, weil ich an dem
Tage erst *feierlich* installirt werde.

Joh. Heinrich Merck   Ihr Urtheil von HE. Forstern hat sich sehr
an Joh. Anton Merck   bey mir bestätigt. Der Mensch hat nicht
Kassel, 3. 9. 1779   einmal Liebe zu seiner Wissenschaft. Sonst
ein braver ehrlicher Kerl.

Sie wollen von mir wissen, was an der Begebenheit mit Woldemars Briefen wahr ist oder nicht, nehmlich »daß unter
Wieland   einer Eiche zu Ettersburg etliche davon
an Sophie la Roche   vorgelesen worden und dann Göthe auf den
12. 9. 1779   Baum gestiegen, eine *geistvolle* Standrede
über das schlechte Buch gehalten, und es endlich zur wohl-
verdienten Strafe und andren zum abschreckenden Beyspiel
an beyden Enden der Decke an die Eiche genagelt, wo dann
eine große Freude über die im Wind flatternden Blätter
gewesen.«

Du sollst in Ettersburg, in einer Gesellschaft von Rittern,
Woldemar und seinen Verfasser auf die entsetzlichste Weise
Jacobi an Goethe   durchgezogen, lächerlich gemacht, und zum
Pempelfort, 15. 9. 1779   Beschluß — mit einem schön eingebunde-
nen Exemplar dieses Buchs, eine schimpfliche Execution
vorgenommen haben.

Meine fortgesezte Uebersetzung des Büffons ist Ursach, daß
ich dann und wann ein paar Tage abmüßige, um auf der vor-
An Jacobi   treflichen Göttingischen Bibliothek die un-
Kassel, 10. 10. 1779   entbehrlichsten Collectaneen zu sammlen,
und Stoff zu Anmerkungen, Zusätzen und zuweilen kleinen
Verbeßerungen aufzusuchen. Wenn ich da bin, verläuft eine
Stunde wie ein Augenblick, und des Bibliothekars Erinne-
rung daß es Zeit zum Eßen zu gehen, oder zum endlichen
Verschließen sey, kömmt gewis immer zu früh und unver-
hoft. Jahre lang mögte ich da wohnen, wie jen[er] Philosoph

in Samarkand, von dem in Tausend und einer Nacht erzählt wird. — Dies war denn auch die Veranlaßung meiner lezten Spatzierfahrt dahin. Ich logirte bei Lichtenbergen, und erzählte ihm, was ich schon oft gethan hatte, die Geschichte unserer Bekanntschaft, nun noch mit dem Zusatz, daß Sie ihn hochschätzten, wozu mich Ihr Brief berechtigt hatte. Daß er gegen alles von dieser Art die lebhafteste Empfindung äußert, können Sie aus dem Charakter abnehmen der in seinen Schriften herrscht, und der das feinste Gefühl verräth. Wenn Sie wollen, auch davon, daß er mich liebt, weil ich ihn liebe; — Sie kennen das; denn Ihre Freundschaft gegen mich verdanke ich gewis derselben Feinheit des Gefühls. So oft ich ihn sehe, sezt mich sein Reichthum an Gedanken in Verwunderung. Die thätigste lebendigste Seele, im krüpelhaftesten Körper. So einen Mann sehe man, höre man, und läugne denn noch daß der Körper ein Kerker der Seele ist, — wenn man kann! Mit dem äußerst feinen Tact, verbindet er einen förmlichen Abscheu gegen die neuere *Empfindsamkeit,* die eigentlich dem guten Leßingischen Worte, einen bösen Stempel aufgedruckt, und deßen Curs im Lande der wirklich empfindenden verboten hat. — Nun noch das merkwürdigste; so heiter, so aufgehellt es in seinem Verstande aussieht, so lebhaft, und originell er denkt, sowenig fällt er doch ins andre Extrem der Genie-schaft. Mit einem Worte, er schwärmt gar nicht. Soll ich treuherzig sagen, was ich davon denke, auf die Gefahr ausgelacht zu werden? Ich wollte lieber, er schwärmte ein ganz klein wenig. – – –

Vor 4 Wochen war Göthe, nebst dem Kammerherrn von Wedel, und dem Ober-Forstmeister v. Wedel bei mir. Ich soupirte mit ihnen, ohne zu wißen, daß der lezte genannte der Herzog von Weimar wäre. – – – Von Ihnen haben wir viel gesprochen. Er bat mich Sie recht herzlich zu grüßen.

Goethe sagte mir gleich eine halbe Stunde nach seiner Ankunft von deinem Briefe an ihn, den er in Frankfurt erhalten hätte, und was du ihm darinnen vorwirffst; nemlich Dinge, die durch den Weg der schändlichen Klatscherey dir endlich zu Ohren gekommen sind. Er erzählte offenherzig den ganzen Verlauf: daß er manche muthwillige Parodien, nicht

Johanna Fahlmer
an Jacobi
31. 10. 1779

113

geschrieben, aber mündlich über deinen Woldemar geschwatzt habe. Sagte: so schöne Dinge, so viel großer herrlicher Sinn auch darin sey, so könne er nun einmahl für sich das was man den *Geruch dieses Buches* nennen möchte (anders wisse er sich nicht auszudrücken) nicht leiden. Auch habe er, wie lieb du ihm seyst und wie ungerne er dir etwas zu Leide sagen oder thun möchte, dem Kitzel nicht entgehen können, das Buch, zumahl den *Schluß* deßelben, so wie es ihm einmahl aufgefallen sey, zu parodieren, nehmlich, daß Woldemarn der Teufel hole. Man dürfe nur ein paar Zeilen ändern; so sey es unausbleiblich und nicht anders, als der Teufel müße ihn da holen.

Ihr Brief, mein Bester, ist gestern Abends eingetroffen. Es ward mir so feyerlich, daß ichs nicht sagen kann, als ich die Worte las: »in kurzem werde ich der verschloßenste, stillste, duldsamste unter den Menschen seyn.« – – –

An Jacobi
Kassel, 2. 11. 1779

Ich habe Göthen gesehen, gesprochen, aber nicht genug um ihn zu kennen. – – – Hier war er ernsthaft, machte wenig Worte, frug mich wegen der Südländer, über deren Einfalt er sich freute, und hörte die meiste Zeit zu, da mich der Herzog befragte, in deßen Gegenwart wir uns fast immer nur gesehen haben. Hätte ich vermuthen können, nur geahndet, daß G. Ihnen mein Bester, so ungerecht und lieblos begegnen könnte, ich hätte doch auf meine und seine Worte beßer Acht gegeben. Allein ich habe auch nichts gemerkt daß Unbilligkeit gegen Sie verrathen hätte. Als ich Ihnen schrieb, *wir* hätten viel von Ihnen gesprochen, sollte ich eigentlich gesagt haben, *ich* habe viel von Ihnen gesprochen; ich sprach von der Art wie wir bekannt wurden, wie sich Ihr Herz mir öfnete, wie lange ich bey Ihnen blieb, und wie ungern ich Sie verlies. Es war indem wir aus des Landgrafen Antiquitäten Sammlung in den Gasthof zurück giengen; der Herzog war mit jemand anderm einige Schritte voraus. Göthe hörte mir mit Theilnehmung und in Gedanken zu. Ich erzählte daß Sie mir aus Woldemarn vorgelesen hätten, und sagte dazu was mein Herz mir eingab. Ganz lakonisch gab er zuweilen ein »ja« drauf, welches meinem Urtheil seinen Beyfall zu ertheilen schien. »Der erste Theil ist nunmehr gedruckt« sagte er.

Auch sind, erwiederte ich, vom zweeten Theile Bruchstücke im Museum erschienen. »Daß er doch nicht hat warten können!« rief er aus; »warum Bruchstücke? Konnt' ers nicht versparen bis der zweete Theil ganz fertig gewesen wäre?« — Ich sagte etwas gleichgültiges dazu, mich dünkt, daß doch manchem die Stücke schon viel Freude gemacht hätten. Wir hatten eben den Gasthof erreicht. — Er hatte nur noch Zeit zu fragen, ob ich kürzlich Briefe gehabt, und bald an Sie schreiben würde? Ich solle Sie doch von ihm grüßen.« — Nun speißten wir mit dem Herzoge, und kaum war das Mittag verzehrt, so fuhren sie ab. Fast sein letztes war, den Gruß an Sie zu wiederholen. Er nannte Sie noch immer Fritz. – – – Ich wollt ich könnte gleich jezt an Ihrem Halse hängen und mich sattweinen —

Im Sommer 1778 hatte Forster, noch in London, Samuel Thomas Sömmerring kennengelernt, der wie er aus Deutsch-Polen stammte. Sömmerrings Vater war Arzt und Stadtphysikus zu Thorn und hatte Samuel, von dessen neun Geschwistern acht schon im zarten Alter starben, oft in die Anatomie mitgenommen. Aus kindlicher Neugier erwuchs das ernste Studium der Zergliederungskunst. Nach einer Göttinger Promotion über die Basis des Gehirns und den Ursprung der Hirnnerven besuchte Sömmerring zunächst in Holland Peter Camper, studierte dessen herrliche Sammlung zur vergleichenden Anatomie, Skelette vom Rhinozeros, vom Flußpferd, vom Orang-Utan, vom Walfisch, ein ganzes Skelett von einem Elefanten, und reiste dann weiter nach England, wo er William Hunters Vorlesungen besuchte.

Die Abende brachte er im Hause Forster zu. Er freundete sich mit George an. Sie botanisierten zusammen, und George führte ihn in die *Grand Lodge of England* ein. Es war nicht nur die Liebe zur Naturkunde, die die beiden fast Gleichaltrigen verband. Der weltliche und geistliche Despotismus schien ihnen auf eine solche Höhe gestiegen, die Sittlichkeit so tief gesunken zu sein, daß sie eine gänzliche Veränderung der Welt von Grund auf für unvermeidlich hielten.

Kaum hatte Forster in Kassel Fuß gefaßt, bemühte er sich, seinem Freund mit Hilfe des Ministers v. Schlieffen eine Stelle als Anatom am Carolinum zu verschaffen.

Sie können Ihro Durchlaucht das Maul mit Complimenten niemals zu voll schmieren, damit gewinnt man hier öfters.

An Sömmerring
Kassel, 4. 5. 1779 Dem Minister v. *Schlieffen,* als einem sehr einsichtsvollen Manne, von einem überaus edlen Charakter, schreiben Sie aus einem ganz andern Ton; mit sehr viel Bescheidenheit in Betracht Ihrer Talente, doch ohne sich wegzuwerfen, sondern blos weil Sie die Menagerie nutzen wollten, — übrigens kann auch da ein wohlangebrachtes Compliment auf den Landgrafen nicht schaden, nur muß es fein sein.

Sömmerring bekam die Stelle, für vierhundert Taler im Jahr, und mit den verendeten Tieren der landgräflichen Menagerie, mit den Kadavern von Verunglückten und im Spinn-, Gefangenen- und Stockhaus Gestorbenen sowie den Leichnamen einiger mit den hessischen Truppen aus Amerika eingewanderten Mohren brachte er das schönste *Teatrum anatomicum* Deutschlands in Schwung.

Sein erstes Opfer war ein Kasuar, der freilich schon faul im Leibe war und weidlich stank; seine Augen waren so groß wie die eines Ochsen, und Sömmerring hatte zu tun, den Schädel auszuhöhlen, bis er sie endlich herausbekam.

Im stillen freilich arbeiteten die beiden Freunde an ganz anderen Projekten. Sie wollten sich nicht damit zufrieden geben, als Naturalienmäkler Muskeln zu zählen und Schnekkenhäuser zu ordnen. Naturforscher wollten sie sein, den wunderbaren Mechanismus des Ganzen enthüllen. War die Natur nicht die erste, die unmittelbare Offenbarung Gottes, und sagte der beredte Buffon nicht von ihr: »Sie ist ein offenes Buch, in welchem wir lesen, als in einem Exemplare oder Abdruck der Gottheit«?

Seit dem August 1779, der sie wiedervereinte, besuchten die beiden die Kasseler Freimaurerloge *Zum gekrönten Löwen.* Wie die Maurerei überhaupt, stand auch diese Loge in vollster Blüte. 1778 hatte sie 75 Mitglieder: 33 höhere Grade, 19 Meister, sechs Gesellen und 17 Lehrlinge.

1717 hatten sich in London vier in veränderter Form weiterlebende Bauhütten — ehemals mittelalterliche Steinmetz-Zünfte — zur ersten Freimaurerloge der Welt zusammengeschlossen. Diese zu gegenseitiger Hilfe verpflichtende Bruderschaft, in welcher Stand, Religion und Nationalität nichts gelten sollten, behauptete, von alters her über ein geheimes Wissen zu verfügen, das den Bauplan und die Absichten des Schöpfers betreffe, an deren Verwirklichung ihre Mitglieder als Vertreter der ganzen Menschheit tätig und bewußt mitwirken wollten.

Wer Freimaurer war, sollte der Außenwelt verborgen bleiben, um Verfolgungen zu entgehen; die Eingeweihten erkannten einander an Wort und Griff. Auch mußte man, bevor man zum Meister aufrückte und alle Geheimnisse der Zunft erfuhr, eine Probezeit als Lehrling und Geselle bestehen.

Während sich die Maurerei wie ein Lauffeuer über ganz Europa verbreitete, wuchs die Zahl der Wahrheitssuchenden, die sich, beim Meistergrad angekommen, in ihren hochgespannten Erwartungen getäuscht sahen. Aber war es nicht möglich, daß es höhere Grade des Wissens geben könnte, als der gewöhnlichen Freimaurerkunst bekannt war?

1743 brachte ein junger, reicher, etwas seltsamer schlesischer Gutsbesitzer namens Baron Carl Gotthelf Hund von Alten-Grottkau von einer Bildungsreise nach Paris den deutschen Bundesbrüdern die überraschende Kunde mit, daß der 1312 von der Kirche vernichtete christliche Templerorden im geheimen weitergelebt, seine Ordensgeheimnisse und ungeheuren Reichtümer bewahrt habe und im verborgenen auf ein theokratisches Weltreich hinwirke. Die Freimaurerei sei in Wirklichkeit nichts weiter als das bewußtlose Werkzeug dieses Bundes.

In den folgenden Jahren sammelte Hund Anhänger, verlangte von ihnen strikten Gehorsam (»strikte Observanz«), wie einst die Tempelritter ihn ihren Oberen schuldig waren, und weihte eine wachsende Schar von Gläubigen zu Rittern verschiedener Grade, wobei er ihnen die geheimnisvollsten Andeutungen machte. Die Kasseler Loge *Zum gekrönten Löwen* gehörte seit 1771 zu seinem Orden.

Als Baron Hund 1776 starb, war ein großer Teil der deutschen Freimaurer seinem System beigetreten. Über ein Dutzend regierende Fürsten standen an der Spitze der Geheimgesellschaft, und Großmeister war Herzog Ferdinand von Braunschweig.

Mein lieber Herr Profeßor Forster!

Ich habe Ihr sehr angenehmes Schreiben vom 1ten dieses richtig erhalten, und aus demselben die bedenkliche Lage,

Ferdinand von Braunschweig an Forster Berlin, 6. 9. 1779

worin Ihr Vater durch die bisherige Vorenthaltung der ihm von dem Englischen Ministerio versprochenen Belohnung versetzet worden, mit wahrer Theilnehmung ersehen. Ich wünsche recht sehr im stande zu seyn, die Umstände Ihres Vaters durch Meine Vermittelung zu verbeßern, und ersuche Sie daher Mir zu melden, wie hoch sich die Schulden belaufen, welche ihn an der Annehmung des erhaltenen Rufes behindern.

Die unbekannten höchsten Obersten des Bundes, die Erben der alten Templer, hatten nach dem Tode Hunds genauso hartnäckig geschwiegen wie zu seinen Lebzeiten. Die niemals ganz verstummten Zweifler wurden lauter und lauter, andere Mystagogen, die in seinem Schatten gestanden hatten, erhoben das Haupt. Schließlich versuchte der bereits zwischen 1756 und 1768 von einem gewissen Schleiß von Löwenfeld in Sulzbach gegründete *Gold- und Rosenkreuzerbund* das Hundsche Erbe anzutreten, nachdem der preußische Kronprinz, der spätere Friedrich Wilhelm II., beigetreten war.

Die neue Bruderschaft behauptete, mit der geheimnisvollen Gesellschaft der Gold- und Rosenkreuzer identisch zu sein, die Anfang des 17. Jahrhunderts durch verschiedene alchimistische Bücher — darunter die *Chymische Hochzeit* (1616), wahrscheinlich von Andreae — bekannt geworden war. In diesen Schriften war von einem Rosicrucius die Rede, der im Heiligen Land geheimes Wissen gesammelt habe und eine Weltreformation beabsichtige; die Menschen müßten zur wahren Religion und Philosophie hingeführt werden, ein sittlich reines Leben führe zur Freiheit von Elend, Krankheit und Schmerz, und in der Erhebung zu Gott sei ein Grad der Naturerkenntnis zu erlangen, der es einem nebenbei auch ermögliche, Gold zu machen.

Ein von diesem Rosicrucius gestifteter Bund, so schworen die neuen Rosenkreuzer, wirke weiter im dunkeln; noch heute gäbe es Auserwählte Gottes unter dem Menschengeschlecht, wahre Priester, die, durch Reinheit der Seele über

den Rest der Sterblichen erhaben und daher mit dem Haupt-
schlüssel der Natur versehen, zur verborgenen Ökonomie
Gottes gehörten. Bete und faste, halte am Glauben fest, er-
forsche gläubig die Natur, erkenne durch Gott die Natur und
durch die Natur Gott: so wird einst ein Mensch aus fernen
Landen kommen und dich unterrichten! Bis dahin vertraue
deinen Oberen und sei ihnen gehorsam lebenslang. Sei gläubig, gläubig, gläubig!

Ich Unterschriebener bekenne in Urkund dieser meiner eigen-
händigen Unterschrift mit beygesetztem meinem Namen und
Siegel, daß ich die obigen Ordens-Statuta in   Rosenkreuzer:
allen ihren Puncten nicht nur für recht und   *Eides Formel*
billig, sondern für nothwendig halte, und   Ende 1779
darauf also wohlbedächtlich und im Angesicht und Gegenwart des Allerhöchsten Gottes, der sich nicht scherzen läßt,
meine freiwillige Gelübde abgelegt und versprochen habe,
daß ich diese Statuta unter seinem demüthig erfleheten Bey-
stande nach Vermögen in allen Stüken unverbrüchlich halten
wolle. Und sollte ich auch so elend werden, dieses hohe Gelübde muthwillig zu brechen, so bin ich überzeugt, daß ich
nicht nur als ein Meineidiger und bundbrüchiger Mensch meinen Namen auf dieser Welt infam und gräulich machen, sondern auch als einer, der wieder beßer Wißen und Gewißen
muthwillig gesündigt hat, niemals von Gott die Vergebung
zu gewärtigen haben werde. Amen! Es sey also! Und Gott
siehets und richtet mich.

    Hans Wilhelm Alexander von Baumbach. Georg Forster.
Dieterich Christoph Ihringk. Samuel Thomas Soemmerring.
Carl Siegmund Fulda.

Ihringk war Obermeister der Loge *Zum gekrönten Löwen,* in
der auch Forster und Sömmerring weiter verkehrten.

* Gradus 1. 19. Dec 79 2. 12 Jul 80 3. 30   Sömmerring:
Juli, 4. 31 Octbr 5. 14 Dec 6. 10 Januar 81   *Tagebuch*
7. 14 Febr. 8. 19 Junii 81   1809/10

Jede Zusammenkunft begann mit der Anrufung der göttli-
chen Weisheit durch eine kurze Meditation und endete auf
Knien, mit dem 147. Psalm:

L OBET DEN HERRN / Denn vnsern Gott loben / das ist ein köstlich ding / Solch lob ist lieblich vnd schön.
Der HERR bawet Jerusalem / Vnd bringet zusamen die Verjagten in Jsrael.
Er heilet die zubrochens Hertzen sind / Vnd verbindet jre schmertzen.
Er zelet die Sternen / Vnd nennet sie alle mit namen. – – –

Unter seinem Direktor Marmessos Hermelion Magut alias Samuel Thomas Sömmerring richtete der Rosenkreuzer-Zirkel ein alchimistisches Laboratorium ein. Scharteken wie Philalethas Traktat *Introitus apertus ad occlusum regis platium* (ca. 1650) oder Georg v. Wellings 1735 erschienenes Werk *Opus mago-cabbalisticum et theosophicum,* nach dem auch Goethe experimentiert hatte, wurden studiert. Forster bekam den Ordensnamen Amadeus Sragorifonus Segenitor, Anagramm aus »Ioannis Georgeus Adamus Forster«.

Die beiden Freunde waren keine gewöhnlichen Kohlemörder — hohe Gemeinschaft mit Gott und der Geisterwelt war ihr Ziel, grenzenlose, alles andere übersteigende Liebe zu IHM, die Gründung eines Gottesreiches auf Erden, die Herrschaft des Bundes, die Vormundschaft der Weiseren und Besseren über die Kurzsichtigen. Sie fühlten sich aufgerufen, ihre verwilderten Menschenbrüder zum Vater zurückzuführen, ins patriarchalische Zelt.

Freilich waren die Rezepte, die Prozesse, die sie zur Gotteserkenntnis durchmachen mußten, äußerst verwickelt und zudem sehr zweideutig formuliert. Bereits um Silber herzustellen, war eine ganze Pyramide von Zwischensubstanzen vonnöten, deren Erzeugung jeweils mehrere Tage und Nächte dauerte. Wie oft fehlte dann im entscheidenden Moment der benötigte Stoff! Wie oft gelangte man, rußgeschwärzt vom ewig unterhaltenen Feuer, doch nur zu höchst unsicheren Ergebnissen, auf denen der nächste Schritt doch fußen mußte!

Schon der Ausgangsstoff war ein Problem, die *materia prima.* War es die aus der Luft stammende wasserblaue, manchmal aber auch gelbliche oder grünliche, kohärente und dabei doch formbare, gallertartige und zähe, so schwer auffindbare Sternschnuppensubstanz? Nach Gewittern, so stand es in den alten Schwarten, sollte sie auf Wiesen zu finden sein, von Fett strotzend.

Herzliebster Br[uder]! Ich kam gestern schon um 8 Uhr nach Veckerhagen, ging nach dem bewußten Orte, fand aber nichts. Es war eine etwas sumpfige Wiese, An Sömmerring am Berge, dessen oberer Theil ganz mit Veckerhagen, 5.9.1780 Buchenwald bewachsen war. Die ganze Gegend ist ein kleiner Kessel, wo rund umher waldigte Berge liegen. Der Boden etwas röthlich; der Platz wo es gelegen hatte war ganz grün und mit hohem feinem Grase und andern Kräutern bewachsen. Die Ausdünstungen von der Weser verursachen fast alle Morgen starke Nebel. Auch heut Morgen war nichts gefallen. — Grüsse unsern M. P. A. und F. und schliesse mich in Dein Gebet ein, auf dass G[ott] U[nd] S[ein] W[ille] M[it] U[ns] S[ei]. Amen. Dein getreuester Br[uder] A[madeus].

Während Forster bei den Rosenkreuzern vergeblich versuchte, Gold herzustellen, waren die profaneren Bemühungen der Freimaurer, Geld und Stellung für seinen Vater zu beschaffen, erfolgreich gewesen.

In so weit hat sich nun freilich meines Vaters Schicksal zu seinem Vortheil, und unserer allerseitigen Beruhigung geändert, daß seine Creditors in London befrie- An Joh. Wilh. von digt worden, und er die ihm angetragene Archenholtz Stelle in Halle hat annehmen und würklich Kassel, 16.–27.10.1780 antreten können. Allein er ist dort, so wie ich hier, in einer äußerst eingeschränkten Lage und wird sich genöthigt sehen, neue Schulden zu machen, bis etwan der Minister Zedlitz ihm eine beträchtliche Zulage geben solte; denn 500 [Reichstaler] Gehalt will mit 5 Kindern nicht viel sagen.

Mein Vater war nie gewohnt Vorlesungen zu halten, auch kann er auf dem Katheder kein Wort sagen, was nicht auf Papier stünde. Urtheilen Sie, wie weit er An Jacobi bey seiner Lebhaftigkeit, und mit seiner Kassel, 25. 11. 1780 immerregen Seele, dabey kommt? Wer es entgelten muß, läßt sich auch leicht abnehmen; die guten Kinder leiden, ohne einmal klagen zu dürfen. —

Könte ich etwas dazu thun, um dem Dinge abzuhelfen, wie gerne thäte ich das, und wie leicht würde ich mich über die fortdauernden Quellen des Uebels beruhigen, wenn ich dann und wann nur ein palliativ administriren könnte. Das kann ich leider durch mein eignes dérangement nicht. Mein Fall ist der. Daß ich Schulden hatte, und was mich gezwungen hat welche zu machen, wißen Sie. Um davon los zu kommen, folgte ich dem Rath eines Freundes und suchte die ganze Masse in *eines* Mannes Hände zu bringen, der die andern Posten abzahlen mußte. Der Kerl war ein Jude, und wollte dies nicht anders unternehmen als auf die Bedingung, daß ich jährlich 200 [Reichstaler] von meinem Gehalt assignirte, und 6 proCent Interessen bezahlte. Ich überlegte hin und her, glaubte mit dem Ueberrest auskommen zu können, und gieng die Bedingung ein. Es erfolgte daraus gerade das Gegentheil von allem was ich gehoft hatte. Meine litterarischen Arbeiten konnten Abhaltungen wegen nicht fertig werden (aus dem Martinischen Lexikon wird vielleicht gar nichts), meines Vaters Ankunft versetzte mich in einige Kosten; die elende Beschaffenheit der hiesigen Bibliothek zwang mich an Bücher mehr als sonst zu verwenden, und ich mogte wollen oder nicht, ich mußte neue Schulden machen. Mit 1000 [Reichstalern] Schulden, und dieser schlechten Einrichtung wobey ich sie eher vermehre als vermindere, kann ich freylich nichts für die Hallenser thun.

Die Bewunderung der unendlichen Weisheit ist freilich das einzige größte Vergnügen, das uns Zootomie in so reichem Maße schafft. Da Forster mein intimster Freund ist, so können Sie leichtlich glauben, daß wir über Religion gleich denken müssen, denn sonst kann Freundschaft nicht halten. Wir sind überzeugt, daß der nur das Unglück hat, ein Freigeist zu sein, der die Bibel nicht versteht; leider gehören aber jetzt große sogenannte Theologen dahin. Man räsonnirt fast Alles aus der Bibel, so auch Vieles aus der Physik, warum? Weil die Vorsehung dergleichen nicht mit näherer Kenntniß zu beschenken uns für würdig befunden hat. Zwar verstehe ich das göttliche Buch nicht ganz, doch schon so viel, daß mir Niemand meinen Glauben zu mindern im Stande sein wird.

Sömmerring
an seinen Vater
Kassel, 14. 12. 1780

Mein Vater! auch hierin bin ich vielleicht glücklicher, als viele tausend Christen. Und ich fühle ganz Ihre prophezeiungsvollen Worte: »Du mußt stufenweis auch glücklich werden«.

Die Arbeiten des reguli 1^{es} und der R[egul]æ Macrocosmiiæ den Brüdern proponiret, und erstere auf morgen, die andere auf künftigen Dienstag bestimt.

Rosenkreuzer: *Protokolle* Kassel, 5. 3. 1781

Es ist kein Ort auf der runden Erde, der soviel Armuth und splendida miseria in sich fasst als Cassel. Alles bis zu Obristen und Oberappellationsgerichts Räthen stirbt hier bettelarm, hinterlässt Schulden, und Wittwen und Kinder im äussersten Elend; Ausser der sogenannten preussischen Clique im Ministerio, und den Herren Adjudanten, imgleichen ein paar nothdürftigen dienstbaren Geistern jener Clique, und dem Hofagenten Feydel, — der ein Jude ist — hat hier kein Mensch Geld, sondern alles leidet Noth, im wörtlichen Verstande. Ich für mein Theil, schränke mich mit jedem Tage mehr ein. Wie gesagt, ich besuche keinen Menschen mehr, damit ich nicht besucht werde; ich folge hierinn dem Beyspiel aller übrigen Einwohner, die blos im engen Kreise ihrer Familie leben müssen. — Und hoffe demnächst einmal auf meine Erlösung.

An Spener Kassel, 19. 7. 1781

Immer seltener ritt Forster die sechs Stunden nach Göttingen zu Lichtenberg hinüber, der ihn dazu überredet hatte, ein *Göttingisches Magazin der Wissenschaften und Litteratur* mit herauszugeben, dessen erste Nummer 1780 erschienen war. Er ehrte Lichtenbergs Talente, seine mathematische Wissenschaft, seine Schreibart, seinen Witz, seine muntre Laune und seinen oft philosophischen Blick — aber er fand schlechthin nichts fürs Herz bei ihm, und so kroch diese Freundschaft in die Schranken einer gewöhnlichen Bekanntschaft zurück.

Ich studire schon einige Zeit auf das vehiculum in welchem ich Forstern meinen Wunsch beybringen kan, daß ich ihn nicht mehr zum Mitarbeiter haben mag. Er hilfft mir zu gar nichts.

Lichtenberg an Blumenbach Göttingen, 16. 10. 1781

123

Forster erhielt sowohl in der Loge *Zum gekrönten Löwen* als auch bei den Rosenkreuzern das Amt des Redners. Im Rosenkreuzer-Zirkel las er regelmäßig aus den *Freymäurerischen Versammlungsreden.*

Dieses ist die rechte fruchtbare Philosophie, die von Gott kömmt, von ihm selbst, wie wir von unseren weisten Meistern gehöret, dem Adam gelehret, durch mündliche Fortpflanzung von den Erzvätern auf Noa gelanget und durch seine Kinder und Enkel den Egyptiern, Phöniziern, Chaldäern, Ethiopiern, Indianern, ja selbst den Chinesen mitgeteilet worden und heutigen Tags bei den ächten hermetischen Weltweisen, welches da sind die gesegneten Mitglieder unserer geheiligten Verbrüderung, aufbehalten wird.

v. Ecker und Eckhoffen: Neunte Freymäurerische Versammlungsrede

Bester, inniggeliebtester Br[uder]!
Seit Montag, Abends um 11 Uhr, bin ich in Halle, ohne noch eine Minute finden zu können, an Dich zu schreiben. – – –
Hier finde ich die meinigen, dem äußerlichen Ansehen nach ganz unverändert, meine jüngste Schwester ausgenommen, die seit 3 Jahren erwachsen ist. Meine Mutter sieht noch so aus, wie in Paddington. Mein Vater ist ganz und gar derselbe. – – –
Mich däucht, wenn ich die Welt ansehe wie sie ist, müssen mir die Leute drinnen noch am besten gefallen, die ihren zwei oder 3 Grundsätzen getreu bleiben, als die ein ganz vollkommen ausgedachtes System der Religion und Sittenlehre im Kopf haben, und es in keinem Fall zur Regel ihres Handelns machen, sondern vom Sturm der Leidenschaften beständig umhergetrieben werden, und alles um sich her vernichten. Unsere Träume, womit wir uns zu tragen pflegten, sind bei mir alle aus den Augen gewischt. Ich finde bei — nicht die mindeste Receptivität für Begriffe, welche *unsere* Glückseligkeit und einzige Freude ausmachen; und wäre sie auch von einer Seite, nämlich von der physikalischen, noch am leichtesten zu gewarten, so würde demohngeachtet das andre nicht den mindesten Eingang finden, weil nicht sowohl Mangel an Begriffen, als viel gefährlichere Hartnäckigkeit in einmal gefaßten Irrthümern, die den Sinnen

An Sömmerring Halle, 29. 12. 1781

und der Vernunft schmeicheln, eine unüberwindliche Hinderniß verursachen. Die Gesunden, sagte der Heiland, (d. i. die sich gesund glauben), bedürfen des Arztes nicht, sondern die Kranken. Und wie sind doch dieser Kranken, die es selbst gestehn, so wenige? – – – Ich werde von hieraus nicht wieder schreiben, damit unsre Correspondenz nicht Aufsehens machen möchte, ich werde ohnehin gefragt, was ich denn so wichtiges zu schreiben hätte. – – – Gott erhalte Dich, theuerster, innigstgeliebtester Br. und segne das Werk Deiner Hände. Ich bange mich unendlich, daß ich daran Theil nehme, auf daß G. U. S. W. M. U. S. — Der Geist Jesu leite uns in Demuth, Geduld und Liebe. Amen!

Europa scheint auf dem Punkt einer schrecklichen Revolution. — Wirklich, die Masse ist so verderbt, dass nur Blutlassen wirksam seyn kann. Vom Throne bis zum Bauer sind alle zwischen inne liegende An seinen Vater
Kassel, 30. 3. 1782
Stände von dem, was sie seyn sollten, herabgesunken, und keiner mehr als unsre vorgeblichen Gottesgelehrten; von ihnen kann man wohl sagen, daß sie wolfsartiger in ihren Schafskleidern sind, als Pharisäer und Schriftgelehrte je waren; unwissender im Geiste der heiligen Bücher, abgewendeter von Gott und dem Heiland, als die armen Neger – – –

Den beyden Brüdern Manegogus und Amadeus aufgetragen, ihre Gedanken über einen Gegenstand des 2. Grades, dem Bruder Flo- Rosenkreuzer:
Protokolle
Kassel, 15. 4. 1782
ridus über das menstruum radicale universale, dem Folicharus aber über das menstruum vegetabile, secundum Principia Annuli Platonis aufzusetzen.

Lichtenberg schreibt mir mit der letzten Post, daß ein Dr. Price eine Verwandlung von Quecksilber in Gold bewirkt hat, in Guilford in Essex, vor einer so großen Anzahl competenter Richter, daß An seinen Vater
Kassel, 19. 9. 1782
er nicht mehr an der Thatsache zweifelt. – – – Ein Gran röthliches Pulver verwandelt zwanzig Gran Quecksilber in Gold, welches die specifische Schwere von 20 zu 1 hat, wenn das Wasser 1 ist; mithin einen bessern Gehalt als Gold. Ich weiß nicht, was ich von der Geschichte denken soll.

– – – O! Mauererliebe! du Tochter des Himmels! kann der
schwache, odem des Unvollendeten dich würdiglich preisen?

*Über das Verhältniß
des Maurerordens
zum Staate* kann der Lehrling, deßen Herz noch kaum
dein erstes Dämmern empfand, — kann er
Glut vom Altar nehmen, Farben aus dem
Meer der Morgenröthe schöpfen, um deinen milden Feuerstrom in Worten auszugießen, da wo er alle Brüder, alle Bürger, alle Menschen mit unzertrennlichen Banden umschlingt?
Ach welches ungeprüfte Auge wagts, in ihren Glanz zu
schauen, wenn sie zuletzt über alle niedere Sphären sich
schwingt, und des Himmels Heere begrüßt; wenn Seraph-
ähnlich, mit flammenden Antlitz, sie an den Ewigen Quell
dem sie entfloß, lobsingend wieder kehrt?

Diese Rede Forsters, gehalten Anfang 1783 in der Loge *Zum
gekrönten Löwen* vor den zwei Söhnen seines Landgrafen, dem
Großmeister der Strikten Observanz Karl von Hessen-Kassel
und dem Obermeister der Strikten Observanz Friedrich von
Hessen-Kassel, war der letzte Höhepunkt in seinem Frei-
maurerleben. Umsonst suchte er nun eine Zuflucht in gewaltsamen Gebetserregungen und künstlichen Ekstasen.
Immer häufiger spürte Amadeus, auf dem inzwischen eine
Schuld von über 1700 Reichstalern lastete, eine Leere im
Herzen, ein Unvermögen zu beten, dem er es zuschrieb, daß
die Arbeit nicht gehörig fortschreiten wollte.

Inzwischen hatte im Sommer 1782 der Freimaurerkongreß
von Wilhelmsbad stattgefunden, auf dem die Macht der
»Strikten Observanz« einen verheerenden Stoß erlitt. Nicolai
war mit seinem Buch über die Templer hervorgetreten und
hatte den das ganze protestantische Deutschland erschüt-
ternden Gedanken aufgebracht, daß das Templerwesen nur
ein Deckmantel für den 1773 vom Papst aufgehobenen Jesui-
tenorden sei. Ähnlichkeiten zwischen dem maurerischen
Gehorsamsgelübde und dem Gehorsam der Jesuiten *(perinde
ac si cadaver essent)* drängten sich auf. Bald ergoß sich
kübelweise Hohn und Spott über die armen herumirrenden
»Ritter vom # «.

Ich wende mich auf alle Seiten, und werde nur dunkle Aussichten gewahr; — es ist schrecklich, aber wahr, daß auch

126

das Einzige Gefühl, welches mich sonst bey An Jacobi
Kassel, 29. 8. 1783 meinem Leiden stärkte und tröstete, welches mich zum Stoiker und mehr als Stoiker, zum Christlichen Helden umzuschaffen pflegte, jetzt so erkaltet, so leise und schwach ist, daß alle meine Anstrengung, es nicht anfachen kann. Muthlosigkeit, Trübsinn, und Zweifel haben sich meiner Seele bemeistert; bald kann ich nicht mehr dawider kämpfen! —

Das einzige was ich dabey gewonnen zu haben glaube, ist *Toleranz*, das ist, ein inniges wehmüthiges Gefühl eigner Schwäche, Unvollkommenheit und Dependenz von einem *unaufhaltsamen* Schicksal! Organisation, Erziehung, Lokalumstände (um nicht Clima zu sagen) — wie viel thun die nicht zur Denkungsart und Vorstellungsart, zur Wirksamkeit links, rechts, gerade aus, aufwärts oder abwärts? Gott! und da gehts dann, mit der ganzen vielrädrigen Maschine der Welt, gerade so und nicht anders, als es getrieben wird.

Mit Entsetzen bemerkte Forster, wie wenig er in den letzten Jahren zustandegebracht hatte: die Übersetzung des Buffon; die Übersetzung der *Observations* seines Vaters; ein paar wissenschaftliche Aufsätze — über den Roten Baumläufer, den ihm die Matrosen Zimmermann und Lohmann von Cooks letzter Reise aus Hawaii mitgebracht hatten, über ein Experiment mit glühenden Johanniswürmchen in dephlogistisierter Luft —; botanische Nachlesen der Südseereise; ein paar Rezensionen.

Am 19. September 1783 war er ein letztes Mal im Rosenkreuzer-Zirkel. Kurz darauf besuchte er mit Sömmerring Lichtenberg in Göttingen, der die beiden verändert fand und ihnen herzlich entgegenkam.

HE. Prof. Forster empfiehlt sich Ew. Wohlgeboh[ren] gehorsamst er und Sömmering sind nun schon seit Sonntag bey mir. Wir haben schon ausserordentlich Lichtenberg
an Schernhagen
Göttingen, 9. 10. 1783 starck auf Montgolfiers Erfindung gearbeitet, und grose Blasen angefangen, die zwar nicht von selbst stiegen, aber doch in die Höhe geblasen werden konten wie Seifenblasen. Ehestens werden Ew. Wohlgeboh[ren] mehr hören.

Dr. Price, der Goldmacher, hat sich aus dem Staube gemacht, indem er ein Nösel concentrirtes Lorbeerwasser (Laurocera-

An seinen Vater
Göttingen, 12. 10. 1783

sus) getrunken hat, an einem zweiten Expe-riment verzweifelnd, und nachdem er sein Testament gemacht, das mit den Worten anfängt: *Da ich mich wahrscheinlich bald in einem bessern Aufenthalt befinden werde.* (NB. Er war als Atheist bekannt.)

Die Zeitungen sagen uns, daß die königliche Societät dem König gesagt habe, die neuerfundene, mit brennbarer Luft gefüllte Luftmaschine, die sich in der Atmosphäre erheben kann, würde von keinem Nutzen seyn. Dies ist ein solcher Zug von Albernheit und unphilosophischer Dummheit, daß es eine gute Züchtigung verdient.

So bald man beym Montgolfierschen Versuch die Blasen ver-läßt, so wird er kostbar. Da kommen Taffet, Firniß und

Lichtenberg
an Schernhagen
Göttingen, 23. 10. 1783

wenigstens 800 Quartier Bouteillen infl. Lufft in Betracht. Ich bin aber nun fest entschlossen durchzudringen es koste auch was es wolle, und blos in der Absicht mir den schönen An-blick zu verschaffen. – – –

Ich weiß nicht, ob ich Ew. Wohlgeboh[ren] schon HE. Prof. Forsters und Sömmerings Empfehlungen gemeldet habe, die sie mir wiederholtemale aufgetragen haben. Dieses sind 2 vortreffliche Leute. Forster hat sich gantz geändert, und ist einer der arbeitsamsten Menschen, die ich kenne. Sömmering ist quoad anatomiam ein ungewöhnlicher Kopf. Ew. Wohlgeboh[ren] können sich einen solchen Besuch wie den nicht vorstellen, wir haben den gantzen Tag disputirt, experimentirt, anatomirt pp ohne Ende. Einmal stund eine Schüssel mit Hecht *gekocht* auf dem Tisch, während an der Ecke die Gehörnerven an dem noch *rohen* Kopf demonstrirt wurden, und auf dem Camin Feuer ein Firniß kochte.

Liebster Freund! Am Sonnabend sind wir hier glücklich um neun Uhr des Morgens angekommen, und außer einem etwas

An Lichtenberg
Kassel, 20. 10. 1783

triefenden Auge spüre ich nicht die minde-ste Unbequemlichkeit von unserm nächt-lichen Ritt. Ich habe bei dieser Gelegenheit gelernt, daß man auch auf dem Pferde sitzend schlafen kann. Denn mehr als einmal haben wir alle beide genickt, und sind zu halben Stunden lang mit geschlossenen Augen geritten. Freilich läßt sich so etwas am leichtesten auf den schönen hanöverschen Chausseen thun. Nun, bester Mann, danke ich Ihnen von Grund meines Herzens für die herrlichen vierzehn Tage, die Sie mir in Göttingen verschafft haben. Wie werde ich je im Stande seyn, Ihnen gleiches zu vergelten?

Schöne Künste. Herr Professor Sommering hat versucht, die Experimente der Herren Pilatre du Rosier & Mont-Golfier nachzuahmen. Eine mit brennbarer Luft gefüllte Blase stieg auf, bis sie den Augen entschwand. Sie war mit dem Gewicht einer Drachme beschwert.
Petites Affiches de Cassel 18. 11. 1783

Wissen macht nicht glücklich, auch selbst göttliche Weisheit nicht, ohne die Liebe, wie 1. Cor. 13 steht. Daher bleiben Sie bey Ihrem Entschluß geheime Gesellschaften und Wissenschaften nicht zu suchen. – – – *Sömmerring* grüßt Sie herzlich, und ist auch wohl, wir werden vielleicht diesen Winter die Construction eines Luftballs alhier dirigiren. Warlich eine grosse, weitaussehende Erfindung!
An Johannes Müller Kassel, 20. 12. 1783

Zum erstenmal seit langem war Forster wieder glücklich. Er schrieb einen kleinen, aber sehr genauen, recht materialistischen Aufsatz über den Brotbaum, über die Bedeutung dieser Pflanze für das Leben in der Südsee.

Je mehr er sich eingestand, daß er kein Heiliger war und werden konnte, um so deutlicher erkannte er das Rosenkreuzertum als tief angelegten systematischen Betrug, dem er aufgesessen war. Die Bruderschaft war jedoch mächtig, und es war weder einfach noch ungefährlich, sich aus ihren Strikken zu lösen.

Bei diesem Stand der Dinge konnte ihm nichts willkommener sein als das überraschende Angebot, für 1300 Taler jährlich als Professor für Naturgeschichte nach Wilna im polnischen Litauen zu ziehen. Ein alter Londoner Bekannter, der Bergrat v. Scheffler, hatte die Berufung eingefädelt. Den beträchtlichen Vorschuß, mit dem Forster beim Landgrafen inzwischen in der Kreide stand, versprach die polnische Edukationskommission zu tilgen, die Umzugskosten zu übernehmen. Er schlug ein, froh, Kassel und den Nachstellungen der Ex-Brüder zu entkommen.

Schon auf der Reise, packte ihn noch einmal die Panik. Lauerten im katholischen Wilna etwa bereits die Jesuiten auf ihn?

Deine Sicherheitsregeln sind sehr gut. Ich glaube nicht, daß es # sind, die mich berufen haben – – – aber es ist gut zu wachen und auf der Hut zu sein. Auch ich habe schon an Retraite gedacht. Die preußische Gränze ist nahe, kaum 12 Meilen. – – – Meine Regel ist Schweigen, und auf allen Fall, da wo es nothwendig ist, mehr zu glauben und zu trauen scheinen, als ich wirklich thue. — Mit einem litthauischen Klepper, den ich mir gleich anfangs kaufen werde, kann ich im Preußischen sein, ehe man mich vermißt.

An Sömmerring
Halle, 27./28. 5. 1784

Therese

– – – wollte ich mich um Heynens Tochter bewerben, ich
glaube ich würde bald eine Professur troz An Spener
Blumenbach dort erhalten. Allein ich habe Kassel, 19. 7. 1781
nicht lust zur Ehe, und besonders nicht dieser. — Sed haec
inter nos.

– – – ich suche nicht gar zu viel bey einem Weibe, ich glaube
ich käme leicht mit einer schlimmen aus,
und gewis mit einer guten Frau. – – – Wenn An Spener
Kassel,
ich meine Freyheit gegen *einige Vortheile* Mitte November 1782
des häuslichen Lebens vertauschen kann, so thue ichs – – –

Bevor Forster im April 1784 nach Wilna abreiste, verlobte er
sich mit der neunzehnjährigen Therese Heyne, die ihn schon
bei seinem ersten Göttinger Aufenthalt 1778 unter den Gästen besonders hervorgesucht hatte.

Sie war nicht häßlich, dabei sehr scharfsinnig und -züngig,
schielte ein bißchen auf einem Auge und stand infolge all
dieser Eigenschaften im Geruch der Freigeisterei. »Sie
spricht unaufhörlich und immer witzig«, meinte Caroline
Michaelis giftig, die im Reigen der Göttinger Professoren-
töchter ihre einzige ernsthafte Konkurrentin war. Die beiden
verband eine stürmische Busenfreundschaft, wenn sie sich
nicht gerade aus Eifersucht gegenseitig die Pest an den Hals
wünschten.

Über ihre Kindheit hat sich Therese mit bezeichnender
Offenheit ausgesprochen.

Ich war meiner Mutter Liebling gar nicht, ich war häßlich,
heftig und wahrscheinlich nie brillant. – – – Ich erinnere
mich keiner einzigen Ergießung von Liebe
zwischen meinen Eltern und mir, solange Therese Huber:
Fragment einer
Autobiographie
S. 2 ff.
ich lebe; gegen meine Mutter hatte ich nie
Zärtlichkeit, bald beleidigte sie meine Sinne,

131

bald meinen Verstand, mein Gefühl. – – – Sie war gar keine Hausfrau, wir wurden in Schmutz und Unordnung erzogen, in so einem Grade, daß Ungeziefer uns plagte, und wir weder ganze Hemden noch Schuhe hatten. Sie hatte höchst unelegante Sitten, sie war unschamhaft mit ihrer Person. Ich erinnere mich noch, daß sie in die Hände spuckte, um mir die Haare hinauf zu streichen, wobei ich schauderte, und daß sie durch die Indelikatesse, womit sie unvermeidliche Unannehmlichkeiten unseres Geschlechts behandelte, mich empörte. – – – Sie war eine Schwärmerin, war an kein Hausgeschäft gewöhnt, liebte keine weibliche Arbeit, — der Vater war an den Arbeitstisch geschmiedet, um die Familie, die immer aus drei bis vier Kindern bestand, bei der fahrlässigsten Ungeschicktheit seiner Frau zu unterhalten, — kurz, sie hatte einen Liebhaber bis zu ihrem Tode, etwa im fünfundvierzigsten Jahr. – – – Welchen bitteren Verdruß dieses niedere Verhältnis meinem wackern Vater und welche frühe Galle es mir gemacht, ist unglaublich. Diese Galle brütete mich groß. – – – Aber er wußte um die Rendezvous, z. B. wenn ein weißes Band aus dem Fenster hing, war der Vater nicht zu Hause — die Sache ward öffentlich, es gab abscheuliche Auftritte, in welchen dem jungen Menschen das Haus verboten wurde, aber meines Vaters Weichheit und ihre Verzweiflung, oder was sonst? und des Menschen Unverschämtheit — er war häßlich, plump, unwissend in allem außer der Musik — brachte ihn wieder an seinen alten Fleck im Hause, und das sieben Jahre lang. – – – Ich war zwölfeinhalb Jahr, als sie starb.

Vater Heyne flickte seine Strümpfe selbst, nähte Knöpfe an, kehrte den Staub von den Tischen.

Am possirlichsten erschien er, wenn er auf der Bibliothek die Leiter mit der Behendigkeit eines Affen hinanstieg, und auf einer der obersten Sprossen angelangt, unentschlossen stehen blieb, weil sich das gesuchte Buch nicht an der bestimmten Stelle befand, oder er den Titel vergessen hatte, und er nun mit einer schnellen Bewegung des Kopfes hin und her, ein im feinsten Diskant kurz ausgestoßenes, oft wiederholtes »Hm, Hm« hören ließ.

Piter Poel:
Bilder aus vergangener Zeit
S. 262

Piter Poel war einer aus dem Schwarm der vielen Studenten, die nach der Wiedervermählung Heynes das Haus frequentierten.

Ihn selbst konnte man freilich nur auf Augenblicke genießen, aber mehrere Mitglieder der Familie zogen solche mächtig an, welche Sinn für weibliche Liebenswür- Piter Poel
digkeit und Bildung hatten. Wenige mir S. 264 ff.
bekannt gewordene deutsche Frauen besaßen so viel Verstand und Kenntnisse, als die Hofräthin Heyne – – – Minder gründlich und folgerecht entwickelte die älteste ihrer beiden Stieftöchter, Therese, in der Unterhaltung einen lebendigeren, mehr von der Phantasie und durch sinnliche Eindrücke aufgeregten, als von tief im Herzen wurzelnden Empfindungen beherrschten Geist; ihre Gedanken und Einfälle jagten einander mit einer solchen Schnelligkeit, daß die Worte sie kaum einholen konnten und der Athem ihr oft ausging; dann konnte man sich das Vergnügen machen, sie durch vorsätzliche Mißverständnisse zu den lustigsten Ausbrüchen der Ungeduld zu bringen. – – – Sie wurde bald nach meiner Abreise des unglücklichen Georg Forsters Braut.

Karl Friedrich Gebhard Graf v. Schulenburg-Wolfsberg hatte sie mit aller Schwärmerei der ersten Jugend vergöttert und Georges Rougemont ihren Mutwillen gekitzelt. Graf Friedrich von Stadion war bei einer gewissen Gelegenheit über beide Ohren rot, der arme Fleischmann vor Liebe toll geworden.

Therese klagt über die Brust, mir ist bange um sie. Das gute Mädchen bezahlt ihre Torheiten sehr teuer. Der junge Böhmer liebte sie und sagte es Vater und Mut- Luise Mejer
ter. Therese mocht' ihn gern, hat ihn aber an H. Ch. Boie
unbeschreiblich durch Eifersucht gequält. Celle, 5. 5. 1782
Ich hab ihr oft gesagt, sie handele wie eine ganz gewöhnliche Kokette.

Schließlich wurde sie 1783 mit ihrem Onkel Blumenbach in die Schweiz geschickt, um ein bißchen abzukühlen. Als sie nach Göttingen zurückkam, traf sie dort auf Forster, der, soeben aus seiner rosenkreuzerischen Schwarmgeisterei erwacht, bei Lichtenberg experimentierte und sich recht nüchtern nach einer Gattin umsah.

Ich erwarte nichts vollkommenes in der Ehe. Ich kenne was sie unangenehmes, kettendes, drückendes haben kann; empfinde die Vorzüge des ledigen Standes An Spener
Kassel, 25. 8. 1783 gar wohl — Allein einmal habe ich nach meinen Grundsätzen mir den Umgang mit Frauenzimmer ausser der Ehe nie erlauben wollen und können, und doch fühle ich daß zu meiner Ruhe, zur Besänftigung meiner Einbildungskraft und meines Bluts ein Weib ein nothwendiges Uebel ist. – – – Ich kenne mein Temperament; hätte ich ein gutes Weib, ich suchte nichts mehr in der Welt – – – nur der Geschlechtstrieb verschlägt mich jetzt zu oft in Gesellschaft, (ich sage Geschlechtstrieb, denn so verkappt er auch ist, und so speciös die Argumente sind, die ich selbst mir zum Vorwand anführe warum ich hie oder dort hingehn will, so bemerke ich doch mehrentheils, daß der Hauptgrund eine innere Unruhe und Unstetigkeit war, die mich nicht zu Hause sitzen ließen; Fleisch und Blut mit einem Wort!) aus der ich auch oft mit Unwillen über mich selbst, und über verschwendete Zeit zurückkehre. Mais c'etoit plus fort que moi.

Meine Gesundheit würde gewinnen, wenn ich heyrathete.

In abstracto sind die rationes decidendi hinreichend. Es kommt drauf an das Individuum zu finden bey dem sie es auch wären. — Jung, unschuldig, gesund und reich — ich sage nicht: schön, nicht: witzig, nicht: überklug — nur etwas Fähigkeit zu begreifen; viel Liebe, und etwas Ernst; vor allem ein Herz das sich mit wahrer Empfindung zu seinem Schöpfer naht – – –

Therese war zu erfahren, als daß sie Forsters etwas beleidigende Sachlichkeit, die Kehrseite seiner sinnlichen Natur, nicht gespürt und ihm seine Kälte nicht sogleich zum Vorwurf gemacht hätte. Er verteidigte sich treuherzig mit seiner traurigen Jugend, daß er schon als Knabe die Sorgen einer zahlreichen Familie hatte tragen müssen; von diesem trüben, alle Leibes- und Geisteskräfte erschlaffenden Leben sei er dann in die religiöse Schwärmerei hinübergetrieben und daran gewöhnt worden, Leiden zu genießen und den Genuß für schädlich anzusehen.

Forster's Persönlichkeit vermehrte das Interesse, das seine unerhörte Eigenschaft eines Weltumseeglers einflößte; nicht weil er hübsch war — seine ursprünglich regelmäßigen Züge waren durch die Kinderblattern eingeschrumpft und mit Narben bedeckt; der heftige Scorbut, den er auf *Therese Huber: Einige Nachrichten von Johann Georg Forster's Leben S. 61 f.* seiner Seereise erlitten, und von dem die Masse seiner Säfte auf immer angesteckt war, hatte das Weiße seiner Augen gefärbt und seine Zähne gänzlich verdorben; aber sobald er durch das Gespräch belebt ward, erhielten seine Züge den mannigfachsten Ausdruck, und kaum sah ich je ein Gesicht, das durch den Geist und die Empfindung einer größeren Verschönerung, und eben auch des Gegentheils, fähig gewesen wäre. Ein Ausdruck von Bescheidenheit und Sicherheit zugleich gab ihm den Anstand der besten Gesellschaft, sodaß er in dem geistvollsten Cirkel gefiel und im vornehmsten an seinem Platz war. – – Bei diesem höchst gebildeten Betragen bezeigte er die gütevollste Theilnahme an fremden Schicksalen, wurde leicht heimisch im engern Kreise und machte keine Art von gesellschaftlichen Ansprüchen. Dafür hatte er aber auch das Glück einer Art unschöner Männer, daß ihm die Frauen auf halbem Wege entgegenkamen, was ihm bei seinem sehr weichen Herzen stets den Genuß einer sehr gesteigerten Freundschaft gewährte.

Heyne, der ihn später so lieben sollte, zögerte. Forster hatte ihm seine finanziellen Verhältnisse offengelegt. Ein lockeres Verlöbnis, das vorerst nicht öffentlich gemacht werden sollte, war alles, was er zugestand. Immerhin sollten sich die beiden schreiben dürfen, aber die Post ging durch seine Hände.

Am 23. April 1784 brach Forster mit seiner gesamten Habe nach Wilna auf. Sein kostbarster Besitz waren 50 Kupfer von Cooks letzter Reise, die er über Joseph Banks druckfrisch aus England bekommen hatte.

So was herrliches läßt sich nicht denken, vielweniger beschreiben. – – – Die Physiognomien sind gar herrlich getroffen. Nun kann man sich einen Begriff von otaheitischen und andern Südsee Schönen machen. Stellen Sie sich mein Vergnügen vor; ich erkannte drey Landschaften gleich auf den ersten Anblick, ohne daß etwas drunter geschrieben war, und noch bin ich nicht gewis, ob ich nicht das Original eines Porträts persönlich kenne.

Nachts rollte Forsters Kutsche durch Göttingen, am Haus der Heynes vorbei. Er sah Licht, dachte sich weinend den alten Heyne für das Wohl Deutschlands und der Göttinger Akademie wachen und schalt sich, daß er seine teuerste, unvergleichliche Therese nicht so feurig im Herzen trug, wie sie es verdient hätte.

Ihr ganz kleiner Brief athmet Liebe, so sehr sie sucht dem auszuweichen, und mir nur Geduld einzusprechen, zum
Exempel: »ach ich darf nicht so Ihnen schreiben, ich soll kalt freundschaftlich, kalt wie das Land, in dem Sie wohnen sollen, sein, und ich will es ja gern bis dann, wenn ich mit gleichgültiger Kälte Ihnen schreibe, oder wenn unser Schicksal sich ändert, und wir vielleicht uns sagen dürfen, ich's Ihnen sagen darf, daß ich Ihnen in einen noch nördlicheren Himmelsstrich gern gefolgt wär'.«

Seine Reise führte ihn nicht direkt nach Wilna. Er sollte seine Stellung dort erst im November antreten und hatte von der polnischen Edukationskommission den Auftrag erhalten, die Bergwerke im Harz und in Sachsen zu studieren, um sich einen Überblick über moderne Abbaumethoden und praktische Kenntnisse in der Mineralogie zu verschaffen; und da er über Krakau mußte, wollte er über Wien reisen.

Sein erstes Ziel war Clausthal, von wo aus er auch die Gruben in Zellerfeld und Andreasberg besuchte.

Zellerfeld hat 4000 Clausthal 8000 Einwohner. Man kann sich, wenn man den Umfang beider Städte sieht, diese große
Bevölkerung nicht denken; allein es wohnen oft mehrere Familien auf einer Stube. Eine Dame die eben in Z. angekommen war, wunderte sich sehr

des Nachts 4 Lichter in dem obern Stübchen eines Hauses zu sehen, wo nur geringe Leute wohnen konten; diesen Luxus hielt sie, und mit Recht, für übertrieben. Bey näherer Erkundigung fand sich aber, daß das Stübchen der Wohnplatz 4 verschiedener menschlicher Gesellschaften war, deren jede ihr Licht besaß, und auch ihren Antheil an dem Zimmer mit Kreide auf dem Fußboden verzeichnet hatte.

Es schneite. Mit Kittel, Berghose, Arschleder und Schachthut bekleidet, das flackernde Grubenlicht in der Hand, fuhr Forster in die Minen ein und durchwanderte mit dem Vizeberghauptmann v. Trebra und Dr. Böhmer, dem späteren Mann von Caroline Michaelis, die tiefsten Schächte. Sie stiegen endlose Leitern und ließen sich am Seil viele Lachter tief in die Gesenke abtäufen, ungewohnte, furchtbare Anstrengungen, nach denen abends die verkrampften Finger, die gestreckte Brust, die aufgeschlagenen Arme und Beine schmerzten. Dann schrieb er alles nieder, schilderte den arsenikalischen Kobold, die entdeckten Drusen mit schwarzem Mulm, auf den der weiße Bleispat mit kleinen, spießigen Säulen angeflogen war, den Kalkspat mit Quarzkristall, worin Bleiglanz brach, zeichnete Geräte und Werkzeuge.

Um 6 [auf]. — Eingepackt die Mineralien den ganzen Vormittag. – – – Caffee. Visiten zum Abschied. Dr. Böhmer las mir aus Mlle M[ichaelis] Briefe vor, wie sie immer gewünscht daß ich Th[erese] haben möchte, und daß wir uns allein zus[ammen] schickten. — Sie habe meine Silhouette bey H[eyne] gesehn, und Th[erese] mit mir aufgezogen.

Reise Journal
Zellerfeld, 8. 5. 1784

Ich habe es schon Forstern vor verschiedenen Wochen geschrieben, daß Caroline Michaelis von unserm Verhältniß schien völlig unterrichtet zu sein. Caroline hat verschiedene unterthänige Muthmaßungen in Absicht auf uns gehabt, die da alle — ich weiß nicht wie? sich wahr befunden haben. Diese habe ich ihrem caro sposo auf dem Harz geschrieben und der hat Forstern damit aufgewartet und Forster hat sich vertheidigt wie ein Schuljunge, der Kirschen gestohlen hat (sauf le respect toutes les fois). — Caroline weiß es also, und obschon

Therese Heyne
an Sömmerring
Göttingen, 28. 6. 1784

ich ihr nie gebeichtet habe, hätte ich doch ohne große Falschheit nie ganz läugnen können.

In Leipzig war Buchmesse. Georg Forster war berühmt, berühmter denn je, obwohl er in den letzten Jahren so wenig dafür getan hatte. Überall taten sich ihm die Türen auf, und es ist keine Übertreibung, wenn man sagt, er hätte während der Reise von Kassel nach Wilna weit über tausend Menschen gesprochen. Mit Spener verabredete er eine Übersetzung von Cooks dritter Reise. Wie überall, so machten die Kupferstiche aus der Südsee auch hier Sensation. Nicolai gab ihm ein geheimes Manuskript über die Umtriebe der Jesuiten in der Freimaurerei.

Reinhold kam aus Halle herüber, wie immer unglücklich, wütend und verzweifelt. Seine Vorlesungen waren schlecht besucht. Zu seiner ersten hatten sich so viele Zuhörer eingefunden, daß sie der große Hörsaal des Waagegebäudes, das als Universitätshaus benutzt wurde, nicht zu fassen vermochte, aber schon in der zweiten hatte der rohe Matrosenton, dessen Reinhold sich bediente, die Studenten so verletzt, daß sie mit fürchterlichem Getöse hinweggezogen waren und nie mehr wiederkamen.

Georg hatte eine unwürdige Szene mit ihm — Reinhold, der bei der Abrechnung mit dem Buchhändler Strauß vergeblich auf 250 Taler Überschuß gehofft hatte, drohte mit Selbstentleibung — und mußte nolens volens wieder einmal in den Beutel langen; er wurde um 100 Taler abgekürzt. Bei einem Ausflug nach Halle sah er seine Mutter wieder; aber von Therese und seiner Verlobung erzählte er nur den Schwestern.

Von Dresden aus besuchte er nun die sächsischen Bergwerke. Im Kurbad Teplitz behandelte er eine Woche lang sein ständig entzündetes Bein, sein fortschwärendes Skorbutleiden. Nein, er war nicht glücklich.

Um 4 gebadet Touche sehr angenehm. Nach dem Bade zu Bett, wo ich Büffons Introd. à la Minéralogie lese, und mich *Reise Journal* sehr vergesse. (◎) — Sp[aziere] im Garten, Teplitz, 28. 6. 1784 höchst unzufrieden mit mir selbst, bös über das Geschehene, und die Strafe ahnend, scheint mirs, daß ich heut von der dortigen Gesellsch. scheel angesehen und verachtet werde. Ich wähle die dunklern Gänge – – –

Über Prag, wo er in der Komödie den wunderbaren Reinecke in Ifflands *Verbrecher aus Ehre* erlebte, in der Bibliothek ein in prächtigen Unzialien geschriebenes Evangelienbuch der Hussiten bemerkte, im Naturalienkabinett vortreffliche Orthoceratiten, in einem Herbarium dreißig neue böhmische Pflanzen und im Observatorium zwei sechsschuhige Mauerquadranten vorfand und von Stanislaus Poniatowski, einem Neffen des polnischen Königs Stanislaus II. August, über das, was ihn in Polen erwartete, noch einmal beruhigt wurde — erreichte er Anfang August die österreichische Hauptstadt, die ihm einen unvergeßlichen Empfang bereitete.

Er hatte sich verändert während jener Reisewochen. Die Abkehr von der Rosenkreuzerschwärmerei hatte sein Weltbild umgestürzt. Jetzt war ihm die Natur alles. Nur nichts mehr annehmen, nichts mehr glauben, wovon man keine Erfahrung haben kann! Lange genug hatte er einen Glauben gehabt, der unerwiesene Dinge annahm, der angeblich eine Gnade Gottes war, um die man beten mußte. Nun schwor er sich, keinen einzigen Faden seines Glücks an etwas so Ungewisses zu knüpfen, wie es der Stein der Weisen oder das Weiterleben nach dem Tod war. Welch eine Torheit, um des ungewissen Zukünftigen willen das sichere Gegenwärtige zu verscherzen!

Eine der ersten Adressen, an die er sich in Wien wandte, war die des Hofrats Born. Der brave Mann krankte schon seit 26 Jahren, war von den Ärzten für etliche Stunden in eine Grube mit Arsenikdampf gesteckt worden, hatte daraufhin eine Bleikolik bekommen, war durch Stoercks Akonitpulver beinahe hingerichtet worden, hatte aus Verzweiflung ein ganzes Fläschchen Laudanum ausgetrunken und damit zwar die Kolik vertrieben, sich aber gleichzeitig selbst gelähmt; durch Elektrizität wiederhergestellt, konnte er sich am Stock oder am unterstützenden Arm eines Freundes oder Bedienten wenigstens halbwegs wieder fortschleppen.

Born, das Vorbild für den Sarastro in Mozarts *Zauberflöte*, Verfasser der Spottschrift *Ignaz Loyola Kuttenpeitscher*, Geologe, Mineraloge, Bergbaufachmann, eingeschworener Gegner der Strikten Observanz, führte Forster in die *Loge zur wahren Eintracht* ein.

Ich bin am Sonntag entsetzlich fétiert worden. Born hielt eine Tafel[Loge] von 84 Couverts — Alles mir zu Ehren.

An Sömmerring
Wien, 14.–16. 8. 1784 Meine Gesundheit ward ausgebracht von Blumauer, der wirklich ein vortrefflicher Kopf ist, mit diesem Gedicht:

— — —

Es schmeckt ihm hier ein kleines Brudermahl
In unsern milden Zonen besser,
Als dort ein — wär's auch maurerisches — Mahl,
Bei einem Bruder Menschenfresser.

Die Frauen umschwärmten ihn: Mimi und Peppi, die Töchter Borns, Jeanette und Laura, die Fräuleins von Raab, die erste Wiener Schauspielerin Kitty Jacquet, eine wahre Romanheldin, ein schönes, großes, dickes, herrliches Mädchen mit großen, schwarzen Augen, womit sie einen gewaltig scharf ansehen konnte.

Um 4 zum Frl. v. Raab, beyde sind da, und wir sind wie die Täubchen so zärtlich brüderl.-schwesterl.-untereinander.

Reise Journal
Wien, 21. 8.–5. 9. 1784 Jeannette so zärtlich, Laura so weich. — Nimm Dich in Acht — — —

24. [August]. 7 [auf]. Das Knie thut etwas weh. — Himb[eeren] und Milch. — $8\frac{3}{4}$ in die Burg bis $10\frac{3}{4}$ gewartet. Der Graf v. Kollowrat, der Graf Pergen, der Graf Nitzky im Vorzimmer. Endl. zum K[aiser]. — Er sieht mich scharf und fragend an. Ew. M. haben befohlen daß ich Ihnen aufwarten soll. — »Sie gehen nach Polen?« — Ja Ew. M. — Ist denn da eine Universität? Ja Ew. M. — Ist sie jetzt erst eingerichtet oder schon lange da gewesen? Sie ist zwar schon von Alters her gewesen, wird aber jetzt neu besetzt. Kennen Sie jemand in P[olen]? — Nein Ew. M. — Können Sie schon die Sprache? Sind Sie schon in P. gewesen? Nein Ew. M. ich bin zwar bey Danzig in Poln. Preußen geboren, aber ich war nie in P. und kann auch die Sprache nicht. — Ich sehe nicht ab, wie Sie mit den Polen auskommen werden; — was wollen Sie denn da machen? — Naturgeschichte lehren. — Ich dächte

anstatt Wissenschaften, müßte man ihnen erst das abc leh-ren. — Ew. M. die Wissenschaft der Natur lehrt die Dinge kennen, von denen wir einzig und allein unsere Begriffe ent-lehnen, kennt [man] die Dinge so combinirt und vergleicht man richtig, und es wird schon in der ersten Anlage der Er-ziehung viel Irrthum und Vorurtheil vermieden. — »Wenn Sie Leute finden die Sie verstehen, ists schon gut, aber ich fürchte sehr das Gegentheil. — »Es werden doch einige seyn Ew. M.! — »Einige, aber nicht so, daß sichs des Lesens ver-lohnt. — »Warum gehn Sie dann nach P.? »Ew. M. weil ich gern aktiv seyn wolte, der Landgraf in C[assel] wo ich 5 ½ Jahr gewesen bin, hatte viel Gnade für mich, aber er that [nichts] für meine Wissenschaft; und ohne Mittel läßt sich diese Wissenschaft nicht treiben — hier verspricht man mir Bücher und Naturalien. — »Also der Landgraf hatte den Willen nicht, und dem K[önig] v[on] P[olen] wirds an Mit-teln fehlen. »Es ist traurig, Ew. M. daß diese 2 Dinge so sel-ten zusammen sind. — »Ich kenne die Polen, sie werden viel Worte machen, aber vom Halten ist nicht die Rede. Sie blei-ben gewis nicht lange da; wenn Sie arbeiten wollen, werden Sie's dort nicht können, das glauben Sie mir. Sie waren auf der großen Reise? »Ja Ew. M. — Auf welcher? Auf der lezten doch nicht? Nein Ew. M. auf der zweyten. Haben Sie viel gelitten? Ich habe etwas schwachen Magen davon zu-rückgebracht. Hat die Seekrankheit Sie sehr incommodirt? Nein Ew. M. ich war 8 Tage krank, und hernach nicht wieder. Doch hatten wir Leute, die gute Seeleute waren, und die bey jedem Sturm wieder krank wurden. — Sie hatten nicht viel Kranke auf Ihrem Schiffe, ich glaube nur 2 sind gestorben! »Nur einer an Krankheit, Ew. M.: ein Schwindsüchtiger, der auf dem Lande eher gestorben wäre, und 3 durch Zufall. »Cook hielt sehr auf Reinlichkeit? das Sauerkraut that wohl gute Dienste? »Jaw[ohl] Ew. M.« — »Was war Cook für ein Mann, blos guter Seemann oder auch sonst ein Mann von Kenntnissen? »Er war ein herrl. Seemann, der sich von unten aufgeschwungen, und an Kenntnissen durch anhaltende Lektüre sich vieles erworben hatte; ich glaube daß es in der Engl. Marine versch. tapfere Officiere und gute Marins giebt, keiner aber, der wie er mit dem Entdeckgsgeist geboren wäre; so ein Mann erscheint alle 100 J. einmal. — »Die

andern also, Banks und Solander kamen ihm [nicht] bey?
»Banks ist ein Mann von Vermögen, der aus Liebe zur Wissensch. die Reise that, und Solander ist ein Schwed. Gelehrter, der B. begleitete. Cook hatte aber den Enthusiasmus auf Entdeckungsreisen auszugehn. »Ja so etwas muß seyn. Jetzt werden Sie nicht nöthig haben zur See nach Otaheiti zu fahren, Sie werden jetzt zu Lande hinkommen. »— Es wäre mir noch lieb Ew. M. wenn ich eine so sanfte Nation fände, wie die Otaheitier. — »Das nicht; die Polen sind eigensinnig und dumm. »Leider! ein paar oft gepaarte Eigenschaften! Indessen will ich sehen, daß ich dort etwas ausrichte. »Das beste ist, daß man ja den Weg heraus weis, wie man hineingekommen ist. Ich glaube wohl, daß für die Naturgesch. dort noch unbearbeitetes Land ist, wo viel Neues entdeckt werden kann. »Mich dünkt, Ew. M. das sey es nicht so sehr was ich als wichtig ansehn solte. Das was von einer Wissenschaft vorhanden ist, unter den Menschen allgemein bekannt und dadurch gemeinnützig machen, daß man es in die Maße der gemeinsten Kenntnisse verflicht, scheint mir eine nicht minder wichtige Beschäftigung des Naturforschers; so wünschte ich zu arbeiten, und das kann man an jedem Orte. »Wenn Sie arbeiten wollen, werden Sie es dort nicht aushalten. Ich denke ich sehe Sie bald einmal wieder. Ich glaube nicht daß Sie der Mann sind, der sich blos um eine größere Besoldung zu haben, verändern und dann nichts thun wollen würde; ich glaube nicht das Sie der Mann sind. — Nein, Ew. M., ich habe nur den Wunsch glücklich zu seyn um arbeiten zu können. »Nun, Sie werden in Polen nicht bleiben —. Eine Reverenz. — Hatte 10 [Minuten] gedauert. – – –

Liebes Wien welche Rosenketten windest du um den armen Forster. Wozu all diese Freude, um mich hernach desto tiefer den Contrast fühlen zu lassen? Ach großer Gott! Wenns das seyn solte! O wer frey wäre, bliebe hier, aber Liebe und Pflicht, weisen mich nach Sarmatien. Therese! Liebe englische Therese! ich opfere dies alles auf, und ziehe um Deiner Liebe willen nach Polen (Schönes heiße W[etter]. Stürmisch. Wetterkühle.) – – –

5. [September]. – – – Laura nenn' ich mein Stiefmütterchen, und umhalse sie sehr zärtlich und lange. Sie war sicher

in einer Art von sehr hoher sinnlicher reizbarer Lage, denn sie ließ *alles* geschehn, Küsse auf die Büste, Drücken pp. J[eannette] nicht also, die traut sich selbst [nicht] so viel, lieber giebt sie aus eigner Bewegung einen Kuß, und damit gut, ihr voller Busen ist empfindlicher. Mensch! Mensch! mußt du erst izt diese Erfahrungen machen? Wie gefährl. ist doch ♂ der ♀. — (Ein Glas Bitter [Wasser]. — Umschläge um den Fuß)

Er war dicker geworden, dicker denn je. Die Knöpfe vom Halskragen seiner Hemden sprangen ab.

Forster sprach sich Mut zu, aber als er Mitte September Wien verließ, war es aus. Selbst der Gedanke, sich für Therese, die Liebe und die Pflicht aufzuopfern, erwies sich als morsche Stütze. In Krakau verfluchte er bereits hemmungslos im kaiserlichen Ton die »Juden und Polacken«, von denen es hier nur so wimmle.

Ach liebes Wien! liebes Wien! Meine Hofnung dich wieder zu sehn ist hin! und das nimmt mir allen Muth, alle Lust zum Leben. Nur mit den Wienern, und nur für sie wünscht' ich zu leben! Jetzt fühle ich, *Reise Journal* Krakau, 22. 9. 1784 daß ich das nie werde können; wenigstens in den nächsten 8 Jahren nicht. O und dann ist alles vorbey! Dann hat mir die Zeit meine Freunde zerstreut, und auseinander getrieben. Ich — sie — sind alt worden, der Geschmack für die Freude der Gesellschaft ist stumpf worden, ist hin — die Schönheit, die Blüthe der Jugend, das Feuer der Augen — alles verschwunden. Nun ja! das ist die Strafe für die Reise um die Welt; — dafür muß man nach Wilna ins Exilium! Lieber Born! also dich nicht mehr sehn, du edelster, bester Mensch! — Liebe Thun! Dich nicht, Du mütterlicher Engel! liebe Elisabeth! — Liebe Laura, liebe Jeannette, liebe Sonnenfels, liebe Haddicks, liebe Puffendorf, liebe Katy! — Euch nicht wiedersehn! — O ich bitte dann, daß ich nichts mehr sehn und nichts mehr fühlen dürfe. Tod! Du mußt mich doch einmal haben! Ich habe genug gethan, bin im 21sten Jahr um die Welt gereist, und im 30sten allgemein geliebt gewesen. Es ist Zeit; — Es ist Zeit, — Weg mit mir! Sonst geht mein Ruhm, vielleicht meine Tugend, und gewis mein Genuß, verloren, ehe ich noch hinscheide. Was man glücklich nennt, war ich nie. Ein paarmal träumte ichs mir, und — o wie schrecklich erwache ich von dem lezten täuschenden Traum! – – – Aus Tollheit habe ich heut gelacht, im Zimmer herumgesprungen und aus dem Re Teodoro Fragmente von Musiksätzen dahergeheult; im Innersten brannte und wüthete es! Adieu!

Von unserem Forster hab' ich immer noch aus Wien Briefe. Er wird sehr tief im Herbst reisen müssen. Der Himmel

Therese Heyne an Sömmerring Gotha, 29. 9. 1784

schütze nur seine Gesundheit. Er ist in Wien verliebt, ich glaube auch in die Gräfin Thun — ich bin gehorsam wie seine Frau und laß mir's geduldig gefallen, daß er Seiten lang von der Gräfin Thun schreibt, und Monate lang in Wien bleibt — o, ich werde einst eine exemplarische Frau sein.

Auf m[einem] Zimmer meiner traurigen Laune freyen Lauf gelassen, und gejammert. Ich bin warlich das Vögelchen,

Reise Journal Pinczow, 2. 10. 1784

das der Klapperschlange endl. nach vielen Winkelzügen in Rachen fährt. Meine Winkelzüge in Deutschland haben nichts geholfen.

Noch eins: Therese heiratet — aber es bleibt Geheimnis, weil die Hochzeit erst in einem oder zwei Jahren sein soll. Ich

Luise Mejer an H. Ch. Boie Celle, 5. 10. 1784

weiß es durch die Kestner, der Brandes es vertraut hat. Sie heiratet Forster, der in Wilna in Polen Professor geworden ist. Er war Theresens erste Liebe, wurde vergessen. Da sie beide nicht am gleichen Orte sind, geht alles gut, denn Therese schreibt sehr schön. Vielleicht auch hört ihre Koketterie auf, nun sie einen Gegenstand ihrer Liebe gewählt hat.

H. Ch. Boie an Luise Mejer Meldorf, 13. 10. 1784

Die erste Liebe Therese Heynens für Forster wußte ich. Ich freue mich, daß er heiratet, freue mich aber auch, daß sie nicht meine Frau wird.

Therese hatte aus den Wiener Briefen einiges herausgeschmeckt und ließ Georg das nun spüren. Über Sömmerring erfuhr er, daß sie sich von einem Studenten namens Wrede den Kopf hatte verdrehen lassen.

Heynens haben Therese nach Gotha geschickt zu Mamsell Schneider, der Geliebten des Herzogs. Es ist wahr, Therese kann Forster in Göttingen nicht treu bleiben, denn ihr Herz oder Verstand ist von
Schmetterlings-Art — aber zu einem Mädchen sie zu schicken, dessen Ruf zweideutig ist?

*Luise Mejer
an H. Ch. Boie
Celle, 20. 10. 1784*

Er liebte mich, oder heuchelte mir Liebe — ich war Braut, und seine Heftigkeit exaltierte meinen Kopf, ich fühlte meine Gefahr und verließ Göttingen, um in dem
Krankenzimmer meiner Freundin Schnei-
der in Gotha mit mir selbst wieder einig zu
werden. Dort pflegte ich dieses seltene Geschöpf sechs Mo-
nate, bis zu ihrem Tod, und kehrte erst mehrere Wochen nach Wredens Abreise von Göttingen zu meinen Eltern zurück. Dieser Schritt, Göttingen zu verlassen, wo zum erstenmal mich Liebe band, war die schönste, kühnste That meiner Jugend.

*Therese Huber
an Lisette v. Struve
28. 12. 1806*

In Grodno, wo gerade der polnische Reichstag stattfand, wurde Forster vom Präsidenten der Edukationskommission Fürstprimas Michael Poniatowski, dem Bruder des Königs, empfangen und traf Prinz Karl von Nassau-Siegen, der mit Bougainville die Welt umsegelt hatte. Anhand der Cook-schen Kupfer plauderte er mit dem König mehrere Abende lang über Tahiti.

Der Reichstag behandelte gerade die Forderung, dem Kö-nig acht Jahre lang 700000 Gulden zur Tilgung seiner Schul-den zu geben, und der Lärm in der Landbotenversammlung war so laut, daß der Marschall Chomiński, der den Vorsitz führte, ein halbes Dutzend Marschallstäbe auf Vorrat hatte: Mit ihnen pflegte er Ruhe zu klopfen — zu oft, um auf die Dauer mit einem auszukommen.

1772 war das einstmals mächtige Polen eines Drittels sei-ner Gebiete beraubt worden, aber durch das Unglück war der Wille zu Reformen erwacht. Die Bischöfe von Krakau bau-ten Eisenhütten. Der Magnat Tyzenhaus gründete 23 Manu-

145

fakturen. Eine Kadettenanstalt wurde eingerichtet, aus welcher der Nationalheld Kosciuszko und die Offiziere hervorgehen sollten, die Napoleon zur Weltherrschaft verhalfen. Konarski reformierte die Schulen, wo immer noch Fragen wie »Wurde die Welt im Frühling oder im Herbst erschaffen?« behandelt wurden.

Forsters Berufung war Teil eines großangelegten Reformprogramms, das zur Konstitution von 1791 führte und erst mit der russischen Intervention und der dritten Teilung Polens 1795 endete.

In Wilna, dessen Einwohnerschaft seit dem Mittelalter von hundert- auf zwanzigtausend zusammengeschrumpft war, war von diesem Reformeifer zunächst nur wenig zu spüren. Es bestand hauptsächlich aus Schutthaufen und leerstehenden Gebäuden, ein Sinnbild polnischen Verfalls. Der botanische Garten, mit dem Forster gelockt worden war, erwies sich als ein Gärtchen hinterm Haus, in dem Forster wohnte. Die Sternwarte war unvollendet. Der Professor der Chemie konnte nicht lesen, weil das Laboratorium noch nicht fertig gebaut war. In der Stadt gab es keine wissenschaftliche Gesellschaft, nicht einmal einen Buchhändler.

Meine hiesige Armuth, Unmuth, Mißmuth sind groß. – – – Noch lese ich nicht, denn es ist noch immer unmöglich einen Schrank zu meinen Mineralien gemacht zu kriegen. – – – Ich traure mich und härme mich schier, schier zu Tode. Therese – – – Gott! wie ist es möglich, daß sie einen freudigen Augenblick in diesem traurigen abscheulichen Nest, in dieser baufälligen Hütte, unter diesen Thieren in Menschengestalt wird erleben können. – – – Ich bin so dumm, so leer, so gedankenlos, so abgeschmackt, wie ausgedroschnes Stroh, wie taube Spreu, wie dürre Späne, und was noch mehr ist, nirgend um mich glimmt irgend ein Fünkchen des heiligen Feuers vom Himmel, des Verstandes und Witzes, das mich anzünden könnte.

An Sömmerring
Wilna, 21. 12. 1784

Der hauptsächliche Zeitvertreib der besseren Gesellschaft waren der Branntwein und das Glücksspiel. Nichts Jämmerlicheres als der polnische Adel! Komtessen kämmten sich ohne jede Scham die Läuse zum Fenster hinaus, Ritter des

Stanislausordens schneuzten sich in Gegenwart des Fürst-
bischofs die Nase mit bloßen Fingern, die vornehm drein-
blickenden Militärs hatten statt Strümpfen Stroh in den
Stiefeln — »wenigstens sagte mir das Madame Przesiecka«.
Forster versuchte, Polnisch zu lernen, eine Sprache, die im
Gegensatz zum Tahitianischen sehr viele Konsonanten hat.
Obwohl sie ihm von der Kindheit her noch hätte vertraut
sein müssen, machte er nicht die geringsten Fortschritte und
erlernte sie tatsächlich nie. Er, der den Menschenfressern auf
Tanna so herzlich begegnet war, beklagte sich nun bitter
über die »polnischen Pescherähs«, über die »polnische Wirtschaft«, die »unbeschreibliche Unreinlichkeit, Faulheit, Be-
soffenheit und Untauglichkeit aller Dienstboten«, die »Zufriedenheit der Polaken mit ihrem eignen Misthaufen« und zog
wie rasend über die Juden her.

Juden. Ein Jud giebt 200 Rthl Pacht für den elendsten
Krug, weil er Schleichhandel treibt. Die Juden ruiniren die
Bauern, lassen sie auf Credit saufen, das   *Reise Journal*
Korn das noch grün auf dem Halm steht   Warschau, 26. 10. 1784
versaufen, werfen Salz in den Brantwein, verderben die
Gesundheit ganzer Generationen durch ihr elendes unausge-
backnes Brod, vertoppen die jungen Bauernkinder in ihre
Schenken, und geben ihnen Brantwein zu saufen, um sie
früh dran zu gewöhnen, pp. Schweinezucht der Juden. ihre
unmenschl. Unreinlichkeit! Factota der großen Herrn, ihre
generalpächter. —

Forster konnte nicht arbeiten, konnte nicht zu Hause sitzen,
war mißmutig, ungeduldig und litt unaussprechlich. Er
mußte heiraten, allein würde er nicht durchhalten. Acht
Jahre hatte er sich verpflichtet, acht Jahre in dieser europä-
isch gefirnißten Wildnis!
Er verfiel auf den Gedanken, sich den Doktortitel zu verschaffen und sein Ansehen wie seine Kasse als Arzt aufzu-
bessern, um den zögernden alten Heyne endlich zu einer Entscheidung zu bewegen.

Ich werde mich blos auf einen bequemen Reisewagen ein-
schränken, den ich irgendwo unterwegs auffinden kann.

Meine Finanzen bestehen, wie ich Dir
schrieb, in einem Vorschuß von etlichen
100 Duc[aten], der knapp zur Bestreitung der Reise und des
nothdürftigen Ameublements reichen wird; reichen wird er
indessen doch. Ich habe vorigen Posttag allen Muth zusammen genommen und dem alten Vater *Heyne* alle meine
Gründe, weshalb ich jetzt kommen will, seine Tochter zu
holen, vorgetragen, und zufolge der von Dir erlernten redne-
rischen Kunst, den Fall nicht möglich vorausgesetzt, daß er
mir es abschlagen könne, sondern damit geschlossen, daß ich
den Tag meiner Ankunft bestimmt habe.

Therese hat mir eine Nachricht geschrieben, die meinem
Herzen seine ganze Ruhe giebt. Ich erkenne, glauben Sie es,
mein bester, gütigster Vater, die ganze
Größe, den ganzen unschätzbaren Werth
des Geschenks, welches Sie mir machen; und ich verspreche
Ihnen so feyerlich als ich immer etwas versprechen kann, daß
meine ernste angestrengteste Bemühung unaufhörlich dahin
gerichtet seyn soll, daß es Sie nie gereue.

Nicht wahr, liebster Bruder! Du wunderst Dich über dieses
Datum, daß ich noch in Wilna bin? – – – Schon lange spürte
ich, daß mir etwas, wie man zu reden
pflegt, im Leibe steckte, und manchmal
kam mir der Gedanke, ich würde bald in eine schwere Krankheit verfallen, der indeß keinen Eindruck auf mich machte.
Am Johannistage endlich kriegte ich entsetzliche Hitze im
Kopf und Frost am ganzen Leib – – – Mein Fieber dauerte
fort. Du kannst errathen von welcher Art, es war ein Faulfieber der schlimmsten Gattung. Kein einziges heftiges Symp-
tom, aber eine völlige Auflösung des Bluts. – – – Meine
Erholung ist fast noch wunderbarer als meine Rettung. Ich
hatte 17 Tage lang nichts gegessen, wenn man einige Tassen
Brühe abrechnet, die ich zuweilen verschluckte, und die drei
Tage nach der Krisis eine etwas substantiellere Suppe mit
Grütze. – – – Ich kann Dir nicht leugnen, daß ich diesmal mit
Vergnügen gestorben wäre. Gott! es wäre so still, so sanft,
so ganz unvermerkt geschehen!

Sie heirateten am 4. September 1785 in Göttingen. Therese bekam eine Ausstattung im Wert von 500 Talern und einen Brautschatz in derselben Höhe, der festzulegen und zu fünf Prozent zu verzinsen war.

Der Sommer, der so langsam gekommen ist, wird geschwind und unter manchen Abwechslungen verfliegen. Das Ende deßelben ist mit einer Trennung bezeichnet, deren ich mich kaum zu erwähnen getraue.

Caroline Böhmer
geb. Michaelis
an Luise Gotter
Göttingen, 22. 6. 1785

Außerordentliche Schicksaale sind für Theresen gemacht — sie haben ihren Grund in ihr selbst. Gott wende sie zum Besten!

Rührende Häuslichkeit —
Sarmatische Wildnis

Er war also doch noch nicht ganz vergessen! Überall wurde Georg Forster aufs herzlichste empfangen, und als er mit Therese nach Wilna zurückreiste, lud in Weimar selbst Goethe sie zu einem griechischen Abendmahl, zu dem auch Herder mit Frau und Wieland mit Mamsell Amalie Seidler erschienen. Goethe war munter und gesittet, Wieland witzig und liebenswürdig, Frau Forster die Seele der Gesellschaft.

Wielands heidnischer Begriff von Religion und Götterlehre söhnte Forster, der von einem Extrem ins andere übergegangen war und alles, was Metaphysik und Theologie betraf, nur noch für bloßen Wahn halten wollte, mit dem eitlen Manne aus. Auch Goethe verriet keine Frömmigkeit.

Forster gab sich alle Mühe, besonders mit Herder bekannt zu werden, und es gelang ihm schnell, sein Zutrauen zu gewinnen. Der gerade erschienene erste Band der *Ideen zur Philosophie der Geschichte der Menschheit* hatte, abgesehen von einigen Einzelheiten, Forsters ganzen Beifall gefunden. Herders Entwicklungsgeschichte gipfelte in der Behauptung, daß sich der Mensch vor allem durch seinen aufrechten Gang vor den übrigen Geschöpfen auszeichne.

Wie also die Blume da stand, und in aufgerichteter Gestalt das Reich der unterirdischen, noch unbelebten Schöpfung

Herder:
Ideen zur Philosophie der Geschichte der Menschheit
Erster Theil, S. 246

schloß, um sich im Gebiete der Sonne des ersten Lebens zu freuen: so stehet über allen zur Erde gebückten der Mensch wieder aufrecht da. Mit erhabenem Blick und aufgehobenen Händen stehet er da, als ein Sohn des Hauses, den Ruf seines Vaters erwartend.

An Sömmerring
Wilna, 19. 5. 1785

Aber was ist oben und unten in der Natur; was ist edel, was unedel? – – – Tragen denn nicht alle Vögel den Kopf in die Höhe; am meisten die aller-dummsten, die Pinguins?

Trotzdem schien ihm Herder in der Naturgeschichte bewandert zu sein und als einzig möglichen Weg der Erkenntnis den der physischen Erfahrung anzuerkennen. Er war ein Enthusiast, aber nicht fromm. Der Mensch war ihm ein Gewächs der Natur, im Prinzip nichts anderes als eine Pflanze oder ein Mineral. Die Natur betrachtete er als Ganzes, dessen einzelne Teile durch feinste Abschattungen miteinander zusammenhingen. Was waren die Tiere anderes als die älteren Brüder der Menschen?

Der Prinz August von Gotha war 4. Wochen hier: während dieser Zeit kam auf ein paar Tage der junge Forster, der eine Tochter des Hofraths Heine geheirathet hat und seine junge Frau nach Wilna führet. Mich dünkt, seine zu frühe Reise nach dem Südpol hat dem Keime seiner Gesundheit und seines Gliederbaues etwas geschadet, daß er sich schwerlich zu einem Manne entwickeln dörfte, der an Seelen- und Leibeskräften werde, was sein Vater gewesen. Uebrigens ist er ein gutherziges, gelehrtes Männchen, der sich in den meisten Wißenschaften selbst zu etwas durchschlagen hat müßen, das ihm denn viel Mühe gemacht hat.

Herder
an Joh. G. Hamann
Weimar, Oktober 1785

Im Vorbeigehen holte Forster sich in Halle den medizinischen Doktorhut. Sein Vater hatte alles vorbereitet und die Fakultät weichgeklopft, so daß, obwohl eine Doktorarbeit nicht vorlag und von einer Disputation schon gar keine Rede sein konnte, sogar auf den berüchtigten Zusatz *honoris causa* verzichtet wurde.

Mein guter Freund, wenn Sie sich bei Forster's Heirath nicht schon darein ergeben haben, bisweilen von seiner Frau anstatt von ihm Briefe zu erhalten, so machen Sie nur jetzt gleich Anstalt sich davon zu überzeugen, denn ich mache nun weiter keine Entschuldigung, sondern fange gleich an, Ihnen in meines Ehegemahls Namen zu sagen, daß Hoffahrt Zwang

Therese Forster
an Sömmerring
Warschau, 19. 10. 1785

leiden muß, indem er anstatt des Vergnügens an seine
Freunde zu schreiben, zu genießen, anjetzt sich angeschirrt
hat, und schwarz gekleidet, aussehend wie ein *ministre pleni-*
potentiaire, sich fertig macht, bei Sr. Majestät *le roi de Pologne*
soi disant roi de Pologne zu speisen. – – – Er hat natürlicher
Weise manchen Besuch zu machen, was ihn aber mehr wie
diese beschäftigt, ist ein Memoire, Gedenkschreiben doch
wohl auf deutsch genannt, das er dem Herrn — Herrn? —
ei, nun doch wohl Herrn *sans memoire* oder die nicht denken,
überreichen will, — o ja, *sans memoire*, den Herren der
Erziehungscommission, und das soll ein Capital-Stückchen
werden, das sie wurmen und spornen und ihnen zu Herz und
Gewissen reden soll — oder was bei den Herren die Leere
ersetzt, die Herz und Gewissen hätte lassen können — doch
ist das alles Deraisonnement und Blasphemie — wenn die
Herren Herren etc. etc. . . . so gut sind wie der König, so
sind's excellente Herren, und wenn der König so gut ist, so
soll er par excellence *der König* heißen, und Miß Therese soll
par excellence die naseweiße Mamsell heißen, und soll allenfalls, wenn es die mächtige Republik erfährt, excommuni-
cirt, exilirt, expatriirt und alle ex, ex, ex werden die es giebt,
denn sie schwatzt ohne Sachkenntniß und ohne Vernunft,
bloß wie es ihres Herzens üble Lust – – –

Es war ein schwerer Gang zurück ins unwirtliche Wilna, aber
Therese war alles recht, und wie sollte Georg da etwas unrecht sein? Im Gegenteil, sie richtete ihn auf und meinte, er
habe in zu schwarzen Farben gemalt.

Mit dem botanischen Garten ging es freilich nicht voran.
Aber seine mit stringentesten Beweisen gespickte Denkschrift schien Erfolg zu haben, der Etat wurde erhöht, und
Forster durfte endlich hoffen, das Naturalienkabinett in
einen erträglichen Zustand zu bringen.

In seiner Abwesenheit war die Wohnung hergerichtet worden. Neue Möbel kamen, und nun war das Paar in seiner
Zweisamkeit so glücklich, daß es der Welt bald gänzlich
abstarb. Keine Gesellschaft ist besser als schlechte, und
warum Konzerte besuchen, wenn die Ohren dafür büßen
müssen?

Ich bin nicht eine der Weiber, *qui veulent* Therese Forster
jamais être bien, que lá ou elles ne sont pas; — an Sömmerring
fragen Sie mich, in welchem Lande sind Sie Wilna, Dezember 1785
glücklicher, in Deutschland oder Polen, so sag' ich ohne einen
Augenblick anzustehen, mein Mann macht mich in Wilna
unendlich glücklich – – –

Forster holte seine Dissertation nach, eine Darstellung der
eßbaren Pflanzen der Südsee, verfaßte einen *Prodromum
Florulæ Insularum Oceani Australis,* ein Verzeichnis seiner
botanischen Südsee-Entdeckungen mit kurzen Definitionen
nach linnäischer Art, und arbeitete Mineralogie-Vorlesungen
nebst einem Syllabus aus, da ihm die vorhandenen Kompen-
dien nicht genügten. Aus der medizinischen Praxis hingegen
wollte nichts werden.

Sie solten uns sehen, wenn wir beiden Leute bey Tisch sitzen;
es kommt uns so lächerlich vor, daß wir zuweilen laut los-
platzen, denn es ist, als ob ein paar Kinder An Georgine Heyne
sich ein Fest machten, einander zu traktiren Wilna, 12. 12. 1785
und etwas zu naschen. Zuweilen ist es uns so rührend, daß
wir einander alles sind, daß wir uns umhalsen und Freuden-
thränen weinen. Ich stehe um 6 auf, auch wirds zuweilen
etwas später und gehe an meine Arbeit bis unsere Marie den
Kaffe fertig gemacht hat. Den trinken wir zusammen, lesen
dann etwas polnisch, wobey sich Therese oft stellt, als ob sie
es durchaus nicht aussprechen könte, und es hernach doch
noch ganz erträglich ausspricht, und hierauf gehe ich wieder
in mein Schreibzimmerchen. Zuweilen besucht mich Therese,
und bringt mir, wenn ich etwa hungrig bin ein Butterbrod;
wo nicht so warte ich bis zu unserm Mittageßen um 1 Uhr.
Nachmittags schreibe ich wieder, oder verrichte sonst ein
Amtsgeschäft, Abends nach 7 Uhr gehen wir zu Langmaiers,
eßen eine Suppe dort, und kommen vor 10 zurück, ich lese
dann gemeiniglich Therese noch etwas vor, und um 11 gehn
wir zu Bett. Bey dieser Lebensart, und bey einer gesunden
Diät, die aus wenigen, einfachen aber schmackhaften Speisen
besteht, müßen wir gesund bleiben.

Meine erste Heirath war mit unerhörter Unvorsichtigkeit
geschlossen. Ich liebte nicht, hatte mir nie zu lieben erlaubt,

153

Therese Huber
an Joh. G. Reinhold
Stoffenried, 24. 2. 1806 war 19 Jahr alt, war sehr bewundert worden, fühlte die Nothwendigkeit, daß ein
bewundertes Mädchen bald Frau werden
mußte, war so rein sittlich, so jungfräulich an Seele und
Gewissen, wie wenige Mädchen sein mögen, kannte aber das
elende Urtheilen meines Geschlechtes, und wünschte unabhängig zu werden durch die Unterwerfung in den Willen meines Mannes. Von mehreren wählte ich Forster. So weit handelte meine Vernunft mit drolliger Kälte, aber meine Fantasie half der Vernunft und ich *schwärmte* kalt zu sein – – – ich
ward Braut ohne Forster mehr wie 8–10 mal, sehr flüchtig
gesehen zu haben, ward es mit Schwärmerei, in seiner Abwesenheit, ward es geliebt mit der zartesten Liebe von einem
der angenehmsten jungen Männer meines Vaterlandes, dessen
Leidenschaft ich aber mit überlegener Ruhe leitete. – – –
Ich fand es nicht für gut zu lieben, also wollte ich heirathen
wo ich ohne Leidenschaft, Achtung, zärtliche Anhänglichkeit
empfand. Das klingt süblim? — Das ward alles mit Ueber-
spannung getrieben, mit heldenmüthigem Beherrschen meiner Selbst, um nichtsdestoweniger fantastisch zu handeln.
– – – Nun lernte ich was Sinnen Genuß sei, und lernte es
zu meiner Qual — ich dachte in meiner Unschuld das sei
also mein individuelles Loos, und ertrug es als unabänder-
lich.

Forsters Korrespondenten schienen Lethe getrunken zu haben. Keiner antwortete. Lichtenberg nicht, Born nicht, die
Thun nicht, Spener nicht, einzig und allein Sömmerring.
Mit dem Frühjahr, das ungewöhnlich frühzeitig anfing,
liefen Forsters oft ins freie Feld, durchirrten Wald und Tal,
pflückten die frühen Blüten auf der dürren Heide des vorigen
Jahres. Therese war schwanger. Ihr Herz, das, von Leiden
und Leidenschaften aller Art bestürmt, einen etwas despera-
ten Ton angenommen, am Glück fast gezweifelt und Freude
immer nur halb und unterbrochen empfunden hatte — dieses
Herz fand Georg jetzt froh, ruhig, glücklich, gestimmt zum
Genuß des Gegenwärtigen, tätig ohne Bitterkeit oder Kummer über den geringen Erfolg der Bemühungen guter Menschen in der Welt; kurz, verändert und gebessert und ganz,
wie er es bei einem vernünftigen Weib wünschte.

Er war so glücklich, wie er als Professor sein konnte, eine Art zu sein, die ihm an und für sich auf den Tod zuwider war.

Sie würden an diesem Mischmasch von sarmatischer oder fast neuseeländischer Rohheit und französischer Superfeinheit, an diesem ganz geschmacklosen, un- An Lichtenberg wissenden und dennoch in Luxus, Spiel- Wilna, 18. 6. 1786 sucht, Moden und äußeres Clinquant so versunkenen Volke reichlichen Stoff zum Lachen finden; — oder vielleicht auch nicht; denn man lacht nur über Menschen, deren Schuld es ist, daß sie lächerlich sind; nicht über solche, die durch Regierungsform, Auffütterung (so sollte hier die Erziehung heißen), Beispiel, Pfaffen, Despotismus der mächtigen Nachbarn, und ein Heer französischer Vagabunden und italienischer Taugenichtse, schon von Jugend auf verhunzt worden sind, und keine Aussicht zur künftigen Besserung vor sich haben. Das eigentliche Volk, ich meine jene Millionen Lastvieh in Menschengestalt, die hier schlechterdings von allen Vorrechten der Menschheit ausgeschlossen sind und nicht zur Nation gerechnet werden, ohnerachtet sie den größten Haufen ausmachen, — das Volk ist nunmehr wirklich durch die langgewohnte Sklaverei zu einem Grad der Thierheit und Fühllosigkeit, der unbeschreiblichsten Faulheit und stockdummen Unwissenheit herabgesunken, von welchem es vielleicht in einem Jahrhundert nicht wieder zur gleichen Stufe mit anderm europäischen Pöbel hinaufsteigen würde, wenn man auch desfalls die weisesten Maßregeln ergriff, wozu bis jetzt auch nicht der mindeste Anschein ist. – – – Mein Ofenheizer und Holzhacker ist ein Adeliger, der des Jahres hindurch seine Kost und acht Thaler Lohn, nebst einem Schafpelz und ein Paar Stiefeln bekommt, und dem man bei jedem dritten Wort Prügel droht oder Branntwein zum Lohne verspricht.

Wie wenig in Wilna die Wirklichkeit Forster's Erwartungen über seine Lage entsprach, sagen seine Briefe. Man hielt ihm nicht Wort, wahrscheinlich keineswegs aus Therese Huber: Betrug, sondern weil man das Unterneh- Einige Nachrichten men, Wilna als Universität zu heben, nicht S. 37 f. recht überdacht hatte, und die unseligen politischen Verhältnisse selbst dem Redlichdenkenden nicht erlaubten, Ordnung im Gange der Verbesserungen zu halten. Allein, nachdem mehr als vierzig Jahre verflossen sind, glaube ich, daß Forster gewissermaßen auch nicht Wort hielt – – – Forster wartete auf die Erfüllung der ihm gethanen Zusagen, um irgend etwas *Großes* zu leisten, und er würde sich eine viel freiere Stellung erworben haben, wenn er mit den armseligen, aber schon vorhandenen Mitteln das mögliche *Kleine* gethan, und dabei unaufhörlich auf das Versprechen gedrungen hätte. Er bewohnte mit drei andern Professoren einen Theil des ehemaligen Jesuiterklosters, der daran stoßende Garten war zum botanischen Garten bestimmt — er mochte den Umfang von anderthalb Jauchert haben, war ganz eben, aber sonnig und luftig. — Gewiß ein elender Platz — aber Forster's Instruction lautete vorzüglich auf »einheimische, der Benutzung fähige Gewächse«; hätte Forster diesen Raum auf die Art bepflanzt — wie ich zu *jener Zeit* wohl im ökonomischen Garten einer deutschen Universität angebaut sah, hätte er dieser Anordnung ein wissenschaftliches Ansehn gegeben, so hätte er Erwartungen in dem lithauischen Publicum erregt, hätte *bewiesen,* wie unzulänglich Raum und Mittel bisher seyen, und hätte nicht das drückende Gefühl gänzlicher Amtsunthätigkeit gehabt.

Forsters tiefe Unzufriedenheit suchte ein Ventil und fand es in der Auseinandersetzung mit Kant. Den pünktlich-genauen Philosophen hatte die abenteuerliche Genialität an den *Ideen* seines früheren Schülers Herder nicht wenig verdrossen. Die Vorstellung einer geheimnisvollen, unsichtbaren Kraft in der Natur, welche die Materie belebe und zu immer höheren und verfeinerten Stufen des Lebens empororganisiere, war ihm unheimlich. Wollte dieser Enthusiast etwa von der Nähe des Menschen zum Tier auf eine Verwandtschaft beider schließen? Weder, schrieb er in einer Kritik des Buches heftig, sei eine Gattung aus der anderen, noch seien alle aus einer einzigen ursprünglichen Gattung oder etwa aus einem erzeugenden Mutterschoß entsprungen. Das alles seien so ungeheure Ideen, daß die Vernunft vor ihnen zurückbebe.

Will man nicht in Muthmaßungen schwärmen, so muß der Anfang von dem gemacht werden, was keiner Ableitung aus

vorhergehenden Naturursachen durch menschliche Vernunft fähig ist, also: mit der *Existenz des Men-*
schen; und zwar in seiner *ausgebildeten* *Größe,* weil er der mütterlichen Beihülfe entbehren muß; in einem *Paare,* damit er seine Art fortpflanze; und auch nur *einem einzigen Paare,* damit nicht sofort der Krieg entspringe – – –

Kant:
Muthmaßlicher Anfang
der Menschengeschichte
S. 110

Forster war empört. Wie er sie haßte, diese Studierzimmergelehrten, diese Weltweisen hinterm Ofen, welche nie über ihr Städtchen hinausgekommen waren und trotzdem alles besser wußten, diese metaphysischen Haarspalter und Wortklauber, Erzsophisten und Erzscholastiker, welche die Natur nach ihren logischen Distinktionen modeln wollten, anstatt ihre Begriffe an wirklicher Erfahrung zu bilden, und in der Natur immer nur das fanden, was sie finden wollten und durften!

Eines der zuverläßigsten Mittel, in einer glückseligen Alltäglichkeit des Denkens behaglich zu ruhen, sich in demüthiger Geistesarmuth unter das Joch der thöricht-
sten Vorurtheile zu schmiegen, und nie eine nahe, dem Denker winkende Wahrheit zu

Noch etwas über
die Menschenraßen
S. 140f.

ahnden, ist dieses: wenn man vor einer kühnen Folgerung, die ganz unmittelbar aus deutlichen Prämissen floß, zurückbebt wie vor einem Ungeheuer. Hinweg mit dieser unmännlichen Furcht! Statt derselben nachzugeben, untersuche man nochmals sorgfältig den zurückgelegten Weg, und prüfe jeden Schritt mit unerbittlicher Strenge. Ist alles sicher, nirgends ein Sprung geschehen, nirgends auf betrüglichen Triebsand gefußet worden: so trete man getrost dem neuen Ungeheuer unter die Augen, man reiche ihm vertraulich die Hand, und in demselben Augenblick wird alles Schreckliche an ihm verschwinden. – – –

Wollen Sie also, mein Freund, in einem gedrängten Inbegrif übersehen, worauf es eigentlich bey der Bestimmung der Unterschiede im Menschengeschlecht ankommt, so lesen Sie einen *Sömmerring.*

Sömmerring, der inzwischen Professor in Mainz geworden war, hatte dort die Ergebnisse seiner Kasseler anatomischen Forschungen veröffentlicht und in einer Schrift *Über die kör-*

perliche Verschiedenheit des Mohren vom Europäer dem Neger eine »niedrigere Staffel am Throne der Menschheit« zugewiesen. Die Sektion von vier männlichen Mohren, darunter der Kammermohr Selim Schwartz, der in das Wasser der Fulda gegangen war, hatte den Befund erbracht, daß der Hirnschädel im Verhältnis zum Gesichtsschädel beim Schwarzen kleiner sei als beim Weißen. Daraus, glaubte Sömmerring, müsse auf eine höhere sinnliche Wahrnehmungsfähigkeit des Schwarzen auf Kosten seiner allgemeinen Intelligenz geschlossen werden — eine irrige, aber für die Zukunft folgenreiche Theorie, die der Rassist Gobineau achtzig Jahre später in seinem *Essai sur l'inégalité des races humaines* aufgriff.

Forster teilte Sömmerrings Ansicht, daß der Schwarze weit mehr Übereinstimmendes mit dem Affengeschlechte habe als der Weiße. Sömmerring war insgeheim davon überzeugt, daß Afrikaner und Europäer nicht bloß Varietäten *einer* Spezies, sondern unterschiedliche Arten seien, daß es also »sozusagen zwei Adame« gegeben habe. Öffentlich bekannt hat er sich zu dieser Überzeugung nie, so wie auch Forster dieses Ungeheuer nur heraufbeschwor, ihm die Hand dann aber doch nicht reichen wollte:

Ich erlaube mir dennoch keinesweges die Frage: ob es mehrere ursprüngliche Menschenstämme giebt? entscheidend zu bejahen. Allein nach allem, was Herr K. *Noch etwas über die Menschenraßen* S. 153 ff. von dem dauerhaften Unterschiede zwischen dem Neger und dem Weissen darlegt; nach billiger Erwägung des wehrlosen Zustandes, in welchem sich der Naturmensch befindet, und der Gefahren, denen er von großen Raubthieren, giftigen Amphibien, Insekten und Pflanzen blosgestellt ist: kann ich es wenigstens nicht für unwahrscheinlich oder unbegreiflich halten, daß zwey verschiedene Stämme, und vielleicht von jedem eine hinlängliche Anzahl von Individuen, als Autochtonen, in verschiedenen Weltgegenden hervorgegangen sind. – – –
Doch indem wir die Neger als einen ursprünglich verschiedenen Stamm vom weissen Menschen trennen, zerschneiden wir nicht da den letzten Faden, durch welchen dieses gemishandelte Volk mit uns zusammenhieng, und vor europäischer Grausamkeit noch einigen Schutz und einige Gnade fand?

Lassen Sie mich lieber fragen, ob der Gedanke, daß Schwarze unsere Brüder sind, schon irgendwo ein einzigesmal die aufgehobene Peitsche des Sklaventreibers sinken hieß? – – – Nein, mein Freund, wenn Moralisten von einem falschen Begriffe ausgehen, so ist es wahrlich ihre eigne Schuld, wenn ihr Gebäude wankt, und wie ein Kartenhaus zerfällt. – – – In einer Welt, wo nichts überzählig ist, wo alles durch die feinsten Nüancen zusammenhängt, wo endlich der Begrif von Vollkommenheit in dem Aggregat und dem harmonischen Zusammenwirken aller einzeln Theile des Ganzen besteht, stellte sich vielleicht dem höchsten Verstande die Idee einer zwoten Menschengattung als ein kräftiges Mittel dar, Gedanken und Gefühle zu entwickeln, die eines *vernünftigen* Erdwesens würdig sind, und dadurch dieses Wesen selbst um so viel fester in den Plan des Ganzen zu verweben. – – – Weisser! du schämst dich nicht am Schwachen deine Kraft zu misbrauchen, ihn tief hinab zu deinen Thieren zu verstossen, bis auf die Spur der Denkkraft in ihm vertilgen zu wollen? Unglücklicher! von allen Pfändern, welche die Natur deiner Pflege anbefohlen hat, ist er das edelste. – – – Durch dich konnte, sollte er werden, was du bist, oder seyn kannst, ein Wesen, das im Gebrauch aller in ihm gelegten Kräfte glücklich ist; aber geh, Undankbarer! auch ohne deinen Willen wird er es einst, durch dich; denn auch *du* bist nur ein Werkzeug im Plane der Schöpfung!

Im Sommer 1786, noch bevor Therese ein Töchterchen gebar, begann Georg mit der Übersetzung des englischen Berichts von Cooks dritter Weltreise, auf welcher der Entdecker so unglücklich umgekommen war. Noch einmal sann er dem großen Ereignis seines Lebens nach und entwarf eine großangelegte Würdigung Cooks, die er der Übersetzung voranstellte.

Er meinte darüber sterben zu müssen, so arbeitete er daran, und hätte ohne den ständigen Beifall Theresens den Aufsatz nie zu Ende gebracht. Etliche Male ergriff ihn die Kolik, ein Infarkt, wie er deutlich wahrnehmen konnte, in der Beugung des Kolon. Das kam von vielen Sitzen.

Nicht nur, daß er das praktische Genie Cooks in feinsten Strichen zeichnete, daß er dem Laien im Detail zeigen wollte, was eine solche Seefahrt eigentlich ist, daß er die Folgen von Cooks Entdeckungen erwog und dem neuen Kontinent Australien, wo anderthalb Jahre später die ersten englischen Sträflinge angesiedelt werden sollten, eine glänzende Zukunft prophezeite; er wollte auch etwas von seiner eigenen Philosophie auskramen und wandte sich dabei vornehmlich gegen Rousseau.

Wie aber, wenn der beredte Mann Recht hätte, welcher von einer blos physischen Bestimmung des Menschen, als der einzig wahren, sprach, und Wissenschaft die *Cook, der Entdecker* Quelle alles menschlichen Elends nannte? *S. 193 ff.* Wäre es alsdenn nicht um den vermeynten Ruhm aller Entdecker geschehen? – – – Wer könnte auch im Ernste die Zerrüttungen läugnen, die von der Entwicklung verschiedner Fähigkeiten im Menschen unzertrennlich sind? Allein, wenn man diese Unzertrennlichkeit zugiebt, so bleibt noch unerwiesen, daß die Ausbildung des Menschengeschlechts einen andern Gang hätte nehmen können, als sie wirklich genommen hat; und ehe man dies beweiset, ruft man uns vergebens in die Wälder zurück. Der untergeschobene Begriff, die Perfectibilität als ein der Natur entgegengesetztes Extrem zu betrachten, mußte freylich den Gesichtspunkt verwirren und eine Täuschung zuwege bringen, welche nur eine consequentere Philosophie wieder aufheben kann. Diese wird in allem, was geschieht, eine Kette von Verhältnissen gewahr, welche nothwendig, wie Ursach und Wirkung in einander greifen, und die Möglichkeit vernichten, daß ein Stäubchen sich anders bewegt haben könnte, als es sich bewegt hat. Wie das Unendliche ans Endliche, so ist, über alle Gränzen menschlicher Begriffe hinaus, Freyheit an Nothwendigkeit geknüpft, und hiemit zwischen dem innigen Bewußtseyn des kühnsten Denkers, daß seinen Handlungen Gedanken vorhergehen, und der ehernen Wahrheit, daß keine Idee aus nichts entstehen kann, ein ewiger Kampf erregt. – – –

So wie jedes Wachsthum Zerstörung voraussetzt und sich wieder in Zerstörung endigt, so ist auch die Entwicklung einer Anlage Unterdrückung einer andern. In einer Welt, wo die größte Mannichfaltigkeit der Gestalten nur durch das Vermögen einander zu verdrängen, bewirkt wird, hieße es in der That die einzige Bedingung ihres Daseyns aufheben, wenn man diesen immerwährenden Krieg und diese anscheinende Unordnung abgestellt wissen wollte. – – –

Die relative Moralität gewinnt freylich nicht immer durch die Entwicklung der Fähigkeiten; dieselbe Sonne, die das Wachs erweicht und schmelzt, härtet hingegen den Thon. Wenn aber jemand darum lieber die Sonne ganz entbehren möchte, so dürften wir aus mehr als einem Grunde vermuthen, daß er vielleicht für jede andre Welt, nur nicht für diese wirkliche, geschaffen sey. Daher eilt das Zeitalter auf seiner Bahn weiter, ohne auf die Wehklage eines Hypochondristen zu hören, der von solchen Hirngespinsten ausgeht, und das Menschengeschlecht nach Idealen mißt.

– – – Unsere Sophisten wissen jezt mit einem ekelhaften Gepränge von arithmetischer Genauigkeit zu bestimmen, wie viele Tropfen Negerschweiß auf ein Loth Zucker gehen; sie können die Anzahl der Patienten, die durch Fieberrinde genasen, gegen die Schlachtopfer des Venusgifts verrechnen, und zwischen Vortheil und Nachtheil der Entdeckung die kaufmännische Bilanz ziehen, wie ihr Maulwurfsauge sie übersieht. Ob sie aber die Quelle des Bösen verstopfen können, ohne daß zugleich die Quelle des Guten versiegt? Man müßte nicht wissen, daß beydes im Menschen einen gemeinschaftlichen Ursprung hat, wenn man dies für möglich halten wollte. Auf jeder Stufe der Kultur, welche das Menschengeschlecht erreicht hat oder noch ersteigen kann, sind Bedürfnisse und Leidenschaften die Triebfedern aller erhaltenden aber auch aller zerstörenden Thätigkeit. Verschiedene Grade der Erkenntniß ändern nur die Intension und äußere Form derselben; aber das Gute und Große wird überall nur durch sein Gegentheil offenbar.

– – – Doch, Nutzen und Mißbrauch haben ihre Gränzen: die Aufklärung aber schreitet von Erfahrung zu Erfahrung ins Unbegränzte fort.

Am Morgen des 2. Juni 1787 sah Therese durchs Fenster einen russischen Offizier auf das Haus zukommen. Ihr Bruder diente damals als Arzt in der russischen Armee und befand sich, wie sie wußte, auf dem Weg nach Cherson, wo er und viele andere die Reiseroute Katharinas II. an die Krim

säumen und so der Wüste ein blühendes Aussehen geben sollten — ein Einfall des Fürsten Potemkin, der seinen Namen
unsterblich machen sollte. Einen Augenblick glaubte Therese, ihr Bruder habe Mittel gefunden, über Wilna zu gehen
— doch dann erkannte sie die Marine-Uniform und blieb an
ihrem Nähtischchen sitzen. Mittags fragte Georg über der
Suppe, ob sie einverstanden wäre, wenn er eine neue Weltreise unternehme.

Mulowsky, so hieß der Besucher, war von Katharina II.
zum Kommandeur einer russischen Südsee-Expedition ernannt worden, die im März nächsten Jahres mit fünf Schiffen
von England aus auf die Reise gehen sollte. Er hatte wie
Cook auf einem englischen Kohlenschiff seine Lehrjahre aus-
gestanden und seither schon ein Schiff von vierundsiebzig
Kanonen im Mittelmeer kommandiert.

Die Bedingungen waren ausgezeichnet. Die russische Admiralität beglich Forsters Schulden bei der Edukationskommission, löste seinen Achtjahresvertrag, zahlte ihm sofort
4 000 Rubel für die notwendige Ausstattung und versprach
ihm ab 1. Oktober ein jährliches Gehalt von 2 000 Rubel.
Sollte ihm auf der Reise etwas zustoßen, werde für die Familie gesorgt.

Forster schrieb sofort an Sömmerring und gewann ihn als
Schiffsarzt. Die Aussicht, daß er mit seinem heißgeliebten
Freund auf eine Art, die alle ihre Wünsche übertraf, wieder-
vereint werden sollte, versetzte beide in einen Freudentau-
mel.

Ich bin ganz entzückt über das neue Project! Ohne alle
Frage gehe ich mit, wenn ich auch kein Gehalt, nur freie

Sömmerring
an Forster
Mainz, 22. 6. 1787

Verköstigung erhalte, selbst auch ohne
Dich.
Aber mit Dir! Gerechter Gott, dies über-
trifft alle meine Träume. Du weißt ja, wie sehr ich dies immer gewünscht habe. Nichts, mein Bester, hält mich hier
weiter, nichts in der ganzen Welt. – – – Ach, daß doch dieser
Brief fliegen könnte! Verschaffe mir soviel Vorschuß, als Du
kannst, Du bist dem Centro näher. — Mach, wie Du es willst,
mit 1500 Rubeln jährlich bin ich zufrieden, kannst Du mir
2 000 Rubel auswirken, desto besser, vielleicht ist's auch bes-

ser, daß Du mich Dir in Allem gleichhältst, so ist die Opinion desto größer von mir.

Nur zwei Wermutstropfen fielen in Georgs Freudenbecher: Therese wollte unbegreiflicherweise die Zeit seiner Abwesenheit nicht in der Nähe ihrer Eltern, sondern in Gotha verbringen, ein seltsamer Gedanke, den er ihr freilich schnell ausredete; und — würde sein Vater nicht mitreisen wollen? Über zwei Monate lang wagte er es nicht, ihm zu schreiben.

Ich danke Ihnen auch für das wiederholte Versprechen, mir meine Rechnung zu schicken. Dies ist bey der Veränderung, die mir nun wirklich vorgeht, unumgängl. nothwendig. Könnten Sie mir, (ich verlaße mich ja gern auf Ihr Wort) nur sagen, was ich Ihnen *ohngefehr* schuldig bleibe! – – – Nun zu meinem Schicksal, mein Freund. Es ist sonderbar genug. Ich gehe noch einmal zu Schiffe ins Südmeer. – – – Ich habe heut erst meinem Vater diese Veränderung melden können, und wahrlich das Herz blutete mir, wie ichs ihm schrieb, denn sicherlich wird er bejammern, daß er nicht mit kann — und das geht doch schlechterdings nicht an. — Mein Gott! daß doch der gute Mann, sich soviel geschadet hat!

An Spener
Wilna, 6. 8. 1787

Inzwischen hatte er die angeschafften Mineralien, die neu gekaufte Literatur, die Pflanzen im sogenannten botanischen Garten, den Samenvorrat katalogisiert und abgerechnet. Ende Juli überreichte er den fünfzig Bogen starken Packen dem Rektor. Therese kümmerte sich um die Ausstattung.

Vergessen Sie bei Ihrem *equipement* den Galanthomme — alle Wäsche, die Sie mitnehmen, geht zu Grunde; nehmen sie starke, zahlreich, aber ohne Manschetten, Spitzen u.s.w. mit, nehmen Sie hinlänglichen Vorrath grober Leinwand für Ihre anatomischen Arbeiten mir, damit Sie nicht gute Sachen beschmieren, und schieben Sie sehr wohlbedächtig auf, in England einzukaufen, da dort alles theurer ist; was Sie bekommen können, kaufen Sie lieber hier. Forster bekommt 18 Nachthemden, 18 mit Manschetten, 18 ohne solche, Tag-

Therese Forster
an Sömmerring
Wilna, 23. 7. 1787

hemden noch ein halbes Dutzend der zweiten Sorte, die älter sind. 3 Dutzend Schnupftücher, 2 Dutzend linnene, 1 Dutzend wollene Unterstrümpfe — lachen Sie nicht, ich bin Hausmama und weiß, daß man mit dieser Wäsche meist bequem drei Monde auskommt — nun ist das ein mächtiger Termin, denn Sie landen öfter — aber Sie haben den Vortheil, Ihre Wäsche nicht mit Seewasser zu waschen. N. B. Dreimal Bettwäsche zu wechseln, Servietten, Handtücher und Waschtücher.

Ich schaffe mir, so wie Du, keinen Rock bis in England an, wie sich versteht. – – – Nun komme ich zu einem andern Punkt, nämlich, ob es nicht besser wäre, über Holland zu gehen, als Hamburg; doch versteht sich bloß unmaßgeblich, weil ich Dir ganz folge. – – – *Praxis* soll mein Hauptgeschäft sein, und die soll mir sicher in Batavia was eintragen, so kurz auch die Zeit währt. – – –

Sömmerring
an Forster
Mainz, 21. 8. 1787

Ob mein schwarzseidenes Kleid gros de Tour, z. B. fürs Cap? Lissabon?

Ob den Degen für London?

Mitte August war für Forster mit der Ablieferung der Bücher- und Naturaliensammlung die Wilnaer Zeit zu seinem größten Vergnügen beendet. Die Möbel wurden verkauft. Die übrigen Sachen waren schon unterwegs nach Königsberg; die seinen gingen von dort aus gleich weiter nach Kopenhagen, wo Mulowsky sie bei der Fahrt durch den Sund aufnehmen wollte.

In Warschau wartete die Familie das offizielle Entlassungsschreiben der Erziehungskommission ab.

Mein unaussprechlich geehrter und geliebter Freund, ich bin im Begrif meine Reise nach Göttingen fortzusetzen, und kann nicht umhin, Ihnen durch eine Zeile im Voraus Nachricht zu geben, daß ich Sie in Weimar, wäre es auch nur ein paar Stunden lang, vor allen Menschen, zu sprechen wünsche, um über meine vorhabende Reise, die Ihnen wegen des Studiums des Menschengeschlechts interessant seyn wird, Ihren Rath u. Ihre Deside-

An Herder
Warschau, 1. 9. 1787

rata mit auf den Weg zu nehmen. – – – Auf der Reise folgen
wir wahrscheinl. Cooks Fußdapfen seiner letzten Reise, und
suchen Japan näher kennen zu lernen. Wir besuchen die
Insulaner Neuseelands, der Societäts und SandwichsInseln u.
die Nord-Amerikanische Küste über Californien, gehen aber
nicht nördlicher als 60°. Es kann auch sein, daß wir in China
anlegen – – –

Wir lesen unterweges mit Entzücken den 3.ten Theil Ihrer
Ideen, die uns zur herrlichsten Erholung gereichen. An
Goethe bitte ich unsern herzlichen Gruß.

Mit dem Entzücken eines freigelassenen Gefangenen verließ
Forster mit seiner Frau und seinem Töchterchen Polen, in
den letzten Tagen des Augusts 1787. — Die
Jahreszeit war dem angrenzenden Schlesien, *Therese Huber:*
Einige Nachrichten
S. 48
wegen der Stoppelfelder, nicht günstig, aber
das Land schien den Reisenden ein Paradies, und sie durch-
flogen es wie Menschen, die zum Rechnen keine Zeit haben,
denn Forster machte diesen Weg von vierhundert Stunden
mit sechs Postpferden. Ueberall unterwegs empfingen ihn
seine Bekannten, als sey er aus einem ungerechten Exil
zurückgekehrt, seine nächste Zukunft zog die lebhafteste
Theilnahme auf sich — und in einem Taumel von Hoffnungen und Freude trafen die Reisenden den Tag vor dem Uni-
versitätsjubiläum in Göttingen ein.

Abschied von der Ferne

Als die Forsters in Göttingen ankamen, erfuhren sie, daß
Rußland einen Krieg gegen die Türkei begonnen hatte.
Katharina II. wollte ihr Reich weiter vergrößern.
Die Feierlichkeiten am 17. September 1787 zum fünfzigsten
Jahrestag der Gründung der Universität Göttingen, bei denen
Forster als Ehrenmitglied in die Akademie der Wissenschaf-
ten aufgenommen wurde, gingen vorüber, ohne daß eine
Nachricht von Mulowsky eingetroffen wäre. Nun mußte er
wohl auf alle Fälle bis Dezember bleiben und kam unter
Umständen den ganzen Winter aus Deutschland nicht weg!
Beunruhigend waren auch die Vorgänge in Holland, wo
eine von Frankreich unterstützte patriotische Partei die
Herrschaft des mit einer preußischen Prinzessin verheirate-
ten Erbstatthalters aus dem Hause Oranien ins Wanken
brachte. Preußische Truppen marschierten ein, in englischem
Interesse.
Forster mietete für 120 Taler in einem angenehm gelegenen
Haus am Wall ein Logis aus drei Stuben und zwei Kammern
und blieb guten Mutes, zumal der Umgang mit Friedrich
Ludwig Wilhelm Meyer für die verlorene Zeit eine angenehme
Entschädigung versprach.
Meyer, Heynes Unterbibliothekar, war Thereses Trau-
zeuge gewesen. Wie sie später gestand, hatte sie, nachdem
sie in der Verlobungszeit aus Gotha zurückgekehrt war, bei
dem anziehenden, in Gesellschaft so angenehmen, hübschen
Mann das erste Mal in ihrem Leben das Gefühl empfunden,
allumfassend und unbeschreiblich zu lieben.

M. hatte von seinem Vater ein sehr großes Vermögen geerbt,
er war reich erzogen, hatte reich, mit allen Ansprüchen von
Schönheit und Geld die Schule in Ilfeld verlassen, die Kinderblattern überfielen ihn,
und dem Tod entronnen verlor er jede Spur

Therese Huber
an Joh. G. Reinhold
Stoffenried, 24. 2. 1806

seiner Bildung. Er bezog die Universität, lernte – – – So
fand ich ihn. – – – Ich lehnte mich an M. Brust, küßte seine
Stirn, verbot ihm meinen Mund, und wie er einmal in seiner
tollen Fantasie meinen Fuß küßte der recht ordentlich war,
bat ich ihn wie ein Kind dem man eine Blume, einen Vogel
nimmt, nur meinen Fuß zu küssen – – –

Auf dem Gesicht des Harburgers, wie Meyer zur Unterschei-
dung von seinen Namensvettern genannt wurde, drückte
sich die edle Seele so sehr aus, daß sich die Mädchen ganz
sicher fühlten.

– – – mitler Statur, rosenröthlichen Angesichts, heller Flachshaare, lächelnder Ge-
berde, histrionischer Inclination, der Rechte

G. A. Bürger
an H. Ch. Boie
Oktober 1779

Beflissener, der Poësie Dilettant, etwas windigen Wesens,
einen StrohBas redend – – – ein ganz guter junger unbedeü-
tender Mensch – – –

Auch von Caroline Michaelis und deren Schwestern um-
schwärmt, huldigte Meyer dem Grundsatz, einer einzelnen
zuliebe niemals dem ganzen Geschlecht untreu zu werden.
Thereses Heirat hatte ihn nicht im mindesten gekränkt, und
Georg, der ihn Therese so selbstlos lieben sah, schloß den
Harburger derart ins Herz, daß er ihm aus Wilna schmach-
tende Briefe sandte, in denen er sich den Zurückgelassenen
einsam, dem entschwundenen Brautpaar wehmütig nachsin-
nend, als trostspendenden Freund von Mütterchen Heyne
dachte.

Meyer ist unser täglicher Mittagsgesellschafter, weil wir uns
von Einem Gastwirth speisen laßen. Er ist unser Bruder und
unzertrennlicher Freund. Unser kleiner

An Herder
Göttingen, 27. 11. 1787

Bund heißt die Dreyeinigkeit, und Er heißt
Assad. Wir suchen des Lebens froh zu werden, und den
gegenwärtigen Augenblick nicht ungenoßen zu entlaßen.
Gestern ward ich 33 Jahre alt, und fühlte, daß ich noch, bey
allem u. troz allem was mir bittres und widerwärtiges wider-
fuhr, und was mein Herz betäuben u. stumpfen wollte, noch
mich glücklich dünken könne, in diesem kleinen engen Kreise.

– – – Denn Assad war / Bey hübschen Christendamen so willkommen, / Auf hübsche
Christendamen so erpicht, / Daß einmal gar
die Rede ging — Nun, nun; / Man spricht nicht gern davon.
— Genug – – –

Aus Wien war mit einem artigen Schreiben von Joseph II.
ein Brillantring für den Aufsatz über Cook gekommen. Forster benutzte die erzwungene Muße, um seine zerstreuten
botanischen Beschreibungen aus der Südsee zu sammeln,
eingeklemmt zwischen zwei ungeheuren, unausgepackten
Bücherkisten.

Ende Dezember schrieb er an den spanischen Mineralogen
Elhúyar, den Verlobten der Jeanette Raab in Wien. Er
hatte ihn auf der Reise von Wilna nach Göttingen kennen-
gelernt, und Elhúyar hatte angeboten, ihn bei der spanischen
Regierung für eine Expedition in die Philippinen in Vor-
schlag zu bringen. Forster lehnte ab, verwies auf seinen
Vater, zeigte sich aber grundsätzlich nicht abgeneigt, in den
Dienst Seiner Katholischen Majestät zu treten.

Ich bin 33 Jahre alt; ich bin gesund, und mein Äußeres hat,
ohne Voreingenommenheit zu meinen Gunsten, wenigstens
nichts Abstoßendes. Mit Cook habe ich
seine zweite Reise um die Welt getan, und
sie hernach beschrieben. Ich habe alle
Zweige der Naturgeschichte bearbeitet, mit Inbegriff von
etwas Physik und Chemie. Ich kann Tiere und Pflanzen
erträglich zeichnen. Von Philosophie, schönen Wissenschaften und Künsten habe ich einige Kenntnis. Aber Geographie,
Geschichte, Politik, Staatsangelegenheiten sind Lieblings-
fächer, womit ich meine Nebenstunden von jeher ausgefüllt
habe. – – – Ich bin sanft und munter, jedoch ernst. – – – Ich
bin treu und eifrig im Dienst, für den man mich anstellt, und
frei von den gewöhnlichen Vorurteilen gelehrter Leute, die
nichts weiter sind als ziemlich schlechte Politiker; denn
Theorien und Hypothesen passen nur selten zum tatsäch-
lichen Lauf der Dinge in der Welt. Meine Ehre und die Billigung meiner Vorgesetzten sind die einzigen Regeln meiner
Aufführung. Ich darf noch anmerken, daß ich von Natur aus

nüchtern bin, niemals spiele und in meinen häuslichen Verhältnissen zu glücklich bin, um unerlaubte Verbindungen
zu suchen. – – – Wenn es das Schicksal will, daß ich eines
Tages, wie auch immer, für Ihr Vaterland arbeite, dann
werde ich ganz in dieser Arbeit und mit Leib und Seele
Spanier werden, denn Halbheiten waren mir schon immer
verhaßt, und ich war immer der Meinung, daß man, was man
tut, so gut tun muß, wie man kann. – – – Die Liebe hat mir
Banden und Pflichten auferlegt; wäre ich Junggeselle, ich
würde Sie nach Mexiko begleiten – – –

Weihnachten verbrachte er in Hannover und besuchte dort
den Leibarzt Johann Georg Zimmermann, der Katharina II.
mit Erfolg behandelt hatte.

Zimmermann's Gunst bei dieser Fürstin ist bekannt, ihr
Briefwechsel mit demselben war damals ein sehr wichtiger
Gegenstand des Theetisch- und Salons-   *Therese Huber:*
interesses der hannövrischen schönen und   *Einige Nachrichten*
großen Welt. Katharinen erwarb er ein   S. 56 f.
Körnchen Weihrauch mehr, dessen Wölkchen sie gern von
der Mitwelt angestaunt sah, indeß sie ihr Haupt ziemlich
unbetäubt darüber emporhielt; für den armen Zimmermann
düftete dieser Briefwechsel aber so betäubende Wolken, daß
sie viel beitrugen, seinen Kopf — der wahrlich zu etwas Bes-
serem berufen war — zu verwirren. Er ging mit der Güte, die
ihn auch ohne Eitelkeit für seine Freunde beschäftigt hätte,
in Forster's Interesse ein, er schrieb unmittelbar an die Kaiserin zu seinen Gunsten, und schloß ein Schreiben Forster's
an die große Frau bei – – – Bald nach Forster's Rückkehr
nach Göttingen trafen Briefe aus Petersburg ein, welche die
gänzliche Aufhebung des Reiseprojects amtlich verkündig-
ten, und einige Wochen darauf sendete Zimmermann durch
einen Expressen einen Brief des Grafen von Anhalt, damaligen Vorstehers der kaiserlichen Erziehungsanstalten, der, in
Erfolg von Zimmermann's Empfehlung und Forster's Schreiben, diesem im Namen der Kaiserin gebot sogleich nach
Petersburg zu kommen, um dort mit Beibehaltung des Jahr-
gehalts, der ihm während seiner Reise versprochen gewesen
war, eine weitere Bestimmung abzuwarten. Vorläufig aber

wurde er zu Unterrichtsstunden beim Corps der Landcadetten aufgefordert. Forster empfing die Staffette beim Frühstück. Das naßkalte Februarwetter hatte seine rheumatischen Uebel erregt, seine Frau schien einer erklärten Lungenschwächung entgegen zu gehen — das Grauen vor dem petersburger Winter fügte sich zu dem Mißfallen an der gänzlichen Unsicherheit der Verhältnisse, in die man ihn versetzen wollte. Er berieth sich einige Minuten mit seiner Frau, die den Norden verabscheuend, bei gänzlicher Nichtachtung der Mühen des bürgerlichen Lebens, die sie noch nie gedrückt hatten, ohne weiteres Nachdenken versicherte: nach Petersburg möchte sie nicht. »Und ich auch nicht!« sagte Forster – – –

Mit dem Scheitern seiner Reisepläne geriet Forster in eine innere Raserei, deren Anlaß offenbar nun auch Meyer war. Am 21. Januar reiste er überstürzt nach Berlin ab und verkroch sich dort bei Spener.

Gott gebe Dir Gesundheit auf Deiner Reise, und Entschlossenheit uns für die Zukunftigen Jahre Frieden zu erringen.

Therese
an Georg
Göttingen, 23. 1. 1788

Mein Herz blutet für den Schritt zu den ich dich Zwang weil Du dessen nothwendigkeit noch nicht fühltest. Menschlichkeit, und Edelmut werden Dich bald davon überzeugen, und Männermut Dich unterstüzen. Meine Gesundheit ist jezt ohne Schmerz, meine Brust hat einen Stos bekommen den ich mir nicht erklären kann, schwache Stimme und Mattigkeit haben mich noch nicht verlassen. Mein Herz ist zerstört, Mitleid kämpft wieder meine Vernunft, aber ich zähle auf künftige Zeit weil ich für jezt durchaus an kein Glück denke. Erhalte Deine Gesundheit für Dein Kind und deine Freundinn, suche Zerstreuung, denke daß die Nachricht die mich Dich als vergnügt erklärt mir die willkommenste ist. Deine Aufträge sind alle besorgt. hier ist ein Brief von Zimmermann, des Aufbrechen ich Dich bitte zu entschuldigen weil ich glaubte es mögte eine Forderung darinn stehn die ich befriedgen könne. Mein Vater hat ihm nicht gelesen. Dein Kind ist gesund. Friede sei mir Dir! Du hättest mehr Geld nehmen sollen — ich brauche beim bequemsten Leben wenig. Schone

Deine Gesundheit, und sei von meiner treuen Freundschafft überzeugt. Deine Therese Forster.

Ich freute mich, Meyer wieder zu sehn, weil ich vollkommne Achtung für ihn hatte, und ich bis jetzt wußte, daß meine Freundschaft für ihn meinem Glück in der Ehe mehr Vortheil als Schaden gethan hatte. – – – Forster machte wieder Romanenprojekte, wie wir uns alle Dreie an einem Orte vereinen wollten, in die Meyer nie eingegangen, an die er nie glaubte. Wie ich merkte, was Forsters Ruhe störte, bot ich ihm gleich an, meinen Umgang mit Meyer abzubrechen, oder Göttingen zu verlassen. Ich bot es ihm bei jeder Heftigkeit von seiner Seite an, und er schwor und versicherte immer, Meyer stände ihm nicht im Weg, sondern nur mein Kaltsinn, der doch durch sein sultansmäßiges Betragen ebensowohl wie durch meine Gesinnungen gegen einen Mann veranlaßt wurde, der mir meine Pflichten gegen meinen Gatten immer eingeschärft hat, sie nie hat schwächen wollen. Forster wollte mein Anerbieten, mich von Meyer zu entfernen, nicht annehmen, und noch 4 Wochen, oder kürzer vor der traurigen ekklatanten Scene, Meyers eignes Anerbieten nicht, sondern behauptete, er sei nicht eifersüchtig. – – – Ich habe geirrt, gefehlt, aber nie betrogen – – –

Therese an ihren Vater Göttingen, 28. 2. 1788

Während Heyne seine Tochter überredete, Meyer den Laufpaß zu geben, versuchte Forster, seinem Freund und Rivalen in Berlin eine Stellung zu verschaffen, um ihn auf elegante Weise aus seiner Nähe zu entfernen.

Heut' Morgens ging ich zum erstenmal seit meiner Krankheit zum Minister Herzberg. Er hat mir versprochen, er wolle an Dich denken, wenn in seinem Departement etwas vorfiele. Er wünschte, wenn es sonst nicht Deine Verhältnisse verhinderten, Du könntest einmal herkommen, damit er Dich kennen lernte. Zum Posten eines Gesandtschaftssecretairs sei es zwar nicht unumgänglich nöthig, den Mann persönlich zu kennen, der Gesandte stehe für ihn ein; aber bei Departements-Geschäften sei dies durchaus nothwendig.

An F. L. W. Meyer Berlin, 19. 2. 1788

Über den russischen Gesandten erhielt Forster eine Abfindung von 1500 Talern. Das Gallenfieber warf ihn nieder, und er durchlebte bei Spener eine Zeit der Melancholie und halben Verrücktheit. Erst, nachdem er von Meyers Abreise erfahren hatte, kehrte er mit schlechtem Gewissen nach Göttingen zurück.

Zuvor musste ich aber vor den Thoren von Eisleben, durch die Unvorsichtigkeit des Postillions von einer Höhe von acht

An Spener
Göttingen, 5. 3. 1788

Schuhen mit dem Wagen heruntergestürzt werden, wobey der Wagen zweimal überschlug und auf den Kopf zu stehen kam, so dass ich wie in der Mausfalle im Kasten gefangen lag, bis man den Wagen hob, und ich auf allen vieren herauskriechen konnte.

Meine Gesundheit gewinnt täglich, und wie ich im voraus wusste, thut die Zurückkehr zu den Meinigen dabey das beste. Bis zur Minute des Aussteigens habe ich von der Minute der Abreise an, und früher, in einer unsäglichen und mir selbst unbegreiflichen innern Bewegung und Zerrüttung gelebt, wovon es mir zur Stunde unbegreiflich ist, wie sie nicht den Körper noch mehr als geschehen ist, erschüttert hat. Jezt habe ich alle Ursach vollkommen ruhig zu seyn. Ich habe mit meinem lieben Weibe Rücksprache genommen, alles ganz bis auf den Grund abgehandelt, und zu meiner grössten Freude finde ich, dass sie über das Vergangene vollkommen einstimmig mit mir denkt, das unnatürliche, oder besser, unzweckmässige des vorigen Verhältnisses einsieht, und fortan durch mich glücklich seyn zu wollen verspricht. Dass nun einige Zeit verstreichen muss, bis überall die Wunden vernarbt sind, ist begreiflich; und die Erfahrung von ein paar Tagen beweisst mir schon, dass alles seinen guten Gang gehen wird. Ich wünschte nur auf ein paar Stunden Sie bey mir zu haben, um Ihnen von dem Herzen dieses vortreflichen Geschöpfs einen adäquatern Begrif geben zu können.

M[eyer] ist acht Tage vor meiner Ankunft weggereiset, und gedenkt nicht wieder zu kommen. Wahrscheinlich geht er bald nach Berlin. Wenn Sie ihn sehen sollten, so bitte ich Sie um alles in der Welt, lassen Sie sich nicht das geringste gegen ihn merken. Theils weil ihm die Erinnerung schmerzlich seyn muss, theils weil er von mir etwa ungleich urtheilen möchte. Sie werden einen sehr liebenswürdigen Menschen im Umgang an ihm finden.

Heut kann ich nichts mehr sagen, als dass mein liebes Weib sich mit mir vereinigt, um Ihnen und Ihrer lieben Gattin für die Pflege und Liebe die Sie beide mir erwiesen haben, herzlichst zu danken. — Ich danke insbesondere noch für die Nachsicht und Geduld die Sie mit meiner Melancholie oder Hypochondrie, oder wie Sie es nennen mögen gehabt haben.

Nun begann die fürchterlichste Epoche meines Lebens. — Ich kann sie keinem Manne schildern, und kein Weib wird sie begreifen — ich fühlte mein Herz von M. mißhandelt, und lebte in der Ehe wie eine der Unglücklichen, die ihren Körper preis gibt, um nicht Hunger zu sterben — so gab ich mich hin, um nicht den Qualen der Eifersucht, der Qual, einen Mann, dessen Glück ich doch beschworen hatte, elend zu sehen zu erliegen. — Ich lebte zwei Jahre der fürchterlichsten Erbitterung, wäre damals die Revolution gewesen, ich wär an die Blutstätten geeilt, ich hätte in den Reihen der Streiter gekämpft, ich hätte gemordet — um ein Gefühl zu genießen, das die starre Verzweiflung meiner Brust belebte. — Und so mit dem kalten Lächeln auf den Lippen errieth Niemand, was in mir wie ein Krebsschaden mich vergiftete. — Ich sage Ihnen so wenig! — was ich litt, leidet keine Details — Forster handelte wie ein Unsinniger!

Therese Huber
an Joh. G. Reinhold
Stoffenried, 24. 2. 1806

Während Forsters Berlinaufenthalt hatte sich Vater Heyne um eine Stellung für ihn bemüht.

Seit meinem letzten Briefe, worin ich von zwei Menschen sprach, die für die dortige Bibliothek sich vorschlagen ließen, ist mir noch ein Vorschlag in den Sinn gekommen, bei dem ich aber selbst so sehr interessirt bin, daß Ihr Urtheil Alles selbst dabei thun muß; ich aber kein Gewicht haben kann, auch nur mir so viel anmaße, daß ich eine Idee erwecke.

Heyne
an Johannes Müller
Göttingen, 3. 2. 1788

Wird die Bibliothek so unterhalten und hat sie einen solchen Fonds, daß etwas Rechtes durch jährlichen Bücherankauf bewirkt werden kann, z. E. Sie haben ein sechstausend Gulden dazu; gut, so ist die Wahl entschieden; bloß Bibliothekar verdienste geben den Ausschlag dazu.

Wäre das aber nicht, und es wäre für Bücher jährlich etwa bloß ein oder zweitausend Gulden ausgesetzt, so wäre der Universität doch wohl eher ein Mann von Ruf und Kenntnissen zu gönnen.

Mein Forster sieht seine Aussicht nach Rußland verschwinden; Seine Kenntnisse sind in dem Fache, das das geltende ist, bekannt; es würde Maynz nicht nachtheilig seyn, einen Mann, wie er, zu besitzen. Sollte der Churfürst nicht auf den Punkt zu bringen seyn, daß er es sich selbst für rühmlich hielte? Forster wirft sich in Alles; eine Bibliothek zu ordnen und zu unterhalten, hat er Kenntnisse und Beurtheilung. Ueberlegen Sie dieses alles; finden Sie meine Idee verwerflich, so sey es so gut, als wäre ihrer nie gedacht worden. Ich beharre dennoch Ihr ganz eigener H.

Anfang April fuhr Forster nach Mainz. Die Kirschbäume blühten schon. Es waren warme, schöne, helle Tage, und in der Favorite, dem 'mit Fontänen geschmückten, etwas strengen kurfürstlichen Park am Rhein, brannte ihm bereits die Sonne auf den Scheitel. Die Lindenallee erschien ihm schrecklich zusammengestutzt und die Aussicht zwar schön und prächtig, aber durchaus nicht romantisch.

Er bekam den Posten als Universitätsbibliothekar mit 1800 Gulden, rund 80 000 DM, Jahresgehalt und die Erlaubnis, bis Ende September in Göttingen zu bleiben, um sich in der dortigen Bibliothek mit dem Buchwesen vertraut zu machen. Bevor er abreiste, erhielt er einen ersten Eindruck von der Mainzer Gesellschaft:

Der hohe stiftsfähige Adel lebt, wie sich das denken läßt, bloß unter sich: neulich sah ich aus [Sömmerrings] Fenstern einer

An Therese   Spazierfahrt — hier nennt mans »eine
Mainz, 13. 4. 1788   Pироutchade« — zu, wo eben dieser Adel in dreißig bis vierzig Pirutschen fuhr und der Janhagel ihm nachsah. Der zweite Adel ist auch nicht ohne Grillen und die Bürgerlichen kommen nicht in seine Gesellschaft. Diese letzten scheinen überhaupt, zumal was die Frauenzimmer betrifft, keine angenehme Unterhaltung zu versprechen.

Also werden wir unserm Wunsch, eingezogen zu leben, wenigstens im Anfang ein Genüge leisten können.

Vor dem Umzug schrieb er für Lichtenbergs *Göttinger Taschen-Calender vom Jahr 1789* einen Aufsatz *Über Leckereyen,* eine witzige Abschweifung, durch die freilich überall die ernsthafteste Überzeugung durchblitzt, daß die Speisen wie alles Materielle auf den Menschen den größten Einfluß haben, daß eine höhere Stufe der Entwicklung — wie in diesem Fall der Geschmacksempfindungen — der niederen unbedingt vorgezogen werden müsse und daß nicht Entbehren und Dulden, sondern die Verfeinerung der Sinnlichkeit die allgemeine Aufklärung befördere.

Der bloße Instinkt lehrt ein neugebornes Kind, noch ehe es die Augen öffnet, in Ermangelung der mütterlichen Brust, an seiner kleinen Hand zu saugen. Das Gesicht, der Geruch, und der betastende Sinn, *Über Leckereyen S. 173* der in den Fingerspitzen wohnt, sind in der Folge nur die Diener dieses mächtigen Triebs, dessen Gegenstände sie auskundschaften und gleichsam ihm zuführen müssen. Nicht umsonst sind daher die meisten Früchte mit lebhaften Farben geziert; ihr lieblicher Duft ladet schon von ferne ein zum Genuß, und das Gefühl, das den Grad ihrer Reife erforscht, spannt oft die Begierde so hoch, daß man eigentlich sagen darf, sie ströme dem Genuß entgegen. Es giebt allerdings auch Beyspiele, wo das rein physische Bedürfniß der Ernährung zur Entdeckung einer wohlschmeckenden Speise die nächste Veranlassung gab – – – Allein die eigentliche Leckerey ist nicht die Erfindung eines Hungrigen, sondern eine Folge des Nachdenkens über einen gehabten Genuß, ein Bestreben der Vernunft, die Begierde darnach durch andre Sinne wieder zu reizen; und es war sicherlich kein geringer Fortschritt im Denken von der Sorge für den Magen, zu der Sorge für den Gaum! Es ist immer schon viel gewonnen, wenn das Nervensystem auch nur bey dieser Veranlassung und nur zu diesem Endzweck seine höheren Übungen beginnt. Das Gedächtniß erhält doch neue Eindrücke; die Einbildungskraft brütet darüber; und selbst die Beurtheilungsgabe kann in einem größeren Kreise der zu vergleichenden

Vorstellungen würken. So entwickeln sich fast unmerklich die Begriffe des Nützlichen, Guten und Schönen nebst ihren Gegenbildern, und die Schwingungen des Hirns werden immer feiner und schneller, bis man endlich gar ein Wohlgefallen daran findet zu denken, bloß um gedacht zu haben; eine Beschäftigung, womit die Menschen auf der höchsten Stufe der Bildung sich entweder die Langeweile zu vertreiben, oder — weil die Extreme wieder zusammenkommen — sich Brod zu verdienen suchen.

Und doch, welch Wunderwerk der Kochkunst, welcher Konfiseur, Destillateur und Zuckerbäcker konnte die Leckereien ersetzen, welche die ungekünstelte Natur bereitete? Traurig nahm er Abschied von der strahlend blauen Weite, Litaneien wunderbarer ferner Früchte murmelnd.

Was säumen wir länger, sie zu nennen, diese köstlicheren Erzeugnisse des Pflanzenreichs, die edlen Früchte aller Art, *Über Leckereyen* wo der Honigsaft mit einer lieblichen Säure, *S. 179 f.* mit feurigen oder mit schleimartigen Ölen in tausend verschiedenen Verhältnissen versetzt, durch unzählige Veränderungen den Gaum bald kühlend erquickt, bald mit Würze durchdringt, bald wieder die gereizten Nervenspitzen mild umhüllt und zu neuem Genusse stärkt! – – – Apfelsinen, Pompelmosen, Pisangs, Datteln, Mangos und Mangostanen, Durionen, Nankas, Jambolans, Jambusen, Blinbings, Litschis, Lansas, Rambuttans, Zalacken – – – die Mombin und Persimon-Pflaumen, die Sapoten, Sapotillen und Mammeifrüchte, die Papayen und Guayaven, der Akajou, die Grenadillen, die Avokatobirnen, die Breyäpfel – – –

Im geistlichen Mainz

Das Kurfürstentum Mainz bestand in der Hauptsache aus
zwei größeren, durch die Reichsstadt Frankfurt getrennten
Gebieten an Rhein und Main: dem Unterstift Mainz und dem
Oberstift Aschaffenburg. Dazu kam noch ein Sammelsurium
von Exklaven im Kurpfälzischen, Darmstädtischen, Kassel-
schen, in Schwaben und mit der Stadt Erfurt sogar in Thü-
ringen. Von den 320 000 Mainzer Untertanen lebten nur
30 000 in der Stadt Mainz.

Das Kurfürstentum war ein geistlicher Staat, der Kurfürst
war erster Erzbischof und erster Fürst im Reich. Er war es,
der den deutschen König salbte, die Königswahl leitete, den
Vorsitz im Kurfürsten-Kollegium führte. Er wurde vom
Domkapitel gewählt, dessen Mitglieder sich aus dem stifts-
fähigen Altadel rekrutierten, der sechzehn deutsche adlige
Vorfahren nachweisen mußte.

Geistliche und weltliche Gewalt konzentrierten sich in
einer Hand. Weltliche Landstände gab es hier nicht. Wenn
eine der 36 Zünfte von Mainz einen Lehrling einstellen
wollte, mußte das Vizedomamt um Erlaubnis ersucht werden.

Zu Ostern, zu Pfingsten und am Martinstag zelebrierte der
Fürstbischof im Dom das Hochamt, und während der Fron-
leichnamsmesse gab das am Rhein in großer Gala angetretene
Militär in den drei wichtigsten Momenten Salven ab. Nach
Fronleichnam wurden die für diesen Tag seit dem Frühling
einexerzierten Mannschaften größtenteils bis Weihnachten
beurlaubt.

Die vier Infanterieregimenter, die Leibgarde zu Pferd, die
Husarengarde und das Landjägerkorps, insgesamt 3 000
Mann, unterstanden einem General *en chef*, dem fünf General-
feldmarschall-Leutnants, sieben Generalfeldwachtmeister,
ein Hofkriegsrat mit Präsident, Vizepräsident und sechs Hof-
kriegsräten, Generalstab und Kriegskommissariat zur Seite

177

standen. Der Etat der Offiziere war so groß wie der der Mannschaften.

Adel und Geistlichkeit waren von Steuern befreit. Der Zehnte, Hub- und Beetwein, Ohmgeld, Herdschilling, Königsbeth und Atzgeld, Fastnachtskappen und Blutzehnter, Leibshuhn und Glockengarbe, das waren nur einige der Perlen am endlosen Rosenkranz bäuerlicher Abgaben im katholischen Fürstentum Mainz.

Kurfürst und Erzbischof Friedrich Karl Josef von Erthal war seinem Volk ein Priester, der es firmelte, Fußwaschungen am Gründonnerstag verrichtete und keine Abendkirche versäumte. Gleich nach seiner Wahl 1774 hatte er die Realschullehrer durch Augustinerpatres ersetzt, er wohnte theologischen Debatten bei und zwang abweichlerische Theologen durch Klosterhaft zum Widerruf. Zur Befriedigung seiner Genußsucht war ihm nichts zu teuer, er warf das Geld mit beiden Händen zum Fenster hinaus.

Die Reformpolitik Josephs II. in den benachbarten österreichischen Niederlanden war ihm verhaßt. Der Kaiser hatte ein neues Gerichtssystem eingeführt, Prozessionen und Wallfahrten verboten, die Priesterausbildung verstaatlicht, Klöster aufgehoben und sich schließlich mit dem französischen Erbfeind verbündet. Daraufhin richtete v. Erthal die traditionell am Kaiser und am katholischen Österreich orientierte Politik an Berlin aus und trat dem deutschen Fürstenbund bei.

Preußen, wo der neue König Friedrich Wilhelm II. zwei Brüdern vom Rosenkreuzerorden das Kommando im Religionskrieg gegen die Aufklärer übergeben hatte, wurde Schutzmacht, und das Unerhörte geschah: Protestanten kamen in Mainz zu Amt und Würden. Sömmerring wurde Professor, Heinse, der Verfasser des schlüpfrigen Rennaissance-Romans *Ardinghello*, Hauspoet, Johannes Müller, Forsters ehemaliger Kollege in Kassel, Geheimer Staatsrat, Forster selbst Geheimrat und Bibliothekar.

Ich fand an diesem Herrn [dem Kurfürsten] einen siebzigjährigen Greis, der noch munter genug aussieht, und beständig mit uns im Zimmer auf- und abging. Er hat gute politische Kenntnisse, hauptsäch-

An Therese
Mainz, 11. 4. 1788

lich was die Verhältnisse der Höfe betrifft; das Uebrige mag
oberflächlich seyn; doch spricht er gut, deutlich, mit Sammlung, ohne Verlegenheit und sogar freimüthig. Wie ich ihm
erzählte, welche Religionsbegriffe die Otaheiter hatten, fing
er an, uns etwas daher zu freigeistern, wozu wir stille schwie-
gen, und uns hernach mächtig darüber wunderten, daß er
sich doch so viel — es war allerdings wenig genug — zu sagen
getraut hätte. Er hat eine gescheute Nase, einen ehrlichen
Mund und sanfte Augen. Sein Ton ist ernsthaft, aber nicht
steif, doch habe ich ihn in einer Stunde ein paarmal lächeln
sehen.

Forster mietete eines der Professorenhäuser in der Neuen
Universitätsgasse, neun Zimmer, das ganze Hinterhaus und
den Garten. Noch waren nicht alle Kisten ausgepackt, als
schon der erste Besuch eintraf, der Musterschüler des alten
Heyne:

Ich ging gleich zu Forster. Er und sie empfingen mich mit
der äussersten Freundschaft. Sie luden mich zum Essen ein,
und sagten mir, dass ich so oft hinkommen
möchte, als ich von andren Besuchen frei
wäre. Forster führte mich zu Sömmering.

W. v. Humboldt:
Tagebuch
Mainz, 7. 10. 1788

Er ist ein finstrer, einsilbiger Mann. Aber, was mir sehr an
ihm gefiel, er macht nicht die geringsten Komplimente, und
spricht, wenn er spricht, frei und offen. Das Gespräch fiel
gleich auf Biester und Nicolai. Er sprach sehr gegen sie;
besonders tadelte er sehr heftig, dass Biester sich gleichsam
zum Richter über ganz Deutschland aufgeworfen habe. — — —
So habe er in Maynz darüber geschrieen, dass noch Messen
gelesen und Glokken oft geläutet würden, habe auf Göttingen
geschimpft, und selbst Heynen des Mangels an freiem Denken beschuldigt. Dagegen erhob nun Sömmering die Freiheit, die in Göttingen herrsche, unendlich. Besonders bediente er sich des sonderbaren Ausdruks, es eine noble Freiheit zu nennen. Wahrscheinlich sollte das Wort so etwas von
Anständigkeit, so etwas der Zügellosigkeit entgegengesez-
tes, im Grunde aber freilich etwas andeuten, das die Freiheit
in Sklaverei verwandelt, ihr aber doch den pomphaften
Namen lässt. Forster sagte mir, man müsse Sömmering
hierüber gar nicht sprechen. Er rede von allem verächtlich,

was nicht in seinen Kram tauge, und so sei es mit den geheimen Gesellschaften, und den Streitigkeiten darüber. Von Sömmerings Charakter erfuhr ich noch manches. Er soll, wie mir die Forster sagte, ein immer unzufriedner, unruhiger, veränderlicher Mensch sein. – – – Den Nachmittag war ich eine Zeitlang zu Hause. Gegen Abend ging ich zu Forsters. Ich fand sie allein. Das Gespräch fiel auf Freundschaft, Liebe, eheliches Glük und Unglük. Sie beklagte den Zustand der Mädchen und Weiber. Ich sagte es sei nur die Schuld der Männer, sie schob es mehr auf die Mütter, die die Ideen der Töchter über die Ehe nicht genug berichtigten. Besonders erwähnte sie des Falles, wo der Mann ein guter Mann wäre, wo die Frau ihn liebte, wo er aber doch nicht stark und fein genug empfinde, kurz wo er ihr nicht nah käme. Ich empfahl alsdann einen Vertrauten. Sie ergriff die Idee so begierig, dass ich gleich merkte, es sei ihre eigne schon längst vorher gewesen. Nun sprachen wir über Rechtmässigkeit und Unrechtmässigkeit hiervon und über das unbillige Urtheil der Welt, vorzüglich der Weiber. Ueberall schimmerte, wie es mir schien, durch dass sie ihre eigne Geschichte erzählte. Sie sagte mir, sie habe eine unglükliche Jugend wegen ihrer Familienverhältnisse durchlebt. Nur einen Freund habe sie gehabt, der sie getröstet hätte. Der hätte nicht mit ihr geweint, aber er habe ihr ruhig gesagt: es ist nicht zu ändern. (Das liegt, dünkt mich, in Meyers Charakter so zu sein.) Sie könnte, sagte sie, ganz isolirt leben. Sie hätte sich einmal so gewöhnt, sie bedürfe keiner Stüze. Sie liebe ihr Kind unendlich, aber würd es ihr geraubt, sie würde sich bald etwas anders schaffen, woran sie hinge. Sie mache ihre Freunde unglüklich, sie müsse ihnen Stüze sein, nicht sie ihr. Noch kann ich mir diess nicht ganz erklären. Indess hat sie einen über alle Beschreibung lebhaften thätigen Geist. Sie denkt über alle Dinge nach, und sie ist die erste Frau mit der es mir nie am Gegenstand des Gesprächs fehlte. – – – Noch sprach sie mir von einer ihrer Freundinnen, Amalie Reichardt in Gotha, oder wie sie bei Forsters bloss heisst Amalia. Sie beschrieb sie mir als das schönste, sanfteste, edelste, geistvollste, aber auch sehr unglükliches Geschöpf. Sie hat auf der Forster eignen Rath einen alten abgelebten Mann geheirathet. Ihre Seele, sagte sie, ist rein, wie ein frischgefallner

Schnee, auf den keine Unebne einen Schatten wirft. Welch ein schönes Bild, sie spricht überhaupt sehr gut. Sie sagte mir, ich möchte sie lieben lernen, aber sie warnte mich, und wirklich auf freundschaftliche Art, mich nicht zu verlieben. Ich hatte unendlich viel Freude bei diesem ganzen Gespräch. Es ist ein herrliches Weib. So unendlich viel Geist, so ausgebreitete Kenntnisse, die sich überall zeigen – – – Zu tadlen find ich dass sich ihre grosse, grosse Lebhaftigkeit zu viel in Gebehrden äussert. Das geht manchmal ins Unweibliche. Schön ist sie nicht. Ihr Gesicht sieht sich eben beinah ungleich. Manchmal ist sie sogar hässlich, und sehr hässlich. Sie hat dann ganz das Gesicht des Vaters, schielt auch mit dem einen Auge wie der Vater. Aber manchmal weiss sie auch in ihre Minen eine Güte, eine Grazie zu legen, die hinreisst. Ich möchte sagen, ihr Gesicht wäre eine reine Leinwand, auf die ihre Seele erst mahlen muss. Was mir äusserst misfällt, sie schminkt sich. Sie sagt zwar, sie muss es thun, weil sie sonst so sehr blass ist. Ihr Mann sagt sogar dass er es fodert. Gott weiss nun ob das Gefälligkeit, oder übler Geschmak des Mannes ist. Ich sehe nicht ab, was die Blässe schaden kann. Eitelkeit von ihr scheint zwar, wenn man ihren übrigen höchst nachlässigen, ungesuchten Anzug bedenkt, ihr Schminken nicht zu sein. Allein da gerath ich selbst in den Fehler, den ich oft tadelte, dass man die Menschen, die inkonsequent handlen, beurtheilt als handelten sie konsequent.

Am übernächsten Tag las sie Wilhelm ein Gedicht von Meyer aus dem *Göttinger Musenalmanach* vor: »Das Herz, das du besessen, / ruft die Vernunft mir zu, / wird eines andern sein; / und leise Hoffnung spricht: / sie kann dich nicht vergessen, / sie hat zu viel dir zu verzeihn.« Die letzte Zeile schien ihr besonders zart empfunden. Danach gingen sie noch zusammen bei kältestem Wetter Sterne gucken. Humboldt spielte mit der kleinen Therese. Sie sollte seinen Namen lernen, und da Humboldt so schwer auszusprechen war, riet er ihr zu Wilhelm. Plötzlich hörte die Mutter sehr aufmerksam zu. »Sie haben sehr viel bei mir gewonnen«, sagte sie, »wenn Sie Wilhelm heißen. Der Name ist mir sehr wert. Meyer heißt so.«

O! ich muss Deiner hier gedenken, Therese! Ich sass neben
Dir auf dem Sofa, ich ergriff Deine Hand in der Fülle der
Empfindung, ich küsste sie. Du gabst sie
nicht, ich musste sie nehmen. Du sahst
mich nicht an. Doch, doch wars als liessest
Du sie nicht ungern nehmen, als wäre nur der Gedanke in Dir,
ich traue ihm nicht, ich sollte sie ihm nicht geben.

W. v. Humboldt:
Tagebuch
Göttingen, 13.12.1788

Währenddessen machte sich Georg Forster mit seiner neuen
Tätigkeit vertraut. Die Bücher, um die er sich kümmern
sollte, waren auf die Kartause, die alte Jesuitenbibliothek
und die Universität verstreut. Ein großer Teil lag in Räumen, die seit Jahren nicht mehr gefegt oder gelüftet worden
waren, auf dem Boden und wurde vom Staub gefressen. Das
schöne Exemplar des *Catholici* von 1460 war schon ganz
wurmstichig geworden. Insgesamt waren von den etwa
50 000 Büchern über drei Viertel Doubletten. Vier- bis
fünftausend waren nach 1700 gedruckt, davon die meisten
theologischen Inhalts.

Forster legte einen Katalog an und verfaßte nach aus-
führlicher Beratung mit Heyne, der zu Besuch kam, ein Pro-
memoria, in dem er den Umbau des Klara-Klosters empfahl,
um dort die Sammlungen in einem Gebäude zu vereinen.
Des Kurfürsten Unentschlossenheit, der Geldmangel der Universität und die Mainzer *vis inertiæ* überraschten ihn nicht.
Er hatte sich keine hochgespannten Erwartungen erlaubt
und konnte deshalb auch gar nicht entmutigt sein. Etwas
Muße war alles, was er zu finden hoffte, und diese wollte er
mit eisernem Fleiß und strengster Ökonomie, wie es Theresens Wunsch war, dazu verwenden, endlich auf einen grünen
Zweig zu kommen.

Seinen geistigen Einstand in Mainz, das *Fragment eines
Briefes an einen deutschen Schriftsteller, über Schillers Götter
Griechenlands,* mußte er anonym geben.

Der erz-orthodoxe Graf Friedrich Leopold von Stolberg
hatte jenes Gedicht von Schiller, in dem dieser den heidni-
schen Olymp besang und die auf ewig entschwundenen
menschlichen Götter der Alten einer modernen, vernunft-
mäßig demonstrierten Gottheit vorzog, als Gotteslästerung,
als Gift im Becher der Musen angeprangert. Forster beglück-

wünschte Stolberg zu seinem Freimut, äußerte die Hoffnung,
daß aus der freien Äußerung aller verschiedenen Meinungen
und ihrer ebenso freien Prüfung eines Tages die lautere Wahrheit hervorgehen möge, und feierte die Selbstbestimmung,
die moralische Freiheit, als einzigmöglichen Quell menschlicher Tugend:

In der That, so wenig wie ein Mensch dem andern den Auftrag geben kann, statt seiner zu empfinden und zu denken,
so wenig kann der Bürger die gesetzgebende
Macht bevollmächtigt haben, ihn glücklich *Fragment eines Briefes*
an einen deutschen
zu machen, wozu er eigener Gefühle und *Schriftsteller*
S. 3 f.
Einsichten bedarf. – – – Wer demnach die
moralische Freyheit kränkt, und Meynungen nachdrücklicher
als mit Gründen verficht, sey er König und Priester, oder
Bettler und Laye, er ist ein Störer der öffentlichen Ruhe. Ein
Satz, an welchem auch nur ein einziger noch zweifelt, ist wenigstens für diesen einen noch nicht ausgemacht, beträfe es
auch das Daseyn einer ersten Ursach oder die ewige Fort-
dauer unserer Existenz.

Das zielte auf die neuen, vom ehemaligen Rosenkreuzer
Wöllner erlassenen preußischen Religions- und Zensuredikte.
Forster selbst hielt das Problem, sich etwas Übersinnliches
sinnlich vorzustellen, für unlösbar; andererseits verblaßte
eine vernünftig konstruierte Gottheit in seinen Augen zu
einem metaphysischen Hirngespinst.
Er schrieb an den nun wieder nahen Jacobi in Pempelfort,
von dem er seit dem Ende seiner Rosenkreuzer-Ära nichts
mehr hatte wissen wollen. Jacobi hatte ein Buch über David
Hume veröffentlicht, und Forster wurde angeregt, sich seit
langer Zeit wieder mit Philosophie zu befassen.

Es ist sogar wahrscheinlich genug, daß ich – – – Ihr Buch
noch einmal durchlesen und Ihnen noch etwas darüber sagen
werde; denn ein armer αὐτοδίδακτοσ in der *An Jacobi*
Mainz, 19. 11. 1788
Philosophie, der sich mit Mühe und Angst
in diesem Labyrinth ein wenig fortgeholfen hat, darf wohl hie
und da seine Unwissenheit oder seinen Unverstand auskramen, wenn er nur willig ist und sich weisen läßt. – – – Meinen

philosophischen Cursus habe ich zuerst in Wilna, in einigen Nebenstunden, für mich allein gemacht, und dabei unzähligemal gefühlt, wie glücklich ich seyn würde, wenn ich mich bei einem Freunde, der mehr wüßte als mein Compendium, mündlich Raths erholen könnte, wo ich einen Anstand hatte. Aus Mangel an philosophischen Vorkenntnissen und fast noch eigentlicher, weil ich den philosophischen jargon nicht verstand, gerieth ich mit Kant in Streit und laufe jetzt Gefahr vor Vieler Augen einen Sandreiter abzugeben, indem er sich mit seiner Kunstsprache in die unüberwindlichste, stachlichste Form des gehetzten Igels zusammengerollt hat, daß man glauben könnte, ihm sey gar nicht beizukommen. Allein im Grunde sind es doch nur Klopffechterstreiche, und er wird mich durch alle Winkelzüge nicht bereden können, daß er in der Sache von den Menschenracen recht habe.

Jacobi antwortete freundlich und machte ihm Mut. Der Aufsatz *Über Leckereyen* hatte ihn entzückt. Er hatte ihn für Lichtenbergs Werk gehalten. Ein wenig Materialismus leuchte freilich durch, und so fürchte er sich ein wenig der Sünde, daß er sichs zu gut habe schmecken lassen.

Als Theist bestand Jacobi auf der Existenz eines persönlichen Gottes. Freilich hätte auch Forster sich gern der fatalen Vorstellung, daß der Mensch nur ein fallender Stein sei — bestrebt, seine Bewegung nach Kräften fortzusetzen —, wie Jacobi durch einen salto mortale in den Glauben entzogen. Er wollte ihm auch das Recht dazu nicht absprechen und empfand selber die Ansprüche des Gefühls sehr deutlich. Aber er begriff einfach nicht, daß Jacobi nicht einsehen wollte, daß Menschen nur menschlich philosophieren können, daß der Glaube eine Sache des Gefühls, aber eben deshalb, dem Urteil der Vernunft entzogen, die Sache jedes einzelnen bleiben müsse. Sogar der Materialist schien ihm unwiderlegbar, solange das Gefühl der Schwäche in ihm nicht das Gefühl des Glaubens erzeugte.

Drum wollen wir nicht aufhören zu schreien: Freiheit, Freiheit, gränzenlose Freiheit in Allem, was über das in empirischer Anschauung des Objectiven Gegebene hinausgeht. Jeder wähle sich seinen Weg,

An Jacobi
Mainz, 8. 2. 1789

ohne daß es auf seine politischen Verhältnisse Einfluß habe, jeder *glaube* so wenig oder so viel, als er kann, jeder sage frei und ohne Furcht, was er glaubt, keiner erfreue sich bloß der *Duldung*, sondern jeder des anerkannten *Rechts* zu denken, wie und was sein ganzes Wesen mit sich bringt, nur der sey ausgeschlossen von unserm Bunde, der auf dem allein selig machenden Wege zu gehen und das compelle intrare zu mißbrauchen sich untersteht; denn er ist der Feind Aller, und deßwegen sey jedermanns Hand wider ihm.

Vielleicht lag es auch nur daran, daß seinen Ideen eine gewisse Beweglichkeit fehlte . . .

– – – wenn ich ihrer bedarf, muß ich sie hervorrufen, mühsam, mit ungeheurer Anstrengung aus ihren Schlupfwinkeln herausstöbern – – – und über den effort, den   An Jacobi
ich mache, ein paar von ihnen aneinander   Mainz, 8. 2. 1789
zu schmieden, reißt mir der Faden, als ob er von Sande wäre. Ich vermuthe, das liegt an der Mucosität, der Zähigkeit der Materie meines Gehirns, dessen Fibern und Fäserchen nicht die eigene Elasticität besitzen, welche zu jenen unaufhörlichen unwillkürlichen Schwingungen erforderlich ist.

Im April 1789 besuchte er Jacobi, zusammen mit Sömmerring und Therese. Diese kam erst nach einigem Hin und Her mit: sie war wieder schwanger. Dadurch geriet sie in eine üble Szene mit Jacobis älteren Schwestern.

Ich verhehlte nicht, daß ich ungern wieder Mutter würde — ich war damals in der schrecklichsten Epoche meines Lebens, wo ich mit Haß jedes Gefühls aufrecht er-   Therese Huber
hielt — aber meine Art unglücklich zu sein,   an Joh. G. Reinhold
erlaubte nie eine Jammercontenance — da-   12. 2. 1808
mals, 23 Jahre alt, sprang ich wie ein Reh — lieber Gott! – – – Da kam's, daß ich bei einem Spaziergang neben der steinernen Brücke immer an einer Seite auf die Bank hinauf sprang und an der anderen herab, so neben den beiden soliden Schwestern heranwandelnd. Sagt mir die Lene, ich thäte das wohl, um meinen Zustand zu vernichten.

Neben den Promenaden zwischen Fischteichen, kahlen Ulmen und babylonischen Weiden besuchten sie auch die Düsseldorfer Galerie, wo Therese eine *Ehebrecherin* bewunderte, deren ganzes Gesicht ihr die Ruhe der Unschuld zu verkünden schien. Das Wetter war ganz erträglich, aber Forster fror in den ungeheizten Räumen und bekam Kopfweh und Schnupfen in den geheizten. Er fühlte sich krank, kränker, als er zugeben wollte, und mußte überdies noch vorzeitig abreisen, weil der Kurfürst den Herren herauskehrte und für eine Besprechung über Bibliotheksangelegenheiten, die dann auch noch ins Wasser fiel, auf seiner Anwesenheit bestand.

Forster hatte den Winter über hart gearbeitet. Neben seiner Bibliotheksarbeit hatte er die umfangreiche *Geschichte des Schiffbruchs einiger Engländer auf den Pelewsinseln* übersetzt, für Archenholtzens *Britische Annalen* eine *Geschichte der englischen Litteratur vom Jahr 1788* geschrieben und bei Hoffmann in Hamburg seine in den letzten Jahren veröffentlichten *Kleinen Schriften* herausgegeben.

Seine kränkliche Anspannung hielt an, bis er sich im Juli mehrere Wochen im Rheingau bei einer Stahlbrunnenkur wieder erholte. In diesem Sommer begann die Französische Revolution.

Was hat Ihnen denn zu der Revolution in Frankreich gedünkt? Daß England sie ruhig hat geschehen lassen, ist sehr

An Heyne
Mainz, 30. 7. 1789

viel Treuherzigkeit und sehr wenig Politik. Die Republik von vierundzwanzig Millionen Menschen wird England mehr zu schaffen machen als der Despot mit dieser Menge Unterthanen. Schön ist es aber zu sehen, was die Philosophie in den Köpfen gereift und dann im Staate zu Stande gebracht hat, ohne daß man ein Beispiel hätte, daß je eine so gänzliche Veränderung so wenig Blut und Verwüstung gekostet hätte. Also ist es doch der sicherste Weg, die Menschen über ihren wahren Vortheil und über ihre Rechte aufzuklären; dann giebt sich das Uebrige wie von selbst.

Die Nationalversammlung beschloß am 5. August, alle Privilegien, die Leibeigenschaft, die Frondienste, die Ämterkäuflichkeit, den geistlichen Zehnten usw. abzuschaffen.

Frankreich schuf sich frey. Des Jahrhunderts edelste That hub

Da sich zu dem Olimpus empor!

Klopstock:
Kennet euch selbst

Bist du so eng begränzt, daß du sie verkennest, umschwebet
Diese Dämmerung dir noch den Blick,
Diese Nacht: so durchwandre die Weltannalen, und finde
Etwas darin, das ihr ferne nur gleicht,
Wenn du kanst. O Schicksal! das sind sie also, das sind sie
Unsere Brüder die Franken; und wir?

Welch eine Sitzung war die vom 5. August, von der französischen Nationalversammlung! Ich glaube, sie ist noch in der Welt ohne Beispiel. An Vollkommenheit, zu der es in menschlichen Dingen gebracht

An Heyne
Mainz, 15. 8. 1789

werden könnte, glaube ich freilich nicht mehr; allein es giebt doch Grade und Stufen des mehr oder weniger Unvollkommenen, und wenn da nur das Bessere errungen wird, so ist alles geleistet, was man von der Menschheit verlangen kann.

Der Geist, der jetzt alle Franzosen belebt, die Bürgerwache, die fröhlich-stolze Miene aller Einwohner, die Erzählungen selbst der

W. v. Humboldt
an Forster
Paris, 7. 8. 1789

geringsten aus dem Volke, machten mir schon ein überaus großes Vergnügen. *Wann werden doch andere Nationen einmal anfangen, solchem Beispiel zu folgen.*

Zusammen mit Wilhelm v. Humboldt, der ihn auf dem Rückweg aus dem revolutionären Paris besuchte, schrieb Forster den Aufsatz *Über Proselytenmacherei.* Darin verteidigte er einen katholischen Mainzer Amtmann, der einer protestantischen Witwe empfohlen hatte, ihre Kinder katholisch erziehen zu lassen, und daraufhin von der *Berlinischen Monatsschrift* heftig angegriffen worden war. Warum sollte der Mann nicht das Recht haben, seine Überzeugung zu vertreten, für seine Religion zu werben, *Proselyten* zu machen? »*Cuius regio — eius religio*«, dieser Grundsatz durfte nicht ewig gelten!

Freie Menschen nur können ihrer Bestimung gemäß handeln. Laßt uns hinwegeilen über das allzubekannte,

Über Proselyten-
macherei
S. 202 ff.

allzuwahre, was, so oft man es erwähnt, die
Lebenskraft selbst des Sklaven mit seiner
Wahrheit durchdringt: *Frei sein* heiße
Mensch sein; der Freie nur bilde sich hinauf zum Vollkomm-
nen – – – und genieße die Wonne, sich selbst und seinen Himmel im Busen mit Andern zu theilen! Ein freier Bürger eines
freien Staates, und zugleich ein Proselyt zu sein: das wäre
dann entweder ein Widerspruch, oder es gereichte dem Kopfe
und dem Herzen des *Freiwählenden* zur Ehre.

Man hat wohl eher den beklagenswerthen Zustand jener
Unglüklichen, die der Despotismus herabwürdigt, die er des
Adels der Menschheit beraubt hatte, durch eine schlaue peti-
tionem principii zum Beweise angeführt, daß die Vormundschaft eines Despoten ihnen unentbehrlich sei; als ob nicht
selbst das roheste oder auch das verworfenste Volk eine größere Masse von Einsichten und mehr lauteres Menschen-
gefühl in sich faßte, als je ein Despot allein besitzen kann. – – –
Der Druk des Despotismus, wenn er zu gewaltsam ist, wekt
auch in einem anscheinlich erstorbenen Staatkörper das
Selbstgefühl des Bürgers. Zum Selbstgefühl erwachen, heißt
schon frei sein; denn ein jeder Despotismus ist wie der nächt-
liche Alp verschwunden, in dem Augenblik, wo das Volk
zum ganzen Bewußtsein wieder erwacht. So schüttelt Frankreich itzt den Todesschlummer ab, in welchem es versunken
lag, und wird frei.

Einen Artikel über *Die Kunst und das Zeitalter,* in dem er —
wie Schiller der griechischen Lebenskultur — der griechischen Kunst nachtrauerte, veröffentlichte Forster in dessen
Zeitschrift *Thalia.* Die Verbindung knüpfte Ludwig Ferdinand Huber, der Forster bereits bei einer Übersetzung von
Dupatys *Briefen über Italien* geholfen hatte und inzwischen
ein enger Freund der Familie geworden war.

Mit Forstern hätte ich beynahe Lust eine Lanze zu brechen,
und die unterdrückte Parthey der neuen Kunst gegen ihn zu

Schiller
an Huber
Jena, 13. 1. 1790

nehmen. Er hat, däucht mir, alle seine
Begeisterung und die ganze Zaubergewalt
seiner Phantasie *seiner* Schönen zugetragen,
daß er einem Andern für seine andre alles übrig ließ. Ich muß

im Ernste gestehen, daß ich nicht ganz seiner Meinung bin, und ich finde ihn an manchen Orten durch Herderische Ideen zu sehr hingerissen. Aber auch seine unhaltbarsten Meinungen sind mit einer Eleganz und einer Lebendigkeit vorgetragen, die mir einen außerordentlichen Genuß beym Lesen gegeben hat. Danke ihm in Meinem Nahmen und in meiner Seele dafür.

Der in Paris geborene Huber war zehn Jahre jünger als Forster. Sein Vater war Französischlektor in Leipzig, seine Mutter Französin. Zweisprachig aufgewachsen, hatte Huber bereits früh Übersetzungen, hauptsächlich von Theaterstükken, zum Druck befördert und, seinem Stande gemäß, als Billardspieler in Richters Kaffeehaus geglänzt, die einzige körperliche Anstrengung, zu der er mit seiner kurzen eingedrückten Brust fähig war.

Seine Bühnenleidenschaft hatte ihn mit Gottfried Körner und Minna und Dora Stock zusammengeführt. Die vier bildeten jenes berühmte Kleeblatt, das 1784 einen Huldigungsbrief an den Verfasser der *Räuber* schrieb, ohne ihn persönlich zu kennen, und ihn so nach Leipzig lockte. Ein heiliger Fünfbund ward gegründet, in dem das *Lied an die Freude* entstand.

Körner verlobte sich mit Minna, Huber mit Dora Stock. Seine Eltern verschafften ihm eine kleine Stellung als diplomatischer Sekretär am sächsischen Hof, und 1788 wurde Huber als Sächsischer Legationsrat nach Mainz entsandt, zwei Jahre, nachdem in Schillers *Thalia* sein vorerst einziger Aufsatz *Abgerissene Gedanken über moderne Größe* erschienen war.

Forsters Erscheinen in Mainz konnte er gar nicht erwarten und eilte dem berühmten Mann, von dem er sich manche Anregung versprach, nach Frankfurt entgegen, um ihm im folgenden nicht von der Seite zu weichen.

Forster, dessen Herz immer nach Aufmerksamkeit verlangte, der immer schwach wurde, wenn er sich bewundert sah, zog ihn an sich, vor allem, als er bemerkte, daß Huber Therese geradezu anbetete. Ihr war er anfänglich mit seinem Enthusiasmus und seiner ständigen Zitiererei eher zuwider, bis seine nachgiebige Art sie schließlich versöhnte.

Daß sie wieder schwanger war, vermehrte Georgs Sorgen.

Mein Himmel, was sind wir Menschen! Diese schreckliche Dependenz von Trieben, die sich aller Vernunftherrschaft

An Therese
Pempelfort,
29. 3. 1790

entziehen, und die wenn man auch die Oberhand über sie erkämpft, sich dadurch unersetzlich rächen, dass sie unsere innere Harmonie zerstören — ich will lieber nichts mehr sagen, mich betäuben und an nichts denken, um nicht in eine Bitterkeit zu verfallen, die meinem übrigen Charakter nicht angemessen ist.

Seine literarische Existenz, seine Abhängigkeit von Buchhändlern, vom guten Wetter, von einer guten Verdauung und einer heiteren Phantasie ekelten ihn an.

[Ich] fühle, wie weh es thut um Geld und ⊙ arbeiten zu müssen. Wenn aber täglich alles theurer wird, so daß das Brod,

An Spener
Mainz, 17. 10. 1789

welchs heut vor einem Jahr noch 8 Kreuzer galt, heut 12 Kreuzer und 2 Pfennig gilt, wenn mich dies Jahr meine Wirtschaft über 3 000 fl. gekostet hat, wozu ich nur 1764 an fixer Besoldung einnehme; wenn ich sehe, daß meine Familie sich vermehrt; wenn endlich mein Hauswesen so bestellt ist, daß jede Einschränkung, die ich vornehmen könnte, ipso facto mich selbst zu einem armseligen Menschen machen, meine Geisteskräfte durch Vervielfältigung von Tausenden kleinen Details, und durch Vermehrung der kleinen, in jeder Minute recurrirenden Unannehmlichkeiten, abstumpfen würde — dann fühle ich die eiserne Nothwendigkeit mit dem Strome fortzuschiffen, und *Geld* zu erwerben – – –

Den ganzen Winter durch sollte er nun wieder übersetzen und kompilieren: eine *Geschichte der Kunst in England vom Jahre 1789*, eine *Geschichte der englischen Litteratur vom Jahr 1789* usw.

Mein Kopf ist leer, ich weiß der Welt nichts Eigenes mehr zu sagen. Wer doch auch nach Italien, oder nach England, oder

An Jacobi
Mainz, 15. 11. 1789

nach Spanien oder noch weiter hin, wo nur irgend Neues zu sehen ist, reisen könnte! Denn am Ende, mehr hat man doch nicht, als was einem durch diese zwei kleinen Oeffnungen der Pupille fällt und die Schwingungen des Gehirns erregt! Anders als *so* nehmen wir die Welt und ihre Wesen nicht in uns auf. Die armseligen vier und zwanzig *Zeichen* reichen nicht aus; etwas ganz Anderes ist die *Gegenwart* der Dinge und ihr unmittelbares *Einwirken.* Ich werde in diesen Tagen fünf und dreißig Jahre alt, die beste, weit die beste Hälfte des Lebens ist dahin; und mir wie unnütz verflossen! — Ich wende mich weg von dieser öden Ansicht. —

Im November wurde Klara, die zweite Tochter, geboren. Bald darauf fand die Uraufführung von Hubers erstem Drama, das von Schiller zum Teil schon vorabgedruckte und mit größter Spannung erwartete Trauerspiel *Das Heimliche Gericht,* in Mannheim statt. Forster und Huber fuhren zu der Premiere. Iffland spielte die Hauptrolle. Die Aufführung war trotzdem ein Desaster. Unter der Hand hatte Direktor Dalberg den unspielbaren Schluß des Stücks verändert, und vor einem verständnislosen Publikum kam die Tragödie mit der überraschenden Abdankung des Helden zu einem unerwarteten Ende.

Forster beschloß, mit Alexander von Humboldt, dem Bruder von Wilhelm, im Frühjahr 1790 nach England zu reisen und dabei auch das aufständische Lüttich und das revolutionäre Frankreich zu besuchen.

Bisher hatten sich die Mainzer gut gehalten, obwohl die Teuerung voranschritt und Ende Oktober eine Wetzlarer Zeitung — wahrheitswidrig — behauptet hatte, daß in Aschaffenburg die Schloßfenster eingeworfen worden wären. Im Februar 1790 kam es nun tatsächlich im Oberstift zu einer seltsamen Unrast. Am 14. Februar marschierten 225 Soldaten und acht Musiker unter dem Kommando des Feldmarschalls Hatzfeld in die aufrührerische Provinz, und zwar mit Billigung des Kabinettsrates Johannes Müller, der sechs Monate zuvor den Tag der Erstürmung der Bastille als den schönsten Tag seit dem Fall Roms gepriesen hatte.

Auf dem Weg kam ein Soldat aus dem Tritt und verlor so ein Auge im Bajonett des Vordermanns. Da man keine Aufständischen finden konnte, kam es zu keinen weiteren Verlusten.

Reisebilder 1790

Forster und Humboldt verließen Mainz Ende März. Kurz
zuvor war der Kaiser gestorben. Das im Dom aufgeführte
Trauergerüst war schon wieder abgebrochen, aber die Glok-
ken läuteten immer noch täglich eine Stunde.
Der Rhein führte wenig Wasser, und seine desto grüneren
Wellen trugen die Jacht langsam stromabwärts. In den öden
Weinhängen blühten Pfirsichbäumchen.
Auf dem Ehrenbreitstein, wo die Gefangenen mit ihren
Ketten rasselten und, um Almosen bittend, Löffel zu den
räucherigen Gitterfenstern hinausstreckten, trafen sie sich
mit Iffland. Zusammen reisten sie nach Pempelfort zu
Jacobi, der sie herzlich aufnahm.
Das *Jüngste Gericht* von Rubens in Düsseldorf gefiel Forster ganz und gar nicht. Diese traubenähnlichen Gruppen
von Menschen, die, als ekelhaftes Gewürm ineinander verschlungen, eine verworrene Masse von Gliedern vorstellten,
einen kannibalischen, unaussprechlich ekelhaften Fleisch-
markt, das hangende, erschlaffte, lappige Fleisch, die Plump-
heit aller Umrisse und Gliedmaßen widerten ihn an. Ihn
freute ein *Johannes der Täufer*, damals Raffael oder Andrea
del Sarto, heute Daniele da Volterra zugeschrieben.

Kraft in Ruhe, nicht Abspannung, sondern Gleichgewicht;
dies ist das aufgelösete Problem. Wir sehen einen Mann
in Jünglingsschönheit sitzen; der Körper

Ansichten vom
Niederrhein
S. 76 f.

ruhet, doch nur vermittelst wirkender Muskeln, und der rechte Arm schwebt frei mit
der gefüllten Schale. Indem er sie zum Munde führen will,
verliert sich sein Geist in seiner inneren Gedankenwelt, und
seine Hand bleibt, ihm unbewußt, schweben. - - - Die Deu-
tung dieser Umrisse, dieser Züge bleibt durch alle künftige
Äonen unverändert dieselbe - - - Durch Enthaltsamkeit und
Verläugnung geschärft und geläutert, ergründete sein reiner

Sinn die Zukunft. In einsamen Wüsteneien denkt er dem großen Bedürfnisse des Zeitalters nach. Zu edel, zu groß für sein gesunkenes Volk, hatte er sich von ihm abgesondert, hatte es gestraft durch das Beispiel seiner strengen Lebensordnung, und kühn gezüchtigt mit brennenden Schmachreden. Jetzt fühlt der ernste Sittenrichter tief, daß diese Mittel nichts fruchten; in die ekelhafte Masse selbst muß sich der edle Gährungsstoff mischen, der ihre Auflösung und Scheidung bewirken soll. – – – Wer ahndet den Feuerstrom der Rede, der sonst von diesen Lippen floß, allen Widerstand bändigte, und die zagenden Herzen ergriff? Diese überwundenen, gerührten Lippen sinken in die Ruhe der großen, freudigen Zuversicht.

Mißgestaltetes, Unzweckmäßiges, Zerstörendes, abstoßende Kreuzigungen, die Abbildung Gottes — dies alles wollte Forster aus der Kunst verbannt sehen. —

Die vierzehn Zünfte der Reichsstadt Aachen lagen im Streit. Die Kupfermeisterzunft, die aus zwölf Köpfen bestand, hatte bei der Wahl des Bürgermeisters ebenso viele Stimmen wie die zwölfhundertköpfige Krämerzunft, die Weberzunft keine einzige. Fünfhundert pfälzische Soldaten hielten seit drei Jahren die Stadt besetzt und sorgten für Ruhe. Dohm, Forsters ehemaliger Kollege in Kassel, hatte in preußischem Auftrag für die Stadt einen neuen Konstitutionsplan ausgearbeitet, der freilich noch genehmigt werden mußte.

Es war Karfreitag. Die Büßer schleppten hölzerne Kreuze von gewaltigem Gewicht; ungeachtet des schneidenden Nordwinds waren sie barfuß und unter ihren Kitteln fast nackt.

In der Cathedralkirche, die nur zuviel kleinliche Zierrathen hat, sahen wir Säulen von Marmor, Granit und Porphyr, und einen Stul von schlechtem weissen Marmor, An Therese dessen Gestalt an Jupiters Sitz in Blum- Aachen, 1. 4. 1790 auers travestirter Aeneis erinnert, worauf seit Karls des Grossen Zeiten, mancher Deutsche Kaiser gekrönt worden ist. So sehr ich eingeladen ward mich drauf zu setzen, fühlte ich nicht die geringste Versuchung dazu, und dachte dabey, wenn doch mancher Deutsche Fürst, der gern Kaiser wäre, mit meiner Art zu sehen da vor dem Stul stünde: vielleicht nähme es dann mit diesem Wust von leeren Formalitäten ein Ende, in welchem der Zusammenhang des *Dings* besteht, das man mit dem ehrenvollen Namen einer Deutschen Reichs-constitution belegt. Wenn unsere grossen Fürsten weise genug seyn werden, die Scheinwürde, womit man sie nur zum besten hat, zu verlachen, und wenn dann Kleinere, die sich gelüsten lassen, an ihre Stelle zu treten, den Kaisernamen vollends zum Gespött der Kinder machen, so wird man end-lich inne werden, dass die Possen die man zu Regensburg, zu Wezlar und sonst, mit dem Namen des Deutschen Reiches treibt, dem Ausland nicht allein verächtlich, sondern auch der Würde denkender Menschen nicht angemessen sind. Dann wird Deutschland eine Constitution erhalten, die nicht in Worten, in albernen und kostspieligen Ceremonien, in Nichtswürdigkeiten, die leeren Köpfen Importanz geben, sondern in Kraft und That besteht.

Die wichtigste Industrie, die Wollweberei, hatte die Mauern der Stadt verlassen, in der kein Meister mehr als vier Web-stühle und vier Gesellen beschäftigen durfte. Eine Stunde Wegs entfernt fand man in Vaal, auf holländischem Gebiet, Gewerbe- und Religionsfreiheit. Katholiken, Lutheraner, Reformierte, Juden und Mennoniten hielten ruhig nebenein-ander Gottesdienst. Außer einem Grundzins war keine Steuer zu erlegen. Diese Einrichtung, welche die Republik der Vereinigten Niederlande in allen Generalitätslanden (den von Spanien zurückeroberten Gebieten) eingeführt hatte, hatte das kleine Dorf in kurzem in eine Szene des zwang-losesten Fleißes verwandelt.

Mit unbeschreiblichem Genuß nahm Forster die Tuch-fabriken des Herrn von Clermont, des Schwiegervaters von Jacobi, in Augenschein.

Im Postwagen nach Lüttich wurde heftig politisiert. In der Stadt selbst schienen sich die Leute mit den öffentlichen Angelegenheiten fast mehr als mit ihren privaten zu befassen. Aus Frankreich war ein Funke in das geistliche Fürstentum übergesprungen. Der drohende Bankrott der Stadt hatte die Bürger bewogen, den alten Magistrat abzusetzen und sich selbst einen neuen zu wählen. Der Fürstbischof war geflohen.

Preußische Truppen hatten die Zitadelle besetzt, um einer Vereinigung Lüttichs mit Frankreich zuvorzukommen, den Rebellen jedoch versprochen, ihre Interessen gegen den Bischof zu verteidigen.

Die Namen des *Königs von Preußen,* des Grafen *v. Herzberg,* des *Generals von Schlieffen* und des *Herrn v. Dohm* wurden nicht anders als mit einem Ausdruck der Verehrung und Liebe, mit einer Art von Enthusiasmus genannt. – – – Bei dem na- *Ansichten vom Niederrhein S. 110 ff.* türlichen Hange der Menschen, das Langgewohnte für etwas Nothwendiges und Gutes zu halten, folglich ihre Vorgesetzten, bloß weil es die ihrigen sind, und man es ihnen gelehrt hat, zu ehren und zu lieben, muß in der That eine schrecklich empörende Mißhandlung des Volks hier vorgegangen seyn, um dieses Band zu zerreißen und den hohen Grad von Erbitterung, der sich durchgängig äußert, gegen den Bischof zu erwecken. Die Wuth — man kann es kaum anders nennen, was sie bei dem Nennen seines Namens augenblicklich entflammt — die Wuth ging so weit, daß sie sich gegen ihn der härtesten Ausdrücke bedienten und ohne alle Zurückhaltung von ihm als einem verworfenen, des Fürstenstuhls unwürdigen Menschen sprachen. – – – In den Wirthshäusern und Kaffeehäusern sahen wir fleißige Zeitungsleser, und selbst der gemeine Mann politisirte bei seiner Flasche Bier von den Rechten der Menschheit – – – Die wichtigen Fragen, worüber wir hier deraisonniren hörten, kann zwar ein Köhler oder ein Schwerdtfeger nicht entscheiden; allein unter allen Menschen, denen diese Fragen zu Ohren gekommen sind — wie viele giebt es, deren Vernunft für kompetent zur Entscheidung gelten kann? Und werden diese kompetenten Richter unter sich einig seyn? Wahrhaftig! wenn niemand sich unterstehen dürfte, über Dinge zu sprechen, oder vielmehr seine Verstandeskräfte an Dingen zu üben, die er nicht rein bis auf die letzten Gründe sich entwickeln kann; so gehörte die große Masse der fürstlichen Automaten, des ungebildeten und ausgearteten Adels, der juristischen Tröpfe, der Theologen, die ihre Dogmatik nur auswendig wissen, zu den ersten, denen man Stillschweigen gebieten müßte, indeß nur wahre Weise sprechen, und — was mehr ist — regieren dürften. Neben so vielen Rechten, welche die Menschen veräußern und übertragen konnten, um den Vortheil der Vereinigung zu einem Staate zu genießen, giebt es auch andere, welche ihrer Natur nach unveräußerlich sind; und unter diesen stehet das Recht, ihre Geistesfähigkeiten durch Entwicklung, Übung und Ausbildung zu vervollkommnen, oben an.

Freilich, was Preußen bewegte, war nicht demokratischer Enthusiasmus, sondern die alte, von Hertzberg fortgeführte antiösterreichische Politik Friedrichs II. Der verjagte Fürstbischof hatte auf Seiten des Kaisers gestanden.

Wie aber das individuelle Interesse *eines* Hofes sich vollkommen mit der Begünstigung der Volkspartei reimen läßt, so zeichnet die Selbsterhaltung *andern* einen

Ansichten vom Niederrhein S. 132f.

entgegengesetzten Gang der Affairen vor. Mit jedem Eingriff in die Rechte eines geistlichen Fürsten, mit jedem Vortheil, den sich der dritte Stand erringt, mit jedem Schritte, wodurch er sich dem Kapitel und dem Adel an die Seite zu stellen und neben ihnen geltend zu machen sucht, wird die Verfassung geistlicher Wahlstaaten in ihren Grundfesten erschüttert und mit einem nahen Umsturz bedroht. Gesetzt also, das Volk von Lüttich hätte wirklich nur in der Form gefehlt, indem es aus eigener Macht und Gewalt – – – durch eine allgemeine Akklamation sich selbst neue Magistratspersonen schuf; so wird doch, wo so viel, ja wo alles von Heiligung der Form abhängt, die Unregelmäßigkeit der Procedur ihre Aufhebung und Annullirung bewirken müssen. Das preußische Kabinet scheint diese Nothwendigkeit endlich einzusehen; und weil es weder mit dem deutschen Fürstenbunde brechen, noch auch plötzlich gegen die Lütticher, die es bisher beschützte, Zwangsmittel brauchen mag, zieht es endlich seine Truppen in wenigen Tagen zurück und überläßt den andern niederrheinischen Fürsten die Ausführung des Wetzlarischen Exekutionsdekrets.

Als Forster und Humboldt weiterfuhren, waren die Lütticher schon dabei, sich auf die Verteidigung ihrer neuen, demokratischen Verfassung unter anderem gegen die Truppen des Mainzer Kurfürsten vorzubereiten.

Wie schrecklich erschien Forster, verglichen mit Lüttich, der Zustand der österreichischen Niederlande! Vergebens hatte Joseph II. versucht, die Macht des Klerus zu brechen. Ein von der Kirche angezettelter Aufruhr hatte die Österreicher aus dem Land gejagt. Seit Januar waren die »Vereinigten belgischen Staaten« unabhängig. Aber es war eine dürftige Unabhängigkeit. Am Strick des Aberglaubens beteten es nun die »unabhängigen« Schäfchen ihren Beichtvätern nach: *»Nous ne voulons pas être libres!«*

In Mecheln besichtigten Forster und Humboldt die Kathedralkirche.

Hier standen wir, als der *Kardinal Erzbischof von Mecheln* hereintrat, und uns die Benediktion ertheilte. Er war in einen langen Scharlachrock und Mantel gekleidet, mit einem rothen Käppchen auf der *Ansichten vom Niederrhein* S. 149
Perücke; ein Mann von ziemlich ansehnlicher Statur und schon bei Jahren, mit einem weichen, schlaffen, sinnlichen Gesicht. Er kniete hinter dem großen Altar und betete, besah aber dabei seine Ringe, zupfte seine Manschetten hervor, und schielte von Zeit zu Zeit nach uns, die wir, in große Mäntel gehüllt, vielleicht ein verdächtiges Ansehen hatten.

Keine Unwissenheit war vollkommener, keine Finsternis dicker, nie drückte das Joch des Glaubens die Vernunft bleierner in den Staub. Die Kirchen und Klöster in Brüssel waren zu allen Stunden des Tages mit Betenden angefüllt.

Im Hafen von Dünkirchen sah Forster zum ersten Mal seit zwölf Jahren wieder das Meer.

Ich werde Dir nicht schildern können, was dabei in mir vorging. Dem Eindrucke ganz überlassen, den dieser Anblick auf mich machte, sank ich gleichsam unwill-
kührlich in mich selbst zurück, und das Bild *Ansichten vom Niederrhein* S. 236 f.
jener drei Jahre, die ich auf dem Ocean zubrachte, und die mein Schicksal bestimmten, stand vor meiner Seele. Die Unermeßlichkeit des Meeres ergreift den Schauenden finstrer und tiefer, als die des gestirnten Himmels. Dort an der stillen, unbeweglichen Bühne funkeln

ewig unauslöschliche Lichter. Hier hingegen ist nichts wesentlich getrennt; ein großes Ganze, und die Wellen nur vergängliche Phänomene. Ihr Spiel läßt nicht den Eindruck der Selbstständigkeit des Mannichfaltigen zurück; sie entstehen und thürmen sich, sie schäumen und verschwinden; das Unermeßliche verschlingt sie wieder. Nirgends ist die Natur furchtbarer, als hier in der unerbittlichen Strenge ihrer Gesetze; nirgends fühlt man anschaulicher, daß, gegen die gesammte Gattung gehalten, das Einzelne nur die Welle ist, die aus dem Nichtseyn durch einen Punkt des abgesonderten Daseyns wieder in das Nichtseyn übergeht, indeß das Ganze in unwandelbarer Einheit sich fortwälzt. – – – Es war jetzt Ebbezeit, und auf dem entblößten Sande lagen Seesterne, Meernesseln, Korallinen, Madreporen, Muscheln, Seetang, kleine Krebse, kurz allerlei, was in den Fluthen Leben hat, in Menge angeschwemmt. Insbesondere erstaunten wir über die vielen viereckigen, gehörnten kleinen Beutelchen, von einer glatten, schwarzen, faserigen, lederartigen Substanz, die man Seemäuse nennt, ob sie gleich eigentlich die Hülsen oder Eierschalen der jungen Rochen sind. Wir beschäftigten uns einige Zeit mit der Einsammlung dieser Naturalien. Plötzlich umleuchtete uns die Sonne. Die düstre graue Farbe des Wassers verwandelte sich in durchsichtiges, dunkelbläuliches, auf den Untiefen blasseres Grün; die Brandung an den äußersten Sandbänken schien uns näher gerückt und brauste schäumend daher wie eine Schneelavine; große Strecken des Meeres glänzten silberähnlich im zurückgeworfenen Licht, und am fernen Horizonte blinkten Segel, wie weiße Punkte. Eine neue Welt ging uns auf. Wir ahndeten in Gedanken das gegenüber liegende Ufer und die entfernten Küsten, die der Ocean dem kühnen Fleiße des Menschen zugänglich macht.

Am 5. Mai gingen sie in Helvoet bei Regenwetter aufs Paketboot. Wie gern und mit wie feinen Sinnen die Seeleute einen Scherz auffaßten! Die Schiffsjungen erschienen Forster wie Abkömmlinge von Halbgöttern, so edel waren ihre Züge.

Die Engländer waren sich gleichgeblieben, zurückhaltend, mißtrauisch, gleichgültig gegen Auswärtige. Man trug keine Degen mehr und statt der dreieckigen Hüte nun runde. Die Fingernägel züchtete man nach indischer Kolonialmode lang und feilte sie spitz zu, während die Schnürbrüste bei den Damen so üblich waren wie eh und je, auch wenn nun der fürchterlich hohe Florbusen eine Art von Exkreszenz vor der Brust bildete, welche freilich den Vorteil hatte, diesen zarten Teil vor Beschädigungen zu sichern.

Zwischen Gemälde- und Antikensammlungen, Theaterbesuchen und Naturalienkabinetten, in denen Humboldt fleißig arbeitete, besuchten sie eine Aufführung des *Messias* und den Hastings-Prozeß. Der ehemalige Gouverneur von Indien, der dem Staat zu mächtig geworden war, stand wegen Korruption vor Gericht. Eine Eintrittskarte kostete eine halbe Guinee.

Welch ein Anblick! Die Hyazinthenflor in Harlem war nicht prachtvoller, und duftete nicht stärker! Fast alles ist weiß: wenigstens lauter weiße Enveloppen und Kopfzeuge, und beinahe kein anderes als rosenfarbenes und himmelblaues Band.
Rundreise von Mainz aus 1790 S. 292f.
Nirgends ist ein Hut zu sehen; denn hier ist alles full dress'd, was den Kopf betrifft. – – – Die Zuschauer, auf vielen Reihen von Bänken umher und über einander, können vielleicht zweitausend ausmachen. – – – Göttliche Publicität! erhabene Würde der Gerechtigkeit, die nicht das Licht scheuet! Daß kein Volk, kein Land, keine Stadt es wage, sich *frei* zu nennen, so lange ihre Richter bei verschlossenen Thüren über das Schicksal ihrer Mitmenschen entscheiden!

Die kurze Seereise hatte Forster krank gemacht, und ein epidemischer Katarrh fiel ihm auf Augen, Ohren, Backen, Hals und Zähne. Der Empfang bei den englischen Bekannten war nicht dazu angetan, ihn zu erwärmen. Ein erst kürzlich von seinem Vater verfaßtes Pasquill, das *Tableau d'Angleterre*, hatte die Londoner Vorurteile gegen den Namen Forster aufgefrischt. Sir Joseph Banks war gegen Georg höflich und kalt. Dennoch durfte Alexander von Humboldt täglich in seinem Kabinett studieren. Die Bibliothek des Physikers Cavendish stand ihm offen, und William Bligh, Kapitän der *Bounty*, ging mit ihm spazieren.

Viele Jahre später, in den Äquinoktialgegenden Südamerikas, sollte Humboldt dieser Stunden gedenken.

Nachdem wir aus den Gluten des Magdalena-Tales in die Eis-
zone der hohen Kordilleren bei Huangamarca zurückgekehrt

A. v. Humboldt:
Reisetagebuch
18. 9. 1802

waren, nachdem wir in $2\frac{1}{4}$ Stunden eine
Felswand von beinahe 700 Toisen Höhe erklommen hatten, entdeckten wir von der
Höhe der Anden aus die Südsee! Es war das erste Mal, daß
sie sich unseren Augen in aller Klarheit darbot. – – –
    Welch ein Genuß! – – – Man glaubt beim Anblick des
Meeres einen alten Freund zu sehen, das Herz geht einem
auf – – – Vom Rücken der Anden, umringt von den Trümmern eines weisen und arbeitsamen Volkes, suchten unsere
Augen die glücklichen Inseln, auf denen noch die Unschuld
der Sitten und die Charakterstärke bestehen, welche die
Europäer hier zerstört haben. Völker von Tahiti, seid ihr
nicht Brüder der alten Peruaner! – – – Forster, Bougainville,
Banks . . . teure Namen —

Er schlief viel, und Forster hatte zu tun, ihn in der Frühe aus
dem Bett zu bekommen. Humboldts Körper litt, weil sein
Geist rastlos tätig war; offensichtlich hatte die logische
Erziehung der Berliner seinen Kopf zu sehr mitgenommen.
Und doch dachte er noch im hohen Alter wehmutsvoll an
Forster zurück.

Durch ihn begann eine neue Ära wissenschaftlicher Reisen,
deren Zweck vergleichende Völker- und Länderkunde ist. – – –

A. v. Humboldt:
Kosmos
S. 51 f.

Nicht etwa bloß in einer trefflichen Beschreibung der zweiten Reise des Kapitän
Cook, mehr noch in den Kleinen Schriften,
liegt der Keim zu vielem Großen, das die spätere Zeit zur
Reife gebracht hat. Aber auch dieses so edle, gefühlreiche,
immer hoffende Leben durfte kein glückliches sein!

Die Reise führte sie ins Innere der Insel. In Slough sahen sie
Herschels gewaltiges Teleskop, durch dessen riesigen Tubus
der Mond fast so blendend hell erschien wie die Sonne. Das
sechzigtausend Pfund schwere Gerüst mit seinen zwei Holz-
häuschen — eines für den bewegenden Diener, das andere für
Miss Herschel, die Entdeckerin des Herschelschen Kometen
— glitt auf Rollen und Rädern sanft dahin, ein Wunderwerk.

Über Richmonds reiche Hügel, über Bath, Bristol und das käsefette Glocestershire gelangten sie nach Birmingham. Die Straßen wimmelten von Menschen, die zerlumpt und ungewaschen waren und in elenden Häusern lebten, der für England damals schon gewöhnliche Anblick einer großen Fabrikstadt. Die Einwohnerschaft hatte sich seit hundert Jahren verfünfzehnfacht. Die 60 000 Bewohner hatten kein Wahlrecht. Freilich gab es Stimmen, die eher einen Vorteil darin sahen, daß die Industrie auf diese Weise niemals durch Wahlen und Parteigeist gestört wurde.

Nach einer gewissen Moral, die in allen Übeln einen Trost findet, mag dieses Raisonnement sehr philosophisch sein – – –
Wie unbeträchtlich aber im Ganzen diese *Rundreise von* nach sieben Jahren erst wiederkehrende *Mainz aus 1790* Störung gegen den schöneren, edleren Ge- *S. 324f.* winn an inneren Kräften ist, das kann nur der fühlen, den eigene Erfahrung gelehrt hat, wie sehr die Arbeit gewisser mechanischen Künste die Seele stumpf läßt; wie streng auch in den freiesten Ländern die Disciplin einer großen Manufaktur ist, und wie sehr der durch stete Nahrungssorgen gedrückte Geist es bedarf, wenigstens periodisch erweckt, auf größere Zwecke geleitet, und des wohlthätigen Gefühls von seinem eigenen Werthe kundig zu werden.

Ende Juni setzten sie von Dover ins französische Calais über und eilten nach Paris. Forsters Urlaub ging zu Ende. In der Kutsche reiste ein Franzose mit, der wie so viele auf dem Weg nach Paris war, um den Jahrestag der Erstürmung der Bastille zu feiern. Von Zeit zu Zeit schrie er »*Vive la Nation!*« aus dem Wagen, ein Ruf, der stets mit allgemeinem Jubel erwidert wurde.
Sie besuchten die Nationalversammlung, und Humboldt karrte Sand zu dem noch unvollendeten Tempel, der auf dem Märzfeld zum Nationalfeiertag errichtet wurde. Hunderttausende von Freiwilligen arbeiteten dort im Taumel der Freiheit. Sogar der König legte Hand an. Mit Trommeln und Kriegsmusik, die Schaufeln auf den Schultern, zogen die begeisterten Scharen Arm in Arm unter Gesängen zu ihrem Tagwerk und verließen später als die Sonne das Feld.

201

Als am 14. Juli 1790 in den neunzehnhundert Städten und hunderttausend Dörfern Frankreichs zur selben Stunde der schmetternde Schwur wechselseitiger Liebe und Treue aufstieg, weilte Forster bereits wieder in Mainz.

Der Sympathisant

Bald nach Forsters Abreise hatte die seit kurzem verwitwete Caroline Böhmer ihre alte Freundin Therese besucht.

Im Frühjahr 90 bracht ich einen Monat in Mainz zu, während Forsters Abwesenheit. Therese ist glücklicher — ist verändert — und immer dieselbe — intoleranter wie je — einseitig — aber unaussprechlich wohlthätig für wenige, mit gemäßigtem Geist ihrer Schöpfungen genießend. Nie hat sie so viel wahres Gutes gethan. – – – Die Kinder sind Engel — Clary sprüht von feurigem Leben — Therese hat etwas vom Vater. F[orster] ist, wie Sie ihn kennen, der schwächste aller Menschen, und schwächer wie er seyn könte, weil er neben ihr steht; verdammt, mitten inne zu stehn zwischen solchen die ihm nichts seyn können und denen er nichts ist. Sie sagen von ihm, er misbraucht sein Talent? nein, er nutzt es, wofür es gut ist, denn es würde nie etwas Großes hervorbringen — er erwirbt sich ein gemächliches Auskommen und damit häusliches Wohlseyn — und durch Arbeitsamkeit Frieden, den sie unterhält, weil er heilsam für das Ganze ist, und weil die Umstände sich so fügen, daß sie nicht gezwungen ist ihn zu unterbrechen. Er schreibt jezt Reisen, in welchen zu viel Gutes für die Menge und zu viel Studium und Haschen nach gefühlvollem Raisonnement für einzelne ist. Wenn Sie kürzlich keine Nachricht unmittelbar von dorther hatten, so werden Sie mir diese danken. Wir haben viel von Ihnen gesprochen. Es waren schöne Abende, wenn wir uns spät noch in einen Nachen sezten und den Rhein hinunter wiegen ließen. Therese wünscht, ich möchte dort leben können — allein noch seh ich keine Möglichkeit.

Caroline Böhmer
an F. L. W. Meyer
Marburg, 1. 3. 1791

Nun fingen wir uns zu lieben an, Huber und ich — den eh Forster nach England ging, hatten wir nie in irgend einen

Verhältniß gestanden — der Zufall entdekte unsern Herzen, wie nahe sie waren, und Forsters häusliche Ruhe war dahin. Er wird Dir ja wohl viel erzählt haben — Er war unendlich edel, gut, menschlich — aber vor dem Unglück, was ihn traf, konnte ihn nichts hüten — lieben konnte ich ihn nicht, und lieben — nun zum erstenmal aus Herz und Sinnen und Verstand — lieben muste das liebevollste Herz, das jezt nicht mit dem Ungestüm erster Jugend, aber der unabänderlichen Innigkeit eines gebildeten Gefühles liebte.

Georg aber schwärmte für Therese wie nie zuvor.

Dein Herz, meine Therese — alles andere ist Tand. – – – O sey stolz in dem Bewusstseyn alles dessen, was Du bist, Dir
bist und uns! Ich bin über allen Begrif stolz und hochmüthig, indem ich Dir dies schreibe und dies denke, denn wenige konnten *Dich* finden, wenn sie auch viel von Dir fanden.

Wie hing er an ihr, der holden Seele, und wie hoffte er auf ihre Verzeihung, wenn er in langen Briefen sein Herz überströmen ließ! Er wäre gern mehr gewesen, als er war. So weit, wie endliche Wesen kommen konnten, ohne ihre Individualität zu verlieren, fühlte er sich durch sie hinaufgeadelt.

Hubers Bewunderung für Therese hob die seine, wie es einst mit Meyer gewesen war, und als Forsters im Herbst für das Professorenhaus in der Neuen Universitätsgasse einen Hauptmietvertrag bekamen — Heyne half mit 500 Reichstalern —, zog Huber zu ihnen.

Sofort nach seiner Rückkehr hatte Forster mit der Ausarbeitung seiner *Ansichten vom Niederrhein, von Brabant, Flandern, Holland, England und Frankreich im April, Mai und Junius 1790* begonnen. Wie bei vielen Reisebeschreibungen üblich, war das Werk im Briefstil gehalten. Spener, dem Forster das Buch natürlich zuerst anbot, drückte ihn in seinen finanziellen Forderungen herab und zögerte seine Zusage so lange hinaus, bis Forster stattdessen mit dem Verleger Christian Friedrich Voß abschloß.

Das Gesehene war zum großen Teil bekannt; um so mehr mußten seine Empfindungen, seine Art zu denken, die philosophisch freie Betrachtung das Wesentliche sein, auch wenn seine Ansichten die besten Freunde etwas bange machten.

Und mein Figaro hat Ihnen Vergnügen gemacht? Das belohnt und ermuntert mich sehr. In dem Brieffe, den Sie darüber schreiben, steht etwas, davon ich nicht überzeugt bin, und so will ich Ihnen mein Vertrauen auf Sie und meinen Glauben an Ihre Nachsicht, damit beweisen — daß ich es geradezu sage.

Iffland
an Forster
Mannheim, 30. 6. 1790

»Unsre Freiheit ist nahe, ich bitte nicht mehr darum, sondern daß das Volck dann die Barmherzigkeit üben möge, welche uns unsre Tyrannen, so oft versagten.«
Ich bekenne, daß ich auf diese Epoke mich nicht freüe, daß ich mich betrübe, wenn sie eintritt! — Wenn die iezige Form geändert würde, der erste Stand von seinen Bänken heruntergestoßen, der dritte, sich an deßen Stelle, darauf breit machte, was gewönnen wir? — Die Gröblichkeit des Pariser tiers etat mißfällt mir, was würde aber nicht erst der tiers état von Wien und Bremen machen? — Wer ist es, der zu Paris die Revolution vorbereitet und fast entworfen hat, als die Gelehrten? — So würde es, und so müßte es auch in Deutschland seyn. Nun aber — Allgütiger! bewahre Deutschland vor den deutschen Gelehrten! — — —
Es ist mir recht, wenn wir bleiben wie wir sind. Es käme nicht beßres nach.

Sie haben Ihre Reisenachrichten angekündiget. Mir wird bange dabei. Wie werden Sie sie für das große Publicum interessant genug machen können! wie werden Sie allen Beleidigungen eines u. des andern ausweichen! werden Sie der Empfindung, der Phantasie, u. dem Hang über Religion zusprechen, immer steuern können! Sie gehen auf Kohlen, u. ich wünsche daß Sie nichts schreiben, was Ihre Ruhe untergräbt. Mit herzlicher inniger Liebe der Ihrige H

Heyne
an Forster
Göttingen, 22. 8. 1790

Forster schmerzte diese Ängstlichkeit. Wie sollte er etwas zum Vorschein bringen können, wenn er nicht ganz unbefangen aus sich selbst schöpfte! Er glaubte bemerkt zu haben, daß sich die Revolution in Frankreich mehr konsolidiert hatte, als man in Deutschland wahrhaben wollte, freute sich sehr, bei Johannes Müller, dem alten Freund und Geheimen Mainzer Staatsrat, Zustimmung zu finden, und hoffte auf preußische Politiker wie Hertzberg, Dohm und Schlieffen, die aus urpreußischem Interesse der Republik gegenüber eine wohlwollende Neutralität wahren wollten.

Joseph II. war gestorben. Kurfürst von Erthal schwelgte im Gefühl, bei der Inthronisation des neuen Kaisers eine besondere Rolle zu spielen. Freudig empfand er seine Bedeutung als krönender Fürst, Vorsitzender des Kurfürstenkollegiums, erster Bischof im Reich usw. Seine siegreich aus Aschaffenburg heimgekehrte Armee warf er nach Lüttich, und in dem von allen Truppen verlassenen Mainz kam es nun wirklich zu ernsthafteren Unruhen.

Seit mehreren Wochen betrugen sich die Studenten aus der theologischen und philosophischen Classe sehr schlecht,

An Heyne
Mainz, 7. 9. 1790 schwärmten des Nachts, schlugen Fenster ein, mißhandelten Bürger, bestahlen Obstgärten usw. Endlich stürmten sie auch eine Handwerkerherberge. Nun rotteten sich die Handwerksburschen zusammen, zogen gegen das Universitätsgebäude, brachen ein, schleppten die Studenten heraus, wobei auch Professor Voigt ins Gedränge kam und einige harte Schläge auf den Kopf bekam, — zerschmissen alle Fenster, und trieben sich nun im Triumph drei Tage auf allen Gassen um. Die Zunftmeister nahmen die Gelegenheit wahr, sich gegen einige alte Bedrückungen aufzulehnen und ihre Abstellung von der Regierung durch die Handwerksleute fordern zu lassen. Man temporisirte, versprach, that freundlich und kleinlaut, ließ die ärgsten Rädelsführer unter den Studenten festsetzen und brachte die Leute zur Ruhe. Des andern Tages nach wiederhergestellter Ruhe rückte ein Regiment Darmstädter, auch Nassauische Truppen ein (denn wir sind wegen Lüttich ganz von Militär entblößt) — der Kurfürst kam Sonnabend Abends an und seitdem donnert die Regierung gegen die Aufrührer, hat einige Hundert Handwerksbursche aus ihren Betten greifen und ins Gefängniß werfen lassen; die Rescripte sprechen viel vom landesherrlichen Ansehen, von Empörung, man behauptet öffentlich, daß man Wort zu halten gegen die Aufrührer nicht gebunden, auch nicht gesonnen sey; mit einem Wort, man hat wieder Muth und man wird den Deutschen wohl zeigen, daß sie keine Franzosen sind. Die Art zu regieren geht denn, so lange sie gehen kann. —

Also Sie haben die Freyheits Influenza in Ihrer Stadt auch gehabt? Wir auch, aber doch nicht so hefftig. – – – Man sieht doch immer daraus was der Mensch eigentlich ist, und lernt seinen Hut immer tiefer vor dem Galgen abziehen; er bleibt doch immer eines der nobelsten Instrumente, selbst das Herschelsche Teleskop nicht ausgeschlossen, auf welches die Menschen je verfallen sind, und ist dabey so simpel. Ich sehe nicht ab, warum man nicht einen goldnen unter die Reichsinsignien aufnimmt, und ausdrücklich einen neuen Churfürsten dafür wählt, ihn bey der Krönung zu tragen.

Lichtenberg
an Forster
Göttingen, 30. 9. 1790

Forster beendete den ersten Band seiner *Ansichten* noch im November. Die Widmung, die er voranstellte, war derart geschraubt, daß sie allgemein ratloses Kopfschütteln auslöste und er sie dem verlegenen Verleger Voß zu erklären versuchte.

In des Wanderers Busen wirktest Du seiner Empfindungen schöneres Gesetz. Ihre Schöpfung sei Dir geweiht! Laß die Weihe den Werth erhöhen, damit etwas an der Gabe dem Geber eigen sei.
    Ist der Priester nur kühn, der seinem guten Genius vor allem Volk die Opferschale leert? oder wer ahndet in Einem lohnenden Blick die große, reine, stille Wonne seiner Vollendung?

Ansichten vom
Niederrhein
Widmung

Der Verfaßer dedizirt sein Werk einer ihm sehr werthen Person, die er *seinen guten Genius* nennt, und vermuthlich auch durch das darüberstehende Bild einer Psyche allegorisch vorstellt. Ihr verdankt er, wie er sagt, die vollkommnere Richtschnur seiner Emp-

An Ch. F. Voß
Mainz, 18. 12. 1790

findungen. Die Schöpfung dieser Empfindungen, nämlich sein Werk, reicht er also derjenigen, der er es gewissermassen — wenigstens was die Empfänglichkeit betrift, — schuldig zu seyn glaubt; es ist *ihr* Eigenthum und erhält nur dadurch einen neuen Werth für sie, daß es ihr zugeeignet und gewidmet wird. Er entschuldigt die Kühnheit dieses Opfers, welches so öffentlich dargebracht wird, damit, daß er ahnden läßt, Ein Blick werde ihn belohnen und vollkommen glücklich machen.

Die Angesprochene, der den Verfasser stets umschwebende und beglückende Genius, Therese, war schon wieder schwanger. Bei einer starken Erkältung und drohender Brustentzündung beugten Warmhalten, strenge Diät, ein kleiner Aderlaß und Spanischfliegenpflaster schlimmerem Übel vor.

Auch Georg wurde so krank, daß er die Feder kaum halten konnte. Trotzdem nahm er die schon angefangene Übersetzung einer englischen Fassung des altindischen Dramas *Sakontala* wieder auf. Huber vermittelte den Abdruck eines Fragments in Schillers *Thalia*.

Das Stück des Dichters Kalidasa entzückte Herder und inspirierte Goethe zu seinem *Vorspiel auf dem Theater* im *Faust* und zu einem Epigramm, das er am 1. Juni 1791 an Jacobi sandte:

Will ich die Blumen des frühen, die Früchte des späteren
    Jahres,
Will ich was reizt und entzückt, will ich was sättigt und
    nährt,
Will ich den Himmel die Erde mit Einem Namen
    begreifen;
Nenn ich *Sakontala* dich und so ist alles gesagt.

Der Gestalt der naiven Inderin haftete nichts Künstliches an; wie ein schönbesaitetes Instrument tönte sie bei der leisesten wie bei der heftigsten Berührung nur sanfte Harmonien. Forster empfand, daß die Vernunft nicht alles sein durfte, daß ohne das Gefühl der lebendigen Natur nur ein alles zermalmender Dogmatismus, ein leerer Mechanismus namens Pflicht bliebe.

Er schrieb, an *Sakontala* anknüpfend, einen Aufsatz *Ueber lokale und allgemeine Bildung*, lieferte für Archenholtzens *Annalen* wieder eine *Geschichte der Englischen Litteratur*, diesmal vom Jahr 1790, und machte sich für Voß an eine auf mehrere Bände angelegte *Geschichte der Reisen, die seit Cook an der Nordwest- und Nordost-Küste von Amerika und in dem nördlichen Amerika selbst von Meares, Dixon, Portlock, Coxe, Long u. a. m. unternommen worden sind.* Dafür übersetzte er zunächst die Reiseberichte, die Voß ein Jahr später in drei Bänden herausbrachte; zu einer eigenen Darstellung sollte er nicht mehr kommen.

Dalrymples unschätzbare Kartensammlung, die er zur Ausarbeitung benötigte, kostete schon ein Vermögen. Forster lernte es einfach nie, sich nach der Decke zu strecken. Karten, Stiche, Zeitungen, Broschüren usw. erschienen ihm immer als Kapital, dessen Verzinsung freilich oft genug ausblieb. Die Reise, die neue Einrichtung des Haushalts unter anderem mit wunderbaren Öfen, wie er sie bei Jacobi gesehen hatte, hatten ihn wieder in elende Schulden gestürzt. Eine endlose Karawane von Gästen zog durch das Haus, und so trat er denn die Mühle, während Therese ihn durch vorwurfsvolles, einseitiges Sparen quälte.

Um sich ökonomisch Luft zu verschaffen, nahm Forster einen Kostgänger ins Haus. Thomas Brand, ein junger Engländer aus angesehener Familie, wollte die Sprache Kants erlernen, um diesen im Original zu lesen. Aber wieder zeigte sich der Gegensatz zwischen Forsters ewigen Gewinnprojekten und der Edelmütigkeit seines Benehmens in Geldsachen. Statt sich die Gelegenheit zunutze zu machen, berechnete er den Pensionspreis nach dem Volumen eines schmalen deutschen Beutels, und jeder Geldvorteil fiel weg.

Er hatte sich ein Arbeitspensum auferlegt, das ihn zu erdrücken drohte. Huber, der sich der Literaturkritik zugewandt hatte, war ihm keine Hilfe mehr. Um die immer umfangreicheren Übersetzungsarbeiten zu bewältigen, stand Forster nun die sechsundzwanzigjährige Sophia Margarete Dorothea Forkel zur Seite.

Die Frau des Göttinger Musikdirektors Forkel, für den Mutter Heyne einst so regelmäßig ein weißes Tüchlein zum Fenster hinausgehängt hatte, um anzuzeigen, daß ihr Mann nicht zu Hause war, hatte 1784 den Roman *Maria. Eine Geschichte in Briefen* veröffentlicht und war nach sechsjähriger Ehe 1788 ihrem Gatten entlaufen.

Die Göttinger Männerwelt beehrte sie mit einem seltsamen Spitznamen.

Ueber die *Furciferaria*, die ich freylich nicht mag, weil sie mir immer zu schmuzig war, auch nicht verstand sich zu kleiden, kan ich dennoch nicht urtheilen wie ihr. Daß sie mehrere zugleich geliebt und genoßen hat, harmonirt sehr mit meinen Grundsäzen; ich thue das nemliche so gut ich kan und weiß, und gestehe euch ich finde ein solches Behagen daran, daß ich ordentlich seitdem ich dieses erfahren eine Art Estime für sie gefaßt habe. Das einzige ungrosmüthige ihres Verfahrens liegt darin, daß sie diese ihre Seelengröße vor euch verbarg, und euch nicht zu ähnlichen Exertionen aufforderte, damit ihr euch von Zeit zu Zeit als Sieger begegnen, und der betrognen einseitigen Liebe andrer spotten köntet.

F. L. W. Meyer an Bürger London, 14. 4. 1789

Nach einem Aufenthalt in Berlin, wo sie die Geschichte der englischen Königin Elisabeth von Louise Félicité de Keralio ins Deutsche übersetzte, und einer kurzen Rückkehr nach Göttingen hatte sich Meta, wie ihre Freunde sie nannten, nach Mainz zu ihrem Bruder, dem Medizinprofessor Wedekind, geflüchtet.

Ich arbeite jezt 2 Stunden im Tage mit Madam Forkel an der Uebersetzung des Ramsay [eine Geschichte der amerikanischen Revolution], die ganz umgearbeitet wird. – – – Es ist eine böse Arbeit; allein ich hoffe dadurch die wahrhaft talentvolle junge Frau, die übrigens wegen ihrer unglückl. Ehe zu diesem Mittel sich zu betäuben, greifen muß, zu einer geschickten Uebersetzerin zu bilden.

An Ch. F. Voß Mainz, 28. 5. 1791

Diesen Morgen hat mich meine Frau zum drittenmal mit einem Töchterchen beschenkt; der unvermeidlichen Unruhe und Störung aber ungeachtet, die dabey vor und nach obwaltet, ist gestern Nacht die lezte Zeile der Einleitung [zur *Geschichte der Reisen* mit dem

An Ch. F. Voß Mainz, 4. 6. 1791

Titel *Die Nordwestküste von Amerika, und der dortige Pelz-handel*] fertig geworden und hier folgt nun der ganze Rest. – – – Ich habe aus England eine *bewundernswürdige* Schrift von Thomas Paine dem Amerikaner, dem berühmten Verfaßer des Common sense erhalten. Sie heißt *The Rights of Man* – – – Sie ist aber *so demokratisch*, daß *ich* sie wegen meiner Verhältniße nicht übersetzen kann. Madame Forkel übersezt sie und ich will sie ihr revidiren. – – – Wollen Sie die Uebersetzung in Ihren Verlag nehmen?

Drei Wochen später, Therese hütete noch das Bett, unter-nahm Forster mit Madame Forkel eine kleine Reise nach Karlsruhe. In der Nacht davor (20./21. 6. 1791) hatte der französische König, als Kammerdiener verkleidet, mit seiner Familie durch eine Hintertür die Tuilerien verlassen, um nach Deutschland zu fliehen. Als in der kleinen Station Sainte-Ménehould die Pferde gewechselt wurden, erkannte ihn der Postmeister, dem die Züge Seiner Majestät durch die Assignaten — die Banknoten — zu fünfzig Francs bekannt waren. Er ließ die Glocken läuten und alarmierte die Natio-nalgarde, die den König nach Paris zurückschaffte.

Also gleich zur Sache: Sie haben den *Paine* abgewiesen, und der gute F[orster] hat mir das mit einem Jammergesicht kund gethan, als spräche er ein Todtsurtheil denn er war seiner Sache so gewis, daß wir auf einer ganzen Reise (wohl zu verstehn,
Meta Forkel
an Ch. F. Voß
Mainz, 28. 6. 1791
wie ich bin 7 Tage lang mit ihm dem Könige von Frankreich entgegen gereist) so oft uns ein Aristokrat begegnete, gegen einander ausriefen: »Die Menschheit hat ihn Titel zum Altare gebracht, und die Vernunft ein Brennopfer damit angezün-det.« Paine p. 17. – – –
Doch nebenher, mich hat Ihre Weigerung nicht betrübt, weil ich fest überzeugt bin, wenn Sie das Buch sehen, so *können* Sie nichts weiter als es drucken, und wenn Hochver-rath drauf stünde, und Hochverrath ist's freilich, die geweih-ten Götzen vieler Jahrhunderte nieder zu reissen. — *Ich* also habe kein Jammergesicht gemacht, habe F[orster] getröstet damit, daß die gute Sache, aller Kämpfe und Drangsaale ohn-geachtet, dennoch obsiegen müßte, ihm übrigens nicht gesagt,

was ich thun will, aber ihm durchaus verboten (ja, ja, *verboten*, denn auf der Reise war er, um keiner Unschuld einen Anstos wegen dieses sieben tägigen Tête à Tête zu geben, mein *Stiefvater*, und vergeltungsweise ist nun die Autorität an mir) an niemand anders drum zu schreiben, wie er grosmüthig, auf Gefahr seine ächte Loyalität zu compromittiren zur Tröstung meines vermeinten Schmerzes sich erboth. – – – Mein Ms. ist beinahe fertig; ich vollbringe es ganz F. macht seine Noten, durchsucht usw. – – – ich siegle es ein, schicke es Ihnen, *ohne F. zu sagen wohin,* und Sie — werfen es entweder in's Feuer oder drucken es – – –

Soll ich nun um Verzeihung wegen dieses Briefes usw bitten? F. weiß nichts davon, so gewis ich — nicht seine Stieftochter, aber ihre unbekannte Verehrerin bin.

Tatsächlich brachte Voß im folgenden Frühjahr *Die Rechte des Menschen* heraus.

Der Fluchtversuch Ludwigs XVI. ließ die revolutionären Gefühle wieder aufflammen. Wieder brannten die Bauern Schlösser nieder, flüchteten sich Scharen von Adligen ins Ausland, wo sie ein gewisser v. Erthal, Kurfürst von Mainz, besonders herzlich empfing. Dem Prinzen Condé hatte er sein Schloß in Worms geliehen und am ersten Pfingsttag sechshundert Emigrierten ein rauschendes Fest gegeben; illuminiert fuhr die Rheinflotte die ganze Nacht auf dem Strom auf und ab.

Man hat die Menschen als freie unmündige Wesen lehren, erziehen, zu reifen Wesen bilden sollen, und man hat sie
An Heyne Mainz, 12. 7. 1791
schändlich gemißbraucht, sie dumm und blind zu machen gesucht, sich Herrschaft über freie Intelligenzen angemaßt und seine Leidenschaften dabei befriedigt. Ist es ein Wunder, daß die Ausbrüche des endlich erwachten Gefühls nun nicht ganz rein und ungemischt seyn können? – – – Kein Fehler, kein Irrthum, kein Mißbrauch ist, dessen die Nationalversammlung beschuldigt werden kann, wovon nicht der Fluch auf den vorhergehenden Despotismus zurückfällt. – – – Der Enthusiasmus hat immer etwas Theatralisches – – – Aber es ist erbärmlich, wenn die Leute immer nur bei diesem Repräsentiren stehen bleiben

und sich wirklich einbilden, man spiele nur die Freiheits-
komödie in Frankreich. Diese Komödie wird so gut gespielt,
daß der Bauer durch das ganze Frankreich von der baaren
Hälfte seiner Lasten befreit ist. Darum fühlt er sich, darum
ist er glücklicher, als zuvor. Er kann sich satt essen, er kann
sich kleiden, das konnte er nicht unter dem Harpyenregi-
mente. Darum vermögen auch die päpstlichen Bannstrahlen
nichts mitten in einem katholischen Lande, darum that die
Flucht des Königs keine andere Wirkung, als die allgemeine
Stimmung der Nation für die jetzige Verfassung deutlich an
den Tag zu legen, den Aristokraten alle Hoffnung zu nehmen,
und der N[ational] V[ersammlung] die Hände durch das
vollkommenste Vertrauen zu stärken. – – – Was vernünftige
Menschen in andern Ländern, insbesondere in Deutschland
anzufangen haben, ist eine andere Frage. Bei uns sind Män-
gel, Mißbräuche, Bedrückungen, Aussaugung des Unterthans
u.s.w. zwar auf einen hohen, aber noch nicht auf den höchsten
Punkt gestiegen. Man kann es noch aushalten, es ist alles
noch ruhig. Allein die adelige Partei hat eine wahrhafte
Wuth, ihr Uebergewicht zu behaupten und fühlen zu lassen,
die zuverlässig den Umsturz unserer Verfassungen um ein
halbes Jahrhundert beschleunigen wird.

Am bedenklichsten war, daß Preußen und Österreich ihren
Hader vorläufig begruben, sich Ende August 1791 in der
gemeinsamen *Pillnitzer Konvention* für die Wiederherstellung
geordneter Zustände in Frankreich erklärten und ihre Truppen in Alarmbereitschaft versetzten.

Forster spürte, daß er älter, dabei aber nicht eben glücklicher wurde. Er leierte sein Leben nur mehr so hin, und im
Herbst, als Meta Forkel nach Göttingen zurückgegangen war,
überfiel ihn sein altes Leiden so schlimm wie nie zuvor. Nun
büßte er für die rasende Arbeitswut, mit der er für seinen
neuen Verleger tätig geworden war. Wedekind, sein Arzt,
sah Symptome einer gänzlichen Auflösung aller Säfte, und
Forster trank Vitriolsäure, aß Löffelkrautkonserve, kurz,
hielt sich antiseptisch.

Halt es mir zu Gute, liebste Meta, daß ich heut erst antworte.
Ich bin wie verwirrt und habe dabei so wenig Lust Briefe zu

schreiben daß sie zu dreyßigen und vier-
zigen seit 2 od. 3 Monathen in meiner
Schublade unbeantwortet da liegen. – – – Meine Geldverle-
genheit dauert fort. – – – Könnt' ich nur irgendwo bis Ostern
2 bis 300 Rthl aufnehmen, um aus der gröbsten Verlegenheit
zu seyn! – – – Diese unangenehme Sorge abgerechnet, geht
es mir seit den lezten 10 Tagen ungleich beßer als zuvor;
meine Gesundheit gewinnt Stätigkeit, mein Geist ist ruhig
und heiter, meine Kräfte kehren wieder und mit ihnen
kommt auch die Lust am Arbeiten, wenigstens was dazu
nothwendig ist, das Wohlgefallen an meinen Ideen, welches
ein Intereße giebt sie auszuführen. In meinen inneren Verhältnissen ist nun alles, wie ich es wünsche und auch von dieser Seite habe ich also alles überstanden. Nur ist Ther[e]sens
Gesundheit, wie immer im Winter, sehr unvollkommen. Die
Kinder sind froh und munter um mich herum. Therese ist
weit artiger und lebhafter als sie es war, ein Zeichen das sie
gesunder ist. Auch ist sie sehr gewachsen. – – – Huber ist
dick und fett, wie immer. Da es ihm jezt nicht auf die Nägel
brennt, arbeitet er nicht allzuviel – – –

Wie lebst Du denn? Wie fördert Deine Arbeit? — Doch
von der lezten besagt Dein gestriger Brief an Theresen. Ich
wollte, Dein Vortheil und Dein Vergnügen wären einverstanden, Dich den Aufenthalt in Mainz vor dem in G[öttingen]
wählen zu lassen; so füllte sich für mich wieder eine Lücke,
die ich noch seit Deiner Abreise nicht ersetzt finde. Du bist
mir eine nachsichtsvollere Freundin als alle andere um mich
her, und soviel Selbstverläugnung habe ich noch nicht gelernt, das Angenehme dieser Empfindung entbehren zu
mögen, wenn ich es genießen kann. Das schlimme von der
Sache ist, daß ich Dir dagegen so unnütz bin. — Weg damit!
Man ändert nichts durch Grübelei. Du kennst mich auch
besser als ich mich abmahlen kann und redliches Wohlmey-
nen geht am Ende über alles. Ich will denken, daß die Zukunft vieles enträthseln kann, was uns weniger Freude
machte, wenn wirs lang vorher wüßten, und so freu ich mich
dann dunkel, des kommenden Sommers. Lebwohl und sorge
daß Du gesund und heiter bleibst. Was hilft alles Kümmern
und Jammern! Man ändert dadurch auch nichts. Dem
Bösen muß man trotzen, dann beugt sichs vor uns. Lebwohl

und schreibe mir bald. Ich bin unveränderlich und innig
Dein F.

Am 17. November war die kleine Luise gestorben, keine
sechs Monate alt, und Therese — war wieder schwanger.

Könt ich Sie sehn – – – Sagen Sie mir, ist es denn gar nicht
möglich, ehe ich dahin gehe, wohin Sie nicht kommen? —
Das ist für diesmal weder der Himmel noch Caroline Böhmer
die Hölle, sondern Mainz, ein Ort wo Men- an F. L. W. Meyer
schen wohnen, also ein Mittelding zwischen Göttingen, 6. 12. 1791
beyden. – – – Vielleicht werd ich Theresen nüzlich, und das
wird mir viel Freude machen, denn ich weiß sehr gewiß, daß
ich ihr nur edle Dienste leisten werde, und die Unabhängigkeit, welche ein Bedürfniß für mich geworden ist — nicht als
Meubel des Luxus, sondern des Gebrauchs — nicht dabey
leiden kan. Ihre Gesundheit leidet, das ist nur zu wahr. —
F[orster] ist unerträglich — das ists nicht minder. Sie haben
ihr jüngstes Kind an den inokulierten Blattern verlohren. —
F. sorgt indeß für Ersatz, und das ist zehnfach ärger — und
wenn Sie das nicht für ein Leiden halten, wenn Sie F. billigen
können, der doch wißen muß, daß er seines Weibes Herz
nicht besizt, — nun so sind Sie ungerecht — wie die Männer
alle. – – – Auf ihre Freundschaft hab ich nie gerechnet — es
giebt keine unter Weibern — ich zweifle selbst daran, daß
sie mir recht aufrichtig gut ist — doch muß sie mich achten,
und das thut das nehmliche — ich bin eine Art von Neben-
buhlerin, ohne meine Rechte geltend zu machen — das ist
heilsam — und *ich* liebe *sie*, weil sie mir merkwürdig ist, und
es bleiben wird, wenn sie mir auch nicht mehr neu ist.

Im Februar 1792 traf Caroline Böhmer in Mainz ein. Forster
hatte soeben den zweiten Band seiner *Ansichten vom Niederrhein* zu Ende gebracht, wie, das konnte er selbst nicht sagen.
Merkwürdigerweise war der von Lichtenberg enthusiastisch begrüßte, von Wilhelm v. Humboldt bewunderte erste
Band immer noch nicht besprochen. Freilich, inzwischen
fand Forster den Ton etwas gespannt, aber ein schlechtes
Buch war es nicht. Was es damit wohl für eine Bewandtnis
hatte?

Heyne mußte die Besprechung in den *Göttingischen Anzeigen von gelehrten Sachen,* deren Herausgeber er war, schließlich selbst verfassen. Für diese Zeitung schrieb auch Forster Rezensionen, und im Februar 1792 liefen bei Heyne laute Klagen über den gottlosen Republikaner ein, der den Umsturz predige. Forster wollte sich einfach nicht in den pedantisch-beschränkten Parteigeist finden, der seit neuestem verlangt wurde, und war durch die freundlichen Ermahnungen Heynes empfindlich verletzt.

Als er von Goethe am ersten April dessen neuestes Schauspiel, den *Großkophta,* zugeschickt bekam, sprang er vom Stuhle auf, als wäre sein Heiland erschienen — und fand ein plattes Gelegenheitsstück.

Während all der Zeit bemühte er sich redlich um die Mainzer Bibliothek. Die Sammlungen waren noch immer verstreut, und so knüpfte er an einen ausführlichen Rechenschaftsbericht die vergebliche Hoffnung, die Bücher in der alten Jesuitenbibliothek unterbringen zu dürfen. Statt dessen lief bei der Universität ein anonymer Drohbrief ein, in dem gefragt wurde, ob das etwa der Dank des Protestanten für das gute Mainzer Brot sei, daß er ihnen nun ihre schönste Kirche nehmen wolle.

Am 15. April schließlich zeigte der geistliche Rat von St. Ignaz der Behörde an, daß es endlich möglich sei, Herrn Hofrat Forster wegen verschiedener grober Ausfälle gegen Bibel und Religion anzupacken. Insbesondere habe er in einer Anmerkung seines *Cook* Adam als das Geschöpf einer orientalischen Phantasie bezeichnet.

Beim Geh. Staatsrat Johannes von Müller stieß die Anzeige freilich auf taube Ohren; es gelang ihm, dem Kurfürsten die Angelegenheit als unbedenklich darzustellen, da der Preis des inkriminierten Buches zu hoch sei, als daß ein einfacher Mann es erwerben könnte.

Ich bin nun hier seit 8 Wochen – – – Kein Augenblick geht leer vorüber — meine Theilnehmung an Forsters Haus,

Caroline Böhmer
an Luise Gotter
Mainz, 20. 4. 1792

Fleiß, Lektüre und das Kind — das ist schon sehr viel — aber ich war so gewohnt für mehrere zu sorgen, in mehreren zu genießen! Halt das nicht für Unzufriedenheit – – – Den Frühling hab ich schon in den schönsten Spazierfahrten und Gängen genoßen – – – Kurz, ich kann Dir sagen, es ist alles wie ich erwartete. Wir können noch sehr lebhafte Sceenen herbekommen, wenn der Krieg ausbrechen sollte — ich ginge ums Leben nicht von hier — denk nur, wenn ich meinen Enkeln erzähle, wie ich eine Belagerung erlebt habe, wie man einen alten geistlichen Herrn die lange Nase abgeschnitten und die Demokraten sie auf öffentlichen Markt gebraten haben — wir sind doch in einem höchst interreßanten politischen Zeitpunkt, und das giebt mir außer den klugen Sachen, die ich abends beym Theetisch höre, gewaltig viel zu denken, wenn ich allein, in meinen recht hübschen Zimmerchen in dem engen Gäßchen sitze, und Halstücher ausnähe, wie ich eben thue.

Nichts war wohl weiter von meinen Gedanken, mein theuerster Vater, als ich Ihnen am Sonnabend schrieb, als daß noch an demselben Tage unsere gute Therese von ihrer Last befreit werden sollte. Sie ist Abends um halb acht glücklich mit einem kleinen Knaben niedergekommen. – – – Wegen der Zeit war Therese diesmal ganz unsicher, zuweilen glaubte sie, daß die Entbindung sehr nahe seyn könne; allein im Ganzen hatte sie vielmehr die Idee, daß alles erst über sechs Wochen eintreffen würde; daher war kein Kinderzeug fertig, keine Vorkehrung getroffen, keine Wiege da; kurz wir haben eine lächerliche Scene gehabt; denn am Ende wußte man sich doch zu helfen.

An Heyne
Mainz, 24. 4. 1792

Endlich, mein Liebster Freund, erscheint wieder ein Bändchen Ansichten und mit ihm die Antwort auf Ihren mir so lieben Brief — vom vorigen Jahr! – – – Ich glaube, ich bin seit Jahr und Tag wenigstens um zwanzig Jahre älter geworden und das nicht im beßern Sinne des Worts; ich fühle mich erstorbener als ichs sollte; wie eine Pflanze, die vom Frost gerührt ist und sich nie wieder erholen kann.

An Lichtenberg
Mainz, 10. 5. 1792

Inzwischen hatte, nach dem Tod Leopolds II. im ersten Jahr seiner Regentschaft, der Krieg begonnen. Frankreich hatte ihn erklärt, um dem angekündigten Kreuzzug der gekrönten

Häupter Europas gegen die Revolution zuvorzukommen, aber verräterische, königstreue Generäle verzichteten auf den Vorteil eines schnellen Angriffs. Auch die Österreicher beschränkten sich vorderhand auf Scharmützel. Preußen zögerte noch, seine Truppen nach Westen zu werfen und Polen Rußland zu überlassen, das nach dem siegreichen Frieden mit der Türkei den polnischen Unabhängigkeitsträumen ein Ende machen wollte.

In Koblenz, »Klein-Versailles«, dem Hauptquartier der französischen Emigranten, stieß man in Champagnerlaune bereits darauf an, Paris in einen Schutthaufen zu verwandeln. Tausende von Ludwigsrittern hielten in Worms und Bingen Waffenübungen ab und legten mit Erlaubnis ihres — offiziell neutralen — *père et protecteur* v. Erthal im ganzen Rheingau Magazine an.

In Frankreich, wo Preußen und Oestreich alles für geendigt ansehen, wird jetzt erst die Revolution, aber freilich eine blutige, angehen. Für das Leben der königlichen Familie gebe ich keinen Groschen. Die Wuth der Jacobiner ist zu allem fähig und sie trotzen auf ihre Macht. Wenn die Krisis aufs höchste gekommen ist, werden sie gewiß hervortreten. Constitution und constituirte Mächte sind ihnen dann nichts mehr, und das ist der Punkt, wo sie es haben wollen. – – – Nun endigt alles gewaltsam; es wird alles unter die bewaffnete Demokratie der Klubisten sich beugen müssen, und wer weiß, wie toll es dabei hergeht.

An Heyne
Mainz, 26. 5. 1792

Ich kann gern zugeben, daß keine Partei in Frankreich, sie heiße wie sie wolle, fehlerfrei handelt, — denn es sind *Parteien* und sie müssen heftig aneinander gerathen, alles ist ein gespannter, leidenschaftlicher Zustand. Einer Partei mehr Schuld geben als der andern, heißt also gegen sie Partei ergreifen. Wenn das nun so ist, und nicht anders seyn kann, so bekenne ich gern, daß ich allemal lieber *für* als *wider* die Jacobiner bin, man mag gegen sie toben wie man will. Ohne sie wäre offenbar die Gegenrevolution in Paris schon ausgebrochen und mit dieser die unbedingte Zurückbringung des Zustandes von 1789. – – – Unter den drei großen Mächten ist alles wieder verabredet.

An Heyne
Mainz, 5. 6. 1792

Die Kaiserin theilt Polen, statt ihre Truppen nach Frankreich zu schicken; Preußen wird sicherlich seinen Theil bekommen. Oestreich und Preußen suchen Französisch-Flandern, Elsaß und Lothringen wegzunehmen. – – – Wer wird das Uebel, was aus dem Bürgerkrieg entstehen kann, nicht beklagen, wer wird leugnen, daß es schändliche Menschen zu vielen Tausenden giebt, die sich des Vorwands der Freiheit bedienen, um Abscheulichkeiten zu begehen? Aber er ist nun da, und der Hof, der Adel, die Priester und die auswärtigen Höfe haben ihn ganz allein auf dem Gewissen.

In vierzehn Tagen dürften fürchterliche Explosionen in Paris vorgehen; alles, die verdoppelten Wachen, die beständigen Sitzungen der Nationalversammlung, die Orgien der königlichen Garde, verkündigen es. Wenn der Hof es aufs Aeußerste treibt, wer mag für die Folgen stehen? Das Volk kann man nicht zügeln, wenn es einmal in Bewegung ist — und doch hat die Freiheit keine andere Stütze in diesem Augenblick.

Nun ich wieder sehe, mein lieber Forster, daß Sie so lebhaften Antheil an politischen Dingen nehmen: habe ich wieder gutes Zutrauen zu den wiedererlangten Kräften. Nur machen Sie uns den Streich nicht, daß Sie nach Straßburg und Paris gehen und Jacobiner werden.

Heyne
an Forster
Göttingen, 10. 6. 1792

Die Krönung des neuen Kaisers Franz II. war mit Bedacht auf den 14. Juli, den französischen Nationalfeiertag, gelegt worden, und Forster fuhr mit Huber nach Frankfurt, um das Schauspiel mitzuerleben.

Nicht allein der Zusammenfluß so vieler Fürsten und Herren Deutschlands und des Auslandes, sondern auch der Durchmarsch der preußischen Regimenter, welche die rebellischen Franzosen zu Paaren treiben sollten, häuften in jeder Stunde die bunteste Augenweide. – – – Der Zug war wirklich imposant, und die edle Gestalt des blonden, jugendlichen Franz, der auf einem schönen, stolzen Schimmel mit Anstand und Würde saß, erfüllte alle Zuschauer mit Theilnahme und Beifall – – –

H. A. O. Reichard:
Selbstbiographie
S. 271 ff.

Wer in diesem Augenblicke den Reihen der bewaffneten Bürger gesagt hätte: »Noch in diesem Jahre wird der Neufranke Custine euch auf eben dem nämlichen Platze höhnisch zurufen: »Ihr werdet keinen Kaiser mehr krönen sehen!« — demüthig schweigend werdet ihr das anhören, und es wird im ganzen Sinne des Wortes in Erfüllung gehen — wer dergleichen nur zu lallen gewagt hätte, dem wäre gewiß noch roher und grausamer mitgespielt worden, als dieß vor meinen Augen einer armen Jüdin geschah, die sich trotz des Verbotes in diesem Augenblicke auf der Gasse blicken ließ.

Kurfürst v. Erthal war in seinem Element: Schon wieder durfte er eine Krönung vornehmen, und nach den Zeremonien lud er die versammelten Fürstlichkeiten nach Mainz. Wer in Deutschland wichtig war oder wichtig zu sein glaubte, kam; man zählte 10 000 Fremde. Feste, Schmäuse und Konzerte vertrieben ihnen die Zeit. Vor allem trug die Illumination der Stadt den Beifall der Kenner davon.

In einer kleinen Schenke des nahen Dorfes Weißenau berieten die kaiserlichen, preußischen und anderen Minister, und als am 22. Juli das Fest zu Ende ging, fuhr der König von Preußen in einem Geleitzug prächtig geschmückter Jachten nach Koblenz zu seiner marschbereiten Armee. Die Pressen der kurfürstlichen Druckerei spieen das Manifest des Herzogs von Braunschweig aus, in dem die französische Nation feierlich aufgefordert wurde, das deutsche Heer widerstandslos zu begrüßen; die geringste Beleidigung der französischen Königsfamilie zöge die gänzliche Vernichtung der Stadt Paris nach sich.

Forster hatte die preußische Jachtflotte nach Koblenz begleitet. Am Tag nach seiner Rückkehr — mit vielen Gästen, unter anderen H. A. O. Reichard und seine Frau Amalie —, starb der drei Monate alte Georg.

Heute ist's der Jahrestag, daß mir im Jahre 1792 ein Sohn starb. Er war in jeder Rücksicht ein Kind der Thränen, zu

Therese Huber
an Emil von Herder
24. 7. 1810

früh geboren, weil mein gequältes Gemüt den Körper zerstörte, hatte ihn nur die künstliche Sorgfalt erhalten — wie die höher steigende Sonne die Früchte reifte, entwickelte sich plötzlich Leben in ihm, das Kind ward schön, wie ein Engelsbild — da waren viele Menschen von der Kaiserkrönung, alle die thörichten Fürsten, die den losgelassenen Löwen mit ihren verjährten Kinderwaffen bändigen wollten. Ich hatte viele Gäste zur Wohnung, und heute viele, viele am Tisch. Da rief man [Huber] ab, und wie er zurückkam, sagte er mit errungener Fassung: Georg war krank, der Arzt hat ihn schon unter Händen — da eilte ich herab und der Knabe lag kalt ausgestreckt über der Wärterin Schoß. Ich schrie laut auf — da glänzten seine Augen noch einmal, und brachen dann. Und die vielen Gäste hatten das Trauerhaus verlassen — Forster war auf sein Zimmer gegangen, und in dem öden Saal, wo man geschwärmt hatte, saß ich allein und fühlte die furchtbare Zerrüttung meines Lebens — da schlug es halb zwölf, wie Huber hereintrat und mir sagte: jetzt ruht das Kind. — So lange hatte das Leben gekämpft. Da ging ich herab in das Sterbezimmer, wo die Mägde beim abgebrannten Lichte weinten; in dem Winkel stand das Bettchen, von einem Schirm beschattet, aber wie ich hintrat, sah ich's glänzend hell und das Kind glänzend hell und die Binde um sein Haupt glänzend hell, daß ich noch jeden Faden in der Leinwand vor mir sehe. Wie ich den Leichnam mit Blumen geschmückt und mit Parfüm gewaschen in den kleinen Sarg legte, sagte der Totengräber: »Das ist gewiß gleich ein Engel geworden, denn so eine Gestalt hatte nur das Kind der heiligen Jungfrau.« — Ich war des Kindes Amme, und darum durfte ich ihn nicht sterben sehen, sie sagten, ich könnte rasend werden, wenn die Milch mir auf die Gehirnnerven fiel. Wie der Knabe ins Grab getragen ward, sah ich ihm von meinem Fenster nach und weinte. Da zürnte Forster und sagte: »Bis ich auch dahin getragen werde, wird nichts besser werden.« Da fühlte ich, daß wir schlechter wurden vom Beisammenleben, denn ich mußte ihn unmenschlich finden und mußte meine Indignation verhehlen. Aber da ich immer zu sterben hoffte und sein Unglück mein bitterster, ja mein einziger Schmerz war — denn er war ja mein böses Gewissen —, so nahm meine Sehnsucht, jedes Gute ihm zu thun, nicht ab.

Therese hatte Georg ihre Liebe zu Huber gestanden.

Was er gelitten hat, weis ich — mein blutendes Herz hat es mir drey Jahre gesagt — mein Leben nahte sich dem Grabe vor Schmerz — mein George trank den Tod an meiner Brust, weil ich im Kummer lebte — Und wie konnte sich seine mißverstehende Güte zu dem Schritte entschließen, den meine glühende Liebe nicht zu fordern vermochte. Hätte er mich von Ferdinand trennen wollen, ich hätte mich nie wiedersezt — ich habe es ihm dreymal angeboten, aber sein Herz war zu weich – – –

Therese Forster
an Caroline Böhmer
Neuchâtel, 25. 2. 1794

Inzwischen hatte die preußisch-österreichische Koalition, die sich schon als Sieger sah, in Frankreich die Revolution erst wirklich angefacht — wie Forster es vorausgesehen hatte.

Am 20. Juni 1792 besetzte ein Pöbelhaufen, von der Nationalgarde nicht gehindert, die Tuilerien, und beschimpfte den König und seine Gemahlin.

Am 11. Juli erklärte die Nationalversammlung das Vaterland in Gefahr. Alle Verwaltungskörperschaften tagten in Permanenz, die Nationalgarden wurden unter Waffen gerufen, neue Freiwilligenbataillone ausgehoben. In diesen Tagen wurde die *Marseillaise* zum allgemeinen Schlachtgesang.

Am 10. August läuteten die Sturmglocken. Die Pariser Vorstädte erhoben sich, die Massen eroberten das Schloß. Die Rechte des Königs wurden vorläufig aufgehoben und die Wahl einer neuen Nationalversammlung, diesmal nach allgemeinem Wahlrecht, ausgeschrieben.

Aber scheinbar unaufhaltsam stießen die Truppen der Koalition, vom Verrat französischer Generäle begünstigt, auf Verdun vor.

Das rohte Jacobiner Käppchen, das Sie mir aufsezen, werf ich ihnen an den Kopf. Wir kennen die Helden von Brissots Schlag recht gut, für das was sie sind, und wißen, qu'il nage dans l'opprobre sans s'y noyer, puisque c'est son élément. Forster wolte neulich jemand die Augen auskrazen, weil er die attaque vom 20ten Jun. gut hieß, und die Nationalvers. — samt den Jacobinern — item la Fayette — alles ist Preis gegeben — nur die Sache nicht. Für das Glück der kaiserl.

Caroline Böhmer
an F. L. W. Meyer
Mainz, 12. 8. 1792

und königlichen Waffen wird freylich nicht gebetet — die
Despotie wird verabscheut, aber nicht alle Aristokraten —
kurz es herrscht eine reife edle Unpartheylichkeit — und
wenn Sie nicht unser Bekentniß annähmen — so ist nur Dein
teufelischer Geist des Wiederspruchs schuld.

Im späten August kam Goethe, der den zweiten Band der
Ansichten sehr gelobt hatte, auf dem Weg zur Armee der
Koalierten durch Mainz.

Sodann verbracht' ich mit Sömmerings, Huber, Forsters und
andern Freunden zwei muntere Abende – – – was gab es da
nicht für Anlässe, Anklänge, in einem natürlichen, angebornen und angewöhnten Ver-   Goethe:
                                                Campagne in
trauen! Die Freiheit eines wohlwollenden   *Frankreich 1792*
                                                   S. 4 f.
Scherzes auf dem Boden der Wissenschaft
und Einsicht verlieh die heiterste Stimmung. Von politischen Dingen war die Rede nicht, man fühlte, daß man sich
wechselseitig zu schonen habe: denn wenn sie republicani-
sche Gesinnungen nicht ganz verläugneten, so eilte ich offenbar mit einer Armee zu ziehen, die eben diesen Gesinnungen
und ihrer Wirkung ein entschiedenes Ende machen sollte.

                                                    Heyne
Göthe bei der Armee! welche Profanation!   an Sömmerring
                                             Göttingen, 27. 8. 1792

Am 2. September nahm die Koalition Verdun. An diesem
und am folgenden Tag drangen Gruppen von Handwerkern,
Krämern, Gastwirten und Nationalgardisten in die Gefängnisse von Paris ein und metzelten dort inhaftierte Adlige,
Priester, die den Eid auf die Verfassung verweigert hatten,
und andere der Konterrevolution Verdächtige nieder.
    Forster warf in diesen Tagen seine wunderbaren *Erinne-*
rungen an das Jahr 1790 aufs Papier, in denen er eine Reihe
von Chodowiecki gestochene Szenen und Portraits — Joseph II. auf dem Sterbebett, die Dämpfung des sächsischen
Bauernaufstands, die menschenfreundliche Tat eines Deutschen Fürsten oder auch Friedrich Wilhelm II. bei einem
Brande in Breslau — recht tief- und hintersinnig zu deuten
verstand.

Anschließend verfaßte er ein neues, mächtiges *Pro Memoria* über die kurfürstliche Bibliothek, das er mit den Worten schloß:

6) Wäre es meine unterthänigste Bitte, daß Höchst Ihro Kurfürstliche Gnaden geruhen möchten, Sich huldreichst zu An Kurfürst v. Erthal entschließen, der Kurfürstlichen Universi-Mainz, 9. 9. 1792 tät die Erlaubniß zu ertheilen, daß solche zum ewigen Andenken, der unbegränzten Wohlthat, womit sie von ihrem zweiten Stifter, ihrem Wiederhersteller, dem Vater des Vaterlands und dem Beschützer und Wohlthäter der Wissenschaften und Künste überhäuft und dotirt worden ist, in dem Bibliothekssaal, an dem östlichen Ende desselben, an der Stelle, welche mit einem rothen Kreis in dem Grundrisse bemerkt worden ist, das Brustbild *Seiner kurfürstlichen Gnaden* in Marmor, auf einem schönen Piedestal, mit einer dankbaren Inschrift aufstellen dürfe.
Hiemit ersterbe ich in tiefster Ehrfurcht
Ew. Kurfürstlichen Gnaden unterthänigster Universitäts Bibliothekär   Georg Forster.

Am 20. September siegte die französische Armee bei Valmy. Im strömenden Herbstregen begann auf verschlammten Wegen ein haltloses Retten und Flüchten: »Ach Bruder, wie es uns geht, / Erbärmlich um uns steht! / Wie sind wir straplezieret, / Wie sind wir ausmarschieret! / Das hält kein Mensch mehr aus; / Ach, wären wir zu Haus!« (Anonym)
»Ich würde mich nicht wundern, wenn der Herzog von Braunschweig bis vor Paris käme. Wie er wieder zurückkommen soll, das sehe ich nicht ein!«, hatte Forster im Frühsommer an Heyne geschrieben.
Goethe fand nach einer abenteuerlichen Kahnfahrt moselund rheinabwärts zu Jacobi. Der französische General Custine besetzte innerhalb von drei Wochen den größten Teil des Rheinlandes.

Gestern ist alles was laufen konnte, von hier geflüchtet; alle fr[anzösische] Emigrirte besonders die Frauenzimmer, zu An Ch. F. Voß Wagen, zu Pferd, zu Wasser, zu Fuß. Der Mainz, 5. 10. 1792 Domschatz, die Archive, die Meublen aus dem kurf. Schloß, alles ist fort; alle Domherren haben ihre Sachen geflüchtetet und alle Vornehme desgleichen. Der Kurfürst kam gestern selbst von Frankfurt um bei dem Einpacken gegenwärtig zu seyn und um halb zehn Uhr Abends fuhr er wieder in aller Stille zum Thor hinaus, nachdem er die Wappen hatte von seinen Kutschen abkratzen lassen, um nicht erkannt (und aufgehalten?) zu werden.

In der Schustergasse waren schon französische Kokarden zu Hunderten zu kaufen. Forster packte auf Bitten von Sömmerrings Schwiegereltern dessen wichtigste Sachen zusammen und schickte sie nach Frankfurt. Der Freund war gerade auf Hochzeitsreise. Huber fuhr nach Frankfurt, um seine diplomatischen Papiere in Sicherheit zu bringen.

Die Franzosen erschienen erst zwei Wochen später, und die Festung, in der eine zusammengewürfelte Truppe von nassau-weilburgischen, nassau-usingschen, Fuldaer und Wormser Stadtsoldaten lag und zu deren Wällen ein Gärtner die Schlüssel hatte, kapitulierte nach leichtem Kanonenfeuer.

»Die Krisis naht heran und man wird
Partei ergreifen müßen«

Am Abend des 21. Oktober besetzten die Franzosen die
Stadt. Das Volk empfing sie mit dumpfem Schweigen, ohne
offene Abneigung, aber auch ohne jeglichen Beifall. An
geputzte Paradesoldaten gewöhnt, staunten die Mainzer über
die Fremden, verstaubte, schmutzige, zerlumpte Kerle, die
zum Teil wirklich ohne Schuhe und Strümpfe einherzogen
und auf ihren rostigen Bajonetten ihr Kommißbrot oder ihre
Portion Fleisch aufgespießt trugen.

General Adam-Philippe Comte de Custine, der schon vor
der Revolution Offizier gewesen war, ein Mensch mit gewaltigem Schnurrbart, beschlagnahmte das kurfürstliche Schloß
und erließ eine Proklamation, daß er Mainz in den fürchterlichsten Verteidigungszustand versetzen und um jeden Preis
halten wolle; vorläufig bleibe es bei der alten Verwaltung und
bei den alten Abgaben, den Mainzern stehe jedoch frei, sich
statt ihrer alten, sklavischen eine neue Verfassung zu schaffen.

Solchergestalt, mein Freund, hat sich in kurzer Zeit die Lage
der Sachen in Europa nicht nur gewaltig geändert, sondern
die Franzosen haben auch durch die Ein-
nahme von Mainz einen Vorschritt gewon-
nen, deßen Folgen beinah gar nicht zu berechnen sind. – – –
Wenn es den Franzosen gelingen sollte, sich auch der Mosel
zu bemeistern, wie sie es nicht übel Willens sind, so dürfte der
ganze Westen von Europa eine andere Gestalt gewinnen und
es ist nicht zu sagen, wo das Feuer Gränzen finden wird – – –
Ich gestehe Ihnen gern, daß ich nur von Politikern wie Herzberg und Dohm Maaßregeln von der Größe, Kühnheit und
Weisheit erwarte, welche jezt im Stande sind, die preußische
Monarchie aufrecht zu erhalten, oder auch nach den Umständen, des bereits erlittenen Verlusts an Geld und Men-

An Ch. F. Voß
Mainz, 21. 10. 1792

schen ungeachtet, gegen Oestreich wieder höher zu heben. Mainz wird jezt ein wichtiges politisches Centrum werden – – – Meine Kränklichkeit des vorigen Winters und einige unangenehme Familienauftritte haben mich gezwungen 1500 Thaler Schulden zu machen und alle Versuche, diese Summe irgendwo auf billige Zinsen vorgestreckt zu bekommen sind mir fehlgeschlagen. – – – Ich laße mir nicht einfallen, daß Sie selbst mir diesen Vorschuß machen möchten, denn ich weiß, daß Ihr Geld im Handel und Verlag versteckt ist und ihnen da beßere Früchte tragen muß; allein Sie werden in dem großen Kreise ihrer Bekanntschaft u. Geschäfte leicht den Mann finden, der 1500 Rthl auf gute Zinsen giebt, wenn Sie ihm nur versprechen können, daß das Geld sicher steht. Kein Mensch kann mehr Entschloßenheit, Muth und guten Willen haben, sich aus einer unangenehmen Lage heraus zu arbeiten, als ich – – – In ein paar Jahren muß ich ganz auf dem Trocknen seyn und der nachtheiligen Folgen der falschen Politik unseres Fürsten nicht mehr fühlen. – – – Uebrigens kann ich mir nicht vorstellen, daß die Erinnerungen nicht, als *ein Wort zu seiner Zeit geredet,* jezt in Deutschland Glück machen sollten.

Am zweiten Tag nach der Besetzung versammelten sich im Akademiesaal des Schlosses drei Professoren, ein Notar, zwei Hofgerichtsräte, ein Handelsmann, ein französischer Sprachmeister und zehn Studenten und schworen, als Jakobiner frei zu leben oder zu sterben. Angeregt hatte diese Klubgründung der Sekretär Custines, Georg Wilhelm Böhmer, ein ehemaliger Gymnasiallehrer aus Worms. Professor Wedekind, ehemaliger Leibarzt des Kurfürsten und Forsters Hausarzt, übernahm die Aufgabe, in den nächsten Sitzungen dieser *Gesellschaft der Freunde der Freiheit und Gleichheit* über die Vorteile einer demokratisch-republikanischen Verfassung zu sprechen.

Forster blieb der *Gesellschaft* zunächst fern. Aber er sorgte über einige ihm bekannte Schauspieler dafür, daß das Komödienhaus weiterspielte, um das Publikum zu humanisieren, und führte eine Deputation von Professoren an, die um den Schutz der akademischen Güter und Einkünfte nachsuchte, da die Bauern die Weinberge und Speicher der Universität plünderten. Sein Französisch blieb nicht ohne Wirkung.

Welch ein Wechsel seit 8 Tagen — General Custine wohnt im Schloß des Churfürsten von Mainz — in seinem Prachtsaal

Caroline Böhmer
an F. L. W. Meyer
Mainz, 27. 10. 1792

versammelt sich der Deutsche Jacobiner-Club — die National-Cocarden wimmeln auf den Gaßen. — Die fremden Töne, die der Freiheit fluchten, stimmen vivre libre ou mourir an. – – – Die Adlichen sind alle geflohn — der Bürger wird aufs äußerste geschont – – – Die Leute sehn sehr delabrirt aus, weil sie lang im Feld lagen, aber arm sind sie nicht, und Mann und Pferd wohl genährt. Der Zustand der combinirten Armeen hingegen — Göthe, der den Ausdruck nicht zu übertreiben pflegt, schreibt seiner Mutter — keine Zunge und keine Feder kan die traurige Verfaßung der Armee schildern – – – Frankreich ist geräumt, Longwy und Verdun zurückgegeben — die Belagerung von Lille aufgehoben — Montesquiou und Custines ohne Blutvergießen siegreich — und was mich mehr wie alles freut, die Marrats in der Nationalv. nach Verdienst gebrandmarkt. Ich glaube jezt *dort* — *hier* kan man sich des Spotts nicht erwehren — man macht Projekte — man haranguirt — gestikulirt nach den 4 Weltgegenden hin — will das Volk aufklären. *Ein* Werkzeug ist mein Schwager George B[öhmer], der seine Profeßur in Worms aufgegeben hat und so was von Secretaire bey Custine ist. Mir sank das Herz, wie ich den Menschen sah — o weh — wolt und könt Ihr den brauchen? aber wen kan man nicht *brauchen?* Die sich bey solchen Gelegenheiten vordrängen, sind nie die besten. — Ich kan Ihnen F[orsters] Betragen nicht genug rühmen — noch ist er bey keinem Institute — er macht seinen bisherigen Gesinnungen Ehre, und wird vielleicht mit der Zeit den Ausschlag zu ihrem Vortheil geben. Der Mittelstand wünscht freilich das Joch abzuschütteln — dem Bürger ist nicht wohl, wenn ers nicht auf dem Nacken fühlt. Wie weit hat er noch bis zu dem Grad von Kentniß und Selbstgefühl des geringsten sansculotte draußen im Lager. Der Erwerb stockt eine Weile, und das ist ihm alles — er regrettirt die sogenannten *Herrschaften,* so viel darunter sind, die in Concurs stehn und die Handwerker unbezahlt ließen. Aber nur *eine* Stimme ist über den Priester — *er* sieht gewiß sein schönes Mainz nicht wieder, wenn es auch, wies wahrlich sehr zweifelhaft ist, seine Thore dem Nachfolger öffnete. Custine bevestigt sich, und schwört den Schlüßel zu Deutschland nicht aus den Händen zu laßen, wenn ihn kein Friede zwingt. Kaum 4 Monat sinds, wie sich das Concert des puissances versammelte um Fr[ankreichs] Untergang zu beschließen hier — wo nun auf dem Comödienzettel steht: mit Erlaubniß des Bürgers Custine.

Ich hab eine Hausgenoßin, lieber M., seit 8 Tagen — eine Landsmännin — die Forkel. Man hat sie mir nicht aufgedrungen — ich habe selbst die erste Idee gehabt. Sie wißen vielleicht, daß sie unter Protektion des F[orsterschen] Hauses steht. Ich kante sie beynah gar nicht — hab aber keinen Haß gegen Sünder, und keine Furcht für mich. Was sagen *Sie* dazu? – – – Die Frau gefällt mir bis jezt — ich bin gut mit ihr — da man das seyn kan, ohne sich hinzugeben, so seh ich nicht, warum ich damit nicht den Anfang machen sollte. Sie kennen sie, und können mir mehr Licht geben.

Die Beklommenheit der Mainzer legte sich. Der Klub wuchs an. Krämer, Juristen, ein Lebkuchenbäcker, ein paar Geistliche, der Faktor der Hofbuchdruckerei, ein Perückenmacher traten bei. Auch Lennig, ein Gefällverweser, also Finanzbeamter. Er stand mit der kurfürstlichen Regierung in Verbindung und hielt im Klub eine Rede, in der er behauptete, Mainz könnte sich bei einer reichswidrigen Verfassung nicht halten und müßte beim wärmsten Patriotismus schon im ersten Winter erfrieren.

Posttag nach Posttag verstreicht, ohne eine Sylbe von Ihnen, mein Freund, und mittlerweile wird die Lage hier immer dringender und complizirter. – – – Ich habe mit mehreren gutgesinnten Männern bisher An Ch. F. Voß
Mainz, 27. 10. 1792 von allem mich zurückgehalten; allein diese Neutralität ist mißlich, die Krisis naht heran und man wird Partei ergreifen müßen. – – – Der Rhein ist jezt zum Glück für Deutschland da; er muß die Gränze seyn, die das Land der Republikaner von Deutschland absondert. Raserei wäre es, wenn man jezt noch an die alten Träume von Unverletzbarkeit und Unzertrennlichkeit des Reichs dächte. *Alles* geht verloren, sobald man *etwas* zurück haben will.

Brauchen Sie ums Himmels willen Mäsigung Vorsicht u. Klugheit, daß Sie nicht einmal, wenn die Sachen wieder auf

Heyne
an Forster
Göttingen, 31. 10. 1792

den vorigen Fuß kommen, sich u. Ihre Familie unglücklich machen u. gemacht haben. Die Heftigkeit Ihrer letzten Briefe erschrekken mich. – – – Ich bitte Sie um Ihrent und der Ihrigen Willen, mäsigen Sie sich, und gehen Sie nicht so ganz in das Leidenschaftliche hinein, das Sie unfähig macht, irgend etwas mit Bestand der Sache zu beurtheilen. Jetzt hilft Warnen noch Etwas; Haben Sie sich unglücklich gemacht, wer kann dann helfen?

Am Gerichtsgebäude neben dem Marktplatz lag in Mainz seit alters her auf einem steinernen Fundament ein großes Eisen, von dem es hieß, daß Adolf II. von Nassau, welcher 1462 der Stadt ihre Rechte nahm, es mit den Worten hätte aufstellen lassen:»Ich leg' euch dort einen Butterweck hin. Wenn den die Sonn' zerschmilzt, könnt ihr eure Rechte wiederhaben.«

An dieser Stelle errichtete der Klub, begleitet von einer riesigen Menge singender Mainzer und französischer Soldaten, am 3. November 1792 einen zehn Schuh hohen, mit Jakobinermütze und ellenlangen dreifarbigen Bändern geschmückten Freiheitsbaum. Das Steinfundament des alten Denkmals wurde zerschlagen, der»Butterweck«jedoch, den man zu Medaillen hatte umschmelzen wollen, geschont, weil der Mathematiker Westhofen noch rechtzeitig erkannte, daß es sich um ein altes Maß handelte.

Johannes von Müller besuchte die Stadt. Er kam als kurfürstlich geheimer Staatsrat aus Aschaffenburg, wo v. Erthal residierte, mit einem Paß Custines, der ihm sicheres Geleit, volle Bewegungsfreiheit und ungehinderte Rückkehr garantierte. Als ihm Custine die Leitung einer neuen einheitlichen Verwaltung der eroberten linksrheinischen Gebiete anbot, lehnte Müller mit der Begründung ab, er wolle nicht gegen seinen Willen zum Mittelpunkt einer antifranzösischen Partei werden; er gelte als politischer Vertrauter des Kurfürsten und sei als Repräsentant einer franzosenfreundlichen Politik nicht glaubwürdig.

Insgeheim stand der geschmeidige Historiker schon seit einigen Wochen in kaiserlich-österreichischen Diensten. Davon ließ er jedoch kein Sterbenswörtchen verlauten. Nicht einmal v. Erthal und sein Kanzler Albini, dem er aus Mainz geheime Lageberichte des Hofrats Kalckhoff mitbrachte, wußten Bescheid.

In den drei Wochen seit der Capitulation hat sich nun vieles geändert. Die Stimmung gegen die vorige Einrichtung ist jezt entschieden und beinah eben so laut An Ch. F. Voß entschieden und ausgesprochen der Wunsch, Mainz, 10. 11. 1792 auf neufränkische Art frei zu seyn. – – – Die falschen Maasregeln, oder vielmehr die gänzliche Apathie der vorigen Regierung haben unglaublich beigetragen, den Entschluß der Bürger zu beschleunigen. Ihre Liebe zu einem ihrer ehemaligen Mitbürger, der nach allerlei Verfolgungen endlich seinen Abschied nehmen und nach Strasburg gehen mußte, und jezt wieder erschien [der ehemalige Priester und Professor der Philosophie Dorsch]; sodann auch die plötzliche Ankunft des hiesigen k[urfürstlichen] geh. Staatsraths Müller, der in 4 Tagen von Wien hieher kam, würkten zu dieser Entscheidung mit. Müller, der von den Bürgern erstaunlich geliebt wird, ertheilte allen die zu ihm kamen, und deren waren bei 400, den Rath, diese Gelegenheit frei zu werden, nicht zu versäumen, da auf jeden Fall Befolgung eines sehr deutlich bezeugten Willens des Siegers das Mittel zu ihrer Erhaltung und zur Sicherung ihres Eigenthums sei, welches ihnen bei einer Rückgabe im Frieden so wenig übelgenommen werden könne, als wenn im siebenjährigen Kriege ganze Provinzen, die hernach beym Frieden zurückgegeben wurden, den Eid der Treue in die Hände ihrer Eroberer niederlegen mußten. – – –

Ich habe Ursache zu glauben, daß man gesonnen ist, mich bei der provisorisch zu errichtenden Administration zu brauchen, und ich halte es für Pflicht, ein Geschäft, welches es auch sei, nicht auszuschlagen, sobald es in einem solchen Zeitpunkt mich in Stand sezt, für meine Mitbürger mich vortheilhaft zu verwenden. Alles kommt hier nur auf die einzige Frage an, was jezt der wahre Vortheil des Landes sei, und ich beantworte ihn mir ohne alle Rücksicht auf politische Verhältniße oder eventuellen Besitz so, daß ich glaube, es sei »die Erhaltung des Privateigenthums«. – – –

Ich komme zum zweiten Punkt, dem edelmüthigen Vorschlag Ihrer beiden Freunde, mich aus meinen gegenwärtigen Bedrängnißen zu retten. Wie ich mich kenne, lieber Freund, glaube ich nach vorhergegangener reiflicher Ueberlegung recht zu thun, wenn ich das Anerbieten, unter Einer Bedingung annehme; diese ist: daß das Darlehn mich nicht im geringsten zu irgend einer Verantwortlichkeit für meine politischen Schritte und Grundsätze verbindet. Kann es ohne eine solche nicht geschehen, so thue ich lieber Verzicht auf alles, und überlaße mich Gott und meinem Schicksal.

Am 7. November, noch ehe von Müller die Stadt verließ, trat Forster in den Jakobinerklub ein. Mit Zustimmung der Mehrheit hatte Böhmer inzwischen zwei Bücher auflegen lassen, in die sich alle Mainzer wahlweise eintragen sollten. Auf dem einen, dessen Schnitt in den französischen Farben gehalten und das in rotes Saffian gebunden war, stand: *Freiheit,* auf dem anderen, schwarzen und mit Ketten umwundenen: *Sklaverei;* es war für jene gedacht, die sich aus eigener Wahl dem alten Joche unterwerfen wollten.

Der Mainzer Handelsstand erklärte in einem Memorandum zur Frage einer neuen Verfassung ebenso schlitzohrig wie kokett:

Diese Epoche erinnert uns, daß die Großtaten der Alten, wovon uns die Geschichte versichert, wirklich geschehen sei[e]n. Allein — die Gewißheit einer so großen, so edeln Begebenheit ist für uns nur gar zu demütigend. Wir bewundern ihre Größe, aber sie ist für uns unerreichbar; das Phlegma, womit uns die Natur belastet hat, und unsere Lage gestatten die Kraft nicht, ihnen nachzufolgen.

Daniel Dumont:
Constitutions-Vorschläge des Handels-Standes

Statt dessen schlug der Handelsstand gemäßigte Reformen vor. Er wünschte sich einen gewählten Kurfürsten und zwei Landstände, die ihm die Waage halten sollten, und wollte den Verbleib von Mainz beim Reich. Dagegen hielt Forster am 15. November seine erste Rede im Klub.

Ich behaupte nichts zuviel; Ihr werdet alles verlieren, wenn Ihr jezt nicht alles nehmt, wenn Ihr nicht jezt von ganzem

Herzen ganz frei werden wollt. Die Sache ist ja klar am Tage! Wer soll Euch denn Euer sauberes Mittelding, Euer gemäßigtes Feuillantenprojekt, Euern erwählten Für- *Über das Verhältniß der Mainzer gegen die Franken S. 23 f.* sten, Eure Schulden- und Ahnenreichen Landstände, Euere zwei Kammern, wer soll sie Euch garantieren? Doch nicht das liebe heilige deutsche Reich, das sich selbst kaum garan- tiren kann und in den letzten Zügen liegt? – – – Doch nicht Östreich und Preußen, die sich um Euch so wenig beküm- mern? Doch nicht die Fürsten selbst, denen Ihr Euch wieder anvertrauen wolltet? Da hättet Ihr eine schöne Sicherheit! – – –

Diejenigen, die immer mit dem deutschen Reich, als einem Schreckbild auftreten, bedenken nicht, daß sie uns zu sagen vergessen haben, *wie* denn das deutsche Reich mit uns über die neue — gemäßigte? — Verfassung negoziiren soll. Mit wem von uns soll es denn in Unterhandlung treten? Wird es provisorisch unser Recht anerkennen uns eine neue Verfas- sung zu geben? das Gegentheil haben wir bei Lüttich gesehen; und ich gehe weiter, ich sage, das deutsche Reich *kann* nach seinen Grundsätzen nicht mit uns über diesen Gegenstand unterhandeln; denn das hieße ja zugeben, daß die angeblich unverbesserliche und unverletzbare Feste der Reichskonsti- tution — wirklich nichts anders als eine zusammengeflickte, höchstgebrechliche Polterkammer ist, in welche jeder ein Loch machen kann, der sie nur mit Einem Finger berührt.

In dieser alten Polterkammer spukt jezt ein lügenhaftes Gespenst, das sich für den Geist der deutschen Freiheit aus- giebt; es ist aber der Teufel der feudalischen Knechtschaft, wie man solches deutlich in den ungeheuren Aktenstößen erkennen kann, womit es sich herumschleppt und an den Ketten, die überall klirren, wohin es sich wendet. Dieses scheußliche Gespenst, das von Titulaturen, Formalitäten, Pergamenten spricht, wenn vernünftige Leute von Wahr- heit, Freiheit, Natur und Menschenrecht reden, kann nur auf Eine Art gebannt werden, nämlich, wenn man mit dem De- gen in der Faust auf dasselbe eindringt.

Da ich aus Ihren Erinnerungen vom Jahr 1790 ersehen, auf was für eine vortreffliche Art Sie mein Ministerium geschildert haben, so bezeuge ich Ihnen meine Dankbarkeit dafür, ob ich zwar fürchte, daß es an den meisten Orten nicht gut wird ausgelegt werden. Sie haben den Sinn meiner Ministerialgrundsätze zu meiner Verwunderung vollkommen getroffen. Die Welt würde noch mehr davon überzeugt werden, wenn ich die Geschichte Friedrichs II. und die von meinem Ministerio frei schreiben dürfte, woran man mich aber gänzlich hindert. – – – Da ich dieses Alles der Welt nicht vorlegen, noch Ihnen den 3. Theil meiner écrits publics mittheilen darf, so schicke ich Ihnen indessen durch Herrn Voß einige meiner literarischen, auch politischen und ökonomischen Schriften, aus welchen Sie wenigstens im Großen werden übersehen können, was ich gethan habe. Ich bin aber ganz trostlos, daß durch die neuern Vorfälle, an welchen ich seit dem 5. Jul. 1791 nicht den geringsten Antheil habe, dieses große und für ganz Europa und Deutschland so wohlthätige System gänzlich gefallen, und Preußen das nicht mehr ist, noch werden kann, was es gewesen.

Ich hoffe, daß Ew. Wohlgeboren immer ein ächter Deutscher und auch ein guter Preuße bleiben werden. Ich werde dazu alles Mögliche beitragen und hoffe auch wohl darunter zu reussiren, wenn nur erst der liebe Friede wiederhergestellt seyn wird. Ich habe dem Herrn Voß zu zwei Actien beigetragen. Ein Mehreres kann und mag ich nicht schreiben.

Am 19. November trat Forster als Vizepräsident in die Provisorische Administration ein. Am selben Tag schlug ihn von Hertzberg in einem Schreiben an Friedrich Wilhelm II. als Nachfolger des wegen seiner Sympathien für die Französische Revolution aus der Berliner Militärakademie und der Akademie der Schönen Wissenschaften und Künste verjagten Professors Borelli vor.

Ihren lezten Brief, mit dem Beischluß [der obige Brief von Hertzberg], mein theuerster Freund, habe ich richtig erhalten. Zugleich kam einer von Herrn Mertens in Frankfurt a/M. der mich benachrichtigte, daß die [Reichstaler] 1600 für mich bei ihm bereit lägen.

Anstatt nun unverzüglich von dieser Summe Gebrauch zu machen, schreibe ich ihm heute, daß ich erst von neuem Antwort aus Berlin abwarten muß. Im Grunde aber, hätte ich ihm nur gerade zu schreiben können, daß ich von dem Gelde gar nicht disponiren würde. Denn Sie schreiben mir die merkwürdigen Worte:

... »stimme in des Grafen Wunsch ein: daß Sie ein guter Preuße bleiben mögen! Das müßen Sie auch, w[ertester] F[reund] weil ich sonst offenbar in Gefahr käme, durch die so angenehme Geschäftsverbindung mit Ihnen Verdruß zu erfahren«.

Zuerst also, liebster Freund, thue ich gänzlich Verzicht auf die edle Unterstützung, weshalb Sie sich meiner so freundschaftlich angenommen haben. – – –

— Wenn ich den Wunsch, daß ich ein Preuße bleiben soll, recht verstehe, so ist er eine Zumuthung, die mit meinen Grundsätzen und meiner in so vielen Schriften (freilich des Despotismus wegen behutsam) geäußerten Freiheitsliebe ganz unverträglich ist. Ich bin im polnischen Preußen eine Stunde von Danzig geboren, und habe meinen Geburtsort verlaßen, eh er unter königlich preußische Botmäßigkeit kam. In so fern also, bin ich kein preußischer Unterthan. Ich habe als Gelehrter in England gelebt, eine Reise um die Welt gethan, hernach in Caßel, in Wilna und zulezt in Mainz meine geringen Kenntniße mitzutheilen gesucht. Wo ich jedesmal war, bemühte ich mich, ein guter Bürger zu seyn; wo ich war, arbeitete ich für das Brod, welches ich erhielt. Ubi bene, ibi patria, muß der Wahlspruch des Gelehrten bleiben; er bleibt es auch des freien Mannes, der in Ländern, die keine freie Verfaßung haben, einstweilen isolirt leben muß.

Heißt: »ein guter Preuße seyn«, wenn man in Mainz unter fränkischer Herrschaft steht, soviel als, *allen* Preußen gutes, einen baldigen Frieden, eine Erholung von allen Uebeln des Krieges wünschen, so bin ich ein guter Preuße, wie ich ein guter Türke, Ruße, Chineser, Marokkaner, pp bin. Heißt es aber, daß ich in Mainz meine allgemein bekannten Grundsätze verläugnen, mich nicht freuen soll, daß es eine freie Verfaßung erhält; aufgefordert wie ich bin, nicht dazu mitwirken; in einer Gährung, in einer Krise, wo man durchaus sich entscheiden muß, entweder ganz unentschieden bleiben oder das

Mainzer Volk durch mein Beispiel zu überreden suchen, es thue beßer, die alten Greuel beizubehalten, als mit den Franken frei zu werden; heißt also: ein guter Preuße seyn, Grundsätze annehmen, die nie die meinigen waren, und nicht das Wohl der Einwohner Preußens, sondern das Intereße des preußischen Hofes, des Kabinets, der Geisterseher und allenfalls des Königs, — hier in Mainz im Auge behalten, so verlangt man etwas, wofür ich verdiente, an den nächsten Laternenpfahl geknüpft zu werden. – – – Ich werde immer Bücher gemeinnützigen naturhistorischen, anthropologischen, geographischen, ja selbst politischen Inhalts schreiben können, wenn ich gleich gesonnen bin, (was weiter niemanden angeht) *als Republikaner zu leben und zu sterben.*

Die von Custine eingesetzte Allgemeine Administration, welche die alte kurfürstliche Regierung ersetzte und von Dorsch angeführt wurde, unterrichtete sich zunächst über die allgemeinen Bedürfnisse und Ressourcen, die öffentlichen Mund- und Kassenvorräte, über den Gang der Geschäfte in den sämtlich provisorisch beibehaltenen Dikasterien (Gerichtshöfen) und untergeordneten Stellen, die Beschwerden und die Steuerschätzungen. Gleichzeitig bemühte sie sich um die Versorgung der Stadt mit Lebensmitteln, Holz und Salz, welches für schweres Geld aus der Ferne herbeigeschafft werden mußte, da das Kriegskommissariat alle Fruchtspeicher, Korn-, Mehl-, Heu-, Salz- und Holzvorräte sowie alle Mühlen in der Stadt und in der Umgebung in Beschlag genommen hatte. Das Militär forderte eine ungeheure Menge von Fuhren, bisweilen 700 am Tag, dazu kam noch die Beitreibung und Repartition von 2 000 Fronarbeitern am Festungsbau in Kastel.

Trotzdem trugen sich bis Anfang Dezember etwa tausend Mainzer in das Rote Buch ein. Der Klub wuchs auf mehrere hundert Mitglieder an, darunter Schreiner, Pottaschsieder, Schuhflicker, Bombenmacher, Bauern, Tabakskrämer und Hirsemüller. Besonders freiheitsliebend erwies sich das Mainzer Umland. In vielen Dörfern wurden Freiheitsbäume aufgerichtet. Den Grund für diese Begeisterung kann man einer Äußerung des Müllers von Bretzenheim entnehmen, der dem Pfarrer Faulhaber, der die Feierlichkeiten wütend von seinem

Fenster aus beobachtete, fröhlich zurief: »Gute Nacht, Kraut- und Rübenzehnt!«, was dieser sofort notierte.

Am 2. Dezember, einem heiteren Wintertag, der die Gegend mit einer dünnen Schneedecke belegt hatte, ging Forster zusammen mit Therese, den Kindern und seiner französischen Einquartierung, einem eisgrauen Zimmermann aus der Normandie, nach Kastel, wo die Befestigungstätigkeit in vollem Gange war — als sich plötzlich die schanzenden Bauern und Soldaten um einen heransprengenden Reiter scharten. Wie ein Lauffeuer verbreiteten sich die Wörter »*trahison*«, »*massacre*«, »*vengeance*«. Frankfurt war im Handstreich von den Alliierten zurückerobert worden.

Die Mainzer Republik

Wär ich in Mainz geblieben, so hätte ich als Forsters Weib, und innige Theilnehmerinn an seinen Schicksal, jede seiner Entwürfe getheilt, so bald seine Parthie einmal genommen war, aber da ich die Gefahr seiner Zukunft fühlte, that ich, der Mann den ich liebte, und ein andrer Freund alles mögliche um ihn zu bewegen, Mainz zu verlaßen. Forster folgte seiner Ueberzeugung und nahm die Revolutionsparthei, und nun ging ich in seine Idee mit ein; Allein ehe noch irgend etwas reelles gegen die alte herrschaft vorgenommen ward, fiehl der traurige 2 Dezember in Frankfort vor, meine Einbildungskraft ward von dieser ersten Mordscene die in der Nähe vorfiel äußerst zerrüttet, unsre Freunde sahen Forster als das Haupt der mainzer Revolution an, und drangen darauf mich mit den Kindern in Sicherheit zu bringen, damit er freyer handeln könnte, der Mann den ich liebte, der vom 3 Nov. an schon entfernt war beschwor Forster meine Gesundheit und mein Leben zu retten, und Forster schickte mich nach Strasburg.

Therese Forster an Frau Hottinger Neuchâtel, 16. 11. 1793

Therese ist nicht mehr hier. Sie ist mit den zwey Kindern nach Strasburg gegangen — warum — das fragen Sie mich nicht. Menschlichem Ansehn nach, ist es der falscheste Schritt, den sie je gethan hat, und der erste Schritt, den ich ohne Rückhalt misbillige. Sie, die über jeden Flüchtling mit Heftigkeit geschimpft hat, die sich für die Sache mit Feuereifer interreßirte, geht in einem Augenblick, wo jede Sicherheitsmaasregel Eindruck macht, und die jämmerliche Unentschiedenheit der Menge vermehrt — wo sie ihn mit Geschäften überhäuft zurückläßt — obendrein beladen mit der Sorge für die Wirtschaft — zwey Haushaltungen ihn bestreiten läßt, zu der Zeit wo alle Besoldungen zurückgehalten werden. Das fällt

Caroline Böhmer an F. L. W. Meyer Mainz, 17. 12. 1792

in die Augen. Er wollte auch nicht — ich weiß, weder welche
geheime Gründe sie hat, noch welche sie ihm geltend machte
— sie hats aber durchgesezt. Ich müste mich sehr irren,
wenn nicht diesmal weniger verzeihliche Antriebe als leidenschaftliche sie bestimmten, vielleicht die Begierde nach
Wechsel, und eine Rolle dort zu spielen, wie sies hier nicht
konte. Viele vermuthen Trennungsplane — Sie und ich
gewiß nicht. Würde sie so gerecht seyn? — Sie hören mich
zum erstenmal so sprechen — weil ich zum erstenmal so
denke — aber dies hat mich auch aufgebracht. Der Ausgang
mag auch nicht zu ihrem Nachtheil ausschlagen — das kan
mein Urtheil nicht ändern. Eine Entschuldigung hat sie —
die Infamien zu Frankf[urt] hatten ihre Imagination erschüttert — aber das hätte eine andre Wendung genommen,
wenn es nicht ihrer Neigung gemäß gewesen wär ihr diese zu
geben. Er ist der wunderbarste Mann — ich habe nie jeman-
den so geliebt, so bewundert und dann wieder so gering ge-
schäzt. Er ging seinen politischen Weg durchaus allein und
that wohl daran — Ihr Geist ist nicht für die Sphäre, mehr
thätig als würkend darinn. Er geht mit einem Adel — einer
Intelligenz — einer Bescheidenheit — einer Uneigennüzig-
keit — wär es nur das! aber im Hinterhalt lauscht Schwäche,
Bedürfniß ihres Beyfalls, elende Unterdrückung gerechter
Forderungen — auffahrendes Durchsezen geringeres. Er
lebt von Attentionen und schmachtet nach Liebe, und kan
diesen ewigen Kampf ertragen — und hat nicht die Stärke
sich loszureißen, die man auch da, wo man Superiorität aner-
kennt, haben müßte, wenn es uns mit uns selbst entzweite.
Ich haße Egoismus — aber entweder muß man in Einfalt des
Herzens Vollkommenheit anbeten — oder die Festigkeit
haben sich nie geringer zu achten, als selbst das was wir über
uns erkennen. Dieses Mannes unglückliche Empfänglichkeit, und ihr ungrosmüthiger Eigennuz verdammen ihn zu
ewiger Qual. Ich habe wohl gedacht, ob man ihm die Augen
öfnen könte — es versteht sich, daß ich nicht mittelbar noch
unmittelbar dazu beitragen darf und werde — ich habe gefunden, man würde seine Liebe tödten können, aber seine
Anhänglichkeit nicht. Spricht ihm das nicht sein Urtheil?
Sie beschäftigt, sie amüsirt ihn — das kan ihm kein Wesen
ersezen — darum ist sie einzig — sie reizt seine Eitelkeit,

weil er sieht, daß sie auch andre beschäftigt, und daher nie erfährt, wie nachtheilig die Urtheile sind, die selbst diese von ihr fällen. Wer sie nicht mag, flieht sie — ein neuer Triumph! So hält sie ihn — geht hin, und nuzt seinen Nahmen, und führt ihn mit Stolz. Das ist nicht billig — ach und doch verdient ers. Guter F., geh und klag die Götter an.

Ich bleibe hier — man gewöhnt sich an alles, auch an die tägliche Aussicht einer Belagerung.

Die Stimmung schlug um. Die Pfaffen hoben die Köpfe, krähten Unglück und drohten Mord und Tod. Die Klubabende waren kurz. Durch den Sitzungssaal trug man verwundete Soldaten, weil das Lazarett im Schloß lag, und man kam überein, ins Schauspielhaus umzuziehen. Das rote und schwarze Buch wurden abgeschafft. Der undiplomatische Zusatz, daß derjenige, der sich in das schwarze eintrage, nicht nur die alte sklavische Verfassung zu erhalten, sondern auch als Sklave behandelt zu werden wünsche, hatte schon lange Ärgernis erregt.

Georg Forster hat mir einen schlimmen Streich gespielt. Er gab im Klub vor und ließ drucken, ich habe selber den Mainzern den Nationaleid gerathen; er ließ aber die Kleinigkeit aus, daß ich ihnen dieses zu thun bloß unter der Klausel gerathen, wenn sie dazu genöthigt werden sollten und pariser Scenen zu fürchten hätten. Forster ist ein geborner Enthusiaste, der immer nur Eins, Eine Seite sieht. Vor 10 Jahren kannte ich ihn strengfromm, wie Johann Arndt, jetzt spottet er der Bibel. Wind der Leere (Epheser 4, 14)!

Joh. von Müller
an seinen Bruder
7. 12. 1792

Huber, während der Einnahme in Mainz geblieben, am 4. Oktober mit dem Gesandtschaftarchiv nach Frankfurt gegangen, dann zweimal nach Mainz zurückgekehrt, war inzwischen wieder in Frankfurt.

Sie schreiben mir zwar, meine Quittung käme zurück, aber sie war nicht im Briefe, so wenig wie das legitimirende *Zettelchen,* mit dem in B[erlin] geschriebenen Namen des Kaufmanns M[ertens] in

An Huber
Mainz, 10. 12. 1792

F[rankfurt]. Ich bitte Sie, cassiren Sie jene Quittung, und schicken mir das Zettelchen wieder her. Ich werde nun mein Glück hier versuchen, indem V[oß] mir schreibt, daß mir auch nicht im entferntesten Verstande die Hände gebunden sind, und daß seine sowohl als H[ertzberg]s Aeußerung ganz unschuldig gewesen, und nicht jene beunruhigende Bedeutung habe.

Da man seit zehn Tagen von der Annäherung der Preußen in Mainz auch nicht die mindeste Spur hatte, im Gegentheil man an eine gänzliche Vertilgung des Kö‐

Sömmerring
an Heyne
Frankfurt, 12. 12. 1792

nigs gewiß glaubte, ging ich – – – ganz sorgenlos nach Frankfurt, um zwei Dames von krebsigen Brüsten zu helfen, ließ alles stehen und liegen und hatte es auch in meines Nachbars Haus nicht nur ausdrücklich gesagt, sondern mich auch zu Commissionen erboten; indessen fiel hier unerwartet die Einnahme vor, und da ich nach *zwölftägiger* Abwesenheit (wo ich doch nichts thun konnte, weil annoch mein Theater zum Hospital dienen muß) nach Mainz zurückkehrte, hatte man mich nicht blos als Emigrirten bei der Administration angegeben, sondern sogar schon über meine Stelle disponirt. Man schien nicht weniger über meine Rückkehr frappirt, als ich über das unvermuthete Procedere gegen mich. – – –

Bei so bewandten Umständen hielt ich es für's Beste, den mir vom Herzog von Braunschweig selbst gegebenen Rath zu befolgen, wieder nach Frankfurt zu gehen.

– – – Therese war mit ihren Kindern, als ich vom 8. bis 12. December zum letztenmal in Mainz war, bereits nach Straßburg abgegangen, der gute F. schien mir sehr herabgestimmt und nicht mehr Freude an der Sache zu haben.

Ueber Forstern schreibt Huber nichts. Hier zweifeln noch einige, ob *er* der Forster sey, der zu den neuen Mitgliedern der Maynzer Regierung gehört. Meines Er‐

Körner
an Schiller
Dresden, 14. 12. 1792

achtens wäre es ein sehr unkluger Streich. Gesetzt die Franzosen blieben im Besitze von Maynz — welches doch jetzt sehr unwahrscheinlich ist — so werden sie ihm schwerlich 1200. Thlr geben, um nichts dafür zu thun, wie er sie zeither vom Churfürsten erhalten hat.

Alle Teufel in der Hölle müssen sich verschworen haben, daß ich wieder einen Brief von Ihnen sehe und keine Sylbe wegen des Zettels drin. Liegts an Ihnen, oder nicht, ich begreife bei Gott nichts von Allem, ausgenommen, daß ich in einer Höllenpein bin, bis das verfluchte Ding erscheint. Eher kann ich auch Ihre Postrechnungen nicht berichtigen, denn kriege ich das Ding, das Zettelchen nicht, so bin ich so blank wie eine Kirchenmaus; ich ziehe keinen Pfennig Besoldung weder bei der Universität noch *sonst woher*.

An Huber
Mainz, 16. 12. 1792

Die Sachen giengen hier sehr verkehrt. – – – Zudem kam noch, daß ich seit 8 Tagen kein Geld bekam, ob es gleich da zum erheben fertig lag, weil mir Huber einen Streich de sa façon gespielt, und ein Zettelchen, worauf alles ankam vorenthalten hatte, vermuthlich weil ihm das Zettelchen sehr überflüssig geschienen. Ich habe jetzt mein Geld und bin also auch ruhig, es mag gehen, wies will.

An Therese
Mainz, 18. 12. 1792

Forsters Betragen wird gewiß von jedem gemißbilligt werden; und ich sehe voraus, daß er sich mit Schande und Reue aus dieser Sache ziehen wird. Für die Mainzer kann ich mich gar nicht interessiren; denn alle ihre Schritte zeugen mehr von einer lächerlichen Sucht sich zu signalisiren, als von gesunden Grundsätzen, mit denen sich ihr Betragen gegen die Andersdenkenden gar nicht reimt. Ich möchte doch wissen, wo *Huber* sich jetzt aufhält, und ob er noch in jenen Gegenden bleiben wird. Hier habe ich nichts mehr von ihm erfahren.

Schiller
an Körner
Jena, 21. 12. 1792

Custine proklamierte, daß jeder, der sich unterstehen sollte, von der Übergabe von Mainz oder Kastel zu sprechen, auf der Stelle aufgeknüpft werde. Zur Bekräftigung ließ er auf dem Schloßplatz, dem Tiermarkt, dem Speisemarkt und dem Laichthofe Galgen errichten. Eine bereits begonnene Volksbefragung zur neuen Konstitution wurde abgebrochen, als die Dezemberdekrete der Pariser Nationalversammlung bekannt wurden, welche die Republikanisierung der besetzten

Gebiete, die Wahl provisorischer Verwaltungen und die Einführung des französischen Geldes, der Assignaten, vorsahen.

Durch die Eroberung von Frankfurt war Mainz vom jenseitigen Rheinufer, vom gesamten Rheingau und von den dortigen Ressourcen und Mühlen abgeschnitten. Ein von der Administration angeordneter Holzschlag bei Nieder-Ulm wurde vom Militär entführt. Die noch übrigen Mühlen sollten zwölf Stunden für das Militär mahlen, zwölf für die Stadt; allein, man hielt die Zeit nicht ein. Endlich verordnete die Administration die freie Mehleinfuhr. Was geschah! So oft eine fremde Fuhre kam, brauchte man sie zum Fronen.

Therese war in Straßburg im Haus eines entschiedenen Jakobiners untergekommen, dessen verblühte Tochter als Freiheitsgöttin in Umzügen auftrat. Nachmittags ging sie in den Jakobiner-Klub, wo sehr einfache Frauen in einer getrennten Galerie mit ihrem Strickzeug saßen und zuhörten. Das tägliche Leben verursachte ihr Grauen.

Silvester 1792 reiste sie, in einen polnischen Pelz gehüllt, mit den Kindern ins neutrale Neuchâtel ab. Der schweizerische Staatsbeamte Georges von Rougemont, ihr Jugendfreund, hatte die Voraussetzungen geschaffen. Forster war nicht wenig betroffen, aber es lag ihm fern, ihr einen Wunsch zu versagen.

Ich hange dem General nicht, nicht den Kriegs Commissarien, nicht dem Präsidenten der allg. Administration und auch nicht den Commissarien der N[ational] Convention, die so eben angekommen sind, an; ich arbeite aber unausgesetzt und merke wohl, daß man diese Art von Unbestechlichkeit mehr fürchtet, als ehrt, mithin sich zwar meinen guten Willen zu Nutze macht, aber auch an mir weiter keinen Theil nimmt, weil ich dem Eigennutz aller dieser Menschen nicht diene. Diese Aufführung ist nicht von dieser Welt – – – Ich müßte heucheln, wenn ich nicht bekennen wollte, daß ich diese Vereinzelung jetzt sehr drückend empfinde. Es ist nicht das Bedürfniß sich auszuschütten, allein; endlich muß man es doch lernen sich selbst zu genügen; sondern ich wünsche oft nur einen Freund, der sich genug um mich bekümmerte, um auch gerne meine

An Therese
Mainz, 2. 1. 1793

Ideen über die gegenwärtige Lage der Sachen anzuhören und mit Theilnehmung zu prüfen.

Es ist eine Folge, mein Lieber, von der Einnahme von Mainz, daß die französ. Truppen in die Häuser einquartiert werden müssen; eine Folge der Maaßregeln, die Du ergriffen hast, daß Dein leerstehendes Haus mehr belästigt wird, als geschehen sein würde, wenn Du darin *auf Deinem Posten* geblieben wärest. – – – Mich würde es bitterlich schmerzen, wenn Dir das geringste von dem was nur der Wissenschaft nützen kann, entkäme, so wie es mich schon genug geschmerzt hat, daß unser Weg sich bei der Erscheinung der Franken in Mainz trennen mußte, indem wir verschiedenen Grundsätzen folgten, oder anders aus einerlei Prämissen schlossen. Ich habe mich für eine Sache entschieden, der ich meine Privatruhe, meine Studien, mein häusliches Glück, vielleicht meine Gesundheit, mein ganzes Vermögen, vielleicht mein Leben aufopfern muß. Ich lasse aber ruhig über mich ergehen was kommt, weil es als Folge einmal angenommener und noch bewährt gefundener Grundsätze unvermeidlich ist. Eins allein, weiß ich, ist unantastbar mein, weil ich es allein antasten könnte; das ist mein Bewußtsein.

An Sömmerring
Mainz, 6. 1. 1793

Weil er mit Böhmers *Mainzer National-Zeitung* unzufrieden war, gab Forster seit Anfang des Jahres *Die Neue Mainzer Zeitung oder der Volksfreund* heraus, ein parteiliches Nachrichtenblatt, das mit Meldungen über Fortschritte der Revolution in Paris, London und Konstantinopel aufwartete, Mainz jedoch größtenteils aussparen mußte.

Die französischen Emissäre, die zum Einsammeln der viel zu hohen, auf das viel größere einstige Mainzer Gebiet berechneten Kontributionen aufs Land geschickt wurden, nahmen, ohne zu quittieren, setzten willkürliche Steuern an, ohne Vollmacht zu haben, ließen sich auch mit einem Geschenk abfinden oder verkauften die erpreßten Getreidelieferungen auf der Stelle für bares Geld, kurz, setzten sich über alle Verfügungen der Allgemeinen Administration hinweg.

Im Jakobinerklub kam es zum Eklat. Der Professor für Naturrecht Hofmann, von dem Forster den finsteren Ver-

dacht hegte, er hänge insgeheim dem kurfürstlichen Koadju-
tor an, zog im Kapuzinerton mit Grimassen und niedrigen,
giftigen Scherzen gegen Dorsch, Wedekind und auch Forster
vom Leder, sie hätten sich vereinigt, alle ersten Stellen zu
erschleichen, und sich eigenmächtig zu Präsidenten, Muni-
zipalen, Kommissaren usw. aufgeworfen.

F[orster] schwieg ganz stille; seine Präsidentenstelle berech-
tigte ihn einigermaßen dazu. Ein junger Mensch trat noch
auf und begehrte das Wort. Er müßte,
sagte er in einem bescheidnen Tone, zur
Steuer der Wahrh[eit] gestehen, weil doch
so viel von Komplotten, die H[ofmann]
mache, geschwätzt werde, daß F[orster] diesen Morgen ihn
und mehrere Mitglieder der Comité d'instruction instigiert
habe, eine Motion zu machen, daß H[ofmann] wegen seines
gestrigen Betragens der Auftrag der Gesellschaft, eine Rede
an dem zu errichtenden Freiheitsb[aum] folgenden Sonntag
zu halten, untersagt werde. F[orster] ward brandrot und
antw[ortete] nichts.

Freunde der Freiheit
und Gleichheit:
Klubsprotokoll
11. 1. 1793

Ein neuer Baum mußte aufgerichtet werden, weil der alte
umgestürzt und die Mütze entführt worden war. Der Zug
ging unter Vorantragung von Piken in Begleitung der Musik-
banden von verschiedenen fränkischen Regimentern zwischen einem doppelreihigen Truppenspalier durch die Haupt-
straße zum großen Speisemarkt. Unter dem Donner der
Kanonen, dem Jubelgeschrei und den Melodien des *Ça ira*
und der *Marseillaise* wurde der Baum zwischen zwei Säulen
aufgestellt. Sechs unter Bewachung von bewaffneten Mainzern und Frankenbürgern herbeigeschleppte Sklaven brachten jetzt Krone und Zepter, ein anderer den Reichsapfel, ein
dritter Ordenskreuze und andere kindische Unterscheidungs-
merkmale, noch andere einen Haufen alter Adelsbriefe und
Ahnentafeln herbei. Eine lichte Flamme loderte auf dem
Altar der Freiheit empor; man entriß den Sklaven die
scheußlichen Insignien der Feudalität, und der Bürgermeister
und die Stadträte warfen sie ins Feuer.

Ich bin sehr krank gewesen, liebe Therese; die ewigen Erkäl-
tungen, unter andern, heut vor Acht Tagen ganze vier Stun-

den im Wasser auf der Straße bey Pflanzung des Freyheitsbaums zu stehen, mochte wohl etwas dazu beitragen; allein Gemüthskrankheit war das meiste. – – – Der Haß gegen Ausländer bricht immer hämischer und niederträchtiger hervor. Dorsch, wie ich oben schon sagte, ward von Hofmann im Klub schändlich mishandelt, mich und Wedekind schonte er auch nicht, obgleich er leider gegen mich nichts vorbringen konnte, als daß ich die Stelle eines Präsidenten im Klub durch Kabalen zu erlangen gesucht hätte. (Eine Viertelstunde vor der Wahl wußte ich noch nichts davon) Ich schwieg und verachtete ihn. – – – Meine zehen Finger bleiben also meine sicherste Zuflucht – – – Zuerst muß ich den 3ten Band der Ansichten ausarbeiten, und das thäte ich am liebsten bei dir, in der Schweitz, ich genöße aufheiternde Gesellschaft, Ruhe, Friede und Gesundheit, ich fühlte mich zu dieser genialischen Arbeit durch die schöne umgebende Natur begeistert. Denn machte ich noch einige Uebersetzungen fertig bis etwa in den Mai. Hierauf aber ließ ich dich dort, bei unserm Freunde, und gienge über Genf nach Lion und so die Rhone herunter ins südliche Frankreich; meine Feder in der Hand, auf meinem Esel, oder Maulthier, durchirrte ich Provence und Languedoc und schriebe was ich sähe. Dieses Tagebuch müßte mir sehr einträglich werden, weil ich beynahe nichts verzehrte und noch viel leichter als im Jahr 1790 arbeite und schreibe. – – – Ich habe mich mit Brand darüber berathschlagt, daß im ärgsten Falle London meine Zuflucht werden könnte, wo ich gewiß von meiner Feder leben kann, bis sich eine ständige Einnahme fände. – – – Meine Sachen, Bücher u. dgl. die ich noch behielte, ließ ich von Straßburg nach Auxone und dann die Rhone hinab gehen. Wir schifften uns zu Marseille oder zu Livorno nach London ein – – –

Seit Jänner war ich fest entschloßen M[ainz] zu verlaßen – – – Teilnahme an F[orster], der eben um die Zeit erfahren sollte,
daß Th[erese] die halbe Gerechtigkeit üben wollte, sich von ihm zu trennen, hielt mich in M. Gänzliche Unbekantheit mit allem was außerhalb M. vorfiel, ließ mich diese Verzögerung als eine gleichgültige Sache betrachten, und mich selbst hielt

ich für völlig unbedeutend bey meiner Art zu leben, die durch keine einzige öffentliche Handlung, kein Zeichen des Beyfalls oder eine solche Absurdität wie Sie nahmhaft machen (: sich Mährchen aufbinden zu laßen, *dem* Schicksaal scheint kein Mann entgehn zu können :) unterbrochen oder befleckt wurde. Einer Gemeinschaft mit meinem tollen Schwager, der nie meine Wohnung betreten hat, macht ich mich nicht schuldig. Allein meine Verbindung mit F. in Abwesenheit seiner Fr[au], die eigentlich nur das Amt einer moralischen Krankenwärterin zum Grunde hatte, konte von der sittlichen und politischen Seite allerdings ein verdächtiges Licht auf mich werfen, um das ich mich zu wenig bekümmerte, weil ich selten frage, wie kan das andern erscheinen? wenn ich vor mir selbst unbefangen oder gerechtfertigt dastehe. — Der Himmel weis, welche treue Sorge ich für F. trug. Ich wuste nichts von Th. Planen — Ende Dec. schrieb sie mir: Lieb und pflege F. und denke vor dem Frühling nicht an Aenderung des Aufenthalts, bis dahin läßt sich viel hübsches thun. Das war der einzige und lezte Brief seit ihrer Abreise — seit dem keine Silbe, weder an die F[orkel] noch mich. Ich errieth indeßen ihre Absicht, und sah, wie viel mehr F. bey jeder Verzögerung leiden würde, da er nichts zu ahnden schien — darum schrieb ich im Jänner an H[uber], worauf er mir antwortet: »Sie sind gut und brav mir so entgegen zu kommen, und ich danke Ihnen, daß Sie mir noch fühlbarer machten, daß ein Aufschub unedel sey«. Hierauf folgte auch bald ein Brief von ihm an George, deßen Ueberbringerin ich seyn muste. — Th. schrieb zu gleicher Zeit — und die Sache ward ausgemacht, daß H[uber] Th. und Claren haben und Georg das älteste Kind behalten sollte. F. Stimmung war so schwankend, daß es alle unermüdliche Geduld weiblicher schwesterlicher Freundschaft erforderte ihn zu ertragen, allein Du, der Du alle seine anziehenden Eigenschaften kenst, wirst es leicht begreifen, wie sie eben in der Verbindung mit mitleidenswürdiger Schwäche mich zur allerfreywilligsten uneigennüzigsten Ausdauer bewegten. Hier sind ein paar Zettel von ihm, die ich Sie aufzuheben bitte — es sind die einzigen, die ich noch habe, ich zernichtete alles was von seiner Hand war, und mag auch diese nicht mehr bey mir führen.

Von Hubern habe ich Dir Ereigniße zu melden die Dir auffallend seyn werden. Er hat seinen Abschied gefodert und wird

Körner
an Schiller
Dresden, 26. 2. 1793
in einigen Tagen bey Dir in Jena seyn. Von da geht er nach Leipzig und dann vielleicht hieher. Sein Verhaltniß mit Forsters Frau liegt jetzt klar am Tage. Ein Brief den sie an ihn aus der Schweitz geschrieben, und an mich jedoch ohne sich zu nennen zur Bestellung geschickt hatte, ist von mir an seine Aeltern geschickt und von diesen eröffnet worden. Sie hat ein Kind von ihm, verlangt ihn *zum Manne*, fodert Entdeckung gegen Forster, der bisher getäuscht worden ist. H. hat seinen Aeltern inzwischen selbst seine Lage entdeckt, und schreibt daß Forsters beide mit ihm einverstanden sind. Was sagst Du zu diesem allen? – – – Ich sehe in ihm den *Zerstörer* — nicht aus Vorsatz, aber aus Schwäche und Unentschlossenheit — von D[ora]'s Glückseligkeit. – – – Auch habe ich es wahrscheinlicher Weise seinen Maynzer Verbindungen zu verdanken, daß ich hier der Regierung wegen gefährlicher Grundsätze verdächtig geworden bin, und schon bedeutende Warnungen darüber erhalten habe.

Soeben geht die zuverlässig scheinende Nachricht ein (Baron Grimm ist meine Autorität), daß der König von Frankreich

Sömmerring
an Heyne
Frankfurt, 26. 1. 1793
den 21. um elf Uhr à la Place de Caroussel enthauptet worden. — Man ist froh, daß er seine Leiden endlich einmal überstanden hat. — Ich denke dabei an Dion, Cäsar, Carl den Ersten subito misericordia odio successit ut eum, si possint suo sanguine ab Acheronte cuperent redimere.

Seit 3 Wochen müssen wir jetzt die Volkswahlen aufschieben, weil die Commissarien des N[ational] C[onvents] uns sagen,

An Therese
Mainz, 28. 1. 1793
es sey unumgänglich nöthig die Ankunft der Commissairs du pouvoir executif abzuwarten, die noch immer nicht da sind. Mittlerweile steigt die Ungeduld des Volks und sucht allerlei Ursachen hervor, warum man französischer Seits wohl selbst die Wahlen nicht beschleunigen möchte, worunter denn diese oben steht, daß man im Kabinet und bei der N[ational] C[onvention] schon

damit umgehe, diese Stadt und Gegend wieder herauszugeben. – – – Ludwigs Tod war eine Sicherheits Maasregel.
Ludwigs Verurtheilung mußte nicht nach Gesetzbüchern,
sondern nach dem Naturrecht geschehen. – – – Uebrigens hat
der elende Mensch am 21. December ein Testament verfer-
tigt, worin er sich König von Frankreich nennt, die Hoffnung
äussert, daß sein Sohn nach ihm regieren werde, und ihn den
Emigranten bestens empfiehlt. Das sind lauter Halsver-
brechen – – – Nun genug davon.

Von dem kläglichen Zustande in Mainz sind selbst die Mainzer eigenen Zeitungen voll. Die Bürger wollen durchaus
nicht schwören, — an die aufgerichteten
Galgen hing man neulich Katzen mit rothen
Käppchen. – – – Ueber Forster ist leider
nur eine Stimme, für Deutschland ist er nicht zu retten.

Sömmerring
an Heyne
Frankfurt, 29. 1. 1793

Als die zwei Kommissare Johann Friedrich Simon und
Gabriel Grégoire Anfang Februar endlich in Mainz ankamen,
mußten sie nach Paris melden, daß sie die Gemüter nicht nur
äußerst kalt, sondern sogar sehr gegen die französische Nation aufgebracht vorgefunden hatten. Die ganze Stadt war
so schmutzig, daß sie einem Morast glich; der überall auf
offener Straße und selbst im Innern der Häuser ausgeschüt-
tete Unrat erzeugte den Eindruck einer großen Kloake.
  Die Kommissare richteten sofort Sprechstunden von morgens bis abends ein, zogen die Militärdespoten zur Rechen-
schaft, sorgten für die Säuberung der Stadt und legten den
Termin für Wahlen auf den 24. Februar fest.
  Forster arbeitete mit ihnen zusammen. Die Unentschlossenheit, die ihn ständig gequält hatte, fiel von ihm ab. Nun
konnte kommen, was mochte, er blieb bis zum letzten Mann.
Was riskierte er mehr als einen elenden Rest an Habselig-
keiten!
  Die Wahlordnung, die sie nach dem Muster der französischen entwarfen, entsprach den Dezemberdekreten, die den
Anschluß der besetzten Gebiete an Frankreich vorsahen.
Wahlberechtigt war, mit Ausnahme von Frauen, Hausknech-
ten, Lakaien, Livreedienern und Ausländern, jedermann
über 21 Jahren, vorausgesetzt, er legte laut den Eid ab: »Ich

schwöre, treu zu sein dem Volke und den Grundsätzen der Freiheit und Gleichheit!« Wer diesen Bürgereid verweigerte, sollte als Feind der Frankenrepublik behandelt werden.

Kaiser Franz II. hatte jedem, der mit den französischen Behörden zusammenwirkte, den Verlust aller Privilegien und die Reichs-Acht angedroht. Nun verlangten die Kommissare vom Adel, der Geistlichkeit usw. noch vor der Wahl einen zusätzlichen Eid, auf alle Privilegien zu verzichten.

Ein Papiersturm erhob sich. Das Heer der Klerisei, die Beamten des Pfandamts, des Kammeramts, des Stadtgerichts, der Dikasterien, in vorderster Front aber der Handelsstand — alle hatten ihre Gründe, weshalb sie nicht auf Freiheit und Gleichheit schwören wollten.

Kurz vor der Wahl wurden schließlich der Sprecher des Handels, Dumont, und einige Geistliche ausgebürgert; man schickte sie über die Rheinbrücke gegen die preußischen Posten bei Hochheim.

Am 21. Februar mittags traf Forster in Grünstadt, der Residenz der Samtgrafschaft Leiningen-Westerburg, ein, um dort zusammen mit Johann Christoph Bleßmann, einem einstigen Hofmeister beim hannoveranischen Gesandten, die Abstimmung durchzuführen.

Ueberall hatten die Aristokraten und Fürstenknechte uns Widerstand bereitet. Hier in Grünstadt waren die Grafen An Therese Grünstadt, 27. 2. 1793 von Leiningen sogar geblieben, um meine Operationen zu vereiteln. Ich ließ 60 Mann kommen und forderte die Grafen nebst allen ihren Beamten auf, Frankenbürger zu werden. Sie protestirten, sie kabalirten, sie hetzten Bürger und Bauren auf, sie ließen einen meiner Soldaten überfallen und verwunden. Ich beorderte noch 130 Mann und in dem Augenblicke, wie sie ankommen, stellte ich mich an ihre Spitze, nahm Besitz von beiden Schlössern und setzte die Grafen gefangen. Heute habe ich sie gefangen nach Landau geschickt; die Weiber gehen morgen über den Rhein. So muß uns alles weichen, was der guten Sache widerstrebt.

Nach einer weiteren Truppenverstärkung um 200 Infanteristen und 50 Kavalleristen legte die gesamte Bürger- und

Dienerschaft schließlich den Eid ab und schritt zur Urversammlung.

Im Nahmen der Frankenrepublik!

Zufolge der Decrete des Nationalconvents vom 15ten 17ten und 22ten December vorigen Jahres sind alle bisher bestandene Abgaben, als Zehnden, Kopfgelder, Rauch- Wild- und Wiesengelder, Freilands- *Anordnung vom 28. Februar 1793* gelder, herrschaftliche Frohnden, herrschaftliche Schäfereien, Jagden, Zölle von eigenem Wachsthum, Judenleibzoll, erzwungene Militairdienste, Pflastergeld, Accise pp gänzlich und für immer aufgehoben, und wird statt derselben nur eine mässige Grund-Mobiliarsteuer erhoben werden, welche der Nationalconvent zu Maintz bestimmen wird. Wir machen demnach hierdurch bekannt, daß Niemand sich ferner unterstehen soll, dergleichen Abgaben Künftighin, von wem es auch sey, zu fordern, und erklären sie sämtlich für aufgehoben und alle vorige Verordnungen für null und nichtig, welche darauf Beziehung haben. Grünstadt den 28ten Febr. 1793, im 2ten Jahr der Frankenrepublik.

Die Subdelegirten der Bürgercommissarien der vollstrekkenden Gewalt.

Forster.   Blessman.

Das Ergebnis der Wahlen war schlecht. In Mainz legten bis zum 24. Februar von 4626 Wahlberechtigten nur 272 den Eid ab und wählten. Allerdings holten nach der Wahl noch 338 Bürger den Eid nach. In Worms wählten von etwa 1300 Wahlberechtigten 427, in Speyer mit 482 ebenfalls etwa ein Drittel. Auf dem Land sah es besser aus, obwohl die Wahlorganisation das durch die kompliziertesten Herrschaftsverhältnisse zersplitterte und durch das neutrale kurpfälzische Gebiet zerrissene Territorium nur zum Teil erfassen konnte. Immerhin wählten von den rund 270 Ortschaften die Hälfte.

Forster wurde seltsamerweise zweimal gewählt: in einem der Mainzer Wahlkreise und von den Bauern des Dorfes Wöllstein, die schon im Januar bei der Vorwahl 158 Stimmen für die fränkische Verfassung abgegeben hatten und wegen ihrer republikanischen Begeisterung die deutschen Marseiller genannt wurden.

Täglich schickt man noch Leute, die nicht huldigen wollen zu 30 und mehr über den Rhein, und man wird bis zur Ent-
An Therese völkerung der Stadt damit fortfahren, wenn
Mainz, 14. 3. 1793 sie sich nicht rathen lassen. – – –

Vor lauter Arbeit kann ich nichts arbeiten. Des Abends sind wir jetzt öfters mit den Commissarien der Nat[ional] Conv[ention] und des Vollziehungsrathes zusammen; neulich tranken jene zum erstenmal den Thee bei mir, gestern bei der B[öhmer]. Diese reist mit Madame F[orkel] in wenig Tagen ab. So wenig sie mir waren, so zerstreuten sie mich doch und die treuherzige, ehrliche F. werde ich doch vermissen. Wenn ich dann nur bald von hier wegkomme!

Wie sehr es mich jammert, Forster so verführt zu sehen, kann ich Ihnen nicht beschreiben. – – – Man glaubt, er sei
Sömmerring nicht ganz bei sich. – – – Solche Kindereien,
an Heyne sich einen Schnurrbart zum Zeichen der
Frankfurt, 19. 3. 1793 Zufriedenheit über die Hinrichtung des
Königs wachsen zu lassen, hätte ich ihm nie zugetraut.

Der hiesige Convent ist am 17.ten März glücklich zusammen gekommen, und besteht aus beinah 100 Gliedern, zu denen
An Therese sich noch viele gesellen werden. Ich bin
Mainz, 21. 3. 1793 dabei wieder recht in volle, ich kann sagen,
rasende Arbeit gekommen, denn um Ordnung hineinzubringen, nahm ich mirs zum Geschäft, an allen Debatten bisher einen thätigen Antheil zu nehmen, und dies ist mit dem besten Erfolg geschehen; die Bauren haben mich freßlieb und lassen michs sehr naiv wissen, und die sogenannten gelehrten Mitglieder des Convents sagen, ich wäre die Seele drin. Ich bin über dieß aufs neue zum Präsidenten des Klubs gewählt worden, und Abends um 9 Uhr versammelt sich bei mir ein Ausschuß des Convents, dem wichtige Arbeiten aufgetragen sind. Die beiden Hauptdecrete, das der Unabhängigkeitserklärung und Abschaffung aller Fürsten und Herren in den freyen rheinischen-deutschen Ländern und jenes des Vereinigungswunsches, habe ich abgefaßt und heut hielt ich

eine lange Rede über den letzten Gegenstand, welche gedruckt werden soll.

Den Tadel der Welt fühl' ich, Forsters Schmerz zerreißt mich, aber da ich nicht mehr sein gutes Weib zu sein vermochte, muß ich ehrlich sein. – – –

Von Huber sag' ich Ihnen nichts, als daß ich ihn liebe und ehre und mir seine Liebe und Achtung zu erhalten hoffe. – – –

Therese Forster
an ihren Vater
St. Aubin, 22. 3. 1793

Forster ist einverstanden mit mir, daß wir uns bald verbinden müssen; Huber kommt im Mai hierher, wenn nichts Außerordentliches ihn aufhält – – –

Meine Denkungsart über Forsters politische Laufbahn ist ganz unabhängig von meiner Liebe und meinem Fehltritt. Ich machte nie Pläne; hätt' ich lügen und Pläne machen können, so hätt' ich meine Liebe mit meiner Ehe vertragen können. Ich war falsch, aber ich konnte nie durch Lügen mir helfen. Meine süßen entschlafenen Kinder dürfen Sie und ihr theurer Vater beweinen — sonst hätte *ich* die Scheidung gefordert. Forster wird glücklich sein. Seine sehr ungestümen Sinne brauchen bei einem anderen Weibe keine Liebe, und statt eines unseligen gefesselten Weibes hat er sich ein Geschöpf durch die Bande der heiligsten Dankbarkeit zu eigen gemacht. – – – Mein Moralität ist unbefleckt, ich war ein keusches Weib und eine treue Mutter.

Heute, liebe Therese, werde ich mit zwey andern Deputirten Potocki und Lux, in Begleitung des Deputirten Haussmann, vom Pariser Nationalkonvent — nach Paris abreisen um den Wunsch zur Vereinigung und Einverleibung und eine Addresse vom hiesigen Convent an den dortigen zu überbringen. In drei Wochen werde ich vermuthlich wieder hier seyn.

An Therese
Mainz, 25. 3. 1793

Das Leuchtkäfergespenst

Nicht den Sturz eines einzelnen Despoten verkündigen wir
Euch heute; das rheinisch deutsche Volk hat die sogenannten
Thronen zwanzig kleiner Tyrannen, die alle
nach Menschenblut dürsteten, alle vom
Schweiße der Armen und Elenden sich mä-
steten, auf einmal niedergeworfen.
Auf den Trümmern ihrer Macht sizt das

*Der National-konvent
des rheinisch-deutschen
Volks an Den
National-konvent der
Franken Republik
S. 468*

souveraine Volk – – – Die Stellvertreter des Volkes kannten
den einmüthigen Wunsch ihrer Committenten; sie thuen in
diesem Augenblick weiter nichts, als das Gefühl ausdrücken,
welches alle Herzen erfüllet, indem Sie von Euch die Vereinigung ihres Landes mit der Franken-Republik verlangen.

Am 30. März 1793 trug Forster in der Pariser Nationalversammlung diese von ihm verfaßte Adresse vor, die in Mainz
fünf Tage zuvor von den neunzig Deputierten der ersten
deutschen Republik unterzeichnet worden war:

[1] And. Jos. Hofmann President. [2] George Forster, Vice-
présid.ᵗ Député de la ville de Mayence. [3] Franck Secretaire Deputé de Fusgenheim. [4] Fuchs de-

*Der National-konvent
des rheinisch-deutschen
Volks . . .
S. 472 ff.*

puté de Eckelsheim. [5] J. D. Meuth Dep:
de Wöllstein. – – – [8] Carl Christian Par-
cus, Deputirter von Altleiningen. [9] Chri-
stian Solms deputirter der Stadt Dürckheim. – – – [12] Jacob
Albrecht debertirt Kalckoffen. – – – [19] George Guillaume
Boehmer deputé d'Oberolm. – – – [21] Petter Bohlander
dibetirter von Heringen. [22] Philip Adam Becker dubd: von
Oberlustatt. [23] J. C. Blessmann, Dep. du Franckenberg,
cidevant nommé Karlsberg. – – – [32] Johannes Einger Won-
rast dibent Reistal. – – – [36] J. D. Franck von Alßenbrück
diebutierter. – – – [39] Friedrich Güllich debutidir von
Gomesheim. – – – [53] Georg Michael Kling Mann von

Altorff deputer. – – – [57] Jacob Looß tebetirter von obersaulheim. – – – [63] Johannes Marx dibetirer von Schweißweil. – – – [70] Gerg Henrich Otstatt von Waleine dübüdirder. – – – [74] Michel Römer diebettirt von der gemeinde Reiboltskirchen. – – – [76] Georg Rubler diebætierter von der gemeint Sct albon. – – – [81] Philip Streiff tebiter v. Kleinbockenheim. – – – [89] Friedrich Wittig von Neuen Hemsbach Depondierter.

Per Akklamation dekretierte die Nationalversammlung die Aufnahme des Rheinlands in die französische Republik. Am nächsten Tag sprach Forster im Jakobinerklub.

Der Rhein bildet eine natürliche Grenze, welche unsere Feinde nicht überwinden können. Die Stadt Mainz ist der Schlüssel zum deutschen Reich, und dadurch, daß diese Stadt in unserer Gewalt ist, sind alle unsere östlichen Grenzen gedeckt – – – *Rede im Pariser Jakobinerklub*

Inzwischen hatte Custine überraschend Bingen und Kreuznach geräumt und sich nach Landau zurückgezogen. Mainz war von seinem neuen Mutterland abgeschnitten.

Die drei rheinischen Delegierten Lux, Potocki und Forster bezogen Zimmer unterm Dach der *Maison des Patriotes d'Hollandais* in der Rue des Moulins nahe dem Palais Royal. Nun besaß Forster außer sechs Hemden nur noch den Rock, den er auf dem Leib trug, etwas Geld, das er mitgenommen hatte, und die 18 Livres täglich, die er als Delegierter des Rheinischen Konvents erhielt.

General Dumouriez, der in der Schlacht von Neerwinden Belgien an die Österreicher verloren hatte, erklärte sich zum Feind des Nationalkonvents und lief zum Kaiser über.

Der Verrat des girondistischen früheren Kriegsministers leitete das Ende der Gironde und der Eroberungspolitik ein. Die Tage des Außenministers Lebrun waren gezählt. Der Aufstieg der Bergpartei begann, deren Führer Robespierre gegen die Kriegserklärung an Österreich aufgetreten war und der Revolutionierung des Landes den Vorrang gab.

Ich hoffe hier durch Lebrun in eine andere Laufbahn zu treten, obschon der Augenblick höchst ungünstig ist; denn er steht auf dem Punkt, Kriegsminister zu werden, und ich weiß nicht, wer die auswärtigen Angelegenheiten dann bekommt. Alles gährt jetzt, aber es wird gewiß noch ein anderes Ende nehmen, als es die Aristokraten hofften. Freilich bleibt es bei meiner Behauptung, daß man die Revolution ja nicht in Beziehung auf Menschenglück und Unglück betrachten müsse, sondern als eins der großen Mittel des Schicksals, Veränderungen im Menschengeschlecht hervorzubringen. – – – Alle zusammen machen die Masse der ganzen Gattung aus, und die Franzosen sind nun einmal, vielleicht gar zur Strafe, bestimmt, die Märtyrer für das Wohl, welches künftig die Revolution hervorbringen wird, abgeben zu müssen. So ungefähr wie die Deutschen zu Luther's Zeiten für das allgemeine Wohl Märtyrer werden mußten, indem sie die Reformation annahmen und mit ihrem Blute vertheidigten. – – –

Wer sich hier jedem Wind überlassen wollte, müßte längst vor Angst gestorben seyn. Ich weiß nicht, wie man in einer Krise so seyn kann. Man hat einmal Parthei ergriffen, man hat Alles, Gut und Blut, auf's Spiel gesetzt, nun spielt man das Spiel, gewinnt oder verliert! Soll man denn nur mit dem *Munde* für Grundsätze sterben und nicht auch mit der *That?*

Die Bergpartei setzte im Konvent die ersten diktatorischen Maßnahmen durch: Ein Revolutionstribunal wurde gebildet, den Reichen eine Zwangsanleihe von einer Milliarde Livres auferlegt, ein Höchstpreis für Mehl festgelegt und der *Wohlfahrtsausschuß*, ein mit besonderen Vollmachten ausgestattetes Gremium von neun Konventsmitgliedern, ins Leben gerufen — Maßnahmen, die um so notwendiger schienen, als im März in der Vendée ein gegenrevolutionärer Aufstand ausgebrochen war, der die Existenz der Republik aufs äußerste bedrohte. Am 12. April wurde allen Ausländern die Ausreise verboten.

Mainz ist nun ringsum ganz nahe eingeschlossen. Die Favorite ist gänzlich und die Carthaus meist ganz geschleift – – –
Die Geißeln, die man nach Landau aus Mainz schleppen wollte, um die Clubbisten zu decken, konnten nicht mehr hinkommen,

sondern mußten zurück nach Mainz. – – – Desgleichen konnten Mad. Wedekind, die Mutter Forkel und Wittwe Böhmer nicht weiter als Oppenheim, nun suchten letztere drei sich über Frankfurt nach Göttingen und Gotha zu begeben, allein Böhmerin war selbst schuld, daß sie zu Hattersheim Wache bekam und so hierher gebracht wurde. – – –

Aus den eigenen Erzählungen der Böhmerin ist mir nun gewiß, daß sie Ursache der Trennung Forster's von seiner Frau ist; sie rühmte sich selbst, zwischen F. und Therese es zur endlichen Erklärung gebracht zu haben; notabene nach Theresen's Abreise.

Die Forkel versicherte mich, daß ihr Forster ausdrücklich erklärt habe, daß er die Böhmerin nicht zu seiner Frau nehmmen werde. Und Forster habe ihr höchst unmuthig gestanden, daß er in die Politik hineingehetzt worden sei. – – –

Pape, der eine abgeschmackte Schmähschrift auf den König von Preußen schrieb, ward vom Könige dem Herrn v. Stein, ehemaligem Gesandten zu Mainz übergeben, welcher ihn auf eine Bank strecken ließ und 100 Schläge — eigenhändig gab – – –

Ich war soeben ganz zufälliger Weise Zeuge von der Abführung der Clubbisten aus Mainz, Worms und Bingen nach der Festung Königstein; den Zug schlossen drei Wagen – – – im zweiten Madame Forkel mit ihrer Mutter, im dritten Madame Böhmer

Sömmerring
an Heyne
Frankfurt, 8. 4. 1793

mit ihrer Tochter – – – Sie sind weder verhört, noch ist ihnen auf sonst eine Art die Ursache ihres Arrestes und ihres nunmehrigen Gefängnisses zu Königstein bis jetzt gesagt worden, — ich konnte heute den Anblick dieser Unglücklichen nicht ertragen, um mich bis zum Sprechen ihnen zu nähern, sondern wandte mich weg, und kehrte heim.

Gnade Gott den Mainzer Jacobinern, wenn sie von Mainzer Richtern gerichtet werden sollten — die zugleich sammt und sonders Kläger sind, und sich mehr oder weniger beleidigt finden.

Sömmerring
an Heyne
Frankfurt, 13. 4. 1793

Beim Transport nach Königstein von Frankfurt wurden sie von den *Offiziers* und Gemeinen, die sie begleiteten, am meisten aber von den Mainzer Bürgern so geschlagen, daß sie von Blut trieften, verschiedene keinen weißen Flecken auf den Armen und Rücken behielten, und verschiedene schon gestorben sein sollen. Einem wohlgekleideten Frauenzimmer, das sie auf der Straße bedauerte, fiel man in die Haare, riß ihr die Kleider vom Leibe und schleppte sie in die Wache.

Indessen suchte Forster sich in Paris daran zu gewöhnen, *au jour la journée* zu leben und nicht mehr mit sanguinischen Hoffnungen schwanger zu gehen. Vielleicht setzte man ihn in ein Büro, vielleicht verschickte man ihn. Ihm war alles recht. Er speiste mit dem jungen Custine und suchte bei einigen polnischen Emigranten, die ihr zum zweitenmal geteiltes Land verlassen hatten, sein bißchen Polnisch hervor.

Ich hange noch fest an meinen Grundsätzen; allein ich finde die wenigsten Menschen ihnen getreu: alles ist blinde leiden-

An Therese
Paris, 8. 4. 1793

schaftliche Wuth, rasender Partheigeist, und schnelles Aufbrausen, das nie zu vernünftigen ruhigen Resultaten gelangt. Auf der einen Seite finde ich Einsichten und Talente ohne Muth und ohne Kraft; auf der andern eine physische Energie, die, von Unwissenheit geleitet, nur da Gutes wirkt, wo der Knoten zerhauen werden muß. Oft sollte man ihn aber lösen, und zerhauet ihn doch.

Je mehr man in die Geheimnisse der hiesigen Intrigue eingeweihet — oder besser, je näher man mit dem ekelhaften

An Therese
Paris, 13. 4. 1793

Labyrinthe bekannt wird, worin sich hier alles windet und dreht, desto mehr kalte Philosophie bedarf man, um nicht an allem, was Tugend heißt, zu verzweifeln, und um ruhig von der Gerechtigkeit des Schicksals einen glücklichen Ausgang zu erwarten. Es fehlte noch, daß mir die Ueberzeugung in die Hand käme, einem Undinge meine letzten Kräfte geopfert, und mit redlichem Eifer für eine Sache gearbeitet zu haben, womit es sonst niemand aufrichtig meint, sondern die ein bloßer Deckmantel der rasendsten Leidenschaften ist! Es ist also wahr, daß heutiges Tages die Uneigennützigkeit und die unbefangene Freiheitsliebe bloße Kinderklappern sind, bloße nichts bedeutende Töne, bloße geheuchelte Empfindungen im Munde derer, die jetzt die Schicksale der Nation lenken? Es ist also wahr, daß der Egoismus ganz allein sein Spiel treibt, wo man reine Aufopferung zu finden hoffte? wahr, daß zwischen Betrügern und Betrogenen nirgends ein Drittes zu finden ist, woran man sich halten, sich anschließen könnte? Gewiß, es gehört Muth dazu, diese so fürchterlich sich aufdringenden Betrachtungen zu ertragen, und dann, in eigenes Bewußtseyn verhüllt, noch an Menschheit und Wahrheit zu glauben.

So finster diese Bilder sind, so unbezweifelt scheint mir der Ausgang der Sache. – – –

Christie hat mich eingeladen, die Abende, so oft ich will, bei ihm zuzubringen, und ich gestehe, daß es mir wohl thut, unter Engländern zu seyn und ihren ruhigen Freiheitssinn statt des überspannten hiesigen Fanatismus zu genießen.

Den schottischen Geschäftsmann und Schriftsteller Thomas Christie hatte Forster über die Engländerin Mary Wollstonecraft kennengelernt. Die Verfasserin der *Rechte des Weibes* hatte nach einer unglücklichen Affäre mit dem Maler Füßli London in der irrthümlichen Annahme verlassen, sie werde in Paris keine zwei Monate bleiben. Inzwischen hatte Frankreich England den Krieg erklärt.

Nun war sie gerade dabei, sich in den amerikanischen Hauptmann Gilbert Imlay zu verlieben, einen abenteuerlichen Charakter, dessen *Topographische Beschreibung der westlichen Territorien* Forster noch vor kurzem mit Madame Forkel zu übersetzen gehofft hatte. Imlay hatte in Amerika einen Schuldenberg hinterlassen und träumte von einem französischen Kommandounternehmen, welches das spanische Louisiana in Aufruhr versetzen sollte.

Zu Christies festem Kreis gehörte auch die schottische Dichterin Mary Williams, die mit ihrer Mutter und zwei Schwestern in der Rue Helvétius zum Sonntags-Tee führende Girondisten wie Brissot, Verniaud und Madame Roland, die Frau des abgesetzten Innenministers, empfing.

Du wünschest, daß ich die Geschichte dieser gräuelvollen Zeit schreiben möchte? Ich kann es nicht. O, seitdem ich weiß, daß keine Tugend in der Revolution ist, ekelt mich's an. Ich konnte fern von

An Therese
Paris, 16. 4. 1793

aller idealischen Träumerei mit unvollkommnen Menschen
zum Ziele gehen, unterweges fallen, und wieder aufstehen,
und wieder gehen. Aber mit Teufeln, und herzlosen Teufeln,
wie sie hier alle sind, ist es mir eine Sünde an der Menschheit,
an der heiligen Mutter Erde und an dem Lichte der Sonne.
Die schmutzigen unterirdischen Kanäle nachzugraben, in
denen diese Molche wühlen, lohnt keines Geschichtschreibers
Mühe. – – –

Freiheit und Gleichheit? Mein ganzes Leben ist mir selbst
der Beweis, das Bewußtseyn meines ganzen Lebens sagt mir,
daß diese Grundsätze mit mir, mit meiner Empfindungsart
innig verwebt sind, und es von jeher waren. Ich kann und
werde sie nie verläugnen. – – – Allein diese Enthaltsamkeit,
diese Achtung für die Rechte des Andern, welche dem Philosophen so natürlich ist, findet in der wirklichen Welt noch
nicht Statt; sie ist noch nicht reif dazu — und die Herrschaft,
oder besser, die *Tyrannei* der Vernunft, vielleicht die eisern-
ste von allen, steht der Welt noch bevor. – – – Brand und
Ueberschwemmung, die schädlichen Wirkungen von Feuer
und Wasser, sind nichts gegen das Unheil, das die Vernunft
stiften wird — wohl zu merken, die Vernunft ohne Gefühl,
wie sie nach den Merkmahlen dieser Zeit uns bevorsteht, bis
endlich einmal, wenn die Welt nicht wirklich das Werk des
Ungefährs oder das Spiel eines Teufels ist, eine allgemeine
Simplicität der Sitten, Beschäftigungen, Wünsche und Be-
friedigungen, eine Reinheit der Empfindung, und eine Mäßi-
gung des Vernunftgebrauches aus allen diesen Revolutionen
hervorkeimt, und ein Reich der Liebe beginnt, wie es sich
gute Schwärmer von den Kindern Gottes träumten.

Ich habe mich anheischig gemacht, Alles anzunehmen, was
man mir anbieten würde, wäre es auch eine Sendung nach
St. Domingo oder Ostindien; allein in diesem ungeheurn Strudel wird jetzt das Individuum verschlungen, das keinen Rückhalt hat, um sich geltend zu machen, und vor Allem keine Unverschämtheit und
Zudringlichkeit. Gelehrtes Verdienst und selbst die Talente
des Geschäftsmannes gelten jetzt nichts. Wer oben auf-
schwimmt, sitzt am Ruder, bis ihn der Nächste, der für den
Augenblick am stärksten ist, verdrängt. Wenn man nicht

An Therese
Paris, 27. 4. 1793

verfolgen, denunciren und guillotiniren lassen kann, ist man nichts.

Wie ich heute einsam im palais royal auf und ab ging, kamen mir unwillkürlich die Thränen in die Augen, daß ich nun auf mein Zimmer zurückkehren sollte und in An Therese Paris, 4. 5. 1793 der unendlich großen Stadt keinen Menschen hätte, der sich im mindesten um mich bekümmerte, keinen, der Anteil an mir nähme, und dem es nicht völlig gleichgiltig wäre, wenn ich morgen verschwände! Gewiß eine sonderbare Wendung meines Schicksals, nachdem ich so lange meine Kräfte alle aufgeboten habe, um Menschen an mich zu knüpfen, mit denen ich im Tausch gegenseitiger Pflege und Sorge glücklich zu sein hoffen durfte. Ich fühle dies alles jetzt schmerzlicher, weil ich krank bin, in einem traurigen Hotel Garni ohne Bedienung und ohne eines Menschen Theilnahme.

Die wahre Beschaffenheit der Dinge begreift ihr alle nicht wies scheint. Hier ist nur von willkührlichem Verfahren, von falschen Gerüchten die Rede. Geißel soll ich seyn *darum*: Mainzer Bürger sind als Caroline Böhmer an F. W. Gotter Festung Königstein, 16. 5. 1793 Geißeln nach Strasburg geführt — man sucht sie frey zu machen ehe M[ainz] übergeht, um nicht da etwa Verbrecher entwischen laßen zu müßen. Man will die Weiber schrecken, denen man genaue Verbindungen, wenn auch nicht avouirte, mit Fr[anzösischen] Bürgern zutraut. Mich soll F[orster] erlösen. — Das *kan* F. nicht, und ich werds nie von ihm fordern — denn wir stehn nicht in diesem Verhältniß.

Sie war schwanger. In einer Ballnacht in Mainz hatte sie sich Dubois-Crancé, einem französischen Offizier, hingegeben. Sie beschloß, sich zu vergiften, sollte sie vor dem sechsten Monat nicht aus der Haft freikommen.

Es ist mir allerdings einigermaßen beruhigend, daß man sich Mühe giebt, die armen Weiber zu befreien. Wenn es auch ihre, oder eigentlich der unvorsichtigen An Therese Paris, 16. 5. 1793 Böhmer Schuld ist, daß sie sitzen, so ist es und bleibt es doch hart, Weiber, die mit der Revolution nichts zu thun haben, die nur Mainz nicht verlassen konnten, weil sie kein Geld hatten, auf einer Festung einzusperren.

Die Christies, Mary Wollstonecraft und Mary Williams, mit denen er viel in die Oper und ins Theater ging; der Dramatiker Chamfort, Bibliothekar der Nationalbibliothek, Katzenfreund und Lästerzunge; Bernardin de St.-Pierre, Autor des idyllischen Inselromans *Paul et Virginie;* der Konventsabgeordnete Condorcet, der an der neuen französischen Verfassung arbeitete (auch er einst ein Bruder der Loge *Les Neuf Sœurs*); der schrullige schlesische Graf von Schlabrendorf, ein ehemaliger Schüler Heynes, der nach sechs Jahren in England beim Ausbruch der Revolution nach Paris gereist war und in einem Zimmer im zweiten Stock des *Hôtel des Deux-Siciles* in der Rue Richelieu lebte, weil ihn damals der Postillion zuerst dort hingefahren hatte; der amerikanische Philosoph Thomas Paine, Verfasser der von Forkel übersetzten *Rights of Man,* der vergeblich für die Begnadigung des Königs eingetreten war und in *White's Hotel* wohnte; der junge Schwabe Johann Georg Kerner; der Publizist Oelsner, der für Archenholtzens *Minerva* schrieb: Das war Forsters Umgang.

Keiner von seinen Freunden und Bekannten war zu Robespierres Bergpartei zu zählen. Hatte Forster in den ersten Tagen noch den Eindruck gehabt, daß die Linke sich nicht in dem Maße mit Intrigen und Machinationen abgab wie ihre Gegner, so dünkte ihm nun die Rechte bei weitem talent- und einsichtsvoller.

Ich schrieb dir das Vorige eben wie ich im Begriff war mit Christies nach Luciennes zu fahren. Wir speisten bei einem
An Therese der hiesigen Bankiers, Le Coulteux, zu Mit-
Paris, 19. 5. 1793 tag; er hat einen schönen Park neben dem Pavillon der Dubarri, worin es jetzt in der ganzen Pracht des Frühlings ganz herrlich zu spazieren war. Le Colteux's Frau ist, was man schön nennt, aber ihre Züge machen nicht den Eindruck, den minder schöne mit mehr Geist machen würden. Sie scheint indeß sehr sanft und gut, und nicht ohne Bildung. Ihre Mutter, die vermuthlich einst viel schöner war

262

als sie, scheint eine sehr interessante Frau und besitzt sehr
solide Kenntnisse nebst einem während eines längern Aufenthalts in Italien geweckten Geschmack in der Kunst.
Diese Familie hat ihre Banken überall; in Italien, in Spanien u.s.w. und die Weiber sind bald hier, bald dort mit-
gewesen, und haben mehrere Jahre in entlegenen Ländern
verweilt.

Die alte Madame Pourrat, die Frau eines steinreichen Bankiers, hatte in den Salons des *ancien régime* geglänzt (*»Pourrat, Pourrat«*, hatte Voltaire 1776 bei ihrem Anblick halblaut
gemurmelt, *»oh! oh! . . . pourra tant qu'elle voudra . . .«*); ihre
Tochter Françoise (Fanny) hatte eine Rente von 90 000
Livres mit in die Ehe gebracht. Ihr Mann, Laurent Vincent
Lecoulteux, war der reichste Bankier Frankreichs. Er hatte
zwei Millionen Livres ausgegeben, um den spanischen Bot-
schafter zu verschiedenen diplomatischen Demarchen zu
bewegen, die Ludwig XVI. das Leben retten sollten.

Eine gerade Allee verband das Schlößchen und seinen auf
den Seine-Bogen und Paris hinabschauenden Park mit der
Grille Royale der königlichen Sommer-Residenz im Parc de
Marly. Das *Château de Voisins* der Lecoulteux hatte den
Dichter Alfieri, Madame de Staël und Benjamin Constant
beherbergt — und den Poeten André Chénier, der Madame
Lecoulteux anbetete.

Chénier, von dem es hieß, er habe die Verteidigungsrede
des Königs verfaßt, war während der September-Massaker
aus Paris geflohen und versteckte sich nun in einer beschei-
denen Wohnung in Versailles, kam aber fast jeden Tag zu
Fuß herüber, um seine geliebte Fanny zu treffen.

Nach Tische fuhren wir nach Versailles, wo wegen des
Pfingsttages alle Wasser sprangen. Es war ein überraschend
schöner Anblick, viele tausend Menschen,   An Therese
alle wohl gekleidet, und gleichwohl alle aus   Paris, 19. 5. 1793
der Klasse, die man sonst le peuple zu nennen pflegte, um die
prächtigen Bassins spazieren zu sehen, indeß dort Löwen,
Drachen, Wallfische, Frösche, u.s.w. in allerlei Richtungen
ihre Wasserströme von sich spritzten, und die schönen, geraden schlanken Wassersäulen zwischen ihnen paarweise oder

auch einzeln in die Höhe stiegen. Die Sonne, die zuweilen hervorblickte, machte das bunte Schauspiel noch hinreißender. Die meisten Anwesenden kommen zu Fuß aus Paris, manche fahren auch her, alle aber gehen zu Fuß herein, und bringen ganze Ladungen von Weißdorn, Ginster, oder was sie sonst für blühende Sträuche unterweges finden, nach Hause. Bei einer so großen Menge Menschen, und zwar Franzosen, war ich erstaunt alles so still und ehrbar ablaufen zu sehen. Man spazierte stillschweigend und genießend in dem großen Garten umher. – – – Unterwegs im Wagen las ich mit Miß Christie – – – ein sehr niedliches, kleines Lustspiel – – –

Ende Mai versuchte die Gironde, das Blatt noch einmal zu wenden. Nach dem Verrat von General Dumouriez hatte sie immer mehr Zugeständnisse machen müssen. Nun ging sie daran, die treibende Kraft hinter den revolutionären Maßnahmen, die Gemeindeverwaltung von Paris, zu zerschlagen. Sie erreichte, daß führende Vertreter der Kommune, unter anderem Hébert, festgenommen wurden, beschleunigte aber dadurch nur ihren eigenen Untergang.

In der Nacht vom 30. zum 31. Mai wurden die Tore von Paris geschlossen. Am 31. Mai drangen Abgeordnete der Sektionen und der Kommune in den Konvent ein. Die girondistischen Abgeordneten wurden verhaftet.

Ich bin gestern mit Christies wieder hierher gekommen; wir wohnen bei Lecoulteux, wo wir schon einmal waren; seit An Therese
Luciennes, 2. 6. 1793 zwei Stunden laufe ich schon allein im Garten umher, indeß Alles noch schläft, und lasse mir von den hundert Nachtigallen vorsingen, wie schön die Natur sey, wenn man nicht denkt, sich nicht erinnert, sondern bloß im Augenblick der Gegenwart lebt. – – – Jetzt ist Alles wieder ruhig, weil nirgend Widerstand war. Die Gemeine von Paris beherrscht den Nationalconvent unumschränkt und schreibt ihm Gesetze vor. Die dazu erforderliche Grimasse nennt man hier eine Insurrection. Man weiß wirklich nicht, soll man weinen oder lachen bei diesen Auftritten? Die klügsten Köpfe, und ich glaube zugleich die tugendhaftesten Herzen unterliegen den Ruhestörern und

Intriganten, die unter der Larve der Volksfreundschaft sich bereichern und sich zu Herren von Frankreich machen wollen. Hätte man alles das aus der Ferne wissen können!

Der ehemalige Minister Roland tauchte unter. Madame Roland wurde nach einem dramatischen Auftritt, bei dem sie schwarzgekleidet und verschleiert im Konvent erschien, festgenommen. Lebrun, unter Hausarrest gestellt, blieb dennoch, streng überwacht, Außenminister.

Forster begann, über den Ernst seiner eigenen Angelegenheiten nachzudenken. Christie bot ihm, freilich nicht ohne Hintergedanken, die Leitung einer Druckerei in England an; aber eine nähere Verbindung mit Miss Christie war für Forster unvorstellbar.

Am 10. Juni legte Lebrun dem Wohlfahrtsausschuß ein Memorandum Forsters vor, in dem dieser als ein Mittel, den Kredit Englands zu erschüttern, die Entsendung eines Agenten in die englischen Kolonien an den Küsten von Koromandel und Malabar sowie in Bengalen empfahl:

Seine Aufgabe wäre es, den indischen Fürsten das Friedenssystem Frankreichs und den Vorteil darzulegen, den es für sie bedeuten würde, Handelsbeziehungen mit einem Volk aufzunehmen, das für immer auf alle Eroberungen verzichtet, *Mémoire für eine Indien-Mission S. 483f.* nichts weiter fordert als den freien Zugang zu Indiens Häfen und für jetzt und alle Zeit der natürliche Widersacher dieser europäischen Räuber sein wird, welche alle Weltteile überfallen haben und so perfide waren, die Uneinigkeit zwischen den Fürsten Indiens auszunützen und sie gegeneinander zu bewaffnen, um sie dann nach und nach alle zu unterwerfen. Die Position der Engländer in Indien ist nicht so fest, daß sie es gegen eine beachtliche und allgemeine Liga der einheimischen Mächte, der Marathen und des Nisam, aufnehmen könnten, welche von ihren Alliierten bei der letzten Teilung der geraubten Güter des Sultans Tippu geprellt wurden; fraglos werden jene ihre wahren Interessen schnell erkennen, und bei Tippu Sahib selbst wird es ohne Zweifel gar nicht erst nötig sein, ihm seine Unterdrücker verächtlich zu machen.

Neben Munition, schlug Forster vor, solle Frankreich dem Tippu eine Druckerei mit persischen Typen schicken.

Die mohammedanische Religion, deren Fanatismus vom linden Klima Indiens gemildert wird, legt dem Fortschritt der Aufklärung nicht das geringste Hindernis in den Weg – – –

Mémoire S. 484 f.

Der Verfasser des vorliegenden Memorandums, der Bürger George Forster, – – – ersehnt eine nützliche Anstellung – – – In Polen geboren, hat er seine Jugend in England verbracht, hat die Weltreise des berühmten Cook mitgemacht und eine bekannte Darstellung dieser Reise geliefert. – – – Als Folge der Ungerechtigkeit, mit der sein Vater in England behandelt wurde, als Graf Sandwich, der damalige Marineminister, diesem alle Belohnung versagte, ließ der Bürger Forster sich in Deutschland und einige Jahre später in Polen als Professor der Naturgeschichte und Botanik nieder. – – – Alles, was er besitzt, befindet sich in Mainz, und seine Existenz hängt am Schicksal dieser Stadt, in welche zurückzukehren ihn die feindlichen Armeen hindern. In dieser betrüblichen Lage, welche ihn hier zu einem Zustand der Bedürftigkeit verurteilt, drücken ihn häusliche Sorgen vollends nieder – – –

Ich glaube nun einmal an die *Wichtigkeit* der Revolution im großen Kreise menschlicher Schicksale; glaube, daß sie nicht nur sich ereignen *mußte*, sondern auch den Köpfen, den Fähigkeiten eine andre Entwickelung, dem Ideengang eine neue Richtung geben wird.

An Therese Paris, 10. 6. 1793

Frankreichs Einwohner gerathen in eine Aktivität, die ganz außer dem gemeinen Gange der Dinge liegt; ob sie glücklicher, im gewöhnlichen Sinne des Wortes, geworden sind, können nur diejenigen fragen, die über menschliche Angelegenheiten nie nachgedacht, und keine Erfahrungen gesammelt haben. Die Natur oder das Schicksal fragt nicht nach dieser besondern Art von Glück. Ihre Sache ist es, daß die Menschen wirken und leiden, und in beidem bald Freude genießen, bald Schmerz empfinden. Die Mannigfaltigkeit der Wirkungen und Gegenwirkungen, dieses Resultat der verschiednen Entwickelungsart der Leidenschaften und der Seelenkräfte, scheint ein Zweck unsres Daseyns zu seyn, bei welchem wir nicht einmal gefragt werden, ob wir ihn wollen. – – – Hätte ich meine Sachen aus Mainz hier, ich wäre froh! ich würde mir eine Reisebibliothek nach Indien und meinen Malerkasten und mein schönes Zeichenpapier mitnehmen. Nach Indien!

Gehen Sie hin, lieber Gotter, und sehn Sie den schrecklichen Aufenthalt, den ich gestern verlaßen habe — athmen Sie die schneidende Luft ein, die dort herscht — laßen Sie sich von dem, durch die schäd- lichsten Dünste verpesteten Zugwind durch- wehn — sehn Sie die traurigen Gestalten, die Stundenweis in das Freye getrieben werden, um das Ungeziefer abzuschütteln, von dem Sie dann Mühe haben sich selbst zu hüten — denken Sie sich in einem Zimmer mit 7 andern Menschen, ohne einen Augenblick von Ruhe und Stille, und genöthigt, sich stündlich mit der Reinigung deßen was Sie umgiebt zu beschäftigen, damit Sie im Staube nicht vergehn — und dann ein Herz voll der tiefsten Indignation gegen die gepriesne Gerechtigkeit, die mit jedem Tage durch die Klagen Unglücklicher vermehrt wird, welche ohne Untersuchung dort schmachten, wie sie von ohngefähr aufgegriffen wurden — muß ich nicht über Euch lachen? Sie scheinen den Aufenthalt in K[önigstein] für einen kühlen Sommertraum zu nehmen, und ich habe Tage da gelebt, wo die Schrecken und Angst und Beschwerden eines einzigen hinreichen würden, ein lebhaftes Gemüth zur Raserey zu bringen.

Caroline Böhmer an F. W. Gotter Kronberg, 15. 6. 1793

Meine liebe Tochter, ich schicke dir durch die Mamsell Boulanger ein Halstuch, ein Taschenbuch und einen Fingerhut. Das Halstuch thust du des Abends um, wenn du im Kühlen spazieren gehest; das Taschenbuch brauchst du, wenn du bei deiner Mutter nähest, denn es ist eine Scheere, ein kleines Federmeßer, eine Schnürnadel und ein Ohrlöffel drin, auch ein fleckchen Tuch um Nähnadeln drauf zu stecken, und eine Tasche um Zwirn drin aufzuheben. Es ist auch ein kleiner Spiegel drin; ich rathe dir aber, daß du niemals hineinguckst, ausgenommen des Morgens, um zu sehen, ob du auch rein gewaschen bist. – – –

An seine Tochter Therese Paris, 16. 6. 1793

Ich wäre so gern bey dir und deiner Schwester und deiner
Mutter; aber ich kann nicht zu euch kommen, und ihr könnt
nicht zu mir, weil es nun ein schlimmer Krieg ist und wir alle
kein Geld zum reisen haben. – – –

Lebt wohl, meine lieben Kinder und habt euch lieb untereinander. Ich bin euer treuer und zärtlicher Vater Forster.

Huber war noch nicht in Neuchâtel eingetroffen, aber Therese
hatte ihr Geständnis fortgesetzt und Forster geschrieben, daß
sie mit Ferdinand zusammenleben wolle. Sie verlangte die
Scheidung und sagte nun die ganze Wahrheit.

Ich habe Deinen Brief, meine teuerste Therese, worin Dein
schönes Herz so ganz darliegt. Es hat das schmerzliche

An Therese
Paris, 17. 6. 1793

Gefühl meines grenzenlosen, unheilbaren
Elends nur noch geschärft. Ich kann nicht
mit Dir leben und kann Dich auch nicht entbehren; es ist
unmöglich, daß ich je durch Liebe beglückt werde, denn nie
kann ein anderer Gegenstand mich rühren und mein Herz so
erfüllen — und ich liebte so ganz unbedingt, so hingegeben!
ich liebe noch ebenso mit dem zerfleischenden Bewußtsein,
nie, nie! glücklich gewesen zu sein, nie Gegenempfindungen
erregt zu haben, folglich nie erwecken zu können. Wünsche
nicht diese Hölle zu fassen, sondern wünsche, daß ich einsehen lerne, womit ich sie verdient habe, damit ich ruhiger
und mit dem Schicksal versöhnter sterbe. Ich war gewiß
für häusliches Glück geschaffen, ich war nützlich als Mensch
und wär es als Mensch, als Vater und Freund, als Gatte
immer mehr geworden. Alles ist zerrüttet, alles hin; ich kann
nicht mehr die Ruhe der Seele finden, die zur Arbeit unentbehrlich ist; ich kann mich mit der toten Einsamkeit nicht
aussöhnen und hasse sie doch noch weniger als die traurige
Gesellschaft der Menschen.

Ich habe Deinen Brief erhalten, der mich aufs neue ermahnt,
zu Dir nach Paris zu kommen. Ich danke Dir für die un-

Therese
an Georg
(Konzept)
Neuchâtel,
um den 20. 6. 1793

erschöpfliche Güte Deines Herzens. Bestehe
nicht länger darauf, in mein Leben einzu-
greifen. Ich will nicht zu Dir zurückkehren.
Ich schätze Dich, ich ehre Dich, Du wirst

immer mein Freund mein Vertrauter bleiben, ich werde für
Dich alle Gefühle der Freundschaft, der Dankbarkeit der
Bewunderung empfinden, aber ich kann Deine Frau nicht
mehr sein. Ich will nicht nach Frankreich kommen. Wenn
Du mich nicht freigeben kannst, ohne mir die Hoffnung auf
den Anspruch zu nehmen, Bürgerin Eurer Republik zu werden, so verzichte ich feierlich darauf. – – – Ich sehe festen
Mutes den Folgen dieser Erklärung entgegen, die mich von
(Ihnen) Dir scheidet. Es lebe die Republik — aber ich verzichte auf ihre Wohltaten. Widme ihr Deine Fähigkeiten sie
hat wenige so treue so großherzige Staatsbürger wie (Sie)
Dich (seien Sie großherzig) mein Herz hängt zärtlich an
Ihnen (und ich hoffe daß Du) ich (er)bitte Sie mich nie zu
verlassen, (zu) mit Ihrer Freundschaft, Ihrer Menschlichkeit
beizustehen (einer) Ihrer (Therese) Freundin.

Wissen Sie daß ich wenn ich nach Frankreich gehe, als Emigrirte Guillotinirt, wenn ich nach Deutschland komme als
Jacobinerinn gefangen werde? daß ich in

Therese Forster
an J. Sarasin
Neuchâtel, 22. 6. 1793

Frankreich keinen Unterhalt finden kann,
und man mir in Deutschland alles genommen und nimmt? Es ist eine sonderbare Verwicklung!
Seegen der Guten Sache, und ich will jauchzend — Ja wenn
mich meine Vernunft nicht verläßt — jauchzend unter der
Guillotine sterben.

Ich habe mit mir abgerechnet. Ich bin gutes Muths, was
immer aus mir wird. Mein Unglück ist das Werk meiner
Grundsätze, nicht meiner Leidenschaften.

An Therese
Paris, 7. 7. 1793

Ich konnte nicht anders handeln, und wär
es noch einmal anzufangen. – – – Ich habe kein Interesse
mich vor mir selber besser zu machen als ich bin; aber ich
müßte lügen, wenn ich gestehen wollte, daß irgend ein arm-
seeliger Beweggrund mich in die thätige Laufbahn warf. Ich
wäre jetzt, wenn ich hätte wollen gegen Ueberzeugung und
Gefühl handeln, Mitglied der Akademie in Berlin mit einem
Gehalt, wobei ich allenfalls zu leben gehabt hätte, und —
wer kaufte mir das Bewußtseyn der Schande ab, meine
Grundsätze, die ich so oft zu erkennen gegeben, verläugnet
zu haben? Denn man sage nur nicht, daß ich in Berlin so

hätte fortschreiben, fortdenken können, wie ich angefangen hatte. Theils wäre es gegen meine Pflicht gewesen, theils hätte ich mit Menschen nicht mehr Umgang pflegen müssen.

Das alles ist also abgethan in meinem Sinne. Ich weis, daß ich jetzt ein blosser Ball des Schicksals bin, aber es gilt mir gleich, wohin ich geworfen werde. Ich habe keine Heimath, kein Vaterland, keine Gefreundete mehr; alles was sonst an mir hieng, hat mich verlaßen, um andere Verbindungen einzugehen, und wenn ich an das Vergangene denke, und mich noch für gebunden halte, so ist das bloß meine Wahl und meine Vorstellungsart, kein Zwang der Verhältnisse.

Während all der Zeit verteidigte sich Mainz immer noch gegen das deutsche Bombardement.

Meine liebe Frau hat mich ehegestern mit einem muntern hübschen Jungen erfreut. Alles geht auf's Erwünschteste. Aber, aber, ein großer Theil von Mainz liegt nach den Berichten von Augenzeugen bereits in Asche, die Liebfrauenkirche, die Ignatiuskirche, der *ganze Dom,* die Emeranskirche – – – Man sah hier das Feuer deutlich himmelan flammen. – – –

Sömmerring
an Heyne
Frankfurt, 29. 6. 1793

Vor vier Tagen, während der schrecklichsten kalten, regnichten Witterung, ließ man circa 1500 meist angesehene Frauenzimmer und Kinder aus Mainz; allein aller Fußfälle der *Väter* und *Männer* ungeachtet vor dem König, wurden sie nicht durch die Vorposten gelassen, viele der Deutschen schossen sogar auf sie, boten ihnen kein bißchen Brot, das geringste Stroh zum Legen etc., bis endlich nach zwei schrecklich unter freiem Himmel durchlebten Nächten die Franzosen aus Barmherzigkeit sie wieder aufnahmen.

In ganz Frankreich war die Verhaftung der Gironde auf Widerstand gestoßen. Weitere Provinzen erhoben sich. Im Laufe des Juni fielen sechzig der dreiundachtzig Departements vom Konvent ab. Am 13. Juli ermordete Charlotte Corday den Volkstribun Marat, den erbittertsten Feind der Girondisten, der seit langem die revolutionäre Diktatur gefordert hatte.

Ich habe in diesen Tagen gleichwohl an der Menschheit große Freude. Der Heldenmuth der Mainzer hat Antheil daran. Ein anderes Beispiel hier, vor aller Augen, An Therese Paris, 19. 7. 1793 wird einst die Geschichte dieses Kampfes veredeln, wenn längst die Privatansichten verschwunden sind, die jetzt die Urtheile der Menschen entzweyen, und nur der reine Ertrag übrig bleibt, von der Größe die ausführen kann, was sie unternahm. Die fanatische Ueberzeugung der Mörderin Marats thut hier nichts zur Sache, sie mag Irrthum oder Wahrheit zum Grunde haben, wohl aber die Reinheit ihrer Seele, die von ihrem Zwecke so ganz erfüllt war, und mit so schöner Heldenstärke alle Folgen der That hinnahm. Sie war blühend von Gesundheit, reizend schön, am meisten durch den Reitz der Unverdorbenheit, der sie umschwebte. Ihr schwarzbraunes kurzabgeschnittenes Haar, machte einen antiken Kopf auf der schönsten Büste. Ihre Heiterkeit blieb bis auf den letzten Augenblick auf dem Blutgerüste, wo ich sie hinrichten sah. Ihr Tod war mir wohl für sie. Du hast schnell ausgelitten, dacht ich. Man fragte sie, ob sie einen Priester wolle? Nein! Vielleicht weil Du keinen unbeeideten bekommen kannst »Ich verachte sie alle beide.« – – – Die That war ganz ihr eigener Anschlag, mit keiner Seele gieng sie darüber zu Rath. Sie führte das Messer sicher, ohne eine Vorübung gemacht zu haben. Sie liebte die Republik, und die Freiheit mit Enthusiasmus und fühlte tief ihre innere Zerrüttung. Ihr Andenken lebt bei hunderttausenden, die noch Sinn für einfache Größe haben, selbst unter denen die Marats Rechtschaffenheit behaupten.

Forsters Mitdeputierter und Hausgenosse Lux hatte die Hinrichtung ebenfalls gesehen. Er eilte nach Hause und schrieb schleunigst eine Flugschrift auf Charlotte, die erhabene Seele, das unvergleichliche Mädchen:

Triumphire Frankreich! triumphire Caen! Du hast eine Heldin hervorgebracht, deren Beyspiel man vergebens in Rom und Sparta sucht. Sie verließ die Erde, die Adam Lux: Über Charlotte Corday ihrer nicht mehr würdig war; sie fuhr wie ein Blitz vorüber; aber Franzosen! sie ließ uns das Andenken ihrer Tugenden; dieses so süße und geliebte Andenken wird für mein Herz nie verloren gehen; es vermehrt und erhält meine Liebe für dieses Vaterland, für welches sie sterben wollte. – – –

Usurpatoren des 31sten May!

Ihr, die ihr, um den durch eure Verbrechen verdienten Strafen zu entgehen, die Pariser und die Franzosen hintergangen habt; ich suchte hier die Herrschaft der süßen Freyheit; aber ich fand die Unterdrückung des Verdienstes und der Tugend; ich fand den Triumph der Unwissenheit und des Lasters. Ich bin es müde, unter so vielen Lastern als ihr begeht und unter so vielen Unglücksfällen als ihr dem Vaterlande bereitet, länger zu leben! Es bleiben mir nur noch zwey Hoffnungen übrig; entweder, durch eure Sorgfalt, als Opfer der Freyheit zu leiden, und auf jenem ehrwürdigen Schaffott zu sterben; oder mit dazu beyzutragen, daß eure Lügen verschwinden, die die wahre Quelle des Föderalismus und des Bürgerkrieges sind, damit eure Tyranney mit dem Irrthume aufhöre, und *Charlotte Corday* an dem Orte ihrer Hinrichtung eine Bildsäule empfange, mit der Inschrift:

>*»Größer als Brutus.«*

Paris am 19ten July 1793, im zweyten Jahr der einen und untheilbaren Republik.   Adam Lux,

                                   französischer Bürger.

Einstmals Besitzer eines kleinen Gutes zu Kostheim, glücklich im Kreis von Frau und Kindern, ein kenntnisreicher Philosoph, hatte Lux im Exil das Grübeln begonnen und, von den guten Absichten der Gironde überzeugt und verzweifelt über ihre Verfolgung, schon den Gedanken erwogen, sich vor den Schranken des Konvents den Dolch in die Brust zu stoßen, um dem Volk über die drohende Gefahr die Augen zu öffnen, dann aber, durch seine Freunde von diesem Plan abgehalten, angefangen, alle Gesellschaft zu meiden und einsame Spaziergänge, besonders im Wäldchen von Boulogne, zu unternehmen, um sich im erquickenden Schatten einer Eiche bald in die Briefe des Brutus an Cicero, bald in **andere** Schriften der Antike zu versenken.

Ein Mitdeputirter, der noch bey mir ist, hat der Heftigkeit seiner Empfindungen freien Lauf gelassen und über die Bege-

benheit des Tags seine Meinungen im Druck An Therese
Paris, 23. 7. 1793
gesagt. Er ladet dadurch den Unwillen und
vielleicht die Rachsucht derer die alles vermögen auf sich.
Seine Absicht ist edel, sein Muth heroisch, sein Gefühl richtig und schön, aber bei dem allgemein herrschenden *Mis-
trauen* kann leicht auch derjenige, der keinen Antheil nimmt
an seinem Verfahren, der sogar anders empfindet und denkt,
und der eine andere Bestimmung zu haben überzeugt ist,
compromittirt werden. Ich bin indeßen auf alles gefaßt.
Mein Wunsch ist nur ungehindert arbeiten und schreiben zu
können. – – – Erbricht man meine Briefe an Dich? die Dei-
nigen an mich werden hier seit einiger Zeit immer geöffnet;
das ficht mich wenig an, weil es niemands Freiheit zu schreiben einschränkt. Umgekehrt verhält sichs anders.

Mein teurer Freund und Mitbürger!
Da eine Schrift, die ich ohne Ihr Wissen verfaßte und dem
Drucke übergab, im Publikum erscheinen wird; da mich die
Verfolgungen, die dieselbe mir zuziehen Adam Lux,
wird, in Ungewißheit über den Augenblick vermutlich an Forster
meiner Verhaftnehmung lassen, so komme Paris, Juli 1793
ich jedem Ereignisse zuvor, um Ihnen ein Lebewohl in diesen
Zeilen zu sagen. Ich erkläre Ihnen hierin förmlich, daß ich
meine Betrachtungen ohne Ihr Wissen niedergeschrieben
habe, ich erkläre dieses nicht sowohl um Ihnen einen Streit
über die Art, womit ich unsere politische Lage ansehe und
die von der Ihrigen abweicht, zu ersparen, sondern vorzüglich deswegen, weil ich die Erbitterung der Inquisitoren
kenne und niemanden als mich selbst der Gefahr aussetzen
will.

Glauben Sie ja nicht, daß ich Tor genug sei, um nicht das
Schicksal vorauszusehen, das mir eine Schrift bereitet, die
die Machthaber um so mehr verwunden muß, da sie mich
nicht persönlich beleidigt haben. Allein mein Grundsatz ist,
daß man, was es auch kosten möge, laut der gerechten Partei folgen müsse. Meine Uneigennützigkeit und mein Gewissen werden mich, wie ich hoffe, für das Schicksal entschä-
digen können, das meiner wartet. Ich bin sehr vergnügt
darüber, mit Ihnen während unserer Verbannung gelebt zu haben — ich danke Ihnen für alle mir erwiesenen

273

Freundschaftsdienste — und umarme Sie von Herzen. Leben
Sie wohl. Adam Lux.

Die nächsten acht Tage, bis man ihn verhaftete, aß er kaum
mehr als ein Viertelpfund Brot.

Inzwischen hatte Mainz, nach wochenlangem Bombardement, am 22. Juli kapituliert. Man zählte 6000 Tote. Ein
Regen von Feuerkugeln steckte den Dom, die Liebfrauenkirche, die Dechanei in einen unlöschbaren Brand, die neun
Glocken des Pfarrturms schmolzen in der Glut, und die kost-
bare Bibliothek des Domkapitels ging fast völlig zugrunde.
Der Platz, auf dem die Favorite gestanden hatte, war nur
schwer wiederzufinden.

Tagelang wurde unter den Augen der geistlichen und welt-
lichen Eminenzen geplündert, zerschunden und zerschlagen.
Der Fürstbischof von Würzburg antwortete auf die Besorg-
nis eines braven Bürgers: »Es ist wahr, man sollte sie
gleich aufhängen.« Feierlich zog von Erthal wieder in die
Stadt ein.

Der Kanzler Albini hatte für einen jubelvollen Empfang
gesorgt. Die Metzger lösten die Pferde von seinem [des Kur-
fürsten] Wagen ab und spannten sich selber

Eickemeyer:
Denkwürdigkeiten
S. 156f.

ein. Als der Zug an einem Gefängnisse vor-
überkam, in welchem ein Klubist saß,
schwebte ein Papierstreifen hernieder mit der Bleistift-
inschrift: Jesus zog in Salem ein, / Von einer Eselin getragen; /
Sein Knecht muß aber größer sein, / Zwölf Ochsen ziehen seinen Wagen.

In diesen allerletzten Julitagen — Lux war schon verhaftet
worden — wurde Forster an die Nordfront entsandt, um mit
den Engländern zu verhandeln. Bereits Anfang April hatte
Lebrun einen Gefangenenaustausch vorgeschlagen und Forster zu einem der Unterhändler bestimmt. Inzwischen war
Lebrun als Außenminister durch Deforgues ersetzt worden.
Deforgues, ein echter *Sansculotte*, ein echter Hosenloser, der
von auswärtigen Angelegenheiten keine Ahnung hatte und
sich von Lebrun, dessen Hausarrest fortdauerte, beraten lassen mußte, bestätigte die Ernennung.

Auf der Fahrt nach Cambrai las Forster in der römischen Geschichte, und in ihm wurde die Überzeugung wieder stärker, daß der Mensch nichts ohne Leidenschaften ausrichte und daß an jene idealische Vollkommenheit, von der man oft in Büchern träumt, so gut als gar nicht zu denken sei.

In Cambrai wimmelte es von Soldaten. Die Front in Valenciennes war keine vier Meilen entfernt. Forster wohnte mit seinem Kollegen Petry in einem unfreundlichen, schmutzigen Zimmer, ohne Möbel, umringt vom Gepäck, und schlief in einem schlechten Bett, wo ihn allnächtlich die Wanzen bissen. Petry war ein rechtschaffener, aber kalter und trockener Mann, ein Systematiker, für Unterhaltungen im eigentlichen Sinne gar nicht zu gebrauchen. Tee, Kaffee oder Zukker waren in der ganzen Stadt nicht zu bekommen.

Nach acht Tagen wurde Cambrai überraschend von den Koalitionstruppen umschlossen. Im letzten Moment retteten sich die beiden Kommissare nach Arras.

Sie warteten ewig auf Ordre. Die Engländer stellten sich tot. Forster benutzte alle Augenblicke der Ruhe und guten Laune, um, selbst in Gegenwart des Reisegefährten, an seiner *Darstellung der Revolution in Mainz* zu schreiben. Huber hatte ihn für seine neugegründete Zeitschrift *Friedens-Präliminarien*, die bei Voß in Berlin erschien, darum gebeten. Dreimal vernichtete Forster alles und begann von vorn, und immer fand er, was da stand, schwerfällig, lahm, ohne Zusammenhang und ohne Stringenz.

Mich überzeugt jeder Tag und jede Stunde mehr, daß meine politische Laufbahn geendigt ist. Dieselbe Redlichkeit und Ehrliebe, womit ich bis jetzt meinen Grund- An Therese sätzen treu geblieben bin, überzeugt mich, Arras, 21. 8. 1793 daß, so sehr ich nach meiner vormaligen Kenntniß der Dinge Recht hatte, oder wenigstens glauben konnte Recht zu haben, indem ich aus dem Privatgang eines Schriftstellers heraustrat, und mich in die wirkliche Handhabung öffentlicher Geschäfte begab, ich jetzt eben so sehr Unrecht haben würde darin zu beharren, wenn nicht, was *unmöglich* scheint, die ganze Richtung, die man dem Rade der Staatsmaschine gegeben hat, in Kurzem eine wesentliche Aenderung erleidet. Ich bin ein eifriger Freund der Freiheit und der Republik;

ich wünsche das Heil des Menschengeschlechtes, trotz dem besten Schwärmer, und ich würde nie eine Feder in die Hand nehmen wollen, wenn ich Hoffnung hätte, daß eine rauhe, selbstverläugnende Tugend der allgemeine Sinn werden könnte. Keine Maßregel sollte mir zu streng scheinen, die man gegen innere und äußere Feinde nähme; ich würde die unnöthigen und überflüssigen sogar gutheißen, wenn sie den Freiheitsgeist einflößten, bestärkten, und zur höchsten Höhe spannten. — O, meine Freunde! verlaßt Euch auf meinen ruhigen und durch so viele Erfahrungen geschärften Blick; das Alles sind süße Träume, die der unsittliche Zustand des Menschengeschlechts ganz vernichtet. Hätte ich vor 10 Monaten — vor 8 Monaten — gewußt, was ich jetzt weiß, ich wäre *ohne allen Zweifel* nach H[amburg] oder A[ltona] gegangen, und nicht in den Club.

Inzwischen war Robespierre in den Wohlfahrtsausschuß gewählt worden. Ein Gesetz gegen Wucher und Schleichhandel wurde erlassen. Ein Durchschnittslohn wurde bestimmt, der etwa um die Hälfte höher war als 1790, und für die wichtigsten Lebensmittel und Gebrauchsartikel wurden Höchstpreise festgesetzt. Am 23. August wurde die dauernde Mobilmachung verkündet, bis alle Feinde vom Boden der Republik vertrieben seien, am 28. General Custine als Verräter guillotiniert. Hinrichtungen wurden alltäglich. Monsieur Pourrat und verschiedene Mitglieder der Familie Lecoulteux waren schon seit dem 2. August arretiert. Nun wurden der Sparkasse, deren eigentliche Besitzer sie waren, und den großen Finanzgesellschaften die Privilegien entzogen.

Die Familie Christie, zur selben Zeit festgenommen, aber kurz darauf wieder freigelassen, verließ Frankreich.

Forster fühlte sich bedroht und tarnte sich, wenn er über seine Zukunftspläne sprach, mit seinem alten Rosenkreuzer-Namen.

Ich kenne unsern Amadeus vielleicht besser, als Ihr alle, weil ich am längsten mit ihm gelebt habe. Nach meiner Meinung muß er in seinem jetzigen Winkel und bei dem Geschäft, das man ihm angewiesen hat, bleiben, bis die Umstände ihn daraus befreien, über das Knie

An Therese
Arras, 1. 9. 1793

276

muß jetzt nichts abgebrochen werden, wenn er auch, so viel er kann, selbst und durch seine Freunde von fern alles zu einer künftigen Wiedervereinigung mit ihnen vorzubereiten sucht. – – – Ich kenne die Menschen nicht genau, mit denen er es zu thun hat und unter deren Anleitung er arbeiten muß. Er hält es für unmöglich, daß er unter solcher Einwirkung etwas Gutes zu Stande bringen könne, und mißbilligt ihre Grundsätze eben so sehr, wie er ihre Handlungen verabscheut; allein gerade das Fach, welches man ihm aufgetragen hat, ist das einzige, das ihn in nichts mischt und zu keiner Theilnahme an Allem, was er nicht billigen kann, verbindet – – –

Ja, wenn es möglich wäre durch Vernichtung des Handels und Zerstückelung des Eigenthums das Glück des Volks zu sichern, dann möchte man noch heute alle Waarengewölbe aufbrechen und alle Land- güter in Bauernhöfe von zwanzig Morgen vertheilen; aber wo es nur darauf ankommt, die Habe des jetzigen Eigenthü- mers in die Hände des Raubgierigen, der darauf lauert, zu übertragen, wo der Besitzer schwarz gemalt wird, bis man ihn als Teufel in die Hölle stürzt, und dann gemächlich seinen Platz und seine Güter durch Mittel, die jetzt einem jeden Verworfenen zu Gebote stehen, einnimmt, wo Millionen durch Stockung des Handels, der Gewerbe und des Luxus außer Nahrung gesetzt würden, Millionen, die, wenn man auch jedem Einzelnen eine Hütte und zwanzig Morgen Lan- des geben wollte, sich entweder als ehrliche Leute, im Gefühl ihrer Untüchtigkeit zum Ackerbau, bedanken, oder als Mü- ßiggänger, Taugenichtse und Spitzbuben heute ihr Gut an- treten, morgen es verkaufen und übermorgen den Käufer als Accapareur todtschlagen helfen würden — da sehen die Au- gen des Menschenfreundes nur eine Scene des unermeßlich- sten Elends und das Grab einer Freiheit, die auf Europa so vielversprechend herabzulächeln geschienen hatte.

An Therese Arras, 6. 9. 1793

Chamfort, der Bibliothekar, auch er ein Bewunderer der Cor- day, war Ende Juli denunziert und unter Hausarrest gestellt worden. Am 10. September erklärte ihm der Gendarm, der ihn bewachte, beim Essen für verhaftet. Chamfort zog sich in sein Arbeitszimmer zurück und versuchte, sich zu erschießen. Die Kugel zerschmetterte die Nase und zerstörte ein Auge. Daraufhin versuchte er, sich den Hals abzuschneiden und sich ins Herz zu stechen, blieb jedoch dank seiner immensen Ungeschicklichkeit am Leben und erklärte, als die Tür schließlich aufgebrochen wurde, er sei ein freier Mensch und wolle eher sterben, als in die Sklaverei abgeführt zu werden. Tatsächlich durfte er, aufs Schrecklichste zugerichtet, vorderhand in seiner Wohnung bleiben.

Forsters Gesundheit hielt sich leidlich. Bei lieblichem Wetter spazierte er unter den hohen Weißpappeln zwischen fetten Wiesen den Kanal entlang und las nebenbei im Ariost, im Quintilian und im Milton.

Nun, da die militärische Lage wirklich verzweifelt war — Toulon, die wichtigste Hafenstadt, war Ende August an die Engländer gefallen —, hatte er das Gefühl, daß sich das Blatt wieder wende.

Es kommen in wenigen Tagen 40000 Recruten zur Armee, wir sind ihrer gewiß, und dann möchte der Feind nicht mehr lange im Lande verharren. Die übrigen republikanischen Heere schwellen verhältnißmäßig an; die Aristokraten in Strasburg sind auch entlarvt und pfeifen auf dem letzten Loche, kurz, das Ende des Feldzugs kann sehr genugthuend werden, und dann werden doch die Feinde zum Frieden geneigt seyn! Allein es hat hart gehalten alle die Machinationen im Innern zu vereiteln. Es wird vieler Menschen Leben kosten — freilich haben sie es sich selbst zuzuschreiben; für den Krebs ist nur das Messer — aber Gott sey Dank, daß ich nicht der Wundarzt bin — ich könnte es nicht so führen, so sehr ich die Nothwendigkeit einsehe.

An Therese
Arras, 18. 9. 1793

Es ist doch nun klar, daß die Teufelskerle von der rechten Seite *Monarchisten* waren. Ich glaube, unsere Feinde irren sich in Absicht auf unsere Ressourcen. Wir halten länger aus, als sie glauben und als sie selbst können. Ihr Eigensinn ist blind und verstockt. Es *soll* so seyn! Unser Jahrhundert soll mit Katastrophen enden. Lange wird vielleicht der Wagebalken noch hin und her

An Therese
Arras, 30. 9. 1793

schwanken, einzelne Menschen werden in dem gewaltigen Kampfe wie nichts geachtet werden, aber eben dadurch wird die Sache der Vernunft, die Sache der Gleichheit siegen. Schon jetzt ist es hier entschieden, Niemandes Tod und Hinrichtung macht mehr Aufsehen, weil er *so* hieß und *so* titulirt wurde, oder *solchen* Rang hatte, und das ist der rechte Punkt. – – – Allerdings kann, *muß* man sogar itzt die Geringschätzung des Einzelnen zu weit treiben; wer konnte es anders erwarten? Von einem Extrem zum andern mußte man übergehen, und selbst eine Aristokratie des Verstandes und des Talents für gefährlich halten.

Mit der eigentlichen Mission ging es nicht voran. Die Engländer rührten sich nicht; von ihren Leuten waren auch nur wenige in französischer Gefangenschaft.

Indessen drängte Therese immer ungeduldiger auf Scheidung. Außerdem hatte sie Forster die Bitte von Voß um den immer noch ausstehenden Schuldschein für das preußische Darlehen vom Dezember 1792 übermittelt; aber kein Postweg schien sicher genug, einen Schuldschein nach Berlin zu schicken, durch den französische Behörden hätten erfahren können, daß im schon besetzten Mainz an Forster preußisches Geld ausbezahlt worden war.

Ich habe soeben an den Minister des Äußeren geschrieben, um ihn um einen Urlaub von 5 oder 6 Wochen zu bitten. Es geht um folgendes: Nicht genug damit, daß ich durch die Wiedereinnahme von Mainz ruiniert wurde und meiner ganzen Habe

An einen Beamten des Außenministeriums Arras, 3. 10. 1793

verlustig ging; das Unglück wollte es auch noch, daß die Trennung von einer Frau, die ich über alles in der Welt liebte, die einzige Möglichkeit ist, ihr meine äußerste Zuneigung zu beweisen. Bis jetzt konnte die Scheidung, in die ich, um des Glückes meiner Frau willen, eingewilligt habe, nicht ausgesprochen, ja noch nicht einmal eingeleitet werden, da ich mich nicht an meinem Wohnsitz aufhalte. – – – Um eine rasche Entscheidung herbeizuführen, gibt es nur einen Weg. Ich muß mich in eine unserer Städte an der Grenze zur Schweiz begeben, wo sich meine Frau befindet, und ihr dadurch die Zusammenkunft ermöglichen, welche das Gesetz bei einer Scheidung mit gegenseitiger Zustimmung verlangt.

Jedes andere Verfahren ist mit langen, fast unendlichen Schwierigkeiten verbunden.

Ich danke Ihnen, Lieber, daß Sie Ihres Freundes wegen nach U. geschrieben haben. Ihre Verwendung wird hoffentlich nicht ohne gute Wirkung seyn, und das bringt denn endlich Alles ins Gleis. Der *ehrliche* Mann kann da nicht bleiben, wo er ist, ohne aufzuhören diesen Namen zu tragen, das Einzige, was ihm aus dem schrecklichen Schiffbruch seines Glücks noch übrig geblieben ist. Verdacht schwebt über jedem Fremden in seiner Lage, an seinem Aufenthalt, und die wesentlichen Unterschiede, die hier zu machen wären, helfen nichts; denn bedenken Sie eine Secunde, *wer* es ist, der unterscheiden soll! – – – Unser Freund muß die öffentliche Laufbahn wenigstens da, wo er ist, verlassen, um endlich wieder seine Rechte als Mensch zu genießen. Dort zu privatisiren ist jetzt eine so ungewisse Existenz, theils in Absicht des Erwerbs, theils wegen der Forderungen, die man an jeden Einwohner, der nicht im Amte steht, machen kann, und die wieder den Zweck des Privatisirens ganz vereiteln würden, daß er diesen Gedanken nur als Traum beherbergen, aber nie zur Wirklichkeit zu bringen hoffen darf.

An Huber
Arras, 8. 10. 1793

Sucht Euch die sichersten Pässe zu verschaffen, der eine ganz ohne Beziehung auf den andern, und so vollständig unterzeichnet wie möglich. – – – Laß uns mit einander geredet haben, nachher wissen wir, was wir zu thun haben und woran wir sind. Ich bescheide mich, daß man nicht ungestraft glücklich seyn und auch nicht mit *einer* Aufopferung Alles erkaufen kann. Ich bin einmal von Stapel gelaufen und muß nun schwimmen, bis ich in den Hafen komme oder untergehe. – – – Meine Arbeit [*Darstellung der Revolution in Mainz*] mißfällt mir täglich mehr, ich habe keine Seele, mit der ich darüber Rath pflegen könnte, und so wird es kahl, platt, weitschweifig — kurz ich kann es nicht leiden. – – – Aber ist es nicht toll, in Arras die Geschichte von allen den Lappalien in Mainz des vorigen Jahres zu schreiben? – – – Ich bin mit der Errichtung des Klubs und B[öhmer]'s rothem Buche beschäftigt; bis ich zu Euch komme, muß das eigentlich Apologetische meines Auf-

An Therese
Arras, 8. 10. 1793

satzes, das jetzt das Nächste ist, fertig seyn. Ein großes Unglück dabei ist, daß mein Enthusiasmus de sa belle mort gestorben ist, und dies thut einer solchen Arbeit unendlichen Abbruch. Ich schreibe, was ich nicht mehr glaube.

Gestern bekam ich von H. Christie – – – directe mündliche Nachrichten von Forster. Er war von Arras, wo er Gefangene auswechseln sollte, noch nicht nach Paris zurückgekommen. Er versicherte mich, daß schon den zweiten Tag nach seiner Ankunft Forster mit den Jacobinern in Paris äußerst unzufrieden war, selbst in ihnen den Auswurf der Menschheit erkannte und *verabscheute.*

Sömmerring
an Heyne
Mainz, 9. 10. 1793

Auf den Verlust seiner Bücher sei er gefaßt gewesen, aber seine Manuscripte könne er nicht verschmerzen. Er hatte schon derenthalben an Custine geschrieben.

An Therese habe er noch immer enthusiastisch gehangen.

Ein Jammer ist's zu sehen, wie seine Möbels und Effecten auf Wagen ohne Schonung geworfen, und halb verdorben auf die Dom-Custorey gebracht werden.

Am 11. Oktober saß Mary Williams gerade mit Bernardin de Saint-Pierre, dem Dichter von *Paul et Virginie,* beim Tee, als ein Freund hereinstürzte. Der Konvent hatte die sofortige Arretierung aller in Frankreich lebenden Engländer und die Konfiskation ihres Vermögens beschlossen. Um zwei Uhr nachts wurde sie verhaftet und ins Luxembourg gebracht. In der ersten Woche ihres Arrests wuchs die Zahl der Gefangenen in dem luxuriösen Palais von hundert auf tausend.

Die ebenfalls festgenommene Mary Wollstonecraft wurde von ihrem Geliebten Imlay gerettet, von dem sie inzwischen schwanger war. Er ließ sie in der amerikanischen Botschaft als seine Frau und damit als amerikanische Bürgerin registrieren.

Paine, der Autor der *Rights of Man,* der mit Condorcet die Verfassung ausgearbeitet hatte, kam trotz seiner amerikanischen Staatsbürgerschaft in die Conciergerie. Condorcet tauchte unter, wurde in Abwesenheit zum Tode verurteilt und schrieb, verborgen in einer Dachkammer, über die Rechte der Frau.

Am 16. Oktober wurde die ehemalige Königin Marie Antoinette zum Tode verurteilt. Am 30. fiel das Urteil im Massenprozeß gegen die Gironde, tags darauf wurden Brissot, Verniaud und ihre Freunde hingerichtet. Mary Williams sang im Luxembourg mit ihren Mitgefangenen einen neuen Text auf die Marseillaise: »*Contre nous de la tyrannie — Le couteaux sanglant est levée – – –*«

Forster weilte inzwischen wieder in Paris. Sein Urlaub war bewilligt worden.

Endlich scheints, daß ich Sonnabend den 26. Nachmittags hier fortkommen kann. So lange hats gehalten, ehe ich meinen Paß erneuert bekommen, und was noch schlimmer war, das Geld zur Reise auftreiben konnte. – – – Hier ist es dem geschicktesten *Fremden* jetzt unmöglich, angestellt zu werden. Die unaufhörlichen Verräthereien haben das Mißtrauen aufs höchste gespannt. – – – Für Cabinetsgeheimnisse giebt man vollends keinen Schuß Pulver, denn Kanonen sind die einzige Diplomatik, die man jetzt gegen die Treulosigkeit von ganz Europa brauchen kann — und der künftige Feldzug wirds lehren, daß sie die beste ist. – – – Wir haben die Vendee nun *ausgerottet,* und so werden wir *ausrotten,* was sich uns widersetzt. Es ist eher an keine Ausgleichung zu denken, als bis man *bittend* zu uns kommt. Die Lava der Revolution fließt majestätisch und schont nichts mehr. Wer vermag sie abzugraben? Ich sehne mich herzlich nach Euch; meine Kinder zu umarmen, ist die einzige Kühlung für den Brand, der mich verzehrt. Noch einmal und dann! — Die Vorsehung hat das Heft und wir schwimmen mit dem Strome. Führt uns die Woge wieder zusammen, landet sie uns einst auf demselben Ufer; wohl uns! Denn wer ist so reich wie wir, um auch in der Wüste keines fremden Arms zu bedürfen! Solls nicht seyn? So seyd Ihr gerettet und ich rudere fort, bis die Kräfte fehlen.

An Therese
Paris, 24. 10. 1793

– – – da ich nach den Berichten der hiesigen öffentlichen Beamten, es auf *keinen Fall* wagen darf, Euch sicher kommen zu laßen. Die Strenge der Gesetze leidet keine Ausnahme und Ihr seid, solange sie

An Therese
Pontarlier, 1. 11. 1793

nothwendig bleiben, von diesem heiligen Boden ausgeschlo-
ßen.

– – – allein das Resultat von allem ist, daß ich *unumgänglich* zuvörderst zu Euch kommen muß, um mich mit Euch zu
besprechen. Ich bitte Dich daher, frage Rougemont, ob ich
in aller Sicherheit auf einige Tage nach Mottiers, und wenns
nöthig wäre, nach Neuenburg kommen kann?

Anfang November trafen sie sich in dem kleinen Grenzort
Travers.

Nach der Stadt Neuchatel zu kommen, wäre wegen der Stimmung des Landes eine unnöthige Bravade gewesen, und hätte
dem Schutze, den man seinen Freunden da-
selbst gönnte, nachtheilig werden können.
Man beschloß, sich in einem kleinen Dorfe,
auf der Höhe des Jura, eine Meile von der

Therese Huber:
Biographie
Ludwig Hubers
S. 116 ff.

Grenze, zu begegnen. Dort umarmte Forster seine Freunde,
seine Kinder zum letzten Male; dort empfiengen sie seinen
sanften, beglückenden Segen. —

Von Schnee und Felsen umgeben, in einem elenden Bau-
ernwirthshause verlebten sie dort fünf wunderbare, unver-
geßliche Tage. Sie hatten sich gegenseitig eine Welt von Vor-
gängen zu erzählen, Forster gab Huber den Schlüssel zu tausend Redensarten, Gesichtspunkten, Wortstellungen, er
lehrte ihn gleichsam die *Parole* der damaligen Zeit. – – –
Eine große Anzahl Deutscher, die damals von dem Wirbel
der Begebenheit, wie gelähmt, in Paris den Tod sich täglich
drohen sahen, hatten diese seltne Gelegenheit benutzt, Forstern Briefe an ihre Familie und Freunde mitzugeben, und
er notirte sich hunderterley kleine Umstände, die diesen
Armen vielleicht Aufschlüsse über den Zustand ihrer Heimath und Zurückgelaßnen geben konnten.

Jeder Franzose, der nicht von der Regierung beauftragt war,
durfte nicht über die Grenze schreiten, ohne der Auswande-
rung, und wenn er nach Frankreich zurück-
kehrte, des Todes schuldig zu seyn. Jeder
Privatmann, der, selbst von der Regierung

Therese Huber:
Einleitung
S. 6 ff.

autorisirt, die Grenze überschritt, mußte sein baares Geld am

Grenzposten aufweisen, und den Belauf aufzeichnen lassen. – – – Der Freundesbund konnte es sich nicht verhehlen, daß diese Reise, die sie einander in die Arme geführt hatte, ein hinreichender Grund sey, Forstern dem furchtbaren Gericht zu überliefern. Ja, wenn man ihm ein Vergehen anrechnen wollte, so war der Umstand schon hinreichend, daß er seinen Kindern eine sehr kleine Summe Geldes — die lezte Unter-stüzung, die sie von ihrem guten Vater erhielten — zurück-lassen wollte. – – – In dieser Lage – – – gab Huber seinem Freund das in nachstehenden Briefen erwähnte Memoire von Lally Tolendal zu lesen. Eben in diesem Augenblicke saß der alte General Luckner in einem der Pariser Gefängnisse. Sein Tod war beschlossen, und man suchte nur noch einige osten-sible Beweise dafür – – – Wie der Ideengang sich nun bildete, wie er zu Ausdrücken der Sprache übergieng, ob die Mutter, der Vater, oder der Freund zuerst den Gedanken in einen Satz befaßten — das weiß ich nicht, genug, daß man die klare Ansicht empfing: dieser Aufsatz von Lally Tolendal könne unter Umständen Forstern vom Tode retten. Er enthielt nämlich einen Umstand, der Lucknern, nicht nur in dem Sinn der damaligen Regierung, sondern im Sinne der Repu-blik, ohne alles Mordsystem das Leben kostete. Kam Forster nach Paris zurück, ward er vor das Blutgericht gefordert, ward ihm gesagt: du gingst ohne Vollmacht ins Ausland, du kamst um so viele Goldstücke ärmer nach vier Tagen zurück — so konnte er antworten: ich ging ins Ausland, um mir die-ses wichtige Aktenstück zu verschaffen, das ich mit jener Baarschaft erkaufte — und sein Leben war gerettet.

Meine Einzige Therese, — Alles habe ich aufgeboten, um mich zu *halten;* aber jetzt brichts los. O meine Kinder! wie
An Therese blutet mein Herz bei diesem Abschied! Ich
Pontarlier, 6. 11. 1793 habe, und Ihr werdets mir angemerkt ha-ben, sehr glückliche Stunden mit Euch gelebt. Der Blick auf die nächsten Wochen und Monate vielleicht — ist für mich Vereinzelten traurig. Die Erinnerung an mein verlorenes Glück und das Gefühl meiner jetzigen Ohnmacht, uns allen zu helfen, die Tränen, die Ihr alle vergossen habt, und der Schmerz, der uns alle preßte, werfen mich nieder. Ich will und werde mich aufraffen; seid unbesorgt.

Ich weiß daß man ungestraft nicht glücklich seyn kann, und *Glück* ist doch für den Menschen der gewiße Fortschritte gemacht hat, nur das Bewußtseyn nach sei- An Ch. F. Voß ner besten Ueberzeugung gehandelt zu ha- Pontarlier, 8. 11. 1793 ben. Aber für Sie und andere schmerzt es mich doch, aus meiner Bahn geworfen zu seyn, und das um so eher, weil die wenigsten Menschen *das* nicht von einem sehr dunklen, sehr ungegründeten Begriff von eigener Schuld trennen können, die dem Freunde des Beschuldigten immer peinlicher ist als ihm selbst. – – –

Sagen Sie den Inhabern der beiliegenden Scheine, daß ich Ihrer werth sei, und als Mensch, als Weltbürger, als Europäer, als Deutscher, als Franke, kurz in jeder Beziehung, der Moralität und Vernunft zum Grunde liegt, nichts so sehnlich wünsche, als daß es in den Rathschlüßen der Vorsehung liegen möge, die gräßliche Verblendung zu heben, welche Preußens Untergang und die fürchterlichste Zerrüttung von ganz Europa, wenn sie noch ein Jahr dauert, unfehlbar nach sich ziehen muß.

H[uber] muß mir, wenn er kann, noch mit etwas aushelfen. Wir redeten von einer Schrift, von den Vorurtheilen, die in Deutschland über öffentliche Angelegenhei- An Therese ten herrschen, und dabei kam eine sehr Pontarlier, 9. 11. 1793 frappante Idee vor, die gerade die Abgeschmacktheit und Widersinnigkeit der Leute recht ins hellste Licht und sie selbst mit sich in Widerspruch setzte; die hab' ich in Tod vergessen und seit drei, vier Stunden laufe, geh und steh ich in der Stube halb verrückt, um mich ihrer zu erinnern. Alles umsonst. – – – Es war etwas, das nur gesagt werden durfte, um so klar einzuleuchten, und dabei hätte es in Beziehung auf meine eigene politische Laufbahn so viel Rechtfertigendes. O, es muß uns noch wieder einfallen.

Alle Moralität scheint mir eine Posse und eine abgeschmackte Erfindung, womit wir uns unter einander zum Besten haben. Aufwand menschlicher Kräfte ver- An Huber mag nichts im Schicksal des ganzen Ge- Pontarlier, 11. 11. 1793 schlechts, nichts im Schicksal eines Einzigen zu ändern. Alles wird unaufhaltsam fortgerissen zu leiden und leiden zu machen, bis die Federkraft abgenutzt oder zersprengt ist. – – – Es stürmt, als wenn das jüngste Gericht noch einmal eine Sündfluth herbeiführte. Seit drei Tagen regnets nicht, es gießt. Kann auch etwas von meinen Betrachtungen auf Rechnung dieses Aufruhrs der Natur kommen?

Wie man will, liebe Freundin, froh und trübsinnig, kann ich in jedem Augenblick seyn, wie man eine Hand umdreht. Das Wetter ist freilich hier so arg, vielleicht ärger als dort; ich denke mir immer, nach meinem alchymistischen kreuzerischen Sauerteig, den Teufel unter den beiden leidenden Elementen, Wasser und Erde, daher habe ich eine so entschiedene Abneigung vor Regen und Straßenkoth. Diesmal kommt es mir vor, als hätte der Himmel, der, scheint es, vor dem Leidigen nicht ganz sicher ist, eine starke Dosis teufelabtreibender Medicin genommen, der dann in Gestalt dieses höllischen Regens abgegangen ist.

An Therese Pontarlier, 13. 11. 1793

Er blieb noch zwei Wochen in Pontarlier und schrieb für Hubers *Friedens-Präliminarien* die ersten *Parisischen Umrisse,* eine einzigartige Sammlung im Briefstil gehaltener Betrachtungen über die französische Revolution. Durch die Unterstützung des Postdirektors, mit dem er sich angefreundet hatte, liefen alle Briefe schnell und sicher hin und her.

Paris, den 1sten des Eismonds, 2.
Ich kann es mir nicht versagen, m. Fr., Ihnen in diesen langen Winterabenden eine Gespenstergeschichte zu erzählen. Hören Sie mir einige Augenblicke zu. Einer von meinen Jugendfreunden, der in H . . . studierte, reiste auf dem Postwagen nach Berlin, und war, wie es bei dem langweiligen Fuhrwerk und im Sande leicht möglich ist, sanft eingeschlafen. Als er wieder erwachte, war es finstre Nacht; allein er sah ganz deutlich eine lange Riesengestalt neben dem Wagen hergehen. Sie war durchaus leuchtend, und verbreitete einen matten Schein um sich her. Von Zeit zu Zeit schien sie sich in andre Formen zu verwandeln; bald schwebte sie einige Schritte weit voran, bald trat sie drohend näher, als wollte sie einstei-

Parisische Umrisse, Nr. 4 S. 611 f.

gen und neben den Passagieren Platz nehmen. Mein Freund
— er war ein Mediciner — wußte nicht, was er von der Sache
denken sollte. Die Herren von der Fakultät pflegen sich
bekanntermaßen an die handgreifliche, sichtbare Natur zu
halten und vor dem Reiche der Geister keinen Respekt zu
haben; in den anatomischen Heften seines Professors stand
auch keine Sylbe von dem zarten Lichtkörper, *Evestrum*
genannt, der nach dem Tode übrig bleibt und des immateri-
ellen Geistes Hülle werden kann, wie davon weiland Herr
Crusius, ingleichen mancher hochwürdige Schüler des er-
leuchteten *Rosicrucius*, des Breitern nachzulesen sind. Inzwischen machte ihn die Erscheinung doch ein wenig irre; er
rieb sich etlichemal die Augen, und sah nur immer deutlicher
und gewisser den furchtbaren Schatten einherschreiten, der
vielleicht gar um seines Unglaubens willen nichts Gutes mit
ihm im Sinne hatte. Dieser Gedanke that Wunder: der junge
Mann hatte Muth, und faßte auf der Stelle den Entschluß,
dem Feinde zuvorzukommen; oder — daß ich seiner Vernunft nicht Unrecht thue — er schämte sich der ersten An-
wandlung eines unphilosophischen Zweifels, und wollte durch
ein entscheidendes Experiment das Gespenst auf die Probe
stellen und sich selbst bestrafen. Im Augenblick war sein
Degen, den er zwischen den Füßen hielt, aus der Scheide;
und als der leuchtende Bewohner der Unterwelt wieder in den
Wagen guckte, führte unser Held einen mächtigen Hieb, der
ohne Widerstand mitten durch den Lichtkörper, wie *Dio-
medes* Schwert durch einen Olympier, oder *Bonnets* Scheere
durch einen Polypen, fuhr, und außer einem leisen Knistern,
weiter keine Wirkung nach sich zog. Trotziger als je, wan-
delte der schaurige Drache neben dem Wagen; und wer weiß,
wohin es mit dem Unglauben meines neuen *Celsus* gekommen wäre, hätte er nicht von ungefähr einen Lichtfunken an
seiner Klinge kleben sehen. Er griff zu — und siehe da! es
war ein Johanniswürmchen, ein kleiner Leuchtkäfer, einer
aus einem gedrängten Schwarm von vielen Myriaden, die in
einer schwülen Nacht, wie Mücken an der Abendsonne, ihr
lustiges Wesen trieben.

»So endigen sich die Mährchen alle!« werden Sie sagen, und
ein wenig schmollen, daß ich nichts Besseres zu erzählen
wußte. Haben Sie noch immer freundliche Nachsicht, und

hören Sie auch den Kommentar oder die Nutzanwendung; —
denn, frei gestanden, bloß um dieser willen steht das Ge-
schichtchen da. – – – Erst lassen Sie uns die Gattung als ein
Ganzes betrachten; wahrhaftig, ein Ganzes, das dem Philosophen sein Concept verrückt, und wären seine Elemente nur
Ameisen, verdiente doch schon als solches einige Aufmerksamkeit. Nun aber gar dieses, wovon ich Sie bisher unterhielt, das nicht bloß von einem gemeinschaftlichen Geiste
getrieben wird, sondern sich desselben auch *bewußt ist!*
Ändert das nichts an der Sache? Ist die Erscheinung, die
ich vor Ihnen heraufgezaubert habe, nur noch ein bloßes
Ding der Einbildungskraft, nur ein Insektenschwarm, dem
die Furcht oder der Aberglaube Einheit und Seele verleiht?
Gewiß m. Fr., Sie können es nicht in Abrede seyn, daß
der Geist der bürgerlichen Gesellschaft ein wahrer Geist genannt zu werden verdient; denn er ist ja der Vereinigungs-
punkt aller der Intelligenzen, aus denen die Gesellschaft
besteht.

Was von der Gesellschaft im ruhigen Zustand gilt, das
gilt auch noch von der Revolution; sie hat ihren eigenthümlichen, sich bewußten Geist, und ich halte es, *Scherz* bei Seite
mit ihrer Beobachtung im *Ganzen* und *Großen.* Bewußtseyn
ist unsere erste und letzte Kunst, worin wir täglich Fortschritte machen können, ohne sie vollständig zu erlernen,
oder ganz zu erschöpfen. Auch der gährende Staat scheint
mir allmählich zur Erkenntniß seiner Kräfte, und später
noch, seiner Bestimmung zu gelangen. – – – Indeß bringen
uns die Ereignisse eines jeden Tages dieser Reife näher, und
was sie jetzt noch zu verzögern scheint, sind vielleicht eben so
unrichtige Vorstellungen von einer *andern* Seite, die mit un-
ausführbaren Projekten in Verbindung stehen. Dahin rechne
ich, zum Beispiel, die Wiederherstellung der alten monarchi-
schen Regierungsform, oder auch die Usurpation eines Pro-
tektors, oder desgleichen.

Mein Leuchtkäfergespenst muß mir hier gleich noch einmal Dienste leisten. Die merkwürdige Erscheinung unserer
Revolution hat mit ihm auch diese Ähnlichkeit, daß ihre einzelnen Bestandtheile beinahe völlig gleichartig sind, und sich
vor einander weder durch disproportionirliche Größe, noch
anderweite Überlegenheit auszeichnen. – – –

Daß man es noch immer nicht begreifen *kann* oder nicht begreifen *will,* wie unabhängig bei uns das Ganze vom Einzelnen ist! Ihre Politiker, Ihre Philosophen suchen immer noch die Republik und die Revolution in diesem oder jenem Kopfe. Lassen Sie sich diese Grille vertreiben; sie ist bei uns de l'ancien régime, und völlig aus der Mode. Befragen Sie einmal einen unserer Republikaner, ob das Heil seiner Republik an Robespierre'ns, an Dantons, an Pache'ns, Heberts, oder irgend eines andern Patrioten Leben hängt? Er wird Ihnen antworten, daß er von keines Menschen Nahmen etwas weiß, wo von dem Volk und Staat die Rede ist. So verschwinden *die einzelnen Käferchen* vor dem Auge des Beobachters; ihr Licht gilt nur in der Masse, wo es sich mit 24 Millionen multiplicirt.

Die Größe der Zeit ist Riesengröße, wie Sie bemerken; aber eben darum fordert sie die ungewöhnlichsten Opfer. Ich glaube endlich, daß ich *Alles* opfern kann,   An Huber
was sie nur fordert, wenn meine Humanität   Pontarlier, 15. 11. 1793
dabei gerettet wird. Meine Kartoffeln selbst schälen und kochen? — Was kann man nicht Alles, wenn man es nur will? Nur zur Milderung dieser spartanischen rauhen Schale gehört die Labung des Geistes in den süßen Gefühlen der Mittheilung. Sehen Sie nicht, daß die Ohnehosenwirtschaft wirklich herrschend im Geiste der Menschen werden muß? – – – Wir werden es bald erleben, daß die Nation alles Reichthums in Frankreich Depositair seyn wird, und alsdann realisirt sich – – – die lacedämonische Republik und Familienschaft in einem Haufen von vierzig Millionen. — Alles Grelle dieser Erscheinung wird durch den unversiegbaren Lichtstrom der Vernunft, der sich überall mit herdurchdrängt, *gemildert;* überall wird für sie gesorgt, und für die Phantasie.

Die Sache zwischen den beiden Parteien, Frankreich nämlich und Deutschland, ist doch nun klar dahin gediehen, daß man bei uns die Vernunft auf den Thron setzen,   An Therese
und bei Euch hinunterwerfen will. Bei   Pontarlier, 16. 11. 1793
Euch tritt man sie mit Füßen, und bei uns wird sie geehrt, sobald sie erkannt wird. Oft freilich verkennt man sie und die Leidenschaft siegt, aber sie kann doch nicht mehr anders

als unter der Maske selbst der Vernunft siegen. Sähe ich jenseits erhabene Tugend, so würde ich sagen: nun, es kann auch noch in Deutschland zum Aushalten seyn, aber so ist es ja nur die jämmerlichste politische Schinderei; der Ehrgeiz und die Gewinnsucht leibhaftig. — Nein, unsere Sache siegt, oder wo nicht, ist es schön mit ihr zu fallen.

Forster fordert die Scheidung von mir in seinem neuen Vaterlande, er läßt mir die Kinder bis er entweder eine feste Stäte hat und eines zu sich nimmt, oder bis unser aller sehnlicher Wunsch erfüllt ist, und wir in seiner Nähe leben können. – – – Der Scheidungs Prozeß ist noch nicht geendigt.

Therese Forster an Frau Hottinger Neuchâtel, 16. 11. 1793

Ein von Lally-Tolendal vor kurzem nach Berlin gesandter Agent soll dort die Befreiung Lafayettes erwirken. Ich hatte Einsicht in sein Memorandum und die beigefügten Schriftstücke, die überzeugend beweisen, daß Lafayette gemeinschaftlich mit Lukner im Juli 1792 Ludwig XVI. entführen wollte; es war bereits alles abgesprochen, aber Ludwig XVI. sperrte sich gegen das Vorhaben. Das Konzept für die Denkschrift, das ich las, war von Lally-Tolendal mit eigner Hand geschrieben.

An Außenminister Deforgues Pontarlier, 27. Brumaire 2 (17. 11. 1793)

Ich bin erst gestern Abend spät angekommen, meine lieben Kinder, der Weg war zum Theil nicht der beste, man mußte auf Pferde warten, die Tage waren kurz, und ich befand mich von der ersten durchfahrnen Nacht so übel, daß ich die folgenden Nachtlager hielt. Ich spürte einen fatalen rheumatischen Krampf in der Brust – – – Gleich wie ich hier ankam in mein altes Nest, befand ich mich besser, brauchte flüchtige Salbe auf Flanell gestrichen und bin nun schon wieder den ganzen Tag umhergelaufen in Wind und Wetter. – – –

An Therese Paris, 27. 11. 1793

Adam Lux hat sein Märtyrerthum für Charlotte Corday muthig vollendet. Er soll vor dem Tribunal sehr unbefangen gewesen seyn, und gesagt haben: er wisse, daß er nach den Gesetzen des Todes schuldig sey, und wolle ihn gern leiden. Auf das Schaffot ist er *gesprungen.*

Graf v. Schlabrendorf war inzwischen auch verhaftet worden. Zum Tod verurteilt, konnte er, als ihn am Morgen der Henker holen kam, seine Stiefel nicht finden, bat treuherzig um einen Tag Aufschub, wurde vergessen, überstand die Schreckenszeit und kehrte in sein Zimmer im *Hôtel des Deux-Siciles* zurück, das er nie verschloß und immer seltener verließ, wo er Austerlitz und Waterloo überlebte bei saurem Wein, inmitten von Brotkrumen und ungeheuren Stößen von Bettlerbriefen aus allen Pariser Hospitälern und Gefängnissen, im gebrechlichen Lehnstuhl, in dem sich einst ein totgedrücktes Mäusenest fand, und von Jane Christie schwärmte, die sich vor seiner Verhaftung noch mit ihm verlobt hatte und inzwischen glücklich verheiratet in Inverness lebte, und von der längst dahingeschiedenen Mary Wollstonecraft, deren Tochter unterdessen den *Frankenstein* geschrieben hatte.

Gar sehr wünsche ich zu hörn, wie Sie leben und wie sich nach so großem Unheil die Maynzer Existenz wieder einrichtet. Leider sind wir in diesen Tagen wieder in Sorge gewesen, ich ho[e]re aber, es ist den Feinden übel bekommen. – – – Ho[e]rt man etwas von Forster?

Goethe
an Sömmerring
Weimar, 5. 12. 1793

Ich liege nun seit 3 Tagen an einer Brustentzündung im Bett. Die Schmerzen waren heftig, die ersten paar Nächte habe ich nicht geschlafen. – – – Ich kann auch ein Weilchen aufseyn, und sitze wirklich am Feuer und schreibe auf meinen Knieen. Binnen drei Tagen kann ich gewiß ausgehen. Es war meine Schuld, ich war ohne Ueberrock, des Abends, in einem häßlichen pariser Nebel umhergetrieben. Thu's nicht wieder.

An Therese Forster
und L. F. Huber
Paris, 11. 12. 1793

Eine ganze Stunde habe ich mich angezogen inclusive des Rasirens, und nun liege ich wie eine Fliege im Armstuhl. – – – Mein Kopf ist wieder heiter, ich lese Zeitungen aus allen Kräften; und dabei — Gott sey bei uns! — den Fürsten des Macchiavell. – – – Was Bollmann's Brief über Lafayette [mit der Denkschrift Lally-Tolendals über Luckner] anbetrifft, so seyd ohne Sorgen; er kommt nicht aus meinen Händen; der

An Therese Forster
und L. F. Huber
Paris, 14. 12. 1793 einzige Fall, in dem ich es mir erlaubt hätte, kann nicht mehr stattfinden. – – – Je ärger die deutschen Zeitungen lügen, je früher müssen den Leuten endlich die Augen aufgehen. Ich sage Euch, in der Vendee liegt die Rebellion im Todeskampf, und an den Grenzen fürchten sich die Feinde viel mehr als wir, wenn wir auch zuweilen Schläge bekommen. Hätten wir nur Toulon!

Nur ein paar Zeilen aus meinem Schmerzensbett, um meine Theuersten nicht ohne Nachricht zu lassen. – – – Wir haben

An Therese Forster
und L. F. Huber
Paris, 4. 1. 1794

überall ganz löwenmäßig gesiegt; die frankfurter Aufforderung ist ahnungsvoll gewesen. Ich bin neugierig zu erfahren, wie sich der öffentliche Geist jenseits des Rheins äußern wird, nun die Wahrheit der Nachrichten unbezweifelt ist.

Nicht wahr, Kinder, ein paar Worte sind besser als nichts? Ich habe nun keine Kräfte mehr zum Schreiben. Lebt wohl! hütet Euch vor Krankheit; küßt meine Herzblättchen.

Das war sein letzter Brief. Er trank fleißig Chinadekokt, verschrieb sich ein bißchen Opium wegen der gräßlichen fliegenden Gicht im Knöchel der linken Hand und machte dabei allerlei lustige und betrübte Glossen. Die »Schmerzgestängs- und Krummzapfenmusik« in seiner Brust war einem dumpfen Schmerz gewichen: am 10. Januar starb er.

Die Revolution ist ein Orkan, wer kann ihn hemmen? Ein Mensch, durch sie in Thätigkeit gesetzt, kann Dinge thun,

An Therese Forster
und L. F. Huber
Paris, 28. 12. 1793

die man in der Nachwelt nicht vor Entsetzlichkeit begreift. Aber der Gesichtspunkt der Gerechtigkeit ist hier für Sterbliche zu hoch. Was geschieht, *muß* geschehen. Ist der Sturm vorbei, so mögen sich die Ueberbleibenden erholen, und der Stille freuen, die darauf folgt.

Nachrufe

Paris, am 21. Nivose im 2ten Jahr der
einen und untheilbaren Republik. Freitag. Abends 6 Uhr.
Meine Thränen zeigen Dir, lieber Freund,
ein sehr trauriges Ereigniß an. Unser armer
Forster ist todt; vor einer Stunde starb er

Ph. Haupt
an L. F. Huber
Paris, 10. 1. 1794

an einem Schlagfluß nach einer langen, gichtigen Krankheit
in seinem Zimmer, rûe des moulins, maison des patriotes
Hollandois; ich that meine letzte Freundschaftspflicht, und
drückte ihm die Augen zu.

Ich schreibe Dir dieses gleich, lieber Huber, um seine hin-
terlassene arme Frau davon *auf schickliche Weise* zu präve-
niren. Der Juge de paix, Jean Lacoste, von der Section de la
montagne, rûe des moulins N. 532, hat auf sein Hinterlassen-
thum gleich die Siegel angelegt. Solches besteht in zwei vollen Koffern, einer Vache und einem Cabriolet; in solchen findet sich auch seine Uhr, seine Brieftasche mit Assignaten,
seine Briefschaften, Kleider, Wäsche, etc.; auch hat die
Wäscherin noch Wäsche, und wie mir unser verstorbener
Freund noch heute morgen sagte, so hat er auch noch seine
Apointments von mehr als 60 Tagen zu fordern; seine Schulden sind zweimonatlicher Hauszins, die Doctor-, Apotheker-
und Wärter-Kosten, dann die wenigen Begräbnißauslagen;
übermorgen frühe wird er begraben.

– – – Ein Faulfieber, die Folge seiner Seereise, häuslicher Kummer und seine Arbeiten rissen ihn aus der Bahn. Nichts hat

Gazette national
Paris, 29. Nivôse 2
(18. 1. 1794)

seine heiße Liebe zur Revolution erschüttert; seine letzten
Wünsche galten der Republik und seinen Kindern. – – –

– – – In vielen seiner Schriften, die Deutschland schon längst
mit Bewunderung und Dank zu nennen gewohnt ist, wird

sein Geist ihn überleben. Mögen Mißdeutungen, Verläumdungen, Leidenschaften, die das verworrene Schicksal dieser Zeiten gegen ihn aufregte, wenigstens von seiner Asche entfernt bleiben! – – –

Inzwischen hatte die Phantasie sich seiner angenommen. Schon vor der Besetzung von Mainz durch die Franzosen hatte der durch eine Rezension Hubers gekränkte Philosoph Bouterwek in einem anonymen, im *Göttinger Musenalmanach* erschienenen Gedicht *Huberulus Murzuphulus oder der poetische Kuß* von sprossenden Hörnern auf der Stirn eines Eunuchen gesungen und damit vorzüglich das Ohr von Schiller gefunden, der sich über die Tatsache, daß Huber wegen Therese die Schwägerin seines Freundes Körner, Dora Stock, sitzengelassen hatte, so sehr erregte, daß er seinem Ärger nach Forsters Tod in mehreren Xenien Luft machte, in denen reuige Toren, die auf Weibes Rat horchend den Freiheitsbaum gepflanzt hatten, wütend durch die Hölle brüllten und mit grimmiger Faust die Kokarde zerzausten.

Während der unbekannte Autor des tragikomischen Schauspiels *Die Mainzer Klubbisten zu Königsstein* das Kanapee im Forsterschen Hause unter wechselnden Lasten quietschen ließ — am Ende trug Meta Forkel den Sieg über Caroline Böhmer davon —, verbohrte Sömmerring sich in den verschrobenen Gedanken, die schöne Witwe habe den armen Forster verführt — ein Märchen, das auch Therese noch bis in ihr hohes Alter kultivierte; im übrigen bemühte diese sich mit Huber, das Andenken von Forster zu retten, und gab eine Briefauswahl heraus, wobei sie freilich an vielen Stellen sein Urteil milderte und aus Sorge um den eigenen Ruf allerhand umschrieb, zensierte und waschkörbeweise Briefe verbrannte. Von ihren eigenen an ihn sind nur zwei, durch Zufall, erhalten geblieben.

Die Zeitungen ließen Forster nach England fliehen oder an einem Seelenleiden dahinwelken, und noch ein Menschenalter später mußte er aus Verzweiflung über den Gang der Revolution und seine gescheiterte Ehe Salpetersäure trinken oder gramzerfressen unterm Fallbeil seiner Gesinnungsgenossen seinen Kopf in den Korb fallen lassen.

Am tiefsten betrauert hat ihn der alte Heyne.

Seit der gestern erhaltenen, mich gänzlich betäubenden Nachricht kann ich meine Gedanken noch nicht wieder sammeln; ich bin untröstlich über den Verlust meines Forster. Wohl war er mein Forster; ich liebte ihn unaussprechlich! So viel Empfindungen mischten sich hier zusammen! Sein Werth, — ach, ersetzt wird er der Welt nicht wieder! Was für Kenntnisse hier vereinigt waren, treffen nicht leicht wieder zusammen. Der edelste Charakter, das beste Herz und mir immer der Gegenstand des Kummers, des Mitleidens; — immer gerührt dachte ich an ihn, er verdiente mehr als Tausende glücklich zu seyn, war es nie, war so tief unglücklich! Es ist mir noch unmöglich zu denken, daß ich ihn nie wieder sehen soll.

Heyne
an Therese Forster
Göttingen, 31. 1. 1794

Nie werde ich ihn vergessen können, immer wird er mir vor Augen schweben: — Du edler, bester Mann!

Mein Forster ist mir unablässig vor den Augen und im Sinn! Er war mir der Gegenstand des Kummers seit so vielen Jahren, da ich sah, was er durch seine unglücklichen Verhältnisse mit Therese litt; die Liebe gegen ihn erhält dadurch etwas weit Theilnehmenderes, Weicheres und Rührendes. Noch schmilzt mir das Herz, wenn ich an ihn denke. Bei so vielen herrlichen Eigenschaften hatte er zu wenig Selbständigkeit, seine Erziehung war sklavische Abhängigkeit von einem wilden Kopf als Vater. Dieser hat sich auch in der letzten Zeit noch unmenschlich geäußert, wenn die Rede von seinem Sohn war. Der Narr ist stockaristokratisch oder königlich und erklärte öffentlich, es solle ihn freuen, den Sohn am Galgen zu sehen. Ungeheuer! Indessen hätte das Glück vieles von den Folgen seiner Schwäche verhindern können, statt daß die Umstände alles Nachtheilige herbeigeführt haben. Mir wird er unvergeßlich sein. Auch dem bessern Theil der Menschen wird sein Andenken lieb und werth sein, zumal wenn die wilde Parteisucht vorübergegangen sein wird. Verzeihen Sie mir, theuerster Freund, daß ich so viel von ihm spreche; aber jeder Nerv in mir spricht von ihm, fühlte ehemals für ihn, den guten, lieben, theuern Forster! – – –

Heyne
an Sömmerring
Göttingen, 3. 2. 1794

O Freund, wann werd' ich des Redens müde!

Goethe
an Sömmerring
Weimar, 17. 2. 1794
So hat der arme Forster denn doch seine Irrthümer mit dem Leben büßen müssen! wenn er schon einem gewaltsamen Tod entging! Ich habe ihn herzlich bedauert.

Forster, der Weltumsegler, hat sich wieder nach Stürmen gesehnt, und ist von der Revolution verschlungen worden. Sein Staatsschiff war kein englisches Kriegsschiff, sondern eine in der Eil elend zusammengeflickte Barke, und sein Cüstine kein Cook.

Heinse
an Gleim
Mainz, 22. 3. 1794

So sehr ich Sie, mein theuerster in Ihrer gegenwärtigen Lage bedauern muß, so würde ich doch einen Theil meines noch übrigen Lebens gerne hingeben, wenn unser vortrefflicher Forster jezt auch in dieser Lage wäre. Ich kan wahrlich nicht ohne Wehmuth an den Mann zurückdencken, so offt dieses auch geschieht, zumal da ich fast wöchentlich etwas erfahre was mir immer mehr Licht über den Hauptquell alles Unheils giebt, das ihn befallen hat! O wie gerne, wie gerne hätte ich ihm ein Paar Bogen gewidmet, wäre ich noch das Kinderlose und wegen der Zukunfft unbekümmerte frey denckende und frey schreibende Wesen, das ich ehmals war. Jezt muß es beym frey *dencken* sein Bewenden haben. Sapienti sat.

Lichtenberg
an Sömmerring
Göttingen, 5. 6. 1795

Bibliographie
mit einem Register der Werke Georg Forsters

*Anmerkung zur Wiedergabe von Quellentexten in dieser Aus-
gabe:* Kürzungen in den Zitaten sind durch drei Gedankenstriche kenntlich gemacht; Hinzugefügtes, Auflösungen von
Kürzeln und Symbolen und andere Texteingriffe stehen in
eckigen Klammern. Eckige Klammern im Original sind
durch runde ersetzt, mehrfache Gedankenstriche durch einfache.

Die im folgenden Verzeichnis mit * markierten Quellen wurden vom Verfasser aus dem Englischen, die mit zwei Aste-
risken gekennzeichneten aus dem Französischen übersetzt.

Werke und Briefe Georg Forsters

Georg Forsters Werke. Herausgegeben von der Akademie der
Wissenschaften der DDR, Zentralinstitut für Literatur-
geschichte. Berlin: Akademie Verlag 1958ff. (= AA)

AA I:	*A Voyage Round the World.* Bearb. von Robert L. Kahn. Berlin 1968.
AA II:	*Reise um die Welt. 1. Teil.* Bearb. von Gerhard Steiner. Berlin 1965.
AA III:	*Reise um die Welt. 2. Teil.* Bearb. von Gerhard Steiner. Berlin 1966.
AA IV:	*Streitschriften und Fragmente zur Weltreise.* Bearb. von Robert L. Kahn u.a. Berlin 1970.
AA V:	*Kleine Schriften zur Völker- und Länderkunde.* Bearb. von Horst Fiedler u.a. Berlin 1985.
AA VI:	*Schriften zur Naturkunde.* Bearb. von Klaus-Georg Popp u.a. In Vorbereitung.
AA VII:	*Kleine Schriften zu Kunst und Literatur. Sakontala.* Bearb. von Gerhard Steiner. Berlin 1963.

Briefe Georg Forsters

Folgende Briefe Forsters wurden übersetzt:
   An *Amalie von Preußen* **; an *Banks* *; an einen *Beamten des Außenministeriums* **; an *Deforgues* **; an *Don Fausto d'Elhúyar y de Suvisa* **.

Alle *Briefe von Georg Forster* in: AA XIII bis XVII — mit den folgenden zwei Ausnahmen:
   An den Grafen von Sandwich * siehe *Ein Brief an den Grafen von Sandwich* * im Werkregister.
   An Außenminister Deforgues. ** In: AA X,1, S. 497 ff.

Werke Georg Forsters; zugleich Werkregister

Die Jahreszahlen bezeichnen das Jahr der (Vollendung der) Niederschrift und, falls davon abweichend, der Veröffentlichung; »1773/–« bedeutet, daß das Werk zu Forsters Lebzeiten nicht veröffentlicht wurde. — Gefettete Seitenverweise bezeichnen Zitate.

[*Kalm: Travels into North America.*] Drei Bände. Übersetzung aus dem Deutschen ins Englische (mit Joh. Reinh. Forster) 1770/70–71.   29, 31

Kleine Schriften. Ein Beytrag zur Völker- und Länderkunde, Naturgeschichte und Philosophie des Lebens. Theil I [darin: *Cook, der Entdecker; Neuholland und die Brittische Colonie in Botany-Bay; O-Taheiti; Über Leckereyen; Vom Brodbaum.* — Weitere Bände der *Kleinen Schriften* erschienen postum.] 1789. (*Vorrede* in: AA V, S. 343–348)   186, 200

Die Kunst und das Zeitalter. 1789. (AA VII, S. 15–26)   188

Leben Dr. Wilhelm Dodds. 1777/79. (AA VIII, S. 7–64)   91

[*Löfling: Travels through that part of North America formerly called Louisiana, translated from the French by John Reinhold Forster, F. A. S. . . . to which is added by the translator a systematic Catalogue of all the known Plants of English North-America, or a Flora Americæ Septentrionalis.*] Zwei Bände. Übersetzung aus dem Französischen ins Englische (mit Joh. Reinh. Forster) 1771.   31

[*Lomonosoff: A Chronological Abridgement of the Russian History.*] Übersetzung aus dem Russischen 1767. (*Widmung* und *Ergänzung bis zur Gegenwart* in: AA V, S. 9–12) 27

Mémoire für eine Indien-Mission.**   1793/–. (AA X,1, S. 483–486)   **265f.**

[*Nachrichten von den Pelew-Inseln in der Westgegend des stillen Oceans.*] Übersetzung aus dem Englischen 1789. (*Vorrede des Übersetzers* in: AA V, S. 323–342)   186

Der National-konvent des rheinisch-deutschen Volks an Den National-konvent der Franken Republik. 1793/–. (AA X,1, S. 468–474)   **254f.**

Die neue Mainzer Zeitung oder der Volksfreund. 1793. (AA X, 1, S. 171–454)   244

Noch etwas über die Menschenraßen. 1786. (AA VIII, S. 130 bis 156)   **157–159**; 184

Die Nordwestküste von Amerika, und der dortige Pelzhandel. (Einleitung zur *Geschichte der Reisen* . . .) 1791. (AA V, S. 390–496)   211

[*Osbeck: A Voyage to China and the East Indies . . . Together with a Voyage to Suratte. By Olaf Tureen, Chaplain of the* ›Gothic Lion‹ *East Indiaman and an Account of the Chinese*

Husbandry by Captain Charles Gustavus Eckeberg . . . To which are added, a Faunula and Flora Sinensis.] Zwei Bände. Übersetzung ins Englische (mit Joh. Reinh. Forster) 1771. 31

[*Paine: Die Rechte des Menschen.*] *Vorrede.* 1791/92. (AA VIII, S. 220–227) 211f., 262

Parisische Umrisse. 1793/93–94. (AA X,1, S. 611–619) **286** bis **289**; 286

Prodromum Florulœ Insularum Oceani Australis. 1786. (Vorgesehen für AA VI) 153

Rede im Pariser Jakobinerklub. ** 1793/–. (AA X,1, S. 478) **255**

Reise Journal. 1784/–. (AA XII, S. 20–189) **137–144, 147**

Reise um die Welt = Dr. *Johann Reinhold Forster's und seines Sohnes Georg Forster's Reise um die Welt, auf Kosten der Grosbrittannischen Regierung, zu Erweiterung der Naturkenntniß unternommen und während den Jahren 1772 bis 1775. in dem vom Capitain J. Cook commandirten Schiffe* the Resolution, *ausgeführt.* 1. Teil: 1778 (AA II); 2. Teil: 1778/80 (AA III) **43–79 passim**; 88f., 91f., 97, 200, 266

Reise von London nach Paris. * 1777/–. (AA XII, S. 3–19) **92** bis **94**

Replik auf Mr. Wales' »Bemerkungen« * = *Reply to Mr. Wales's Remarks.* 1778. (AA IV, S. 36f.) **73f.**; 94

[*Riedesel: Travels through Sicily and that part of Italy formerly called Magna Graecia.*] Übersetzung aus dem Deutschen ins Englische (mit Joh. Reinh. Forster) 1772/73. 33

Rundreise von Mainz aus 1790. (Tagebuchnotizen für die Ansichten vom Niederrhein.) 1790/–. (AA XII, S. 220–368) **199, 201**

Sakontala oder der entscheidende Ring. Übersetzung aus dem Englischen 1791. (AA VII, S. 277–433) 208

Über Leckereyen. 1788. (AA VIII, S. 164–181) **175f.**; 175f., 184

Über lokale und allgemeine Bildung. 1791. (AA VII, S. 45–56) 208

Über Proselytenmacherei. 1789. (AA VIII, S. 194–219) **187f.**; 187

Über das Verhältniß der Mainzer gegen die Franken. 1792. (AA X,1, S. 9–28) **232f.**

Über das Verhältniß des Maurerordens zum Staate. 1783/–.
(AA X,1, S. 803–817) **126**
Ein Versuch mit dephlogistisirter Luft. 1782. (Vorgesehen für
AA VI) 127
Vom Brodbaum. 1783/84. (Vorgesehen für AA VI und in:
Georg Forster. Werke in vier Bänden. Hg. von Gerhard
Steiner. 2. Bd. Frankfurt/M. 1967. S. 33–70) 129
A Voyage round the World, in His BRITANNIC MAJESTY'S
Sloop, RESOLUTION, *commanded by Capt.* JAMES COOK,
during the Years 1772, 3, 4, and 5. By George Forster,
F. R. S. Member of the Royal Academy of MADRID, *and of*
the Society for promoting Natural Knowledge at BERLIN.
1777. (AA I) 86–88, 94, 102

Werke und Briefe weiterer Personen

Bei Briefen und Tagebüchern sind die Seitenzahlen der Quel-
lentexte nur dann angegeben, wenn es sich nicht um chrono-
logisch geordnete Ausgaben handelt.

Folgende *Briefe an Forster* wurden übersetzt:
Von *Therese Forster (um den 20. 6. 1793)* **; von *Anders*
Sparrman *.
Alle *Briefe an Georg Forster* in: AA XVIII — mit folgender
Ausnahme:
Lux, Adam: vermutlich an *Forster*, in: AA XVII, S. 749f.

Bertschinger, George M.: *The portraits of Joh. Reinh. Forster*
and Georg Forster: a catalog with discussions on the origin
of each portrait. Los Gatos, Calif. 1988.
Bibel zit. nach: D. Martin Luther: *Die gantze Heilige Schrifft*
Deudsch. Nachdruck der zu Wittenberg 1545 erschienenen
Ausgabe, hg. von Hans Volz u. Heinz Blanke. München
1972.
Boas, Eduard: *Schiller und Goethe im Xenienkampf.* Th. 1. 2.
Stuttgart u. Tübingen 1851.
Böhmer, Caroline siehe Michaelis, Caroline.
Boie, Heinrich Christian: An *Luise Mejer,* in: Schreiber
(1961).

Bougainville, L.-A. de: *Reise um die Welt.* Hg. von Klaus-Georg Popp. Stuttgart 1980.

—: Zu *Karl von Nassau-Siegen* **, in: Jean-Étienne Martin-Allanic: *Bougainville navigateur, et les découvertes de son temps.* Paris 1964, S. 466f.

Braunbehrens, Volkmar: *Mozart in Wien.* München u. Zürich 1986.

Campe, Elisabeth: *Zur Erinnerung an Friedr. Ludw. Wilh. Meyer, den Biographen Schröders. Lebensskizze nebst Briefen von Bürger, Forster, Göckingh, Gotter, Herder, Heyne, Schröder u. a.* Th. 1. 2. Braunschweig 1847.

Clerke, Charles: An *Banks,* in: Cook (1969), S. 931.

Chamisso, Adelbert von: *Peter Schlemihl.* In: *Sämtliche Werke in zwei Bänden.* Hg. von Jost Perfahl u. Volker Hoffmann. München o. J.

Commerson, Philibert: An *Lalande,* in: Bougainville (1980), S. 365.

Cook: *Das Bordbuch* * = *The Journals of Captain James Cook on his Voyages of Discovery.* Vol. II, ed. by J. C. Beaglehole, Cambridge 1969.

Dousset, Émile: *Un moraliste du XVIIIe siècle. Sébastien-Roch-Nicolas Chamfort et son temps.* Paris 1943.

Dumont, Daniel: *Constitutions-Vorschläge des Handels-Standes.* In: Scheel (1984), S. 155.

Dumont, Franz: *Die Mainzer Republik von 1792/93.* Alzey 1993.

Ecker und Eckhoffen, Freiherr von: *Neunte Freymäurerische Versammlungsrede.* In: Steiner (1985), S. 100f.

Eickemeyer, Rudolf: *Denkwürdigkeiten des Generals Eickemeyer, ehem. kurmainz. Ingenieur-Oberstleutnants, sodann im Dienste der französischen Republik.* Hg. von Heinrich König. Zit. nach: Hellmut G. Haasis: *Gebt der Freiheit Flügel. I. Die Zeit der deutschen Jakobiner.* Reinbek 1988, S. 256f.

Fahlmer, Johanna: An *Jacobi,* in: Schüddekopf (1908), S. [17]f.

Fiedler, Horst: *Georg-Forster-Bibliographie 1767–1970.* Berlin 1971.

Foerst, Ilse: *Schlabrendorf. Der Diogenes von Paris.* München 1948.

Forkel, Meta: An *Ch. F. Voß*, in: AA XVI, S. 538f.

Forster, Johann Reinhold: An *Dilthey*. Staatsbibliothek zu Berlin, Slg. Darmst. Weltreisen (2), Reinhold Forster, Bl. 6–7.

—: An *Pennant**, in: AA I, S. 682f.

—: An *Spener*, in: AA XIII, S. 545.

—: *Journal.** In: AA IV, S. 395–445.

—: *Ueber Georg Forster*. In: Annalen der Philosophie und des philosophischen Geistes. Philosophischer Anzeiger, Halle, 2. Stück (14. Januar 1795), Sp. 9–16, und 16. Stück (15. April 1795), Sp. 121–126.

Forster, Therese: An *Caroline Böhmer*, in: Marbacher Magazin (65/1993), S. 20.

— [Huber, Th.]: An *Emil v. Herder*, in: Geiger (1901).

—: An ihren Vater *(Christian Gottlob Heyne)*, in: Geiger (1899).

—: An *Frau Hottinger*, in: Marbacher Magazin (65/1993), S. 23.

— [Huber, Th.]: An *Joh. G. Reinhold*, in: Geiger (1899), S. 33 ff.

—: An *J. Sarasin*, in: AA XVII, S. 734.

—: An *Sömmerring*, in: Hettner (1877).

—: An *Lisette v. Struve*, in: Geiger (1901), S. 39.

— [Huber, Th.]: *Biographie Ludwig Hubers*. In: dies. (Hg.): *L. F. Huber's Sämtliche Werke seit dem Jahre 1802 nebst seiner Biographie*. Erster Teil. Tübingen 1806, S. 116 ff.

— [Huber, Th.]: *Einige Nachrichten von Johann Georg Forster's Leben*. In: dies. (Hg.): *Johann Georg Forster's Briefwechsel*. 1. Theil. Leipzig 1829.

— [Huber, Th.]: *Einleitung* (zu: Briefe an einen Freund vom Jahre 1795 bis 1798). In: dies. (Hg): *L. F. Huber's Sämtliche Werke seit dem Jahre 1802 nebst seiner Biographie*. Zweiter Teil. Tübingen 1810, S. 6f.

— [Huber, Th.]: *Fragment einer Autobiographie (1803)*. In: Geiger (1901), S. 2 ff.

[Freunde der Freiheit und Gleichheit:] *Klubsprotokoll oder Protokoll der Freunde der Freiheit und Gleichheit 1793*. In: Scheel (1984), S. 525.

Friedens-Präliminarien siehe Huber, L. F.

Gazette national, ou le Moniteur universel.** 29 Nivôse l'an 2, in: AA XVII, S. 801.

Geiger, Ludwig: *Dichter und Frauen*. Neue Sammlung. Berlin 1899.

—: *Therese Huber. 1764–1829. Leben und Briefe einer deutschen Frau.* Stuttgart 1901.

Goerke, Heinz: *Carl v. Linné.* Stuttgart 1966.

Goethe: An *Friedrich Jacobi*, in: *Goethes Werke* (Weimarer Ausgabe), IV. Abt. 9. Bd. Weimar 1891.

—: An *Sömmerring*, in: *Goethe und Soemmerring. Briefwechsel 1784–1828.* Hg. von Manfred Wenzel. Stuttgart u. a. 1988.

—: *Campagne in Frankreich 1792*, in: *Goethes Werke* (Weimarer Ausgabe), I. Abt. 33. Bd. Weimar 1898, S. 1–271.

Gumpert, Hans Ludwig: *Lichtenberg in England.* Zwei Bände. Wiesbaden 1977.

Hallo, Rudolf: *Rudolf Erich Raspe. Ein Wegbereiter von deutscher Art und Kunst.* Stuttgart u. Berlin 1934.

Harpprecht, Klaus: *Georg Forster oder Die Liebe zur Welt.* Reinbek 1987.

Haupt, Ph.: An *L. F. Huber*, in: AA XVII, S. 792.

Heinse, Wilhelm: An *Gleim*, in: *Briefe zwischen Gleim, Wilhelm Heinse und Johannes von Müller.* Hg. von Wilhelm Körte. Zweyter Bd. Zürich 1806.

—: *Ardinghello und die glückseeligen Inseln.* Bd. 1. 2. Lemgo 1787.

Herder, Johann Gottfried: An *Joh. Georg Hamann*, in: *Herders Briefe an Joh. Georg Hamann.* Hg. von Otto Hoffmann, Berlin 1889.

—: *Ideen zur Philosophie der Geschichte der Menschheit. Erster Theil.* Hg. von Johann von Müller. Tübingen 1827 (= *Herder's Sämmtliche Werke.* Vierter Theil).

Herse, Wilhelm: *Kurmainz am Vorabend der Revolution.* Phil. Diss. Berlin 1907.

Hettner, H. (Hg.): *Georg Forsters Briefwechsel mit S. Th. Sömmerring.* Braunschweig 1877.

Heyne, Christian Gottlob: An *Therese Forster*, in: AA XVII, S. 794f.

—: An *Johannes Müller*, in: *Johann von Müllers sämmtliche Werke.* Supplementband 2. Schaffhausen 1832, S. 37f.

—: An *Sömmerring*, in: Hettner (1877).

Hoare, Michael E.: *The tactless philosopher. Joh. Reinh. Forster.* Melbourne 1976.

[Huber, Ludwig Ferdinand:] *Friedens-Präliminarien.* Hg. vom Verfasser des Heimlichen Gerichts. Bd. 1–10. Berlin 1793–96.

—: *Das heimliche Gericht. Ein Trauerspiel.* Leipzig 1790.

Huber, Therese siehe Forster, Therese.

Humboldt, Alexander von: *Kosmos. Entwurf einer physikalischen Weltbeschreibung.* 2. Bd. Stuttgart u. Tübingen 1862.

—: *Reisetagebuch.* ** In: *Reise auf dem Río Magdalena, durch die Anden und Mexico.* Teil I: Texte. Zusammengestellt u. erläutert durch Margot Faak. (= Beiträge zur Alexander-von-Humboldt-Forschung. Schriftenreihe der Alexander-von-Humboldt-Forschungsstelle der Akademie der Wissenschaften der DDR. Bd. 8.) Berlin 1986, S. 271.

Humboldt, Wilhelm von: *Aus dem Tagebuch.* In: *Gesammelte Schriften,* hg. von der Königl. Preußischen Akademie der Wissenschaften. Bd. 14, hg. von A. Leitzmann. Berlin u. Leipzig 1916, S. 38–72.

Ittner, Joseph Albrecht von: *Leben J. Georg Jacobi's. Von einem seiner Freunde.* Zürich 1822.

Jacobi, Friedrich Heinrich: An *Goethe,* in: Schüddekopf (1908), S. [15].

—: *Woldemar. Eine Seltenheit aus der Naturgeschichte.* Flensburg u. Leipzig 1779.

Jordan, Sabine Dorothea: *Ludwig Ferdinand Huber. His life and works.* Stuttgart 1978

Kaiser, Wolfram und Werner Piechocki: *Die Promotion Georg Forsters (1754–1794) an der Universität Halle im Jahre 1785.* Schriftenreihe für Geschichte und Naturwissenschaften, Technik und Medizin, Leipzig **8** (1971) 2, S. 35 bis 44.

Kant, Immanuel: *Muthmaßlicher Anfang der Menschengeschichte.* In: *Kant's gesammelte Schriften.* Hg. von der Königlich Preußischen Akademie der Wissenschaften. Bd. VIII. Berlin 1912.

Kapp, Friedrich: *Der Soldatenhandel deutscher Fürsten nach Amerika.* Berlin 1874.

Kasseler Hochschulbund (Hg.): *Georg Forster, die Kasseler Jahre.* Zusammengestellt u. bearb. von Silvia Merz-Horn. Kassel 1990.

[Kerner, Justinus:] *Das Leben des Justinus Kerner.* Erzählt von ihm und seiner Tochter Marie. Hg. von Karl Pörnbacher. München 1967.

Klopstock: *Kennet euch selbst.* In: *Klopstocks Werke.* Dritter Teil. Hg. von R. Hamel. (= *Deutsche National-Literatur.* Hg. von Joseph Kürschner. 47. Bd.) Berlin u. Stuttgart o.J., S. 181.

Körner, Gottfried: An *Schiller,* in: *Schillers Werke. Nationalausgabe.* Bd. 34 Teil I. Hg. von Ursula Naumann. Weimar 1991.

Kopp, Hermann: *Die Alchemie in älterer und neuerer Zeit.* Teil 1. 2. Heidelberg 1886.

Laukhardt: *Magister Friedr. Christian L.'s Leben und Schicksale von ihm selbst beschrieben.* Bd. 1. 2. Stuttgart 1908.

Leitzmann, Albert: *Georg und Therese Forster und die Brüder Humboldt. Urkunden und Umrisse.* Bonn 1936.

—: *Wilhelm Heinse in Zeugnissen seiner Zeitgenossen.* Jena 1938.

Lessing, Gotthold Ephraim: *Nathan der Weise.* In: *Gotthold Ephraim Lessings sämtliche Schriften.* Hg. von Karl Lachmann. Dritter Bd. Stuttgart 1887.

Lichtenberg, Georg Christoph: *Briefwechsel.* Vier Bände. Im Auftrag der Akademie zu Göttingen hg. von Ulrich Joost u. Albrecht Schöne. München 1983–1992.

Linné, Karl von: *Caroli Linnaei aus Schweden, M. D. Natur-Systema.* Halle 1740.

—: *Lappländische Reise und andere Schriften.* Leipzig 1991.

Lux, Adam: *Über Charlotte Corday.* In: *Die Republik.* Hg. von Uwe Nettelbeck. Nummer 16–17/17. Juli 1977, S. 56 ff.

Marbacher Magazin 65/1993: *»Alles . . . von mir.« Th. Huber (1764–1829). Schriftstellerin und Redakteurin.* Bearb. von A. Hahn u. Bernh. Fischer.

Mejer, Luise: An *H. Ch. Boie,* in: Schreiber (1961).

Merck, Johann Heinrich: *Briefe.* Hg. von Herbert Kraft. Frankfurt/M. 1968.

Meyer, F. L. W.: An *G. A. Bürger,* in: Strodtmann (1874).

Michaelis, Caroline [Böhmer, C.]: An *Friedrich Wilhelm Gotter,* in: Waitz (1871).

— [Böhmer, C.]: An *Luise Gotter,* in: Waitz (1871).

— [Böhmer, C.]: An *F. L. W. Meyer,* in: Waitz (1871).

—: An *Julie v. Studnitz* **, in: Waitz (1882).

Müller, Johannes von: An seinen Bruder, in: *Johann von Müllers sämmtliche Werke*. Theil 5. Schaffhausen 1810, S. 37f.

O'Brian, Patrick: *Joseph Banks: A Life*. London 1987.

Oehler-Klein, Sigrid: *Der »Mohr« auf der »niedrigeren Staffel am Throne der Menschheit«. Soemmerrings vergleichende Anatomie — Forsters welterfahrene Kulturkritik.* Vortrag Kassel 1995.

Orlow, Grigorij: An *Katharina II.*, in: Steiner (1968), S. 251f.

Palewski, J. P.: *Madame Pourrat, ses filles et ses amis (Benj. Constant — Chénier — Laclos)*. Versailles 1934.

Perthes, Clemens Theodor: *Politische Zustände und Personen in Deutschland zur Zeit der französischen Herrschaft. Das südliche und westliche Deutschland.* Gotha 1862.

Petites Affiches de Cassel. ** Mardi 18 Novembre 1783, in: Wenzel (1988), S. 92.

Poel, Piter: *Bilder aus vergangener Zeit. Erster Theil. 1760 bis 1787.* Zusammengestellt u. hg. von Gustav Poel. Hamburg 1884.

Prometheus für Licht und Recht. Zeitschrift in zwanglosen Heften. Hg. von Heinrich Zschokke u. seinen Freunden. Aarau 1832/33.

Rasmussen, Detlef (Hg.): *Der Weltumsegler und seine Freunde.* Tübingen 1988.

[Raspe, Rudolf Erich:] *Wunderbare Reisen zu Wasser und zu Lande, Feldzüge und lustige Abentheuer des Freyherrn von Münchhausen, wie er dieselben bey der Flasche im Cirkel seiner Freunde selbst zu erzählen pflegt (Baron Münchhausen's Narrative of his marvellous travels. Deutsch).* Aus d. Engl. übers. (von G. A. Bürger). London 1786. Neudruck Leipzig 1925.

Rauschenberg, Roy Anthony: *Daniel Carl Solander, Naturalist on the »Endeavour«.* In: Transactions of the American Philosophical Society. New Series 58, 8. Philadelphia 1968.

[Reichard, H. A. O.:] *Revolutions-Almanach von 1794.* Göttingen.

—: *Selbstbiographie.* Bearb. u. hg. von Hermann Uhde. Stuttgart 1877.

Reichardt, Rolf und Geneviève Roche (Hg.): *Weltbürger —*
Europäer — Deutscher — Franke. Georg Forster zum 200.
Todestag. Ausstellungskatalog Mainz 1994.

[Rosenkreuzer:] *Eides Formel, welche alle neu aufgenommene*
unterschreiben und besiegeln müßen. In: Sahmland (1988),
S. 102.

—: *Protokolle des Kasseler Rosenkreuzerzirkels.* In: Steiner
(1985), S. 89 (5. 3. 1781) und S. 95 (15. 4. 1782).

Sahmland, Irmtraut: *Auf der Suche nach dem Stein der Wei-*
sen — Samuel Thomas Soemmerring und Georg Forster als
Rosenkreuzer in Kassel. In: Wenzel u. a. (1988), S. 96 ff.

Schäfer, Wolfram: *Von »Kammermohren«, »Mohren«-Tam-*
bouren und »Ost-Indianern«. Anmerkungen zu Existenz-
bedingungen und Lebensformen einer Minderheit im 18. Jahr-
hundert unter besonderer Berücksichtigung der Residenzstadt
Kassel. In: Fremdsein. Hessische Blätter für Volks- und
Kulturforschung. Neue Folge. Marburg 1988.

Scheel, Heinrich (Hg.): *Die Mainzer Republik I.* Protokolle
des Jakobinerklubs. 2. Aufl. Berlin 1984.

—: *Die Mainzer Republik III.* Gesamtdarstellung. Berlin
1989.

Schiller: *Schillers Werke. Nationalausgabe.* 25. Bd. Briefwechsel. Schillers Briefe 1. 1. 1788–28. 2. 1790. Hg. von Eber-
hard Haufe. Weimar 1979; und 26. Bd. Briefwechsel.
Schillers Briefe 1. 3. 1790–17. 5. 1794. Hg. von Edith Nahler u. Horst Nahler. Weimar 1992.

Schlabrendorf, Gustav Graf von: *In Paris über Ereignisse und*
Personen seiner Zeit. In: Prometheus (1832/33).

Schreiber, Ilse (Hg.): *Ich war wohl klug, daß ich dich fand.*
Briefwechsel Heinrich Christian Boie u. Luise Mejer. München 1961.

Schüddekopf, Carl: *Goethes Parodie auf Fritz Jacobis »Wolde-*
mar«. Weimar 1908.

Schulin, Sebastian: *Brief an den Verfasser, den Rosenkreuzer-*
namen Georg Forsters betreffend. Hamburg 13. 2. 1996.

Society of Antiquaries: *Minutes Books.* * In: AA I, S. 678 f.

Sömmerring, Samuel Thomas: An *Heyne,* in: Hettner
(1877).

—: An seinen Vater *(Johann Thomas Sömmerring),* in:
Sahmland (1988), S. 109.

—: *Aus dem Tagebuch (1809/10).* In: Sahmland (1988), S. 103.

Sparrman, Anders: *Reise in den Jahren 1772 bis 1776 = Andreas Sparrmanns Reise nach dem Vorgebirge der guten Hoffnung, den südlichen Polarländern und um die Welt, hauptsächlich aber in den Ländern der Hottentotten und Kaffern in den Jahren 1772 bis 1776.* Hg. u. mit einer Vorrede begleitet von Georg Forster. Berlin 1784.

Steiner, Gerhard: *Freimaurer und Rosenkreuzer — Georg Forsters Weg durch die Geheimbünde.* Berlin 1985.

—: *Joh. Reinh. Forsters und G. Forsters Beziehungen zu Rußland.* In: Veröff. des Instituts für Slawistik der Deutschen Akademie der Wissenschaften zu Berlin, Nr. 28/II. Berlin 1968, S. 245–311 u. 430–450.

Strehlke, F.: *Georg Forster's Geburtsort.* In: Neue preuß. Provinzialblätter, Folge 7. 8. Königsberg 1861, S. 189 bis 212.

Strodtmann, A. (Hg.): *Briefe von und an G. A. Bürger.* Zweiter Bd. Berlin 1874.

Taufbuch zu St. Peter in Danzig, in: Strehlke (1861), S. 203f.

Tomalin, Claire: *The Life and Death of Mary Wollstonecraft.* London 1974.

Volk, Winfried: *Die Entdeckung Tahitis und das Wunschbild der seligen Inseln in der deutschen Literatur.* Diss. Heidelberg 1934.

Wagner, Rudolph: *Samuel Thomas v. Soemmerrings Leben und Verkehr mit seinen Zeitgenossen.* Nachdruck der Ausgabe von 1844. Hg. von Franz Dumont im Auftrag der Akademie der Wissenschaften und der Literatur Mainz. Stuttgart 1986.

Waitz, G.: *Caroline. Briefe an ihre Geschwister, ihre Tochter Auguste, die Familie Gotter, F. L. W. Meyer, A. W. und Fr. Schlegel, J. Schelling u. a. nebst Briefen von A. W. und Fr. Schlegel u. a.* Erster Bd. Leipzig 1871.

—: *Caroline und ihre Freunde. Mittheilungen aus Briefen.* Leipzig 1882.

—: *Friedrich Christoph Dahlmann.* Kiel 1885.

Wales, William: *Bemerkungen* * = *Remarks on Mr. Forster's Account of Captain Cook's last Voyage round the World, In the Years 1772, 1773, 1774, and 1775.* London 1778.

311

—: *Journal 21 June 1772–17 October 1774.* * In: Cook (1969), S. 552.

Wenzel, Manfred (Hg.): *Samuel Thomas Soemmerring in Kassel (1779–1784). Beiträge zur Wissenschaftsgeschichte der Goethezeit.* Stuttgart u. a. 1994.

— u. a.: *Samuel Thomas Soemmerring. Naturforscher der Goethezeit in Kassel.* Hg. von der Stadtsparkasse Kassel 1988.

Wieland, Ch. M.: An *Sophie la Roche,* in: Schüddekopf (1908), S. [11] f.

Williams, Helene Maria: *Letters containing a sketch of the politics of France, from the 31st of May 1793 till the 10th of Thermidor. And of the scenes which have passed in the prisons of Paris.* Vol 1. 2. London 1795.

Wöchentliche Nachrichten von neuen Landcharten, geographischen, statistischen und historischen Büchern und Sachen, Jg. 3, St. 30 vom 24. 7. 1775. In: AA XIII, S. 543 f.

Woide, Karl: *Aus dem Tagebuch.* In: AA XIII, S. 950 ff.

Zincke, Paul: *Georg Forster nach seinen Originalbriefen.* Bd. 1. 2. Dortmund 1915.

—: *Georg Forsters Bildnis im Wandel der Zeiten.* Nachdruck der Ausgabe Reichenberg 1925. Hildesheim 1974.

Personenregister

Gefettete Seitenzahlen verweisen auf ein Zitat (in Klammern: auf einen Brief *an* die betr. Person). — Die Deputierten zum Rheinischen Nationalkonvent (S. 254f.) sind nicht eigens aufgeführt.

Anhalt-Dessau, Leopold III. Friedrich *Franz* von (1740 bis 1817),»Friedensfürst«, Herr der Wörlitzer Anlagen. 83,106

Anhalt-Dessau, Luise Henriette Wilhelmine von (1750–1811), Frau des Vorigen, religiös-empfindsam. Frau v. Stein warnte vor dem Umgang mit ihr, sie sei zu demokratisch. 83, 106

Anna Amalia von Sachsen-Weimar-Eisenach (1739–1807). **(111)**

Archenholtz, Johann Wilhelm von (1743–1812). **(121)**; 186, 209, 262

Ariosto, Ludovico (1474–1533). 278

Arndt, Johann (1555–1621), luth. Erbauungsschriftsteller, »Paradiesgärtlein aller christl. Tugenden« (1612). 25, 240

Arnold, John (1736?–99), engl. Massenproduzent von Harrisons Uhren für die Regierung und die Ostindien-Kompanie. 47, 87

August Prinz von Sachsen-Gotha und Altenburg (1747-1806). 151

Bacon, Francis (1561–1626). 37

Banks, Sir Joseph (1743–1820). Seit 1788 Präsident der Royal Society. **(37), (104)**; 35–40, 76, 86, 90, 111, 135, 142, 199 f.

Barrington, Daines (1727–1800). Verfaßte ferner: »Essay on the Language of Birds«. 32, 34, 39

Baumbach, Hans Wilhelm Alexander von (geb. 1741), Rosenkreuzername: Achinus, Kasseler Oberappellationsrat. 119

Beaumarchais, Pierre-Augustin Caron de (1732–99). 92

Bernardin de St.-Pierre, Jacques-Henri (1737–1814), Schriftsteller, Direktor des botanischen Gartens in Paris. 262, 281

Biester, Johann Erich (1749–1816). Stud. in Göttingen, las mit Bürger Shakespeare, 1777 Privatsekretär des Ministers v. Zedlitz, Bibliothekar und Schriftsteller in Berlin, Hg. der »Berlinischen Monatsschrift«, Günstling Hertzbergs. 104, 179

Blackburne, Anna (gest. 1794), Botanikerin und Linné-Korrespondentin, und ihr Vater John B. of Orford (1690–1786), Botaniker. 29

Bleßmann, Johann Christoph (1760–1836), Sprachlehrer, Generalsekretär der Allg. Administration, Mitglied des Rhein.

314

Cook, James (1728–79). **50, 62–65**; 13, 34–87 passim, 96, 127, 135, 138, 141 f., 145, 159 f., 162, 165, 168, 200, 209, 266, 296

Cooper, Robert Palliser (gest. 1805), erster Offizier auf der »Resolution«, hatte schon in Neufundland gedient. 40 f., 61

Corday d'Armans, Marie Aline Anne *Charlotte* (1768 bis 17. 7. 1793). 270–272, 277, 290

Coxe, John Henry, engl. Kapitän und Schiffseigner. 209

Cromwell, Oliver (1599–1658). 7

Cronstedt, Axel Frederik von (1722–65), schwed. Bergrat. Entwarf ein System der Mineralogie: »Försök til Mineralogie, eller Mineral-Rikets upstellning« (Stockholm 1758). 34

Crusius, Christian August, 1715–75 (an Engbrüstigkeit), Theologe, Prof. in Leipzig. Gegner der Wolfschen Philosophie, bekannt für seine sonderbaren Meinungen. »Anleitung, über natürliche Begebenheiten ordentlich und vorsichtig nachzudenken« (1749). Bahrdt fand in seinem Zustand den »untersten und feinsten Grad des Wahnsinns«. 287

Custine, Adam-Philippe Comte de (1740 bis 28. 8. 1793). Schon im Siebenjährigen Krieg General in Amerika. 220, 224, 226–230, 236, 242 f., 255, 276, 281, 296

Custine, Armand Louis Philippe François Comte de (1768 bis 3. 1. 1794), Sohn des Vorigen. Ab Jan. 1793 im frz. Kriegsministerium. 258

Dalberg, Wolfgang Heribert Freiherr von (1749–1806), Theaterdirektor in Mannheim, Bruder des mainzischen Koadjutors Karl Theodor Anton D. 191

Dalrymple, Alexander (1737–1808). 23, 31, 209

Danton, Georges Jacques (1759 bis 5. 4. 1794). 94, 289

Deforgues, eigentl. François Louis Michel Chemin (1759 bis 1840), Jurist. **(290)**; 274, 279

Desmoulins, Benoît Camille (1760 bis 5. 4. 1794). 94

Dieterich, Johann Christian (1712–1800), Buchhändler und Verleger in Göttingen. Verlegte Reichards reaktionären »Revolutionsalmanach«. **(89)**

Dilthey, Leopold Friedrich August (1725?–67), Pastor der reformierten Gemeinde in St. Petersburg, Schwager von Büsching. **(24 f.)**; 21

England, König: siehe *Georg III.;* Königin: siehe *Sophie Charlotte.*

Ernst II., Herzog von Sachsen-Gotha und Altenburg (1745 bis 1804). 145

Erthal, Franz Ludwig von (1730–95), seit 1779 Bischof von Würzburg. Galt verglichen mit seinem Bruder als »gemäßigt« und »aufklärerisch«. 274

Erthal, Friedrich Karl Joseph von (1719–1802), seit 1774 Kurfürst und Erzbischof von Mainz. **(224)**; 174, 177–179, 182, 186, 196, 206, 212, 216, 218, 220, 224f., 227f., 230f., 241, 274

Fabricius, Danziger Pastor. 18

Fabroni, Giovanni Valentino Mattia, Baron (1752–1822), Naturwissenschaftler u. Schriftsteller. 94

Fahlmer, Johanna Katharina Sibylla (1744–1821), seit 1778 verheiratet mit Joh. Georg Schlosser, dem Witwer von Cornelia Goethe. **113f.**

Falk, Johann Peter (1727–74), Linné-Schüler, Direktor des pharmaz. Gartens in St. Petersburg. 25

Faulhaber, Franz Anton (gest. 1811), Pfarrer. 236

Ferdinand, Prinz, Herzog v. Braunschweig und Lüneburg (1721–92), nichtregierender Fürst. **118**; 103f., 117

Fermor, Graf Wilhelm (1702?–71), russischer Militär engl. Abstammung, später Generalgouverneur von St. Petersburg. 12

Feydel, David (gest. 1801), Oberhof- und Kammeragent in Kassel. 123

Fleischmann. 133

Floridus, siehe *Fulda.*

Folicharus Salinus Enisention, Rosenkreuzername von Johann Christian Follenius. 125

Forkel, Johann Nikolaus (1749–1818), Ehemann der Folgenden, Musikdirektor in Göttingen, Bach-Biograph. 132, 209

Forkel, Margareta (Meta) Sophia Dorothea, geb. Wedekind (1765–1853), seit 1793 verh. Liebeskind. Ihr von Bürger erfundener Spitzname »Furciferaria« (eigentl. »Forkenträgerin«) hat im Lateinischen die Bedeutung von »Spitzbübin«. **211f., (213–215)**; 209–211, 213, 229, 247, 252, 257, 259, 262, 294

Frankreich, König: siehe *Ludwig XVI.;* Königin: siehe *Marie-Antoinette.*

Franz II. (1768–1835), 1792–1806 röm.-dt. Kaiser, seit 1804 Kaiser von Österreich. 219f., 250, 255

Fraser, schott. Emigrantenfamilie. 8

Friedrich II. von Preußen (1712–86). 12, 91f., 104f., 108, 196, 234

Friedrich II. von Hessen-Kassel (1720–85), seit 1760 Landgraf. 89f., 100f., 107f., 112, 114, 116, 129, 141

Friedrich von Hessen-Kassel, Prinz (1747–1837), genannt Landgraf von Rumpenheim, dritter Sohn des Vorigen. 126

Friedrich Wilhelm II. (1744–97), seit 1786 König von Preußen. 118, 178, 195, 220, 223, 234, 236, 241, 257, 270

Füßli (Fuseli), Johann Heinrich (1742–1825), Historienmaler. 259

Fulda, Jakob Karl Sigmund (Rosenkreuzername: Floridus Magnus Cubicasalus Dovis), Kasseler Geheimrat. 119, 125

Furneaux, Tobias (1735–81), Kapitän der »Endeavour«. Erforschte, von der »Resolution« getrennt, Van Diemens Land (Tasmanien). 77, 81

Garrick, David (1717–79). 83

Georg III. (1738–1820), seit 1760 König von England. 38, 41, 54f., 79, 81–83, 85, 95, 128

Gilbert, Joseph (1733?–1824?), Equipagenmeister auf der »Resolution«. 40f., 46f., 72

Gleim, Johann Wilhelm Ludwig (1719–1803). **(296)**

Gmelin, Johann Georg (1709–55), 1733–43 Sibirienreise. 18

Gobineau, Joseph Arthur, Comte de (1816–82). 158

Goethe. **(112), 208, 223, 291, 296**; 91, 99f., 112–115, 120, 150, 165, 208, 216, 223f., 228

Goethe, Katharina Elisabeth (Mutter). 228

Gotha, siehe *August* (Prinz) und *Ernst II.* (Herzog).

Gotter, Friedrich Wilhelm (1746–97), Dichter im frz. Geschmack, Regierungsbeamter in Gotha. **(261), (267)**

Gotter, Luise, Tochter des Vorigen. **(149), (216f.)**

Green, Charles (1735–71), engl. Astronom. 35

Grégoire, Gabriel, aus Thionville, Kommissar d. Pariser Exekutivrats, Februar 1793 in Mainz. 248f., 252

Heß, Karl Ernst Christoph (1755–1828), Prof. an der Kunst-
akademie in Düsseldorf. 99

Hessen-Kassel, siehe *Friedrich II.* (Landgraf) und seine
Söhne *Karl* und *Friedrich*.

Heyne, Christian Gottlob (1729–1812). **(148), (171), 173 f.,
(186 f.),** 205, **(206 f.), (212 f.), (217–219),** 219, 223, 230,
(241), (248 f.), (252 f.), (256–258), (270), (281), 295; 102,
131–133, 135–137, 145, 147 f., 151, 163, 166, 170 f., 173, 179,
181 f., 204, 209, 216, 224, 262, 294

Heyne, Georgine, geb. Brandes (1752–1834), zweite Frau des
Vorigen. **(153);** 133, 145, 163, 167

Heyne, Karl Wilhelm Ludwig (1761–94), Sohn von Chr. Gottlob H., Oberstabsarzt und russ. Hofrat. 161 f.

Heyne, Therese siehe *Forster*, Th.

Heyne, Therese, geb. Weiß (gest. 1775), erste Frau von Chr.
Gottlob H., Mutter der beiden Vorigen. 131 f., 209

Hodges, William (1744–97), Zeichner auf der »Resolution«.
Später unter der Patronage von Warren Hastings sechs
Jahre in Indien. Starb finanziell ruiniert. 38, 42, 48, 56, 71

Hölty, Ludwig Heinrich Christoph (1748–76). 69

Hönsbroeck, Constantin Graf von, 1784–94 Fürstbischof von
Lüttich. 194–196

Hoffmann, Benjamin Gottlob (1748–1818), Buchhändler in
Hamburg. 186

Hofmann, Andreas Joseph Christian (1752–1849), Prof. des
Naturrechts, Präsident des Rhein. Nationalkonvents.
Borgte Lux seine Schuhe für die Hinrichtung. 246, 254

Holt, John (1743–1801). 29

Homer. 67

Horaz. 29

Hottinger, Frau des Zürcher Philologen Johann Jakob H.
(1750–1819). **(238)**

Huber, Ludwig Ferdinand (1764–1804). **(188 f.), (240–242),
(280), (285 f.), (289), (291–293);** 188 f., 191, 203 f., 208 f.,
214, 219, 221–223, 225, 238, 240–242, 246–248, 253, 268,
275, 283–286, 294

Huber, Therese siehe *Forster*, Th.

Humboldt, Alexander von (1769–1859). **200;** 191 f., 196–201

Humboldt, Wilhelm von (1767–1835). **179–182, 187;** 179,
181, 187, 191, 215

Long, John, Pelzhändler und Nordamerikareisender im 18. Jh. 209

Luchet de La Roche du Maine, Jean-Pierre-Louis Marquis (1740–92). 108

Luckner, Nikolaus Freiherr von (1722 bis 4. 1. 1794), dt. General, seit 1763 in frz. Diensten, 1791/92 Oberbefehlshaber. 284, 290 f.

Ludwig XVI. (1754 bis 21. 1. 1793), 1774 bis 21. 9. 92 König von Frankreich. 93, 201, 211–213, 218, 220, 222, 248 f., 252, 262 f., 290

Ludwig, Christian Gottlieb (1709–73), Botaniker, Afrika-Reisender, Medizinprofessor. 11

Lüttich, Bischof, siehe *Hönsbroeck*.

Luther. 256

Lux, Johann Adam (1765 bis 4. 11. 1793), Dr. phil., Hauslehrer. **271–274**; 253, 255, 271–274, 290

Lyonnet, Pieter (1707–89). 98

Machiavelli. 291

Magellan. 36

Maibohm. 21

Manegogus Genres Rarion, Rosenkreuzername von George Manger, Kasseler Pastor. 125

Marat, Jean Paul (1743–93). 1767/68 in England, möglicherweise Nachfolger von Joh. Reinh. Forster als Sprachlehrer in Warrington. 228, 270 f.

Marie aus Hannover, Hausmädchen der Forsters in Wilna. 153

Marie-Antoinette (1755 bis 16. 10. 1793), Frau Ludwigs XVI. 222, 282

Marra, John (geb. um 1746), irischer Hilfskanonier auf der »Resolution«. Desertierte bereits 1769 bei Batavia aus holländischem Dienst auf Cooks Schiff; veröff. anonym nach der zweiten Reise sein Tagebuch (1775, vermutl. redigiert von Joh. Reinh. Forster). 68 f.

Martini, Friedrich Heinrich Wilhelm (1729–78), Begründer der Gesellschaft Naturforschender Freunde in Berlin. 96, 103 f., 108, 111, 122

Mauvillon, Jakob (1743–94), Physiokrat, Lehrer der Kriegskunst am Carolinum zu Kassel, Oberstleutnant im braunschweig. Ingenieurkorps. 100, 108

Meares, John (1756?–1809), nach Gründung einer Handelsgesellschaft in Kalkutta Entdeckungsreisen zur Nordwestküste Amerikas. 209

Mecheln, Erzbischof, siehe *Franckenberg.*

Mejer, Luise Justine (1746–86), 1785 Heirat mit Boie. **133, (144), 144f.**

Merck, Johann Anton (1756–1805), hess. Kammer- und Medizinalassessor. **(112)**

Merck, Johann Heinrich (1741–91), Originalgestalt des Sturm und Drang, Onkel des Vorigen. **111f.**

Mertens, Johann, Kaufmann in Frankfurt/M. 234, 240

Meyer, Friedrich Ludwig Wilhelm (1759–1840). **(171), (203), 210, (215), (222f.), (228f.), (238–240), (246f.);** 166f., 170–173, 180f., 204

Michaelis, Caroline (1763–1809), Tochter des Folgenden aus zweiter Ehe, 1784 Heirat mit Joh. F. Wilh. Böhmer, 1796 mit A. W. Schlegel, 1803 mit Fr. W. J. Schelling. **102, 149, 203, (203f.), 215–217, (222), 222f., 228f., 238–240, 246f., 261, 267;** 102, 131, 137, 167, 203, 215, 252, 257, 261, 294

Michaelis, Johann David (1717–91), zeitweise Hilfsprediger in London, Orientalist, Theologe, Polyhistor. 14, 34, 102

Milton, John (1608–74). 278

Montesquiou-Fezensac, Anne-Pierre (1739–98), General und Literat. 228

Montgolfier, Michel Joseph (1740–1810) und Jacques Étienne (1745–99), frz. Luftschiffer. 127–129

Morus (More), Thomas, 1478 bis 6. 6. 1535. 33, 36

Moyadua. 56

Mozart. Besuchte wie G. F. am 23. 8. 1784 in Wien die Uraufführung der Paisiello-Oper »Il Re Teodoro«. 139

Müller, Johannes (1752–1809), schweiz. Polyhistor. Vom Kaiser 1791 zum Reichsritter Johannes, Edler von Müller zu Sylveden erhoben. **(129), (173f.), 240;** 178, 191, 206, 216, 230–232

Mulowsky, Grigori Iwanowitsch (gest. 1789), russ. Kapitän Erster Klasse. 161f., 164, 166

Mussin-Puschkin, Alexej Semjonowitsch (1730–1817). Russ. Gesandter in London, vorher russ. Resident in Danzig, suchte 1759 die Stadt zur Kapitulation zu bewegen. 27

Napoleon. 146

Nassau, siehe *Adolf II.*

Nassau-Siegen, Prinz Karl von (1745–1808), Söldner. Zunächst Offizier in der frz. Armee, Begleiter Bougainvilles auf dessen Weltreise, als span. Schiffskommandant im Krieg gegen England zum Granden I. Klasse erhoben, in Rußland Vizeadmiral und schließlich Oberbefehlshaber der Flotte, diente sich nach Katharinas Tod vergeblich Napoleon an. **(32)**; 145

Nesselrode-Ehreshoven, Karl Franz Alexander Graf von (1752 bis 1822), später Staatsminister in Düsseldorf. 99

Nicolai, Christoph Friedrich (1733–1811). 105, 126, 138, 179

Nisam (Nizam ul Mulk, »Ordner des Staats«), Titel des Herrschers im engl. Vasallenstaat Haidarabad. 265

Nitzky, Christoph Graf von. 140

Nuna, Zwölfjähriger in der Matavai-Bucht, den Reinhold F. adoptierte. Cook widersetzte sich seiner Mitnahme. 53

Oelsner, Konrad Engelbert (1764–1828), schrieb für die »Friedens-Präliminarien« und Archenholtzens »Minerva«. Juli 1790 bis April 1794 in Paris, August 1793 vorübergehend verhaftet, mit Christie befreundet. Veröff. 1797/99 den Augenzeugenbericht »Luzifer oder Gereinigte Beiträge zur Geschichte der Französischen Revolution«. 262

Oradi. 53–56

Orlow, Grigori (1734–83). 1772 durch Joseph II. zum deutschen Reichsfürsten ernannt. **18f.**; 18, 20–22

Orosius, Paulus, Ende des 4. Jhs. in Spanien geboren, Schüler des Augustinus, Verfasser einer Weltgeschichte. 34

Osbeck, Pehr (1723–1805), schwed. Naturforscher. 31

O-Tu siehe *Tu.*

Pache, Jean Nicolas (1746–1823), Oktober 1792 bis Februar 1793 frz. Kriegsminister, danach bis Ende 1794 Pariser Bürgermeister. 289

Paine, Thomas (1737–1809). 211, 262, 281

Paisiello, Giovanni (1740–1816), ital. Komponist. »Il Re Teodoro in Venezia« (1784). 144

Pape, Friedrich Georg (1766–1816), Prämonstratenser, Jurist, Prof. der Kirchengeschichte, Abgeordneter des Rhein. Nationalkonvents. 257

Papst, siehe *Clemens XIV.* (bis 1774) und *Pius VI.*

Solander, Daniel Carl (1736–82). »Der undankbare Solander gab mir keine einzige Pflanze oder Insekt, von allem, was er auf der *insula australia nova* gesammelt hatte. [Joh. Reinh.] Forster ging nach *terram australem novam* und schickte mir seine ganze Sammlung *insecta canadensia*: er, den ich niemals gesehen.« (Linné) 25, 35–37, 39, 76, 90, 142

Sömmerring, Johann Thomas (1701–81), Arzt, Vater des Folgenden. **(122f.)**; 115

Sömmerring, Samuel Thomas (1755–1820). **(116)**, **119**, **(121)**, **122f.**, **(124f.)**, **(130)**, **(136–138)**, **(140)**, **(144)**, **(146 bis 148)**, **(150–153)**, **162–164**, **(163f.)**, **(223)**, **241**, **(244)**, **248f.**, **252**, **256–258**, **270**, **281**, **(291)**, **(295f.)**; 115f., 119f., 127–129, 144, 154, 157f., 162, 174, 178f., 185, 223, 225, 294

Sonnenfels, Josepha Theresa von, geb. Hay, Frau von Joseph v. S., Staatsmann, Theaterreformer. 143

Sophie Charlotte von Mecklenburg-Strelitz (1744–1818), Frau des engl. Königs Georg III. 81, 83

Spalding, Johann Joachim (1714–1804), Propst an der Berliner Nikolaikirche, Oberkonsistorialrat. 105

Spanien, König, siehe *Karl III.*

Sparrman, Anders (1748–1820), später Professor in Stockholm. **45, 87**; 45, 53–56, 59–61, 70, 74, 81

Spener, Johann Karl Philipp (1749–1827), Inhaber der Haude & Spenerschen Buchhandlung in Berlin. **(82)**, **(86f.)**, **(91)**, **(96f.)**, **(103)**, **(180f.)**, **(111–113)**, **(123)**, **(131)**, **(134)**, **(163)**, **(172f.)**, **(190)**; 34, 82, 88, 91f., 96, 103f., 138, 154, 170, 172, 204

Stadion, Friedrich Lothar Joseph Graf von (1761–1811), Mainzer Kapitularherr, Statthalter des Kurfürsten. 133

Staël-Holstein, Germaine de (1766–1817). 263

Stein, Johann Friedrich Freiherr vom und zum (1749–99), preuß. Gesandter in Mainz. 257

Stock, Johanna Dorothea *(Dora)* (1760–1832), Malerin in Dresden. 189, 248, 294

Stock, Anna Maria Jakobine *(Minna)* (1762–1843), heiratete Gottfried Körner. 189

Stoerck, Anton Freiherr von (1731–1803), Direktor der med. Fakultät in Wien. 139

Stolberg-Stolberg, Friedrich Leopold Graf zu (1750–1819), Dichter, Diplomat. 182f.

GEORG FORSTER. EIN LEBEN IN SCHERBEN von Ulrich Enzensberger ist im Juli 1996 als einhundertneunund-dreißigster Band der ANDEREN BIBLIOTHEK im Eichborn Verlag, Frankfurt am Main, erschienen.
Das Lektorat lag in den Händen von Sebastian Schulin.

✧

Dieses Buch wurde in der Buchdruckerei Greno in Nördlin-gen aus der Borgis Bodoni Monotype gesetzt und auf einer Condor-Schnellpresse gedruckt. Das holz- und säurefreie mattgeglättete 100 g/qm Bücherpapier stammt aus der Pa-pierfabrik Niefern. Den Einband besorgte die Buchbinderei G. Lachenmaier in Reutlingen.
1. bis 7. Tausend, Juli 1996. Einmalige, limitierte Ausgabe im Buchdruck vom Bleisatz.
ISBN 3-8218-4139-7. Printed in Germany.

✧

Von jedem Band der ANDEREN BIBLIOTHEK gibt es eine Vorzugsausgabe mit den Nummern 1–999.